A Philosophical Enquiry
into Money , Banking and Finance

钱有钱无

金融哲学的启示

何自云 /著

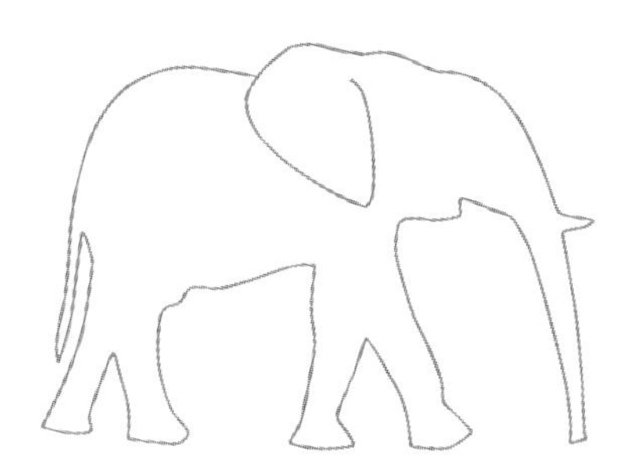

北京大学出版社
PEKING UNIVERSITY PRESS

图书在版编目（CIP）数据

钱有钱无：金融哲学的启示 / 何自云著. —北京：北京大学出版社，2018.9
ISBN 978-7-301-29840-4

Ⅰ. ①钱…　Ⅱ. ①何…　Ⅲ. ①金融学-研究　Ⅳ. ①F830

中国版本图书馆 CIP 数据核字（2018）第 199122 号

书　　名	钱有钱无：金融哲学的启示 QIANYOUQIANWU: JINRONG ZHEXUE DE QISHI
著作责任者	何自云 著
责任编辑	张 燕
标准书号	ISBN 978-7-301-29840-4
出版发行	北京大学出版社
地　　址	北京市海淀区成府路 205 号　100871
网　　址	http://www.pup.cn
电子信箱	em@pup.cn　QQ:552063295
新浪微博	@北京大学出版社　@北京大学出版社经管图书
电　　话	邮购部 010-62752015　发行部 010-62750672　编辑部 010-62752926
印 刷 者	北京大学印刷厂
经 销 者	新华书店
	730 毫米 ×1020 毫米　16 开本　26 印张　368 千字
	2018 年 9 月第 1 版　2018 年 9 月第 1 次印刷
定　　价	62.00 元

Preface 前言

（一）

梁漱溟在《如何成为今天的我》一文中谈到如何开始研究哲学时说："我在最初并没有想要学哲学，连哲学这个名词还不晓得，更何从知道有治哲学的好方法？我但于不知不觉间走进这条路去的。……我完全没有想学哲学，但常常好用心思；等到后来向人家说起，他们方告诉我这便是哲学。……我始终不是学问中人，也不是事功中人。我想了许久，我是什么人？我大概是问题中人！"[1]

我从哲学角度来研究金融问题的过程也非常类似。我从 1995 年开始为商业银行的中高层管理人员讲课，讲课时常常从经济、金融之外的技术、制度和文化三个维度展开分析。在 2007 年年初的一次讲课后，一位听课的银行行长评价说"很有哲学高度"。这一评价有如醍醐灌顶，一下子打开了我的整个研究视野，遂闭门整整十年，专门从事与金融哲学相关的研究工作。

我一直主要从事的是银行方面的教学和研究，最初准备只研究银行经营管理方面的问题，后来发现银行问题与货币问题密不可分，就进而开始研究货币理论和货币历史。在研究货币理论时，又出现了我们分析金融现象的基本逻辑问题，于是我又进一步开始研究经济学方法论。本书就是这些研究和思考的成果之一。

---

[1] 梁漱溟，如何成为今天的我，《人生的艺术》，陕西师范大学出版社 2010 年版，第 68–69 页。

（二）

“哲学”一词往往给人高深莫测的感觉，而“金融哲学”这一名称也常会给人以误解，觉得其重心是哲学。实际上，“金融哲学”只不过是“对金融现象的哲学式思考”的简称，它的重心是金融而不是哲学。

正如梁漱溟所说，学习哲学和运用哲学本质上就是“好用心思”，做“问题中人”。我们面对一个金融现象，不断追问“为什么”，实际上就是在进行哲学思考了；只不过，追问不是只到金融学、经济学的传统边界就停止，而是跨越各门具体学科的界限，一直追问到目前从哲学角度仍然没有答案的问题为止。

金融哲学的本质是运用哲学的方法对金融问题进行思考。也就是说，金融哲学的重心是金融，而不是哲学。金融哲学的目标不是建立一个全新的哲学体系，也不是建立一个替代当前金融学的全新的金融学；而是要利用现有哲学的研究成果，采取哲学的基本方法（即不断追问“为什么”）和分析视角（尽可能宽广），分析纷繁复杂的金融现象，评价众说纷纭的金融理论，为当前的正统金融学提供具体包括捍卫、清除和补充三方面内容的“哲学辩护”：捍卫那些表面上看来“无用”，但实际上却有“大用”的金融基本知识；清除那些自称是“真理”，但实际上既不能被证实，也不能被证伪的金融理论；补充那些长期被忽略，但对金融行为（进而对金融现象）有着深远影响的文化和历史因素。

（三）

金融活动的基础是货币，现代货币是银行体系“无中生有”地创造的，又可以被银行体系“有中生无”地消灭。“钱有钱无”的循环蕴含着全部金融活动以及以货币为媒介的实体经济的运行，只有从尽可能宽广的视角来研究金融，才能使我们从整体上审视这个循环，从而真正认识到货币和作为货币载体的银行对于社会经济运行的极端重要性，并帮助我们深刻理解我们所面对的复杂经济金融现象。

本书内容分为四篇。第 1 篇“我们都在盲人摸象”（第 1 章至第 4 章）是对金融学方法论的讨论。第 1 章通过探讨金融危机的盲人摸象原因，以及亚当 · 斯密“看不见的手”所存在的固有矛盾，论证从哲学角度来探讨金融问题的必要性。第 2 章至第 4 章在介绍康德批判哲学基本思想的基础上，结合经济学家对经济学研究方法的讨论，阐述面对经济金融现象我们都在盲人摸象的基本观点。

第 2 篇和第 3 篇将第 1 篇所讨论的方法论应用于对具体金融问题的分析。在正统理论中，货币和银行被认为是“无用”的，第 2 篇“‘无用’的货币和银行”（第 5 章至第 8 章）的详细讨论将表明这种观点是站不住脚的。货币和银行之所以在经济增长中具有如此重要的作用，并且这种作用在可预见的未来还将继续，从根本上源于我们每个人都在盲人摸象这一基本事实。

第 3 篇“金融的文化基础”（第 9 章至第 12 章）讨论文化对金融的根本性影响，并将其结论应用于分析中国的金融结构和经济增长问题。作为社会活动影响因素的文化与作为研究方法论的哲学，在概念上有着极为相似的特征，都可以被认为是模糊性的代名词；在逻辑上两者也有着极为密切的联系，即正是因为文化对金融活动有着根本性的影响，我们才需要采取哲学的研究方法从尽可能宽广的视角来分析金融问题。

第 4 篇“大挑战与大希望”（第 13 章）的基本观点是，“我们都在盲人摸象”是我们每一个人、每一个机构乃至整个社会面临的巨大挑战，但这也正是我们的希望之所在。正是因为我们都在盲人摸象，个人和机构才会不断进步，整个社会才会不断发展。因此，表面上看来是令人悲观的结论，实际上是我们应该始终保持乐观的理由。

从内容上来看，第 1 篇是对康德哲学和经济学方法论的讨论，理论性比较强，离经济金融现实的距离稍远。读者可以根据自己的兴趣，选择从密切联系中国经济金融现实问题的第 2 篇读起，读完第 2 篇和第 3 篇以后再回头来读第 1 篇，在思路上并不会受到太大的影响。

（四）

本书主要适合四类读者。第一类读者是金融从业者。现代信息技术的蓬勃发展和广泛应用似乎意味着金融决策将完全由金融智能系统做出，那么，作为金融人才联合体的金融机构还有继续存在的价值吗？本书“我们都在盲人摸象”的基本结论，既使我们对金融机构的未来充满信心，也为其进一步发展指明了方向。

第二类读者是金融学习者和研究者。经济学、金融学中学派林立，面对同一经济金融现象众说纷纭，有些观点甚至是针锋相对，我们到底应该相信谁的看法？由于我们每个人都在盲人摸象，任何人都不例外，所以，作为学习者，我们需要建立起一个比较完整的逻辑思维体系，并尽可能多地听取不同观点，然后在逻辑判断的基础上进行取舍和综合；作为研究者，我们需要始终保持谦虚，坚持波普尔所说的“可证伪性”的科学态度。本书将为金融学习者提供一个思考金融的独特视角，为金融研究者审视自己的研究提供一种不同的思路。

第三类读者是金融消费者。金融机构林林总总，金融产品名目繁多，金融广告目不暇接，风险事件层出不穷，“入市有风险，风险需自担”的提醒不绝于耳。面对这样纷繁复杂的金融世界，金融消费者将如何进行金融决策？本书不能给你一双“把这纷扰看得清清楚楚明明白白真真切切”的“慧眼”，但却能够帮助你擦亮眼睛。

第四类读者是哲学研究者和爱好者。本书把哲学方法和部分哲学观点应用于对金融的研究，使我们能够看到通常被认为是“无用”的哲学的“大用”。同时，本书还能使我们深入领会哲学中很多命题的含义。比如，哲学中的“有无相生”命题，在银行体系“无中生有”的货币创造和“有中生无”的货币消灭中就体现得非常具体，而本书基于康德哲学对经济金融现象的分析，也有助于我们进一步理解康德的哲学观点。

（五）

关于本书主题的研究整整持续了十年，涉及内容非常宽泛，最终形成的初稿超过了300万字，如果再加上增补、翻译、注释等，字数可能还会增加。经过反复思考和讨论，决定分为两个系列出版：第一个系列是“金融哲学三部曲”（书名暂定为《金融哲学》《货币哲学》《银行哲学》）；第二个系列是“货币历史三部曲”（书名暂定为《中国货币大历史》《英国货币大历史》《美国货币大历史》）。

本书是“金融哲学三部曲”的精华版，希望能够得到读者的批评和建议，以便将来在本书内容的基础上，适时推出完整版的三部曲。

感谢北京大学出版社对本书出版的大力支持。责任编辑张燕提供了大量帮助和有价值的建议，在此表示诚挚谢意！

何自云

2018年3月1日

Contents
>>>>>>>>>

目 录

第1篇 我们都在盲人摸象

第3篇　金融的文化基础

图表目录

案例目录

专栏目录

第1篇

我们都在盲人摸象

PART ONE

>>> 第 1 章

金融危机、盲人摸象与金融哲学

“站在风口猪也能飞”“时势造英雄”“身不由己”等名言俗语，表达的是同一思想，即我们每个人都在亚当·斯密所说的“看不见的手”的指挥下、推动下前进着。我们需要追问的是，是谁在挥动着那只手？在这只手的指挥下，经济金融为什么会陷入危机？对这些问题的探究，把我们引向了哲学。本章的讨论将表明，面对纷繁复杂的经济金融现象，我们每个人都在盲人摸象，这使得模糊性是任何金融活动都不可避免的固有性质，而哲学正是模糊性的代名词之一，因此，我们需要运用哲学方法来探讨金融问题。[1]

1.1 金融危机的根源

针对 2008 年全球金融危机，英国女王伊丽莎白二世在 2008 年 11 月视察伦敦经济学院时，向经济学家们提出了这样一个问题：“为什么没有人注意到即将发生信用危机?”

为了回答这个问题，英国国家学术院在 2009 年 6 月召开了一个题为“全球金融危机：为什么没有人注意到?”的专门研讨会，参会者包括英国主要经济学

[1] 本书第 9 章将指出，对金融活动影响深远的文化也是模糊性的另一代名词，它同样要求我们从哲学角度来研究经济金融。

家、企业家、金融家和高级监管官员，一共 33 人。研讨会结束以后，由伦敦经济学院的蒂姆·贝斯利（Tim Besley）和伦敦玛丽女王学院的彼得·汉尼斯（Peter Hennessy）执笔，以“给女王的一封信”的形式，概括了会议的主要结论。

根源在于没有人看到全局

在这封信的开始，贝斯利等说，许多人确实预见到了危机会发生，但是没有人能够预见到危机爆发的具体形式、开始时间和严重程度。在危机爆发之前，很多机构都曾发出关于金融市场和宏观经济存在严重失衡的警告。比如，国际清算银行多次提醒说，金融市场并没有充分反映经济运行中存在的严重风险。英格兰银行在每半年发行一期的《金融稳定报告》中也多次发布了预警。英国一家著名公开上市银行[1]，拥有多达4000名风险管理人员。这么多专业人士之所以都没有能够看到危机即将发生，是因为没有人能够看到全局：

> 困难的是看到金融体系作为一个整体面临的风险，而不是任何特定金融工具或任何一笔具体贷款面临的风险。风险计算虽然运用了国内外最优秀数学头脑的成果，但一般都局限于度量金融活动的某些侧面，从而通常没有能够看到全局。[2]

经济环境的巨大变化

对于没有人能够看到全局的原因，贝斯利等首先指出的是经济环境。全球范围内的经济环境，在危机爆发之前的一段时期中出现了巨大变化，其中最为重要的一点是，中国和印度等国家的崛起及其“史无前例的全球扩张”，引起了

---

[1] 贝斯利等没有明确说出这家银行的名字，应该是指汇丰银行。

[2] Besley, Tim, and Peter Hennessy, 2009, A Letter to Her Majesty The Queen, The Global Financial Crisis: Why Didn't Anybody Notice?, British Academy, p. 1.

“全球储蓄过剩”，导致全球范围内的长期投资收益率处于极低水平，迫使投资者寻求高收益投资机会，房地产市场出现持续上涨，风险也就不断积聚。

在这一过程中，产生了一种“普遍感觉良好”的氛围，因为每个人的状况都在得到改善：家庭受益于低失业率、低商品价格、低贷款利率；企业受益于低融资成本；银行受益于高利润和全球业务高速扩张；政府受益于高税收。在这样的氛围下，任何风险警告都被另外一些相反的信息所否定，尤其是被持续增长的利润以及其他类似的呈现良好状况的指标所否定，当然也就不可能引起重视。

监管部门的局限

经济主体通常会由于自己所从事的业务的局部性而没有能够看到全局，但专门负责防范系统性金融危机的金融监管部门，为什么也没有能够根据相关风险预警信号采取措施，从而防范危机的最终发生呢?

原因主要在于三个方面。首先，在危机前的一段时期中，监管者中流行着一种基本观念，即银行等市场参与者比监管当局更了解自己面临的风险[1]，同时，金融市场不断涌现的金融创新从根本上改变了金融风险管理的模式，使得金融风险能够被有效地分散、对冲甚至完全消除，从而大大降低了出现系统性风险的可能。在这种“一厢情愿”和“骄傲自大”相结合的观念的影响下，监管者也不太相信风险警告信息的真实性。

其次，在危机之前的相当长一段时期中，美国和欧洲的经济运行良好，尤其是在世纪之交的高科技泡沫出现之后，监管当局不仅成功避免了经济陷入长期萧条，而且经济很快实现了复苏，这极大地助长了监管部门的乐观情绪。再加上无论是学术界还是金融市场，都存在一种放松管制、让市场发挥更大作用的普遍氛围，所以，监管部门采取任何紧缩措施都面临着巨大压力。

---

[1] 这是 2004 年正式发布的《新资本协议》允许银行运用内部模型计算其资本要求的基本原因之一。

最后，除了一些指标显示出经济存在风险以外，有更多的常用经济指标显示经济运行良好，比如，通货膨胀率和利率始终保持在极低的水平，这使得监管当局也没有足够的理由采取强有力的措施。

盲人摸象的局限

在做了上述分析后，贝斯利等总结说，问题的根源仍在于前面已经提到的“没有人看到全局”：

> 每个人似乎都很好地完成了自己的本职工作。按照成功的通常衡量标准，他们做得都很好。问题在于，没有人看到这些行为加总在一起就会导致一系列相互关联的失衡，同时也没有任何一个监管机构对此拥有全面的管辖权。这一点再加上心理上的羊群效应，以及金融和政策领袖们的盲目乐观，最终导致了危险的结果。个体面临的风险可能确实是小的，但整个系统面临的风险却是巨大的。[1]

贝斯利等在分析中反复强调的关键问题，可以用“盲人摸象”来概括，即对于整个经济体系（或金融体系、金融风险）这头“大象”，没有人能够看到整体，所有人都只看到（也只能看到）自己所处的局部，只能根据自己获得的局部信息、从自己的局部利益出发来采取行动，从而无法避免整个经济系统陷入危机的可能。

盲人摸象的故事出自佛教经典，但有多个不同版本。其中，《大般涅槃经》讲述这一故事（专栏 1.1）的目的，是说明“无明众生”常常把色、受、想、行、识、有我等当作佛性，就像是盲人摸象一样，虽然说的都是佛性，但都只是其局部，而并非全体。

---

[1] Besley, Tim, and Peter Hennessy, 2009, A Letter to Her Majesty The Queen, The Global Financial Crisis: Why Didn't Anybody Notice?, British Academy, p. 3.

盲人摸象的故事

有王告一大臣，汝牵一象以示盲者。尔时大臣受王敕已，多集众盲以象示之。时彼众盲各以手触。大臣即还而白王言：“臣已示竟。”

尔时大王，即唤众盲各各问言：“汝见象耶?”众盲各言：“我已得见。”

王言：“象为何类?”其触牙者即言象形如芦菔根，其触耳者言象如箕，其触头者言象如石，其触鼻者言象如杵，其触脚者言象如木臼，其触脊者言象如床，其触腹者言象如瓮，其触尾者言象如绳。

王喻如来、正遍知也，象喻佛性，盲喻一切无明众生。如彼盲人各各说象，虽不得实，非不说象；说佛性者亦复如是。

资料来源：《大般涅槃经》(第32卷)。

《大般涅槃经》关于佛性的核心思想是“一切众生悉有佛性”，但是，佛性“要须修习无漏圣道然后得见”。“无明众生”之所以看不到佛性的全体，原因在于“不修圣道，故不得见”。也就是说，《大般涅槃经》认为，如同在盲人摸象故事中存在知道盲人滑稽可笑之处的“明眼人”一样，在这个世界上存在能够看见佛性的人，比如如来、正遍知以及所有其他已经“成佛”的人，而且任何人只要能够“勤修圣道”，就能够看见佛性，从而避免“盲人摸象”。

但是，面对现实社会中的经济、金融现象，我们是否有可能避免盲人摸象呢？斯密的“看不见的手”和哈耶克对经济体系中价格机制的论述，说明似乎存在这种可能。对此，我们将在下节详细讨论。

1.2 “看不见的手”

对于现代市场经济运行的基本特征，亚当·斯密（Adam Smith）在开创现代经济学的《国富论》(1776）一书中，提出了著名的“看不见的手”的比喻。

他说，每个经济主体仅仅从个人利益出发进行经济决策，但他们之间的行为却十分协调，整个经济运行秩序井然，就好像是有人在指挥每个经济主体的行为一样，但实际上并没有人在指挥，所以，斯密把促使微观经济主体之间行为相互协调的力量称为“看不见的手”。

经济运行中的信息问题

斯密对“看不见的手”的分析，主要是从经济主体追求利润最大化这一最为基本的行为动机角度展开的，并没有深入讨论经济主体面临的信息问题。斯密还明确指出，“看不见的手”比任何“看得见的手”都更加有效，这为后来学术界在20世纪中前期关于计划经济和市场经济比较优势的争论埋下了伏笔。

在这一争论中坚持认为市场机制远优于计划机制的弗里德里希·哈耶克（Friedrich A. Hayek，1974年诺贝尔经济学奖得主），在《社会中知识的应用》（1945）一文中，把隐含在斯密相关论述之中的“每个经济主体都在盲人摸象”这一事实明确地表达了出来：

> 合理经济秩序问题的独特性质，完全取决于这样一个事实，即我们必须利用的关于各种具体情况的知识，从未以集中的或完整的形式存在，而只是以不全面而且时常矛盾的形式为各自独立的个人所掌握。因此，一个社会所面临的经济问题，……是如何利用并非整体地给予任何人的知识的问题。[1]

哈耶克认为，经济运行面临的独特困境是知识是分散的，每个经济主体都只了解全部知识中的一个极小部分。由于任何人都是整个社会分工系统的一部分，不同经济主体之间的行为必须相互协调，才有可能产生良好的经济秩序。

---

[1] Hayek，Friedrich A.，1945，The Use of Knowledge in Society，*The American Economic Review*，Vol. 35，No. 4，p. 519.

实现协调的方式只有两种：一种是集中计划，即每个经济主体把自己掌握的局部知识都传递给某一中央机构，然后由该机构在综合全部知识以后，对每个经济主体发出命令，每个经济主体根据命令从事相应经济活动；另一种是分散决策，即由每个经济主体根据自己掌握的信息分别做出决策。哈耶克认为，由于中央计划者在决策中所依赖的统计数据不可避免地存在严重缺陷，所以，经济的良好运行不可能采取第一种方式，只能采取第二种方式。

解决信息问题的价格

哈耶克接着分析道，采取第二种方式也同样面临问题，即每个人的分散决策不能仅仅依靠他个人掌握的信息，从而需要一个可靠的低成本信息渠道，把经济主体需要的、除他自己所掌握的有限信息之外的其他信息传递给他，而价格体系正是这样一种信息传递机制。

在哈耶克看来，价格体系使得“我们都在盲人摸象”的问题得到了妥善解决：价格就相当于斯密所说的“看不见的手”，每个人只需要观察价格，就相当于看到了整个经济体系这头“大象”。这与《大般涅槃经》中说的只要“勤修圣道”就可以避免盲人摸象、得见佛性（见第 1.1 节），在逻辑上是一样的。

通过“勤修圣道”是否就能“得见佛性”，已超出了我们的讨论范围，但是，本书基于康德批判哲学基本框架的详细讨论表明，面对现实社会中的经济金融现象，盲人摸象是不可能避免的。在下一节，我们以哈耶克所说的价格机制的作用为例，对此做一个初步说明。

1.3　我们都在盲人摸象

在《社会中知识的应用》（1945）一文中，哈耶克举了一个锡的例子，以说明价格体系的信号传递作用。在本节的讨论中，我们使用一个更贴近生活的例子（案例 1.1）。

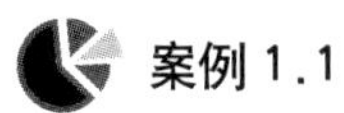

案例 1.1

张三的烤肉餐厅决策

假设拥有很好烤肉技术的张三，打算在某城市开设一个烤肉餐厅，亲自担任大厨，现在需要做出是否开设这家餐厅的决策。张三所拥有的“局部信息”，主要是他自己的厨艺，但要开好一家成功的餐厅，仅仅拥有好的厨艺是远远不够的。为了简化讨论，我们忽略注册、选址、装修、员工、广告、原料渠道等因素（也可以把这些内容也包括进张三已经掌握的“局部信息”之中），只关注哈耶克所说的价格问题，即假设张三知道一份烤肉的综合成本，他现在面临的问题是，确定它的未来销售价格，并据此判断他是否能够盈利、是否确实可以开设这家餐厅。

在哈耶克的讨论中，张三面临的问题很好解决，即观察市场上的价格，以此价格作为基准，扣除已经知道的成本，就得到了利润；如果利润符合预期，就可以开设餐厅。但是，在现实世界中，张三面临的问题并非如此简单。在这里我们只关注最重要的两个问题。

首先，张三到底要观察什么样的价格？最好当然是同样位置、同样装修、同样规模、同样厨艺、同样服务、同样停车方便程度的餐厅中同样烤肉的价格。但是，如此“同样”的餐厅或烤肉是不存在的：张三新开餐厅的原因正在于其“不同”所带来的优势。所以，张三只能在有限维度上选择类似的价格进行观察，比如，地理位置和规模相似（而不是相同）的餐厅中相似（而不是相同）菜品的价格。

其次，张三需要了解目标客户的价格承受能力和在给定价格水平下的销售数量。张三提供的并非标准化产品，而是涉及了未来可能价格水平下的可能销售数量，所以，张三不可能免费得到这样的信息，而且即使花费了较大成本（如采取市场调查的方法），得到的也可能只是非常粗略的信息。

模型、数据和理性

在案例 1.1 中，张三的决策过程至少涉及三个方面的因素，即模型、数据和理性。模型是把决策目标（即“因变量”）与影响决策的因素（即“自变量”）联系起来的一个思考框架，每个人在理解经济现象、进行经济决策时，都需要使用模型，只不过我们在日常生活和工作中所使用的模型，往往是非正式的，有时甚至是我们自己所没有意识到的（即“日用而不知”）。

张三在解决案例 1.1 中所提到的两个问题时就需要使用模型。比如，他为了了解潜在客户的价格承受能力，决定聘请专业调查公司进行市场调查。在这一决策中，张三至少使用了三个模型：第一个模型的因变量是“烤肉价格”，而自变量之一是“客户愿意支付的价格”；第二个模型的因变量是“客户愿意支付的价格”，自变量之一是“受访客户表示愿意支付的价格”；第三个模型的因变量是“市场调查的成本收益比”，其中的自变量可能包括“自己亲自调查的成本收益比”“聘请专业调查公司进行调查的成本收益比”。

模型只是一个框架，其中的所有变量必须被赋予具体数值才能够发挥帮助决策的作用(参见下一章的详细讨论)。前面提到的三个模型最终都是为了给“烤肉价格”确定一个具体的数值。当然，这个数值又是为了融入上一层次确定利润的模型，从而为张三的最终决策服务。

理性是经济主体在经济决策中追求感知到的最优的一种行为倾向（参见第 4 章的详细讨论）。如果没有尽可能多地赚取利润这一根本性动力，张三完全不必考虑观察价格、了解目标客户的问题，也就无所谓运用模型并为模型赋值的问题了，所以，理性是模型和数据的基础。

每个人的粗略简化模型

任何经济主体在经济决策中，都会与张三一样，必然涉及模型、数据和理性三个方面的因素，而每个经济主体在这三个方面都是有限的。从模型来看，任何模型都既不可能被证实，也不可能被证伪（参见本书第3章），所以，任何人使用的模型都只能是简化的粗略模型，不可能是唯一正确的模型；为模型变量赋值的数据，永远只能是从有限的维度来反映事物有限的特征，再加上生成、获取、加总、平均过程中必然存在的误差，任何数据都只能是粗略的，金融数据如此，其他经济数据更是如此；任何人的时间、精力、知识和资源都是有限的，从而不可能做到完全理性，而只能做到有限理性。

在案例1.1中，张三在确定“烤肉价格”的过程中，层次递进地运用了三个不同模型，但如果要保证充分的理性，还需要增加更多的模型来分析每一个决策以及每一个决策所涉及的因素。比如，在第三个模型中，在确定“聘请专业调查公司进行调查的成本收益比”的值之前，还需要采用一个模型，确定“聘请哪家专业调查公司”，等等。实际上，完全理性所要求模型的数量是无穷的。不仅如此，由于经济中各个部分之间是密切联系在一起的，每个模型本身要保证绝对准确，需要考虑的参数也是无穷的，需要的统计数据当然也就是无穷的。在实际社会运行中，每个人都只能在有限模型、有限数据和有限理性的基础上做出决策，从而都不可避免地会陷入盲人摸象的困境。

经济决策的必然模糊性

上述简要分析表明，价格体系也同样存在哈耶克已经指出的、中央计划者了解经济状况时不得不依赖的统计数据所存在的缺陷，从而并不能如他所说的那样，传递经济主体所需要的、关于外部经济状况的全部信息。实际上，经济主体由于面临着前述模型、数据和理性方面的局限，永远不可能得到他需要的足够信息，在经济决策中始终只能奉行“差不多”的基本原则（参见本书第4章），即在已经获得的部分信息的基础上，加上自己的主观判断，形成具有一定风险，从而必然模糊的决策。

对于经济主体在现实中所做决策的模糊性，凯恩斯在《概率论》（*Treatise on Probability*，1921）一书中就做了非常详尽的论述。2013年诺贝尔经济学奖得主罗伯特·希勒（Robert Shiller）在获奖演讲中概括了凯恩斯关于不可能准确度量概率，从而总是存在模糊性的观点：

> 因为这一根本性的模糊性，人们在金融交易中难免有“幻想的成分”。关键决策都是在冲动而不是计算的基础上做出的。一个人可能计算过概率，但通常不会完全相信自己的计算，而是遵照直觉的指引。[1]

凯恩斯所说的模糊性，从根本上源于我们都在盲人摸象这一最基本的事实。由于模糊性是不可能避免的，所以，在现实世界，经济主体的大量决策都是建立在“冲动”和“直觉”基础上的，这实际上是凯恩斯所说“动物精神”的核心含义（参见本书第 9 章的详细讨论）。

基于“冲动”和“直觉”的决策，当然会经常出现失误，而这正是经济发展需要勇于和善于承担风险的企业家的原因：“勇于”指的是不要害怕出现决策失误，愿意承担可能出现的损失；“善于”指的是做好充分的风险防范措施，在出现失误时，不至于被彻底淘汰，并且能够从失误中吸取教训，从而能够在时机适当时“东山再起”，并享受高风险带来的高收益。

金融危机的可能

从宏观上来看，微观经济主体的决策有的正确、有的错误，有时正确、有时错误，其宏观经济影响能够在一定程度上相互抵消。同时，有些微观上的错误决策，在宏观上并没有不利影响。比如，张三开设餐馆如果出现决策错误，一年后被迫关张，从而浪费了装修费、餐桌椅购置费、所付员工工资等，但从宏观上来看，这些支出构成了其他人的收入，增加了他所在地区的 GDP。因

[1] Shiller，Robert J.，2013，Nobel Prize Lecture: Speculative Asset Prices，http://www.nobelprize.org/，p. 474.

此，虽然每个经济主体都在盲人摸象，但整个宏观经济通常情况下也能够在“看不见的手”的引导下正常运行。

不过，如果一个时期内大量经济主体在决策上出现同样（或类似）的错误，尤其是在这些错误决策出现相互强化（而不是相互抵消）的情形时，整个经济就有可能会陷入危机。2008 年全球金融危机是美国次贷市场危机引发的，而次贷危机的根本原因之一，正是在对房地产价格的持续上涨预期下，美国大量经济主体在同一时期犯了几乎完全相同的错误。

具体来看，对房地产价格的持续上涨预期，刺激了居民的买房意愿和房贷需求，促进了贷款机构完全以住房为抵押来发放贷款。由于抵押品的价值在不断上涨，居民通过不断再融资的方式，一方面保持了继续偿还所借贷款，违约率非常低；另一方面使整个社会的需求强劲增长，经济形势一片大好，使评级机构及投资者认为次贷相关证券的风险比较低，从而增加了对这类证券的需求。证券需求使资金大量流向房地产市场，一方面使房地产市场持续上涨，另一方面推动着整个次贷市场的迅速膨胀。这是一个“自我实现预期”的典型过程（见图 1.1）。

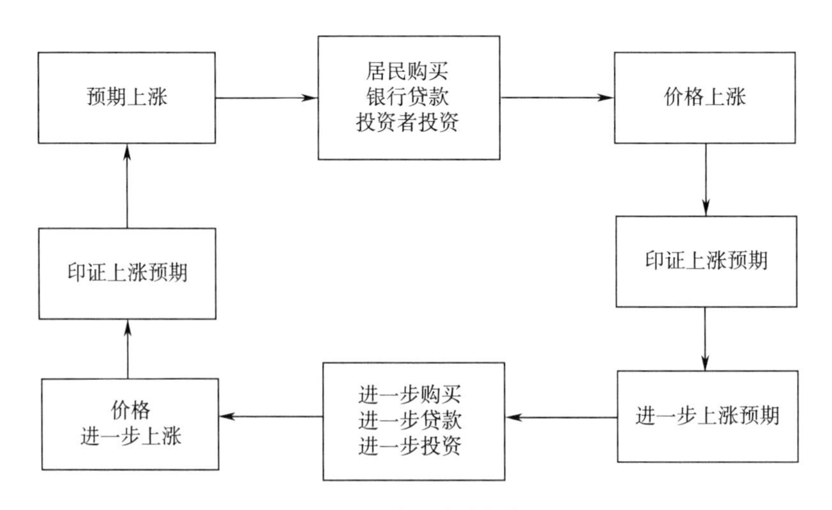

图 1.1　房地产价格上涨的自我实现预期

图 1.1 所示的房地产价格螺旋式上涨的过程不可能永远持续下去，或者由于政府关键政策的出台，或者由于某家机构的破产，或者由于信用评级机构普遍下调相关证券或机构的信用评级，等等，房地产价格的上涨预期转变成下降预期，不断上涨的螺旋被反转，房地产价格出现持续下跌，而下跌的速度通常要远远超过原来上涨的速度，结果就是危机的爆发。

上述讨论表明，我们都在盲人摸象并不必然导致危机，但却隐含着危机的可能，这正是我们需要在充分发挥斯密所说“看不见的手”（亦即哈耶克所说价格机制）的作用的同时，还需要政府这只“看得见的手”对宏观经济进行调控的原因。我们都在盲人摸象也是危机的前提，因为如果经济中至少存在一个全知全能的经济主体（“全能者”），那么，这个必然“善良”（否则就不可能是“全知全能”）的“全能者”，最终就会控制整个经济金融体系乃至全社会，并使之按照“正确”的轨道运行。因此，对整个社会带来巨大不利影响的金融危机的存在和可能，使我们有必要深入地探讨我们都在盲人摸象背后的逻辑，而这一探讨的过程和结果就是金融哲学。

1.4 金融的模糊性与金融哲学

哲学是模糊性的代名词。如果所有金融指标都能准确量化，所有金融行为都能通过契约和法律制度明确界定，那么，所有金融问题都可以通过量化分析、规则制定得到解决，哲学也就没有了用武之地。正是由于我们都在盲人摸象，所有金融决策都不可避免地存在模糊性，我们才有必要通过哲学讨论来分析其原因和对策。

阐述金融实践和金融研究的固有模糊性，是金融哲学的核心任务。在这里，我们以股票投资者对 A 公司所发行股票未来价格走势的判断为例，进行简要说明（案例 1.2）。

案例 1.2

投资者对 A 公司股票价格走势的判断

投资者对股票价格的判断，也要涉及第 1.3 节所说的模型、数据和理性。“股票价格等于未来股息的现值”是投资者可以运用的基本模型之一（以下简称“现值模型”）。在运用这一模型时，投资者需要预测 A 公司每季度发放一次的股息的具体金额，同时需要选择适当的贴现率。

为了预测股息，投资者可以选择历史股息数据简单外推，其结果当然是不可靠的。为了提高准确性，投资者就需要预测 A 公司的未来利润（及股息政策）；为了预测其未来利润，就需要预测其未来收入和成本；为了预测其未来收入和成本，就需要预测其产品研发能力、生产能力、营销能力、成本控制能力、竞争对手、政治政策、国际环境，等等。

对于贴现率，投资者当然可以简单地选择一个特定期限（比如十年）的国债收益率，但这个选择的缺陷是非常明显的，因为股票是无期限的，并不只是十年，从而在期限上是不匹配的；投资股票所承担的风险要远高于投资国债的风险，投资者所要求的股票收益率也就应远高于国债的收益率。所以，投资者在选定十年期国债收益率后，还需要进行适当调整，以充分反映 A 公司股票的期限、风险，以及未来的利率走势和其他可能存在的投资机会。

案例 1.2 中的现值模型还只是投资者可以考虑的众多模型之一。比如，投资者还可以选择技术分析法，通过对历史交易价格、交易量、持仓量等的分析来判断未来价格。这样，第 1.3 节所述的有限模型、有限数据和有限理性，也完全适用于这里的讨论。因此，投资者对 A 公司股票未来价格的预测，只可能是模糊的，不可能找到唯一正确的结论。在对 A 公司未来价格的预测中，投资者的主观判断发挥着极其重要的作用，这正是金融观念性的充分体现。

投资者的模糊性预测结果会决定投资者的行为，而投资者的行为从总体上又会改变其预测对象——股票价格，这就大大增加了投资者预测股票价格的难度，因为此时投资者还需要预测其他投资者的预测，以及其他投资者对自己预测的预测，等等。预测难度的增加，当然也就增加了预测的模糊性。

面对不可避免的模糊性，无论是金融实践者还是金融研究者，都只能如同摸象的盲人那样，仅仅根据有限的信息（数据）、采用有限的模型、在有限的理性作用下，做出必然存在问题的实践决策和研究结论。正是因为如此，为了更好地理解金融实践、开展金融研究，我们需要充分说明金融的模糊性，并寻找相应的对策，而这就是金融哲学的任务。

1.5 “失败的哲学家”索罗斯

著名金融投资家乔治·索罗斯（George Soros），年轻时曾经热衷于哲学，尤其是热衷于卡尔·波普尔（Karl Popper）的证伪哲学，曾一度有“成为大哲学家的幻想”，但由于现实生活所迫，在大学毕业后不得不暂时放弃哲学研究，投身于金融市场。虽然他一直保持着对哲学的兴趣，但直到后来成为一个成功的对冲基金经理之后，才回头比较深入地研究哲学。

自称“失败的哲学家”

索罗斯在 1987 年出版了第一部系统阐述其哲学观点的著作《金融炼金术》（*The Alchemy of Finance*），但这本著作受到关注的程度远远没有达到他自己的预期。2009 年年底，索罗斯在中欧大学进行了五场公开演讲。在这次演讲中，索罗斯把自己称为一个“失败的哲学家”，但却是一位“屡败屡战”的哲学家：

> 我每次写书时都会忠诚地重申我的观点。这对发展我的概念框架很有帮助，但我仍然认为我自己是一个失败的哲学家。有一次我还把

我的演讲标题定为"一个失败哲学家的再次尝试"。[1]

在2008年全球金融危机爆发以后，索罗斯认为他的理论框架使他准确地预测到了此次危机，并且能够为危机提供一个比较好的解释。这大大增强了他对自己所建立哲学框架的信心，进而在2009年年底发表了前述五场公开演讲，再次全面介绍他的哲学观点。

被"证伪"的哲学

索罗斯的哲学观点当然很有启示。但是，即使他的哲学框架使他在金融实践中获得了巨大成功，而且使他成功地预测和解释了2008年全球金融危机，从他自己反复强调的、波普尔的"一个理论不可能被证实、只可能被证伪"的观点来看，他的哲学观点也没有被"证实"。相反，绝大部分投资者并没有像索罗斯那样在金融市场上获得成功，说明索罗斯完全反对的有效市场理论可能是正确的，这反而从一定意义上"证伪"了他的哲学观点。[2]

另一个可被视为"证伪"索罗斯哲学的证据是，尤金·法玛（Eugene Fama）和罗伯特·希勒（Robert Shiller）同时在2013年获得诺贝尔经济学奖。这之所以能够被视为"证伪"的证据之一，是因为法玛所开创和代表的有效市场理论，以及希勒所开创和代表的行为金融理论能够获奖，表明其得到了比较广泛的认可，而对于前者，索罗斯明确表示反对，并将其看作与自己观点"势不两立"的理论，对于后者，索罗斯认为与他的反身性理论是相容的，但只解释了现实金融现象的一半：

我的理论直接违背了当前金融市场上流行的有效市场理论。……

---

[1] Soros, George, 2009, Lectures at Central European University, http://www.opensocietyfoundations.org, p. 3.

[2] 本书第4章的讨论将表明，严格来说，任何经济理论都是既不可能被证实，也不可能被证伪的。这是我们在本节的讨论中使用"证实"和"证伪"这两个词时都打上引号的原因。

如果这个理论正确，我的就错了，反之亦然。……行为经济学是完全基于反身性的，但是，……它只是探索了现象的一半。[1]

“哲学就是哲学史”

索罗斯曾坦承他并不了解学术界中流行的“被普遍接受的理论”，因为他的目的是在金融市场赚钱，而赚钱并不需要了解这些理论。由于索罗斯并不真正了解相关学术理论，他对这些理论的批判当然就很难有的放矢，而要想建立起一个替代性的理论则更加困难。

黑格尔所说的“哲学就是哲学史”引起了极为广泛的争论，但从这句话中，我们至少能得到这样一个启示，即任何一种哲学思想都必须建立在前人探讨的基础之上，从而都不可能是全新的。孙正聿在《“哲学就是哲学史”的涵义与意义》(2011）一文中，把哲学和哲学史分别定义为“历史性的思想”和“思想性的历史”，在介绍了恩格斯的相关论述（其中引文部分来自恩格斯）后概括道：

任何一种哲学——历史性的思想——都不是某个哲学家的“独白”，而是哲学家之间的“历时态”的和“同时态”的“对话”。离开哲学“对话”的哲学“独白”是不存在的，而哲学“对话”的前提则是了解、熟悉和研究各种各样的“历史性的思想”。探讨任何一个哲学问题，如果不以哲学史——思想性的历史——为前提，这种“探讨”都会由于离开“思维的历史和成就”，而把某种“历史性的思想”当作“用来套在任何论题上的刻板公式”，甚至把早已“被废弃了的哲学命题”，“当作全新的时髦的东西拿了出来”。[2]

---

[1] Soros，George，2009，Lectures at Central European University，http://www.opensocietyfoundations.org，p. 10.

[2] 孙正聿，“哲学就是哲学史”的涵义与意义，《吉林大学社会科学学报》，2011 年第 1 期，第 50 页。

法玛在2013年获得诺贝尔经济学奖时发表的获奖演讲中表示，行为金融理论不仅本身存在很多缺陷，而且最重要的是没有建立起一个完整的替代理论（参见《金融哲学》一书的详细讨论）。这一点也完全适用于评价索罗斯的哲学。索罗斯在阐述自己观点的过程中，并没有与前人的研究联系起来，相当于是前引孙正聿所说的“哲学独白”，再加上索罗斯并没有能够建立起一个比较完整的逻辑体系，从而不仅很难被学术界所接受，而且对于普通读者来说，也很难产生比较持续的影响。

1.6 金融学的“哲学辩护”

当前流行的金融学面临着各式各样的批评。比如，从方法上来看，金融学研究几乎已经成为一门纯粹数学性质的学科；从内容上来看，金融理论中的很多假设和结论在现实经济中根本不可能存在；从作用上来看，金融学似乎完全丧失了对现实的指导意义。

金融哲学的目的，并不是如我们反复强调的“我们都在盲人摸象”这句话所可能隐含的那样，去批判现在流行的金融学。相反，正如康德要把自然科学从休谟的怀疑论中拯救出来一样，金融哲学的主要目的，是通过不断追问“为什么”的哲学方法，分析金融学中固有的模糊性，说明面对经济金融现象我们都在盲人摸象，从而为当前盲人摸象式的金融研究、金融教育和金融实践提供一种“辩护”，为其带来希望，并指明方向。这一“辩护”主要是通过捍卫、清除和补充来实现的。

捍卫

面对前述各种批评，金融哲学的第一项任务是捍卫。运用康德的先验知识概念和悬设概念，当前金融学中相当多被认为“无用”的内容都是极有价值的。

以我们将在第 4 章讨论的真值存在悬设为例。弗里德曼的恒久收入和自然增长率、预期学派的理性预期、证券资产的真实价值、现代经济学中的核心概念最优值等“真值”，都只能被视为康德所说的“悬设”，即符合特定标准的有用假设。它们如果真的存在于现实经济中（即被人们找到并加以运用），货币和金融就将不复存在，因为正是为了解决现实经济没有能够按照真值运行所存在的问题，货币金融才会产生和发展，所以，对于这些“真值”，我们永远不可能在经验世界中找到对应物，这也正是这些概念饱受批评的原因。

但是，由于我们不可能用知识来证明它们不会存在于超越经验界限的本体世界，因此，我们完全可以假设它们存在。同时，出于理论发展和实践推进的需要，我们必须假设它们存在，并且把它们当作一种信仰，因为如果没有这样的假设，在理论上，人类理性所要求的完整统一的理论体系将不可能建立起来；在实践上，人们也就没有了不断前进的目标和动力。

通过上述捍卫，那些仅仅存在于思想中、想象中的“真值”及其相关理论和方法（包括经济学的数学化），就能够继续留在金融学的大厦之中。

清除

为了促进金融学的健康发展，金融哲学的第二项任务是清除，即对于那些自认为能够完全解释金融现象的知识，需要指明其“不可能”而将其从金融学中清除出去。

由于金融中的所有概念、所有变量、所有关系都必然是模糊的，任何对于现实金融问题的解释和分析都只能是近似的，任何自认为能够完全解释现实金融现象或者能准确预测未来金融变量的理论，都需要被清除出去。

当前尤其迫切需要清除的是，仅仅凭借基于一些数据或几个案例研究所得到的结论，就宣称创造了一个“填补空白”的全新理论，或者通过“证伪”而“推翻”了某个理论的“学术成果”。

补充

金融哲学的第三项任务是补充。经济理论数学化的严重后果之一是使得文化因素的重要作用在经济金融的研究中几乎被完全忽视。金融哲学的重要任务之一是论述文化对经济金融活动的重要影响及其机制，希望能够引起更多的研究者和实践者对文化因素的重视。需要特别指出的是，我们的主张是“文化是重要的”，而不是“文化决定一切”。因此，金融哲学对文化重要性的强调是“补充”，而不是“替代”。

以对经济增长的研究为例。由于文化难以被准确地量化，传统经济增长理论中通常没有文化的容身之地。如果决定经济增长的只有技术、资本和劳动力，经济增长只会永远持续；正是具有重要作用的文化观念（包括通常所说的信心）的变化，才导致了经济增长的波动。

中国改革开放以来经济增长的银行主导、政府主导路径，与西方国家的市场主导路径明显不同，其根源就在于中西方文化的根本性差异。因此，经济增长的逻辑和历史，特别是中国经济增长的实践，充分说明了文化因素的重要性。要认识到这一点，我们就必须跳出传统经济学的讨论范围，采取更为宽广的哲学视角。

以货币数量论为例

本书第 2 篇对货币数量论的详细探讨，充分体现了哲学方法对金融分析的重要意义。被称为“仍被信奉的最古老经济理论”的货币数量论，最早可追溯至公元 200 年左右，而休谟在 1742 年出版的《人性论》一书中就对它进行了详尽的阐述。这一理论虽曾因为受到凯恩斯的批判而一度陷入低谷，但在弗里德曼使其“复活”之后，目前仍被正统经济学、金融学教材普遍接受为对通货膨胀问题的“标准解释”（参见本书第 6 章）。

但是，在通过银行报表分析发现商业银行不是金融中介，进而弄清楚整个信用货币的运行框架（参见本书第 7 章）以后，我们发现弗里德曼在阐述货币数量论时的逻辑存在明显问题（参见本书第 8 章）。

“商榷”的障碍

要“商榷”弗里德曼的著名论断，仅仅根据逻辑分析是不够的，因为我们还面临一个巨大的障碍：经验证据。弗里德曼曾多次明确表示，在经济学中几乎没有任何一条其他原理像货币数量论那样，得到了经验证据在如此广泛环境下、如此结论一致的支持。1995 年诺贝尔经济学奖得主、被称为“第二代货币主义者”的卢卡斯，也在多个场合表达了同样的观点。

确实，货币数量论涉及的三个核心数据（货币数量、物价水平和经济增长），可以说是全世界所有经济数据中，最容易获得、标准最为统一、涵盖期限最长的数据。当如此众多“重磅专家”（如果需要的话，至少还可以加上 2003 年诺贝尔经济学奖得主格兰杰、2011 年诺贝尔经济学奖得主萨金特和西姆斯），基于不同时期、不同国家的这些数据，都“证实”了货币数量论，而且这一理论还是目前几乎所有货币金融学、经济学中的标准阐述时，我们还有什么理由怀疑它呢？

经验证据的局限

正是对前述问题的思考和对原因的不断追问，把我们引向了哲学。经济金融中任何变量都是模糊的（即使是前述三个“最容易获得、标准最为统一、涵盖期限最长”的数据也是如此），这就使得仅仅以任何经济统计数据为基础都不可能得到确切的结论。

不仅如此，经济中各个因素之间的因果关系也是模糊的。即使我们观察到的数据完全准确，仅仅依据这些数据，我们不可能确定任何两个因素之间因果关系的方向：是货币供应量增长导致通货膨胀，还是通货膨胀导致货币供应量增长？由于整个经济体系是密切联系在一起的，就像万有引力存在于世界上任何两个物体之间一样，因果关系也是普遍性的，从而我们也不可能确定因果关系的单一性。

因此，任何经验证据都不可能使我们对货币数量论确信无疑。对经济学方法论的进一步探讨将表明，经济理论既不可能被证实，也不可能被证伪。对于经济理论的评判，我们只能采用“差不多”的实用主义策略，而这正是我们从弗里德曼的《实证经济学方法论》(1953) 一文中所获得的最重要的启示 (参见本书第 3 章)。

货币数量论的价值

货币数量论当然仍具有巨大价值，否则它也不可能成为到现在仍然被普遍信奉的、最古老的经济学理论。这一理论最具价值的是它的这样一个结论：“太多的货币追逐太少的商品必然导致通货膨胀。”这个结论属于金融学中的“先验知识”，具有普遍必然性 (即永远是正确的)。

弗里德曼当然也承认这一点，并将其称为“套套逻辑”(tautology)。他的问题是，为了能够进行经验检验，把真正起作用但不可直接观察的货币流量，替代为可以观察的货币存量，而为了使这一替代变得合理，他又不得不做出一些完全不合理的假设，比如货币外生、货币需求稳定、货币流通速度不变，等等。

弗里德曼的上述做法是经济学研究中“舍弃逻辑、迁就量化”的典型例证之一，用通俗的话来说，都是经济理论数学化“惹的祸”。

正确的哲学态度

既然找到了“罪魁祸首”，似乎问题得到了解决，但在我们进一步追问经济理论数学化的原因时才发现，这一趋势本身也有其充分的理由：康德告诉我们，它源于人类追求知识统一的理性命令。因此，哲学思考使得我们对待货币数量论这类仍有大量信奉者的经济理论的基本态度，既不是完全接受，也不是彻底抛弃，而是要对其进行系统性的批判，在保留合理成分的基础上，坚决去除其中蕴含的可能引起误导的成分，这就是前述金融学的“哲学辩护”中的清除工作。

>>> 第 2 章

我们可以认识什么？

上一章的讨论表明，现实社会中的任何决策都要涉及模型、数据和理性三方面的因素，而三者的有限性使得我们的所有决策都必然是盲人摸象式的。康德的批判哲学对人类认识的这一局限性做了深入而系统的探讨，为我们提供了一个非常好的分析框架。本章和第 4 章对康德的观点进行了比较全面的介绍。康德认识论的关键是把人类认识的对象划分为现象和物自体两大类，前者是可知的，后者是不可知的。本章介绍康德对两者的划分以及康德对人类如何认识现象的讨论，第 4 章介绍康德围绕物自体对人类认识活动和实践活动追求目标的讨论。

2.1 认识论中的“哥白尼革命”

认识论的基本问题之一是，人类认识中的观念是否有可能包含与客观对象必然相符的内容，即人类知识中是否有可能包含具有普遍必然性的成分。康德说，在他之前的研究者通常认为，人类的认识必须符合客观存在的对象，但在这一假设下所做的解释始终存在很多矛盾。康德在他的批判哲学 [1] 中，采取了

[1] 康德的批判哲学由他的合称“三大批判”的如下三大著作创立：《纯粹理性批判》（1781）、《实践理性批判》（1788）和《判断力批判》（1790）。

与他们完全不同的方法。由于这一方法的根本性变革，康德将其自称为认识论中的“哥白尼革命”。

康德之前的研究困境

康德所说的在他之前的研究者，主要是以休谟等为代表的经验论者和以笛卡尔、莱布尼茨等为代表的唯理论者。

经验论者认为，所有知识都来自经验，但经验只是偶然的，所以，知识不可能具有普遍必然性。休谟的著名例子之一是，即使是我们过去每天都看到太阳早上从东方升起，我们永远也不能声称“太阳明天一定还会从东方升起”。我们在日常生活中之所以会有类似的普遍性观念，完全是出于习惯，但这样的观念根本没有必然的理论基础。

但莱布尼茨认为，整个世界之所以呈现出和谐的状态（包括“太阳每天固定地从东方升起”），是造物主——上帝设定的，所以，我们的知识中有具备普遍必然性的知识，这种知识就来源于世界产生之前由上帝设定的“预定和谐”(predetermined harmony)。

康德认为这两种解释都不成立。原因在于，经验论否定了数学和自然科学的可能性，但这两类科学的存在是显然的；唯理论的基础是上帝存在，但我们根本不可能通过知识证明这一点。

康德的革命

康德说，在他之前的研究者面临的困境，与哥白尼之前的研究者面临的困境非常相似。在哥白尼以前的天文学中，观测者是固定的，作为观测对象的天体是运动的，但在此基础上建立的理论始终存在很多漏洞，而且与很多实际观测也不相符。后来，哥白尼把两者的关系颠倒过来，做出了完全相反的假设，即假设观测对象（即太阳）是固定的，而观测者（即地球）是运动的。在这一假设下建立的理论更加有效，观测结果得到了更好的解释。

康德认为，他阐述的认识论在思维模式转换上与哥白尼极其相似：不是我们的认识符合对象，而是对象符合我们的认识。康德的结论是，我们的知识中之所以会包含必然与对象相符的、具有普遍必然性的内容，是因为这些内容是我们人类“放进”我们所认识的对象之中的：

> 这里的情况与哥白尼（的情况）……是同样的。……现在，在形而上学中，……我们也能够以类似的方式来试验一下。……我们关于物先天地认识到的只是我们自己放进它里面去的东西。……这一试验按照我们所希望的那样成功了。[1]

梁启超对康德哲学的介绍

中国最早系统介绍康德哲学的梁启超，在《近世第一大哲康德之学说》(1903)一文中，以我们用眼睛看物时看到的颜色为例，对于康德哲学的哥白尼革命进行了说明：

> 譬之病黄疸者，触目所见，皆成黄色；又如戴着色眼镜，则一切之物，皆随眼镜之色以为转移。……适故当知我之接物，由我五官及我智慧两相结构而生知觉，非我随物，乃物随我也。康德既述此义以为前提，因言治哲学者当一变前此之旧法而别采一新法，如哥白尼之论天体然。[2]

我们获得的关于外界事物的知识，不只是“我五官”的结果，即并非如休谟所说仅仅源于感觉经验，还包括“我智慧”的重要作用，是两者密切结合的

[1] 康德，《纯粹理性批判》，邓晓芒译，人民出版社 2004 年版，前言第 15 页。

[2] 梁启超，近世第一大哲康德之学说，《梁启超全集》，北京出版社 1999 年版，第 1056 页。

产物。在获得知识的过程中，我们并不是完全被动的（即“我随物”），而是有着极强的主动性（即“物随我”）。比如，在“正常人”看来是红色的杯子，在黄疸病人看来是黄色的，这个黄色并不是杯子的“本来颜色”，而是黄疸病人自己“放进”杯子的。在黄疸病人看到这个杯子之前，他自己以及任何了解他病情的人都会知道，这个杯子在他眼中呈现的颜色必然是黄色的，这就是康德所说的人类观念中包括有普遍必然性内容的含义。[1]

现象与物自体的区分

康德实现哥白尼革命的关键是对现象和物自体的区分。在所有客观存在的对象中，人类能够认识的对象，只有处于时空之中从而能够被我们经验到的对象，亦即我们能够通过感官感知到的对象。同时，我们经验到的对象，只是对象在我们的观念中呈现的现象，始终包含我们“放进”的东西，从而不是事物的“本来样子”。康德把不受人类认识因素影响的这一“本来样子”称为“物自体”（things-in-themselves 或 objectes as they are in themselves）。[2] 同时，与现象（phenomena）相对，康德也常把物自体称为本体（noumena）。

在黄疸病人的例子中，物体在黄疸病人眼中呈现的颜色，并不是物体的本来颜色，而是黄疸病人加在物体上的颜色。运用盲人摸象的故事来说明康德的上述观点，更加形象：“盲人”就是我们人类，“大象”就是物自体。盲人只能通过触觉来感知大象，从而只能在解读通过触觉所获得信息的基础上来了解大象，因此，盲人了解的大象并不是大象的“本来样子”，而是盲人基于自己所获得的有限信息和解读这些信息的模型“构建”的一只“扭曲”的大象。

---

[1] 这个关于杯子的例子，只是为了帮助我们理解康德的基本思想。康德在分析中所使用的“先天”和“先验”概念，指的是先于人类所有经验的东西，而“杯子”“黄色”等概念都来自经验，所以，我们在本节使用的“先天”和“先验”这两个概念都不严谨。

[2] 康德的这一概念也常被译为“物自身”“自在之物”“事物的本来样子”“事物的本来状态”等。

物自体只是一种假设

康德对物自体和现象的区分，虽然受到不少人的颂扬，但始终面临着持续不断的批评。在所有批评中被认为“最致命”的批评是康德的“自相矛盾”：既然物自体是不可知的，我们又怎么知道它存在，并且还知道它与我们所认识的现象不同？在黄疸病人的例子中，既然所有人都有黄疸病，所有东西在所有人看来都是黄色的，凭什么不能说黄色就是那个杯子的“本来颜色”，而非要说还存在一个与黄色可能不同的、没有任何人知道的颜色？

对于现象背后的物自体，康德说，虽然我们不能认识，但可以“思考”，可以“想象”：

> 至于我们为什么……还给诸现象附加上了只有纯粹知性才能思考的本体，那么其原因只是基于以下一点。……是自然而然地从一般现象的概念中推出来的：必然会有某种本身不是现象的东西与现象相应。[1]

康德的基本逻辑是，既然我们关于对象的知识总是包括两部分，即来自对象本身的部分和人类“加进”对象的部分，那么，为了避免循环论证，我们完全可以假设这个对象本身是存在的，是刺激我们感官的东西，是没有第二部分内容时的对象。也就是说，物自体（本体）只是我们在思想中基于逻辑推理而假设的对象，是我们加在一个不可知的对象身上的名称，这是康德常把物自体也称为在数学中常用来指代未知数的“*X*”的原因。

因此，前述对于物自体的批评“我们又怎么知道它存在，并且还知道它与我们所认识的现象不同”中，关于“知道”的批评是正确的，即我们并不“知道”

---

[1] 康德，《纯粹理性批判》，邓晓芒译，人民出版社 2004 年版，第 229 页。

这一点，而只是“假设”。但整个批评是不正确的，因为康德只是说物自体是一种逻辑上的“假设”，是“可以思考”的对象，并没有宣称“知道”。

在黄疸病人的例子中，如果所有人都有黄疸病，所有东西在所有人看来都是黄色的，我们当然可以假设黄色就是那个杯子的本来颜色。可是，在现实世界中更为普遍的现象却是如同盲人摸象例子中描述的那样，对于同一事物，不同的人拥有不同的观点，而且同一个人对同一个事物在不同的时间或地点也常常有不同的看法，那么，如何解释这种普遍存在的差异？我们当然可以假设每个人看到的都是完全不同的东西，但又如何解释不同观点之间经常有一些共同的地方呢？

像康德那样，假设任何一个对象都存在一个我们所有人都不可能知道的“本来样子”，但我们可以知道它显现出来的“现象”，而这些“现象”可能因人、因时、因地而异，则既能解释不同观点之间的共同点（因为源于同一对象），又能解释它们之间的差异（因为源于不同视角），从而是一个更简单、更有用的假设。

2.2 经验知识与先验知识

如果观察一个蛋糕师做的蛋糕，发现他过去做的蛋糕都是梅花形状的，则据此得出的知识“他做的蛋糕都是梅花形状的”，是在经验基础上概括总结出来的经验知识。这一知识并不能保证“他做的下一批蛋糕仍会是梅花形状”的预测是正确的。但是，如果我们发现这位蛋糕师总是先把面粉和鸡蛋混合好后，装进一个梅花形状的模子再烤出来，而且未来还将始终使用这个方法来做蛋糕，那么，即使是在他做出下一批蛋糕之前，我们也能“先验”地知道，那些蛋糕一定会是梅花形状的。关于蛋糕梅花模子的知识，就类似于康德所说的先验知识。

两类知识的划分

康德把人类知识分为经验知识和先验知识两大类。经验知识来源于实际经验，先验知识则先于经验、独立于经验，而且是使经验成为可能的知识。

举个例子。假设张三站在一个物体前面，得出了“这是一栋别墅”的判断。张三的这一判断属于经验知识，因为如果没有经验中的“这”，当然就不可能有“这是一栋别墅”的结论。但是，张三要能够得到这个经验知识，在看到“这”之前，必须要了解“别墅”的概念及其含义，即必须先掌握“别墅是一种房子”（以及定义“别墅”的其他属性）的先验知识；否则，即使他“看见”这栋别墅，也不可能将其与“别墅”联系起来产生出“这是一栋别墅”的经验知识。

先验知识的“先于经验”不是时间上的“先”，“独立于经验”也不是存在意义上的“独立”，两者都是从逻辑上来看的。从时间上来看，人类的所有知识都开始于经验。对于这一点，康德强调说：

> 我们的一切知识都从经验开始，这是没有任何怀疑的；……所以按照时间，我们没有任何知识是先行于经验的，一切知识都是从经验开始的。但尽管我们的一切知识都是以经验开始的，它们却并不因此就都是从经验中发源的。因为很可能，甚至我们的经验知识，也是由我们通过印象所接受的东西和我们固有的知识能力（感官印象只是诱因）从自己本身中拿来的东西的一个复合物，对于我们的这个增添，直到长期的训练使我们注意到它并熟练地将它分离出来以前，我们是不会把它与那些基本材料区分开来的。[1]

“发端于”经验的知识都是一种“复合物”，其中包含了并非“源于”经验

---

[1] 康德，《纯粹理性批判》，邓晓芒译，人民出版社 2004 年版，第 1 页。

的成分，康德将其命名为先验知识。

寻找先验知识的剥离法

为了能够得到先验知识，康德采取的方法是，将经验内容从经验知识中剥离，最后剩下的东西就是先验知识（即“我们的这个增添”）。就像是剥洋葱一样，一层一层地剥，在剥掉所有感官能够感觉得到的东西以后剩下的，就是先验知识。

对于很多研究康德哲学的哲学家使用过的这个剥洋葱的例子，初次接触的人很不理解，对于并没有核的洋葱，如果一层一层地剥，最后哪还会剩下什么东西？

确实是不会剩下看得见的“东西”，但还会剩下我们之所以能够看得见洋葱的“形式”（即时间和空间，参见第1.3节的讨论）。在我们关于洋葱的知识中，这一形式是在我们经验到洋葱的同时赋予洋葱的，从而并非在时间上“先于”经验，而且这一形式也始终蕴含在我们所经验到的洋葱中，从而并非在存在意义上“独立于”经验。

经验的可能性条件

先验知识不仅蕴含在所有经验知识之中，而且还是使经验成为可能的前提条件。也就是说，如果没有这些先验知识就不可能有经验，当然也就不可能有经验知识，这正是康德声称自己的主张是认识论中的“哥白尼革命”的原因。因此，将知识划分为经验知识和先验知识，对于康德哲学具有根本性的意义。

康德特别强调指出，先验知识是关于认识对象方式的知识，而不是关于对象本身的知识。从逻辑上来看，如果没有“认识对象的方式”，就不可能“认识对象”，当然也就不可能有关于对象的知识（即经验知识）；由于先验知识是关于“认识对象的方式”的，所以，它适用于一切认识对象，是关于对象的所有知识（即经验知识）的前提条件。

先验知识的普遍必然性

康德把知识划分为经验知识和先验知识两大类的根本目标，是寻找具有普遍必然性的知识。康德认为，经验知识来源于实际经验，其正确性标准是经验，从而并不具有普遍性和必然性。比如，判断“这是一栋别墅”属于经验知识，它的正确性依赖于经验，即依赖于张三经验中的“这”到底是否与“别墅”的概念相符，从而不具有普遍必然性。

相比较来看，由于先验知识先于经验、独立于经验，而且又适用于所有经验，从而就具有了普遍性和必然性，即必然地符合它所论及的一切对象。在康德看来，普遍性和必然性总是连在一起的（从而常将其统称为“普遍必然性”），但两者的侧重点不同。普遍性是就适用经验对象的范围来看，强调不存在例外，而必然性则是从一项知识（由判断构成）的内在逻辑性来看的，强调不存在矛盾。

比如，“别墅是一种房子”，就属于具有普遍必然性的先验知识，它的普遍性在于，这一判断适用于过去、现在、将来一切能被称为别墅的对象，即不可能存在例外；它的必然性在于，如果不是房子，就不可能被称为别墅，即相反的命题“别墅不是一种房子”存在矛盾，从而不成立。因此，普遍性和必然性可以说是“同一枚硬币的两个不同侧面”，两者在本质上是一致的。

知识真理性与经验整体性

康德认为，先验知识除了具有普遍性和必然性以外，还具有真理性；经验知识并不具有普遍性和必然性，但也可以具备真理性。因此，康德把真理划分为先验真理和经验真理两大类，前者就是指先验知识，而后者是具有真理性的经验知识。

康德指出，无论是先验真理和经验真理，其真理性都源于人类经验的整体性（或称统一性）。人类只能有一个作为整体的经验，任何具体的经验都只是这个整体的一部分。各个部分经验要构成一个整体经验，相互之间必须协调一致，即相互融贯，所以，经验的融贯性、统一性和整体性在含义上是一致的。

经验知识的真理性

经验真理首先必然符合逻辑性标准。不过，逻辑仅从形式上考察知识，从而只是知识的“及格标准”，康德将其称为“负的标准”。也就是说，不符合逻辑性的知识一定不是真理，因为它是“不及格”的，但符合逻辑性的知识并不一定就是真理。

由于经验知识包含有来自经验的内容，所以，经验真理还必须同时在内容上满足其“正的标准”。经验知识的内容来自我们经验到的对象，这一“正的标准”不可能来自经验之外，而只能来自经验本身，具体就是经验的整体性。对于这一点，康德以我们如何区分物自体在我们心灵中所呈现的现象与纯粹源自心灵的想象（比如梦境）为例进行了说明。康德说，现象与梦幻的区别在于，前者能够统一，而后者则无法统一，即前者具有经验的融贯性，而后者不具有。也就是说，从内容角度来看，只要符合经验融贯性标准的经验知识就是经验真理。

运用康德所举的例子来说。“任何变化都有原因”是先验真理，据此我们可以确切地知道，我们观察到的“石头热”一定有原因。“太阳晒是石头发热的原因”属于经验真理，它是人类在经验到“太阳晒”和“石头热”始终相继出现之后，在前述先验真理的基础上，在没有其他经验与之相违背的情况下，由人类“强加”给自然的。因此，经验真理并不具备先验真理那样的严格普遍性，而只具有相对的普遍性。也就是说，经验真理有可能被经验证据证明为假，即可能存在与之相矛盾的经验，但也可能为真，即在经验的范围内、从经验的融贯性角度来看，还没有发现与之相矛盾的经验，即还没有被经验证伪。

先验知识的真理性

先验知识不可能来自经验，不能从对经验知识的汇总或概括中得到。所以，一方面，我们只能求助于逻辑，因为逻辑是我们除了经验之外获得知识的唯一方式；另一方面，我们不能依靠通常的形式逻辑（康德将其称为普通逻辑或一般逻辑），因为这类逻辑只关注思维的形式，不关注思维的对象，从而无法保证据以得到的知识必然地适用于所有可能的对象，即不能保证我们确实能够找到先验知识。康德把寻找这类知识的逻辑称为先验逻辑。

康德运用先验逻辑探索先验知识的支点，是前述知识真理性的标准——经验整体性。康德举例说，如果我们发现蜡块融化了，就会认为它一定是有原因的，然后会去寻找原因。如果发现蜡块融化之前一段时间，太阳一直晒着它，我们就有可能得出“太阳晒是蜡块融化的原因”的结论。最后这一结论是先验知识“任何变化都是有原因的”和经验知识“太阳晒了一段时间后蜡块就会融化”结合的结果，前者具有普遍必然性，这是经验整体性的必然要求，因为如果存在没有原因的变化，那么，人类经验将不可能完整，人类知识也就不可能存在，现实中确实存在的数学、自然科学等也就不可能存在；后者具有偶然性，即蜡块的具体原因来自经验，是可错的，可能会随着经验的变化而变化。

人类三大认识能力

康德把人类能够获得经验真理和先验真理的原因归结为人类的“自然倾向”，即人类具有的独特认识能力。他进一步把这一能力概括为三个方面，即感性、知性和理性。

感性是我们的感官接受对象刺激，进而产生直观的能力。感性总体上是人类具有的一种被动性能力，但其中蕴含着主动性成分，即人类在接受对象刺激的过程中，已经将直观形式注入其中。知性是人类在感性提供的直观基础上思考对象的能力。由于人类的思考是通过概念进行判断，因此，知性也称为概念能力和判断能力（这两者在本质上是等同的，只是侧重点不同）。

康德所说的理性，是比知性更高一级的认识能力，是在知性所产生概念和判断的基础上进行进一步推理的能力。一方面，根据知性（与感性合作）获得的知识，理性通过推理得到新的判断，从而产生新的知识；另一方面，理性又为已经获得的知识提供统一性，使其系统化，并对知性和感性发出指令，要求获得新的经验知识，以填补知识系统的欠缺。因此，理性是人类认识的最高能力。对于三大能力之间的关系，康德说：

> 我们的一切知识都开始于感官，由此前进到知性，而终止于理性，在理性之上我们再没有更高的能力来加工直观材料并将之纳入思维的最高统一性之下了。[1]

从感性到知性再到理性的认识顺序，是逻辑上的顺序，并不是时间上的顺序，因为人类在获得经验时，这三种能力通常是同时发挥作用的。

对于人类为什么会具有前述三大认识能力，康德并没有做进一步阐述，因为这并不是他关心的问题。康德说，人类具有三大能力，既可以被看作能被直接接受的一个事实，也可以被看作一个作为讨论前提的假设，不同的人完全可以有很多不同的解释。比如，我们完全可以认为这三大能力是人类在漫长的进化过程中，通过“物竞天择”的达尔文式机制形成的。这并不是康德给出的答案，但不同答案并不影响康德的整个分析。

2.3 人类直观中的时间和空间

我们观看到的电影，是高速连续播放静态照片（通常是每秒钟播放 24 张）

[1] 康德，《纯粹理性批判》，邓晓芒译，人民出版社 2004 年版，第 261 页。

的结果。人类观察外部世界得到信息的过程与此类似。感官得到的信息类似于一系列静态照片，只有在我们按照“特定方式”将这些照片进行排列组合以后，才会形成关于外界事物的图像，这就是康德所说的直观，而“特定方式”就是直观的形式，即时间和空间。

直观的质料和形式

我们认识任何外部事物，首先必须察觉到它的存在，这一察觉就是事物刺激感官的第一个结果。在察觉的基础上，大脑会根据感官接收到的信息（既包括主动寻找的信息，也包括被动接受的信息），将其组合成一个关于对象的表象，这就是康德所说的直观。直观是人类认识世界的起点，是我们的感官接受对象刺激以后在心灵中产生的表象。但是，对象刺激我们的感官，有着“特定方式”：

> 直观只是在对象被给予我们时才发生；而这种事至少对我们人类来说又只是由于对象以某种方式（特定方式——引者）刺激内心才是可能的。[1]

我们如果不具有能够接受外部对象刺激的感官，或者没有实际接受到这种刺激，就不可能对外部对象形成任何认识，因为我们根本不可能觉察到外部事物的存在。从这个角度来看，人类感性是被动的，对象是“被给予我们”的。

但是，我们接受对象的刺激并不是完全被动的，因为对象必须“以特定方式刺激”我们，而这种方式不可能来自对象，只可能先验地来自人的心灵。因此，由感性接受对象刺激而形成的直观，包括两部分内容：一是来自对象的部分，二是来自人类的部分。康德把前者称为质料，也称为感觉或杂多（或合称

[1] 康德，《纯粹理性批判》，邓晓芒译，人民出版社2004年版，第25页。

为感觉杂多)，后者称为形式，也称为纯粹直观或直观形式。相对于不包含任何感觉杂多的纯粹直观，包含有来自经验的感觉杂多的直观，称为经验直观。感觉杂多是纷乱而没有秩序的，经验直观则是被人类通过直观形式（纯粹直观）整理之后而有秩序的。

康德把直接刺激人类感官的对象称为物自体，把被形式化整理之后而呈现在经验直观中的对象称为现象。人类只能认识现象，只有想象中的、具有神性直观的上帝（参见本节下文的讨论）才能直接认识物自体，这是他在前述引文中注明“至少对我们人类来说”这一限定的原因。

举例来说，张三之所以能够看到一栋别墅，首先是因为他感受到了别墅的刺激，即他的眼睛接收到了来自别墅的光线，这一光线可能是别墅中的光源直接发出的，也可能是别墅上反射回来的。但是，张三是如何将实际的别墅与一张大型图片上的别墅区分开来的？他可能会先看到屋顶，再看到门窗，他如何知道这些东西是同时存在的，而不是他看时才存在、不看时就不存在，从而是依据他看的顺序而先后存在的？使张三能够做出区分、明白其并存的原因，并非来自对象，而是来自张三本人，只有当张三在观察时将直观形式注入感觉杂多之中时，才能产生出作为一个有机整体的直观。

发现两大直观形式的剥离法

在第 2 章中我们运用剥洋葱的例子，说明了康德的基本分析方法——经验剥离法。康德正是运用这一方法，通过从经验直观中剥离感觉质料而得到直观形式的。他在讨论中举例说，如果我们有一个关于物体的表象，先从其中剔除掉来自知性的、属于我们思维到的东西，如“实体、力、可分性”等所有概念，然后再剔除来自感性的、属于感觉的东西，如“不可入性、硬度、颜色”等所有感觉杂多，最后剩下的就是纯粹直观。

用前面所举的张三看到别墅的例子来说，在他得到“这是一栋别墅”的判断后，从中剔除他看到别墅时“想到的”所有东西，如“它是房子”“它有花园”“它是别墅”等与他所看到的对象相关的任何概念性、判断性内容，接着剔除他“看到的”“摸到的”“闻到的”“听到的”“感觉到的”所有东西，如颜色、形状、声音等，剩下的就是纯粹直观。

正如在剥洋葱时剥离我们能看到的所有东西之后，剩下的就是洋葱的形式一样，在经过上述方式剥离之后，剩下的就是隐含在感觉结果之中，但无法直接通过感官感觉到的东西。康德认为，这些东西就是两样：一是时间，二是空间。比如，在张三看到别墅的例子中，剥离掉前述内容以后，剩下的就是他的时间观念和空间观念：如果没有时间观念，他就无法区分他先看到的房顶、后看到的门窗实际上是同时存在的；如果没有空间观念，他就无法将眼前实际的别墅与周围的环境区别开来，也无法将它与一张图片上的别墅区别开来。

有关直观形式的三个问题

在找到时间和空间这两大直观形式后，康德接下来需要说明的有三个问题：第一，时间和空间是人类经验的前提，这样，通过前述剥离法剥离掉所有质料以后就必然会剩下两者；第二，时间和空间不是对象本身的属性，而是人类的观念；第三，人类在接触对象时会把时空观念赋予对象。下面我们分别介绍康德对这个问题的分析。

时间和空间是人类经验的前提

康德认为，时间和空间隐含在经验直观之中，是人类获得经验直观（进而获得任何认识）的前提条件，即如果没有时间和空间的观念就不可能产生经验，不可能形成关于对象的任何表象，进而也就不可能认识任何事物，因为时间是我们区别运动和静止、把握变化的前提条件，而空间是我们区别外在事物的前提条件。

仍然运用张三看到别墅的例子来讨论。从时间角度看，张三看到这栋别墅时，他知道，这栋别墅是与他同时存在的，既不是过去存在而现在不存在，也不是现在不存在而将来可能存在。如果没有这一时间感觉，他就无法判断他看到的究竟是现实存在的别墅，还是仅仅是他记忆中的过去的别墅，或想象中的未来的别墅。前面已经提到，他先看到房顶，再看到门窗，但他知道这些东西是同时存在的，是静止不动的，并不依照他看的顺序而先后存在，或者依照他看的动作而发生移动或变化。否则，他就不会看到“别墅”，而只会看到在他感觉中不断涌现的房顶、房门、窗户等等。

从空间角度来看，这栋别墅就在他的眼前，是他身体之外的一个东西，虽然外表上与旁边另外一栋别墅几乎完全一样，但他知道两栋别墅不同，因为它们处在不同的空间。如同前述的时间感一样，这种空间感也使张三得以将这栋别墅与仅仅存在于其观念中的、想象的别墅区别开来。同时，他站在别墅的门前，他知道他与门之间的距离，要比他与房顶之间的距离小一些，也知道他虽然看不见后墙壁，但这栋别墅一定是有后墙壁的，而且一定离他面前的这道门有一段距离。这种距离感，使得张三能够建立起一种立体的形象，从而将他面对的实体的别墅，与可能看到的一张图片区别开来。

概括起来，张三能够形成对眼前这栋别墅的直观，正是他运用时间和空间将他通过感官得到的各种纷乱的感觉整理而得到的。如果没有正确的时间和空间观念，并通过这两种观念对他得到的感觉进行整理，张三得到的就将只是一些感觉的碎片，即康德所说的“杂多”，而不可能有一个关于别墅的、完整的直观。

时空的先验观念性

时间和空间并不是客观对象固有的属性，而只是人类的主观观念。对于这一点，康德从三方面进行了论证，即时空的独立性、单一性和无限性。

时空的独立性是指时间和空间并不依赖于对象，而是独立于所有对象的。为了说明这一点，康德进行了一个思想实验。他说，我们完全可以想象一个没有任何对象的时间和空间，但无法想象一个不存在于任何时间和空间中的、实在的对象。比如，张三看到的别墅是处于特定时间和空间中的别墅，这些时间信息和空间信息包括在他关于别墅的直观中。面对这栋别墅，张三可以在思想中想象他看到的别墅突然消失的情形，但他不可能想象这栋别墅存在的时间和空间也一同消失，更不可能想象在时间和空间消失后别墅仍然存在。也就是说，在那栋别墅因为某种原因突然消失后，它原来占用的那部分空间仍将存在，当初张三看到它的那段历史时间也不可能发生改变。

时空的单一性是指只有一个单一的时间、只有一个单一的空间，我们所说的一段子时间或一个子空间，都分别是它们两者的一部分。也就是说，时间（空间）是一个整体，但这个整体并不是事先存在的各个部分时间（空间）的加总。相反，作为整体的时间（空间）在逻辑上必然先于被分割的各个部分时间（空间）而存在，没有整体的时间（空间），就无法想象作为部分的时间（空间）。

时空的无限性是时空独立性和单一性的必然要求和自然结果，因为只有时空具有无限性，它才有可能包容无限的对象，我们也才可能通过不断地限制而得到我们经验中的子时间、子空间。

时空的独立性、单一性和无限性，表明时空不是对象的客观属性，因为如果时空是如此的话，时空的存在必然依赖于对象，从而不可能是独立的；对象是多样的，时空也必然是多重的，从而不可能是单一的；具体的对象是有限的，从而时空不可能是无限的。

既然时空不是对象的属性，而我们关于任何事物的直观中都必然包含着时间和空间，康德就得出结论：时空属于人类的观念，即时空具有观念性，而且这种观念性必然是先验的，也就是在逻辑上必然先于任何经验，但会蕴含在所有经验之中。

更为具体地来看，时空是人类任何经验的前提，任何经验都涉及具体的对象，而具体对象都是有限的，相互之间又各不相同；同时，人类又只有有限的生命，在一定的时间和空间内，只能经历有限的对象。因此，我们不可能在必然分散的、有限的经验基础上，获得单一的、无限的时空观念，时空观念也就只能是先验的。

时空的经验实在性

康德的时空先验观念性观点遭到了很多批评，被认为与柏克莱的主观唯心主义一样，时空只是人的主观感受，不具有客观性。针对这类疑问，康德仔细区分了“先验观念性”与“经验实在性”两个概念，并说明时空同时具有这两个性质。

时空的经验实在性是指时空必然存在于所有人类能够认识的现象之中，从而必然先天地存在于人类认识能力之中，人类会在接受对象刺激的同时，将其赋予对象，使其成为所有直观的形式，因此，时空在具有先验观念性的同时，又具有了经验实在性。

康德反对的是时空具有绝对实在性。他说，即使存在具有绝对实在性的时空，它也属于物自体的范围，是人类不可能认识的。由于人类的认识能力具有不可避免的局限性，人类不可能直接观察无限的时间、无限的空间，我们能感觉到的时间和空间，永远都只能是无限时空中的一部分。时空同样具有实在性，但不是客观实在性，而是经验实在性。

区别于人类直观的神性直观

在前面的讨论中，我们提到的“人类”两个字，并不只是为了表述的方便，而是体现了康德讨论的基本视角，这就是后人概括的“人类中心模型”(anthropocentric model)。之所以会有这样一个概括，是因为康德在讨论人类直观时，为了突出其局限，还假设了一个神性直观（intellectual intuition，也常译为“智性直观”）。

康德假设的神性直观，是专属于我们想象中的上帝的直观。由于上帝可以直接认识所有对象的本体（物自体)，既不受时间和空间的束缚，也不需要概念、判断和推理，所以，上帝的认识能力并无感性、知性和理性的区分，甚至无所谓认识能力。但为了与人类认识能力进行比较，康德还是取人类认识能力中的直观为基础，通过剥离其一切束缚，将其用于称呼上帝极其简单又极其博大的全知能力。也就是说，上帝仅仅通过神性直观就能认识一切。

人类能够直观，表明人类能够接受对象的刺激，能够形成关于对象的表象，从而为人类认识奠定了基础。但是，人类直观又面临着极大的局限：一方面，人类直观要受制于直观形式，从而仅限于时空中的对象，即只能认识事物的现象，而不能认识物自体；另一方面，直观仅仅是人类认识的第一个阶段，人类要得到真正的知识，并使之形成一个体系，还需要知性和理性两个阶段。因此，与物自体的假设一样，神性直观的假设凸显了人类直观的局限，进而也凸显了人类整个认识的局限。

2.4　经验概念和纯粹概念

直观虽然是我们认识事物的起点，但它本身并不能构成知识。比如，在张三看到别墅的例子中，他的直观是“这”，仅仅只有“这”并不能构成知识，只有在张三将“这”与“别墅”的概念联系起来时形成的“这是一栋别墅”的判断才能称为知识。

人类认识对概念的依赖

通过概念进行思考，是人类认识的根本性特征，它使得人类在认识上既区别于假设中的上帝，也区别于一般动物。

上帝是“一看便知”，仅仅通过神性直观就能洞察一切，不需要思考，从而不需要概念、判断和推理。而一般动物则只能止步于直观，不能够思考，从而不能运用概念、判断和推理。比如，一头牛也能“看见”别墅，但它不可能将其“看作”别墅，更不可能形成“这是一栋别墅”的判断。

概念是一种普遍性规则

人类思维的基本特征是根据一般性、普遍性的知识，来推导出个别性、特殊性的知识。正是概念使我们得以实现从普遍到一般的推理。概念能够做到这一点的原因在于，概念本质上就是一种普遍性的规则，从而能够普遍地适用于符合这一规则的、所有现实的和可能的对象。

在张三看到别墅的例子中，当张三知道“所有别墅都有门”以后，在他看到一栋别墅的屋顶，并判断出它就是一栋别墅时，虽然他可能还没有看到这栋别墅的门，他也知道这栋别墅一定有门。张三之所以能够做出这样的推理，正是因为他理解“有门”是“别墅”这一概念必然包含的内容，是一个房子能够称为房子必须遵循的规则，因此，“有门”也就适用于所有过去的、现在的和将来的别墅。

寻找具有最大普遍性的知识，是康德认识论的基本任务之一。但是，像“别墅”这个概念，虽然适用于人类已经或可能经验到的所有别墅，但并不适用于其他种类的房子，更不用说适用于人类思维所能涉及的、人类知识可能的所有对象了。那么，有没有适用于所有可能经验对象的概念呢？康德的答案是肯定的，这就是纯粹概念，康德也将其称为范畴或先验范畴。与这些概念相对，只适用于特定范围经验对象的概念，康德将其称为经验概念。

统一同类直观的经验概念

经验概念是在整理通过感性获得的经验直观的基础上得到的，是我们给予多个不同直观中所蕴含的某些共同属性的一个统一名称。因此，一个经验概念能够涵盖对象必须具备的一般性特征，使我们得以将这些对象与其他对象区别开来。

比如，任何一个东西要被称为别墅，首先必须是一个房子，这样就将别墅与所有其他不是房子的东西区别开来了。从外表上来看，别墅必须相对独立，一般不应超过三层楼，这两个属性之所以重要，是因为我们要通过别墅的概念将别墅与普通居民住宅或写字楼区别开来。当然，还可能包括其他一些属性（如周围有小花园，等等）。因此，经验概念“别墅”实际上是由很多子概念加总组成的，用一个公式表示就是：“别墅 = 房子 + 不超过三层楼 + 周围有小花园 + 其他属性”。

得到经验概念的剥离法

上述从经验直观中得到经验概念的方法，与从经验直观中得到纯粹直观（直观形式）的方法非常相似，也是一种剥离法，而且起点都是经验直观。不同的是，得到纯粹直观可以从任何一个直观入手，剥离掉的是全部经验内容（即全部感觉材料），但得到经验概念则至少必须从比较两个直观入手，同时，不能剥离掉全部经验内容，而且不仅不能如此，还要按照能够区别不同直观这一标准，保留经验内容中最为重要的部分，剥离的只是相对不重要的部分。

经验概念“别墅”概括的是所有别墅都具有的共同特征（即“共相”），是任何一个经验对象能够被称为“别墅”的规则，即凡是符合这一规则的对象，都可以被称为“别墅”，因此，经验概念是将多个直观统一起来的规则。一个经验概念就像是一个模子，它能使我们将对象“套”进去，把符合概念规则的各项特征统一起来，从而对对象进行“规定”，这就是康德把直观的对象称为“未被规定”的对象，而把概念和直观相结合后的对象称为“被规定”的对象的原因。

在张三最初看到别墅时，别墅在他大脑中还只是“这”；只有在他通过判断认为他看到的“这”符合“别墅”概念包含的规则时，这个别墅才“被规定”为“别墅”。正是因为如此，只有直观和概念相结合，我们才能形成对于对象的认识，才能产生知识。

由于符合经验概念“别墅”所表述的规则的所有对象，都可以称为“别墅”，从而经验概念具有普遍性；同时，符合这一规则的所有对象，都必然被称为“别墅”，所以经验概念也具有必然性。但是，这种普遍性和必然性是有一定范围的，只是相对的，即仅仅适用于具有概念所包含属性的直观，并不适用于一切可能的经验对象。适用于一切可能经验对象（从而具有绝对普遍性）的概念，只能是纯粹概念。

从经验概念到纯粹概念

与经验概念不同，纯粹概念具有适用于所有可能经验对象的、绝对的普遍必然性。获得纯粹概念的一种方法是从经验概念中挑选那些运用得最为广泛的概念。这是亚里士多德采用的方法。康德明确指出，亚里士多德的这种方法带有偶然性，缺乏系统性，是不可取的。不过，康德借鉴了亚里士多德所使用的名称，也将纯粹概念称为范畴。

与从经验直观中剥离经验成分得到直观形式的方法一样，康德得到纯粹概念的方法也是剥离法，其基础也是经验概念，但却并不是从经验概念直接入手。原因在于，如第 2.3 节所述，从经验直观入手得到经验概念的方法是剥离不重要的经验内容，保留重要的经验内容，如果再在经验概念的基础上采取剥离法，并且剥离所有经验内容，就将只剩下经验直观的形式——纯粹直观，而不会留下任何概念性的东西，当然也就不可能得到纯粹概念了。

从经验概念本身的特点来看，也能得出同样的结论。经验概念是对多个不同直观共同属性的概括，每个经验概念都是由同样属于经验概念的子概念结合在一起的，如果剥离其经验成分，即去掉一个概念所涵盖直观具有的共同属性，剩下的概念可能就会不再具有任何意义。比如，在“别墅”这一经验概念中剥离“房子”这一属性，剩下的概念有可能不适用于任何可能的经验对象（世界上并没有不是房子的别墅），更谈不上适用于所有可能的经验对象了。

从判断入手的剥离法

既然要从经验概念入手，而且还要采取剥离法，但又不能直接从经验概念剥离经验内容，康德采取了一种“曲线救国”的方法，即从判断入手。这种方法之所以可行，是因为判断是概念的“唯一应用”，概念能力、判断能力和思考能力实质上是同一种能力，即人类进行思考就是形成判断，形成判断就是形成和运用概念，三者只是人类知性能力的不同表述方式，其内在结构是完全相同的。这样，我们就可以从判断入手，通过剥离各类判断中包含的所有经验内容，剩下的就是适用于所有对象的思维形式——范畴。

需要注意的是，判断只是我们寻找范畴的“线索”，并不是我们推导范畴的逻辑依据（参见下文的进一步讨论）。

从四类判断到四大范畴

康德认为，我们之所以能够通过从判断中剥离内容得到一个完整的范畴表，是因为判断的类型是有限的，我们可以符合逻辑地列出一个完整的判断表。基于当时公认的形式逻辑，康德把判断概括为四大类，即量的判断、质的判断、关系的判断和模态的判断。对应这四类判断，康德得到了四大类范畴，即量的范畴、质的范畴、关系的范畴和模态的范畴。由于每一类判断又各有三种具体类型，所以，每类范畴下又各有三类“契机”（参见表2.1）。

表2.1 判断表与范畴表

判断表	范畴表
1. 判断的量 全称的、特称的、单称的 2. 判断的质 肯定的、否定的、无限的 3. 判断的关系 定言的、假言的、选言的 4. 判断的模态 或然的、实然的、必然的	1. 量的范畴 单一性、多数性、全体性 2. 质的范畴 实在性、否定性、限制性 3. 关系的范畴 实体与偶性（实体性）、原因和结果（因果性）、作用与反作用（协同性） 4. 模态的范畴 可能性—不可能性、存有—非有、必然性—偶然性

资料来源：康德，《纯粹理性批判》，邓晓芒译，人民出版社2004年版，第64–65页。

对于表2.1所示的判断表和范畴表的完备性和具体项目的准确性，后来研究者有非常激烈的争论。有人认为不仅两个表本身漏洞百出，而且从判断推导范畴的逻辑程序就是完全不合理的，整个讨论几乎没有任何价值；但也有人认为两张表非常完备、准确，充分揭示了人类思维的基本框架。对于这些争论的详细讨论，超出了本书的范围。在这里我们仅简要讨论从判断推导范畴的逻辑程序问题和范畴表的逻辑结构问题。

从判断到范畴的逻辑

康德得到范畴的方法，是从判断中剥离经验内容、保留形式。所有判断都是由概念组成的，都是概念的联结。比如，“别墅有门”这个判断中包括三个经验概念，即实体概念“别墅”和“门”以及关系概念“有”，“别墅”是这个判断的主项，“有”和“门”两个概念结合在一起构成这个判断的谓项。如果剥离其经验内容，即去掉三个经验概念，这个判断就什么东西也没有了，哪能找到范畴的影子？

实际上，上述判断只是一种省略表述，如果补全被省略的量项（“所有”）、模态词（“一定”）和联项（“是……的”），其完整表述是：“所有别墅都一定是有门的”。以符号S代表主项、符号P代表谓项，剥离这个判断包含的经验内容（即前述三个经验概念），将会仍然剩下“所有S都一定是P”（忽略“的”字）。这同样是一个判断，只不过只是一个判断的形式，而没有任何具体的经验内容；它同样是概念的联结，只不过只是纯粹概念的联结，并没有包含任何经验概念。

从这里，我们就找到了范畴：与“所有”对应的是量的范畴（具体契机是“全体性”），与“是”对应的是质的范畴（具体契机是“肯定”），与“一定”对应的是模态的范畴（具体契机是“必然—偶然”中的“必然”），而与S、P两者之间的关系对应的就是关系的范畴（具体契机是“实体性”）。

所有简单判断都会具有上述基本结构，在剥离内容后都会剩下上述四大类范畴，只不过不同判断的具体形式不同，所对应四大范畴的具体契机会有所不同。比如,“有些别墅可能不是有门的”,所对应量的范畴就是“多数性”,所对应质的范畴是“否定性”,所对应模态的范畴是“可能性—不可能性”中的“可能性”,但所对应关系的范畴仍是“实体性”。

刚才的两个例子都是简单判断。复合判断对应的范畴,除了所包含简单判断对应的范畴以外,其复合性又包括两类简单判断不包含的关系,从而对应着两类不同的契机:对应假言判断的是因果性,对应选言判断的是协同性。

“正反合”

每类范畴下有且只有三个契机,也引起了很多争论,但符合“正、反、合”的基本规则。比如,在量的范畴中,全体性是“正”,多数性是“反”,而单一性则是“合”。

单一性与全体性的共同点是都涉及其讨论范围的全部,比如,“孔子是伟大的教育家”与“所有孔子都是伟大的教育家”是同样的含义,因为世界上只有一个孔子,所以,“孔子”与“所有孔子”是完全一样的;单一性与多数性的共同点是都不具有普遍性(只适用于“孔子”一人的判断当然不能被认为是普遍性的),因此,单一性是全体性和多数性的“合”。[1]

统一所有直观的范畴

根据判断发现范畴的过程表明,四大范畴概括的是人类思维的基本框架。也就是说,只要我们对任何对象进行思考,就必须同时思考其四个方面,即量、质、关系和模态,而且人类的思考也只包括这四个方面。

从这一点我们就能理解为什么无法直接从经验概念入手运用剥离法来得到范畴了,因为并不是所有经验概念都会涉及思考的前述四大方面。比如,经验

[1] 康德在“三大批判”中的第三部《判断力批判》(1790)中对此进行了简要说明,有兴趣的读者可进一步参阅。

概念“别墅”就只涉及量和质两大范畴，并不涉及关系和模态范畴，这样，从“别墅”入手采取剥离法，就不可能发现关系和模态范畴。这个例子也说明了经验概念之所以不具有全面、绝对的普遍必然性，就是因为经验概念并不必然同时涉及四大范畴。相反，四大范畴则具有绝对的普遍必然性，即适用于人类思考的所有对象。对于这一点，康德概括说：

> 不通过范畴，我们就不能思维任何对象；不通过与那些概念相符合的直观，我们就不能认识任何被思维到的对象。[1]

这段话除了说明范畴是人类思维的前提以外，还说明了范畴与直观之间的关系：一方面，范畴适用于所有直观；另一方面，只有直观与范畴相结合才能产生知识。正如经验概念是将多个同类直观统一起来的规则一样，范畴是将所有直观统一起来的规则。两者除了适用直观的范围不同以外，还有一点不同是，从人类直观的总体来看，按照经验概念实现的统一是偶然的，而按照纯粹概念（范畴）实现的统一则是必然的。

范畴是人类经验的前提

第 2.3 节的讨论表明，任何直观都必然包含有时间，而且时间具有先验观念性，即时间是被人类“注入”直观之中的。需要进一步讨论的问题是，这一步是如何实现的呢？康德的答案是知性。也就是说，虽然我们可以从逻辑上把知性和感性区别开来，并把知性当作人类认识能力的第二个层次，但在时间上两者是同时进行的，即在感性形成直观时，知性必须同时参与，以便把时间“注入”直观之中。之所以需要知性的同时参与，是因为人类无法直接观察到绝对时间。

---

[1] 康德著，《纯粹理性批判》，邓晓芒译，人民出版社 2004 年版，第 110 页。

康德运用观察一座房子和观察一艘在河流上从上游正开往下游的轮船的例子，帮助我们理解上述观点。在观察房子时，我们可能先看到房顶，再看到房门；在观察轮船时，我们会先看到轮船在上游，再看到同一艘轮船在下游。在两种情形下，我们的感觉都是相继的，但我们据此得出的结论是不同的：在房子的情形中，前后两个感觉中的对象是并存的，不是同一个东西呈现的两个不同状态，即房顶和房门是同时存在的，两者在我们形成感觉的时间段内并没有发生变化；在轮船的情形中，前后感觉中的对象不是并存的，而是同一个对象发生了位置上的变化，而且是从上游行驶到了下游。

对于同属相继的感觉，我们是如何得出不同结论的？康德的答案是来自知性，具体来说是来自知性的纯粹概念（即范畴）。由于所讨论的是两个感觉对象之间的关系，所以它涉及的是关系范畴，即实体性、因果性和协同性。

时间是范畴应用于直观对象（上例中的房子和船）的媒介（康德将其称为“图型”）。关系范畴意味着多个事物在时间中的相互关系，其中，实体性是指它们中的一个在时间中持续存在（“实体”），而其他事物在时间中有时存在，有时不存在（“偶性”）；因果性是指它们在时间中的必然前后相继，始终在先的为原因，始终在后的为结果；协同性则是指它们在时间中的同时并存。

三个关系范畴是密切联系在一起的。贯穿三者的是变化，始终不变的是实体（这是康德对实体的定义），变化只能是实体存在的状态，康德把这些状态称为偶性。实体不变不需要原因，只有实体状态的变化才有原因，而且任何变化都必然有其原因（否则，人类经验将不具备统一性）。处于两个不同时点上两个不同状态对应的实体，如果是同一实体，则两个状态构成同一实体的变化，从而必然服从因果性范畴（即必然有原因）；如果是两个不同的实体，且两个实体在这两个时点之间并没有发生变化，则表明两个实体是并存的，从而必然服从于协同性范畴。

在房子和轮船的例子中，根据同属相继的感觉，我们之所以能够得出不同的判断，在于我们得出了如下两个结论：在形成两个直观的两个时点之间，从实体来看，房顶、房门、轮船本身都没有发生变化；从状态来看，房顶和房门的状态没有发生变化，但轮船的状态发生了变化。

第一个结论（实体都没有变化）有两个方面的原因。第一，直观的比较并未显示变化，在房子的情形下需要更多次形成有关房顶和房门的直观，以便分别比较，而在轮船的情形下，则需要通过直观比较得出结论，认为所看到的处于两个位置的船是同一艘船。第二，没有任何合理的理由认为它们发生了变化，而根据因果范畴，如果没有变化的原因就不会有变化本身。

第二个结论（状态变化的差异）也有两个方面的原因。第一，直观的比较表明状态变化存在差异。在房子的情形下，观察房顶和房门所形成的直观，在时间中的顺序是可逆的（先看房顶、再看房门，与先看房门、再看房顶一样），而观察轮船所形成的直观在时间中的顺序是不可逆的（如果先看到下游的船，再看到上游的船，则表明船是在上行而不是下行）。第二，没有合理的理由认为房顶和房门发生了变化，但有合理的理由认为轮船的位置发生了变化（如水流或风力或发动机产生的力量）。

在上述过程中，我们的感性和知性是同时发生作用的。之所以需要范畴的帮助，主要原因是我们无法直接观察绝对时间。如果所有直观都包含有记载对象存在绝对时间的“时间戳”，直接观察和比较“时间戳”就能得出前述结论。

比如，我们无论什么时候看到房顶和房门，都不仅能看清并且理解它们上面明确记载着的如下“时间戳”：过去开始存在的时点、将来不再存在的时点，以及两者之间所经历的所有变化及其起迄时点。在这种情况下，只要简单比较各种东西上的“时间戳”就能了解它们在任一时点上和任一时段中的状态，当然就不需要范畴的帮助。

拥有神性直观的假想上帝就不需要范畴的帮助，因为他能观察整个绝对时间，能在所有事物上直接盖上“时间戳”。既然我们人类无法直接观察绝对时间，就只好运用依赖于范畴所进行的思维，以便将时间“注人”对象。正是因为如此，范畴与直观形式一样，也是人类经验的前提。

因果范畴

在四大范畴中，康德对于关系范畴着墨最多，而其中对因果范畴的讨论又最为详细。考虑到将康德从“独断论的迷梦之中惊醒”的休谟所讨论的核心问题之一就是因果问题，康德的这一详略安排也就不足为奇了。

因果范畴的发现线索

康德是从假言判断出发得到因果范畴的。对于这一路径，有部分研究者认为是完全不合理的，因为根据假言判断中的逻辑形式“如果A那么B”，并不能得出前件A是后件B的原因，更不可能得出两者之间存在必然因果关系的结论。

前面提到，判断只是寻找范畴的“线索”，并不是我们推导范畴的逻辑依据。我们之所以能够根据假言判断发现因果范畴，是因为两者之间存在着一个共同点，即两个事物之间的必然相继关系：假言判断中的后件必然跟随前件，而因果范畴中的结果必然跟随原因。虽然有这一共同点，但两者之间并不完全相同，因为这种相继关系如果可逆，在判断中仍然是假言判断，但在范畴中，康德将其归为协同性范畴了，即互为因果或同为某一（或某些）原因的结果，则被视为是同时存在。

也就是说，根据假言判断中的后件必然跟随前件，我们可以符合逻辑地推导出两种情形：一是两者之间存在因果关系；二是两者之间不存在因果关系（即互为因果或同为果）。康德将前者赋予了一个专门的名称——因果范畴，而将后者包括在根据选言判断“发现”的协同性范畴之中。

因果范畴的作用

康德所说的因果范畴包含两层意思：第一，两个事物“总是”相继，即相继具有必然性；第二，相继并不只是简单的时间上的前后相继，而是按照某种规则出现的相继（否则就不可能具有必然性），即我们观察到的现象都是一种结果，都一定有其原因，而且两者之间一定有着固定的规则（即通常所说的自然规律或自然法则）相联。不过，范畴只是告诉了我们这一必然性，而具体原因以及具体规则，还需要我们在经验中去探索；至于我们是否能找到，并不是范畴所能保证的。

这里有三个问题需要进一步解释：一是为什么我们观察到的现象一定有原因；二是为什么需要范畴告诉我们这一点；三是为什么范畴不能直接提供原因给我们，还需要我们去结合经验来寻找具体原因。

对于第一个问题，康德的解释是，我们观察到的现象都只是对象存在状态的变化，都是“有条件者”（即都是有原因的对象），“无条件者”（即没有原因的对象）只能存在于人类不可知的本体世界，不可能存在于经验世界；否则，我们的经验世界必定是杂乱无章的，人类也就不可能有一个统一的经验。

第二个问题和第三个问题是密切联系在一起的，其共同根源在于人类认识的局限性，即人类在获得知识方面不能超越时空和感觉的约束。

先看第三个问题。我们之所以需要经验才能认识具体现象（即变化）的原因，是因为人类要获得有关任何外在于心灵的对象的知识，除了需要先天具有的直观形式（时空）和思维形式（范畴）以外，还需要外界对象刺激人类感官，在人类通过感性接受这种刺激以后，对象才能“被给予”，人类才有可能在此基础上应用直观形式和范畴而产生知识。因此，我们需要经验知识的帮助，才能发现经验世界中导致我们观察到的现象的具体原因，以及这个（或这些）原因与该现象之间的联系规则（即自然规律）。

人类认识不能超越时空和感觉的上述约束，同时隐含着第二个问题的答案。我们希望得到的是具有普遍必然性的知识，但是，由于经验的有限，我们不可能从经验中找到这种知识。

如果人能够如同想象中的上帝那样超越时空，我们也就不需要范畴了。上帝具有神性直观，能够同时观察到所有时空中的事物，知道哪些事物是必然的、普遍的，哪些是偶然的、特殊的，当然不需要借助于范畴。但是，人类只能观察有限时空中的事物，并且不能直接观察到绝对时间，从而只有靠思维、靠思维的一般形式——范畴，才能找到具有必然普遍性的规律。

正如判断只是我们发现范畴的“线索”一样，范畴也只是我们发现普遍必然规律的“线索”。也就是说，我们需要范畴来告诉我们任何现象（即变化）都一定有其原因，而经验则做不到这一点。这就是第二个问题的答案。这一答案对第三个问题的讨论也很有启示，即经验对于我们发现的自然规律来说，也只是一个“线索”，并不是其绝对的逻辑依据。

康德对休谟的回应

上述讨论使我们得以看到康德对休谟怀疑论的回应。休谟说，我们即使千万次地看到每天早上太阳从东方升起，也不能“据此”得出太阳明天仍然会从东方升起的结论；即使我们千万次地先看到“太阳晒”，再感觉到“石头热”，也不可能“据此”得出前者是后者的原因、两者之间有着必然联系的结论。

对于“据此”这一点，康德是完全同意的，因为仅仅在经验的基础上，我们不可能得到必然的结论。但康德不同意休谟根据这一点得出的“不可能有任何具有普遍必然性的综合性知识”的结论。基于前面的分析，我们可以看到康德的解释是，由于人类的任何现象都只是一种变化（如太阳升起、石头变热），每种变化都一定有原因，而经验为我们提供了寻找原因的“线索”。

对于太阳升起，仅仅观察到它每天升起，我们无法找到其原因，所以需要发展天文学来帮助寻求解释；而对于石头变热，经验就帮我们找到了原因——太阳晒。不过，对于在前一情形下是否能找到原因，后一情形下找到的原因到底是否确实是其原因，或者是否是其唯一原因，却需要靠不断发展的经验来判断，并不是范畴所能解决的。

无论如何，这些困难都不是对“原因”这一概念以及“每一现象都有其原因”这一具有普遍必然性的规律的否定。也就是说，在经验范围内，我们完全可以声称定期发生的事一定还会继续定期发生（如“太阳明天还会升起”），完全可以声称某 A 是某 B 的原因（如“太阳晒是石头热的原因”），除非这些观点得到了经验的否定（即经验的统一性被破坏）。康德的这一回应，将自然科学从休谟的怀疑论中拯救了出来。

2.5 对康德哲学的误解

康德认识论中的哥白尼革命（是对象符合观念，而不是观念符合对象），使得他被普遍误解为唯心主义者，而他赋予自己哲学的名称“transcendental idealism”常被翻译为“先验唯心主义”[1]，更进一步加深了这一误解。同时，由于康德将认识对象区分为现象和物自体，并认为物自体是不可知的，他又被贴上了不可知论者和怀疑论者的标签。

与唯物论的一致性

《中国百科大辞典·哲学》(2005) 对“哲学基本问题”这一词条的解释是：

> 哲学基本问题：又称“哲学的根本问题”“哲学的最高问题”。是思维和存在的关系问题。包括两个方面。(1) 思维和存在哪个是第一性，哪个是第二性。哲学家依照他们对这个问题的不同回答而分成了两个基本的哲学派别。凡认为存在是第一性、思维是第二性的，组成唯物主义派别；反之，则组成唯心主义派别。(2) 思维能否正确地认识存在，亦即思维和存在的同一性问题。对这个问题的不同回答，分为可知论和不可知论。马克思主义哲学第一次科学地解决了哲学基本问题，既肯定了物质第一性，物质决定精神，又肯定了精神对物质的反作用，它把实践观点和辩证法引入认识论，既同唯心主义和形而上

---

[1] 现在通常译作“先验观念论”，参见第 2.3 节对时空观念性的讨论。

学唯物主义划清了界限，又彻底驳斥了不可知论。[1]

在相关词条中，该辞典把康德划入了唯心主义和不可知论。但是，从本章前面的介绍中可以看到，康德并不否认外部客观世界的存在，更不否认客观世界先于人类任何认识活动而存在，而且从来不主张外部客观世界是人的精神创造的。康德的主张只不过是，人类认识的客观世界是外部客观世界和人类主观认识能力共同作用的结果，而且在这个共同作用中，人类贡献的部分永远不会变为零。也就是说，康德并不是不可知论者，他只是强调人类知识有一定的限度，永远不会与外部客观世界达到“同一性”。

实际上，在“存在是第一性”以及人类认识的有限性（真理的相对性）问题上，康德与马克思主义哲学的基本主张是一致的。比如，章晖丽主编的《马克思主义基本原理概念》(2012）一书所概括的如下内容，几乎可以完全用来描述康德的观点：

人脑是意识的器官，但不是意识的源泉。光有一个大脑是产生不出意识来的。人只有在社会实践中，同客观世界打交道，客观事物才有可能刺激人的感官和大脑，人才有可能形成关于它们的意识。正如马克思所说：“观念的东西不外是移入人的头脑并在人的头脑中改造过的物质的东西而已。”……客观世界极其广大，人不可能同时反映客观世界之全部。……人对同一客观对象的反映，也是因人而异。……意识对现实的反映，不仅仅是“复制”或“再现”，而且是把握了事物的本质和规律。[2]

客观世界存在着的事物是无限多样的，人的认识只能是不断地接

[1] 中国百科大辞典编委会，《中国百科大辞典·哲学》，中国大百科全书出版社 2005 年版，第 5–6 页。

[2] 章晖丽，《马克思主义基本原理概念》，航空工业出版社 2012 年版，第 31–33 页。

> 近它，而永远不能穷尽它。……从认识的广度上看，……相对于无限发展、无限广大的客观世界，任何真理都仅仅涉及它的一个有限的局部，世界上总是存在着尚未被认识的事物，人类已经达到的真理性认识总是有限的。从认识的深度上看，任何真理都是对某一事物的某些方面的一定程度、一定条件下的正确反映，总有近似的、不完全的性质，承认人们的认识尚未穷尽认识对象，还有待于深化，也就是承认真理的相对性。[1]

引文中引述的马克思的名言“观念的东西不外是移入人的头脑并在人的头脑中改造过的物质的东西而已”，如果加在康德的头上，也是完全可以的。康德的观点与通常所说的唯物论的不同，实际上仅在于强调的侧重点不同：康德强调的是“改造”，而唯物论者强调的是“物质”。因此，康德在核心观点上与唯物主义者是一致的。

可知的限度

张志华在《西方哲学史》（2002）一书中评论康德哲学时说：

> “哥白尼式的革命”归根结底是对理论认识能力的限制，其结果完全是消极的。[2]

著名康德哲学专家亨利·阿利森（Henry E. Allison），在《康德的先验观念论：一种解读与辩护》（*Kant's Transcendental Idealism*：*An Interpretation and Defense*，2004）一书中则认为，康德将认识对象限制于现象界，并非是“令人

---

[1] 章晖丽，《马克思主义基本原理概念》，航空工业出版社 2012 年版，第 85–87 页。

[2] 张志华，《西方哲学史》，中国人民大学出版社 2002 年版，第 539 页。

沮丧”(depressing)的，而是“解放性”(liberating)、“治疗性”(therapeutic)的，因为它可以防止我们受先验幻相的欺骗。[1]

康德的认识论不仅不是怀疑论，而且还是使我们走出休谟、笛卡尔等的怀疑论的根本方法。对于这方面的作用，罗伯特·汉纳（Robert Hanna）在《康德与分析哲学的基础》（*Kant and the Foundations of Analytic Philosophy*，2001）一书中概括道：

> 康德的《纯粹理性批判》……讨论的是对人类知识的性质、范围和局限性，更准确地说，讨论的是面对激进的、反形而上学的休谟怀疑论和激进的、关于外部世界的笛卡尔怀疑论，如何为科学以及更一般的理性信念提供一个合理性基础。[2]

也就是说，康德哲学从根本上说是反怀疑论的。他的主张是，我们仍然能够认识世界，并且获得具有确定性的知识，但有一定限度，因此，我们可以充满信心，但应该保持谦虚。

盲人摸象故事的启示

在盲人摸象的故事中，盲人只能依赖触觉感知大象。由于每个人触摸的部位不同，得到的结论也就大相径庭，但都认为自己的看法才是正确的，而别人的看法是错误的。

在这种情况下，一个比较好的解决争议的方法是，假设存在一个任何盲人都不可能真正完全了解的大象，所有盲人都只能获得关于这头“假设”的大象

---

[1] Allison, Henry E., 2004, *Kant's Transcendental Idealism: Revised and Enlarged Edition*, Yale University Press, p. 19.

[2] Hanna, Robert, 2001, *Kant and the Foundations of Analytic Philosophy*, Oxford University Press, p. 14.

某一个方面的局部信息，基于这些信息得到的结论当然都是有局限的，只有将所有这些局部信息有机地结合在一起，才有可能“更接近于”所“假设”的大象的“本来样子”。

但是，即便如此，也永远只能是“更接近于”，即不可能是对其完全的认识。也就是说，即使所有现在的盲人对这只大象的样子暂时达成了一致意见，仍然可以而且应该假设这还并不是其“本来样子”，这样才有可能继续做进一步的探讨。

因此，“假设”物自体的存在，明确说明人类所能认识的只是物自体呈现给我们的现象，就可以使我们在认识世界的过程中，在保持谦虚的同时始终保持乐观，从而摆脱不可知论和怀疑论所形成的障碍，使我们的知识得到不断增进。

>>> 第 3 章

我们可以证明什么？

上一章讨论的问题是：给定一个客观对象，我们能够获得关于这一对象的什么样的知识？答案是，我们只能认识到它按照“特定方式”呈现给我们的现象，而不可能认识到它的“本来样子”。本章讨论的问题是：给定一个关于某个客观对象的理论，我们是否能够通过某种方式来证明它是正确的，或者证明它是错误的？答案都是否定的。本章与上一章是相反相成的：讨论方向相反，但讨论结论则相互支持。由于我们关心的主要是经济金融理论，因此，本章的讨论围绕经济理论展开，除了介绍康德、休谟、波普尔等哲学家的观点以外，我们还大量引用了弗里德曼、卢卡斯等经济学家的观点。

3.1 每个人都有自己的模型

模型（也称为理论）这个词似乎只适用于“高大上”的学术研究。但实际上，模型只不过是把决策目标（即因变量）与影响决策的因素（即自变量）联系起来的一个思考框架，我们每个人在理解经济现象、进行经济决策时，都在使用着模型，就连最为简单的经济决策也是如此。在本书第 1 章中，我们运用张三开设烤肉餐厅的例子说明了这一点。在本章，我们运用另外一个能够更好地体现本章主旨的例子（案例 3.1）来进行说明。

案例 3.1

高速或辅路选择模型

假设张三在开车上班的途中要进入高速路时，看到入口处的一块显示屏上显示了如下信息："前方 20 公里处有事故，请绕行！"

如果张三上班只有这一条路，而且不得不继续前行，这条信息对张三就没有任何价值，经济学的原理当然也就没有任何帮助。假设张三此时还有另外一种选择：走辅路。走辅路的缺陷是红绿灯多，还有自行车、行人的混杂，通常至少需要 70 分钟，所以，平时张三从来都是直接走高速（通常只需要 30 分钟）。在高速入口处看到的上述信息，会不会改变张三的通常选择？答案是"不一定"。

张三可能会想：从负责显示屏信息的人得知出现事故到他发布前述消息，一定会间隔一段时间；从显示屏开始显示这条信息到张三看到它，可能又经过了一段时间，即事故可能是很长时间以前发生的；同时，张三现在进入高速，行驶到事故发生地点（有 20 公里的距离）也还需要一定时间。这样，在他到达事故地点时，极有可能事故已经被处理完毕，道路可能已经变得通畅了。张三还可能会想，由于很多人看到这条消息后可能已经改走辅路，这样，高速路上的车辆可能比平时还要少。经过这样的分析，张三可能会选择继续走高速。

案例 3.1 中张三的简单思考过程，就是一个模型。本章的讨论中还要多次提到这个模型，我们将其简称为"高速或辅路选择模型"。

模型是理解事实的基础

《大学》中说："心不在焉，视而不见，听而不闻，食而不知其味。"这句话稍做引申，便是对每个人都要使用模型这一观点的很好描述：如果没有模型将我们观察到的事实联系起来，这些事实对我们来说就是没有任何意义的。弗里德曼在《实证经济学方法论》（1953）一文中的如下这句话，非常明确地表达了这一观点：

> 理论是我们感知"事实"的方式，没有理论我们就不能感知"事实"。[1]

卡尔·波普尔在详细阐述其证伪理论的《猜想与反驳：科学知识的增长》（*Conjectures and Refutations: The Growth of Scientific Knowledge*，1962）一书中提到一个小故事。他曾经在课堂上对学生提出了这样一个要求："拿出笔，仔细观察，写下你观察到的所有东西。"学生对这一要求感到很茫然，马上提出疑问："您要求我们观察什么？"波普尔接着评论说：

> 观察总是有选择性的。它需要一个选择的对象，一个明确的任务，一个兴趣，一个观点，一个问题。……卡茨写道："饥饿的动物将环境中的事物划分为可食用和不可食用两大类。飞行中的动物看到逃跑的路线和躲藏的地点。……一般来说，物体会根据动物的需要而发生变化。"我们可以补充说，只有基于需求和利益，物体才可能被分类，才可能被看成是相似或不同。这一规则不仅适用于动物，而且也适用于科学家。[2]

电影中的特工，具有我们普通人无法想象的关注细节的能力。排除电影中虚构的因素，稍一思考我们就会发现，他们之所以如此关注细节，是因为细节

[1] Friedman，Milton，1953，The Methodology of Positive Economics，*Essays in Positive Economics*，Phoenix Books，p. 34.

[2] Popper，Karl，1962，*Conjectures and Refutations：The Growth of Scientific Knowledge*，Basic Books，New York，pp. 46–47.

与他们需要完成的任务以及他们自己的生命安全密切相关。日常生活中，我们只关注某些东西，而会忽略其他内容（即“视而不见，听而不闻”），是因为对我们来说，前者可能很重要，而后者则通常无关紧要。模型正是我们把观察到的事实与自己的需求联系起来的思考框架，没有这样一个框架，任何事实都不会进入我们的思想。

在案例 3.1 建立的高速或辅路选择模型中，与张三在同一时间开车经过此处的李四，平时为了节省高速费从来都不上高速，显示屏上的信息对他来说就没有任何意义，他就极有可能完全不会注意这条信息，甚至连存在这样一块显示屏都可能不曾注意到。因此，任何人的模型都是以自己的需求为中心的，而由于不同人的需求通常各不相同，所以，每个人通常都会有不同的模型。

1981 年诺贝尔经济学奖得主詹姆斯·托宾（James Tobin）在获奖演讲中谈到宏观经济模型（理论）的作用时说：

> 主张各异的宏观经济模型，有着极为强大的影响力。它们指导着经济计量预测模型的建构，塑造着决策者及其顾问对世界运行方式的理解，影响着记者、经理、教师、家庭主妇、政治家和选民的看法。几乎每个人都在思考着与经济相关的问题，都在试图理解它，并且对于如何改善经济状况都有着自己的看法。任何这样做的人，都在使用一个模型，即使它是模糊的和非正式的。[1]

这是针对任何希望思考宏观经济状况的人来说的，但也同样适用于思考任何经济现象的任何人，即每个人都需要使用经济模型。不过，普通人在使用模型时常常是不自觉的，即所谓“日用而不知”，所使用的模型一般也都是“模糊”

[1] Tobin，James，1982，Money and Finance in the Macroeconomic Process，*Journal of Money*，*Credit and Banking*，Vol. 14，No. 2，p. 172.

的、“非正式”的；经济学家们所致力的模型，只不过是将这些模型以具有严密逻辑的形式（常常是数学形式）呈现出来。

每个人都要使用经济模型，那么，这些模型是否都正确？是否存在唯一正确的模型？本章余下部分的讨论将表明，这两个问题的答案都是否定的。

每个人的模型各不相同

经济决策实质上就是选择，从这个角度来看，经济学就是一门关于选择的科学。如果不存在选择，经济学就不会产生。人类之所以需要进行选择，是因为资源有限，而每种资源又都存在多种用途，从而需要通过选择使这些资源为人类带来最大的利益。

在案例 3.1 建立的高速或辅路选择模型中，张三如果只有进入高速一条路可走，而且必须走，他就不需要使用模型，因为他不需要选择；如果存在另一条辅路可选，他就需要进行选择了，因为张三需要节约有限的时间资源和经济资源（如高速公路费、油费、车辆磨损费、车祸风险可能带来的损失等）。前面在案例讨论时提到，在面临这个选择时，张三并不是一定会做出特定的选择。

假设张三最后选择了继续走高速，那么，其他人会不会做出同样的选择呢？答案同样是不一定。假设王五与张三差不多同时到达这个高速入口，也看到了显示屏上的信息，但王五曾经遇到过类似情形，在经过与张三类似的分析后，选择继续走高速，但被堵了两个小时，由于“一朝被蛇咬，十年怕井绳”的心理作用，他可能会毫不犹豫地选择走辅路。

对于王五与张三的上述不同选择，可以有两种不同解释。第一种解释是，不同人有着不同的模型（张三与王五的模型不同），而同一个人的模型会发生变化，即同一个人在不同时候会有不同的模型（王五的模型发生了变化）。第二种解释是，不同人使用的模型是相同的（即模型的变量和参数相同），但模型中变量的取值因人而异。比如，王五可能把显示屏上的信息解读为“堵车的可能性极大”，而张三把它解释为“堵车的可能性极小”。但第二种解释中的相同模型，仍然可以说是不同模型，即王五在他的模型中加入了过去的类似经历，而张三没有（或许他也有过去的相关经历，但没有体现在模型里）。因此，第一种解释（即模型不同）更具包容性，从而也就更为合理。这就再次印证了我们前面从需求角度得出的如下结论：不同人有着不同的模型，每个人的模型各不相同。

不存在大统一模型

经济学研究的目标是找到一个能够同时解释所有人行为的统一模型（即大统一理论）。在前面讨论的例子中，就是把三人的行为看作同一个大统一模型的结果，即对不同的人来说，模型的变量和参数完全相同，唯一不同的是变量的取值（参数的变化相当于模型本身的变化）。

这种方法看似是可行的，但能够准确刻画所有人行为的大统一模型，可能会变得无穷大。比如，与张三几乎同时经过高速入口的马六，有朋友正好在高速公路管理处负责屏幕信息的更新，曾经告诉他，屏幕信息完全是实时的，没有任何时滞。试图同时解释马六行为的大统一模型，就需要新增“有朋友在高速公路管理处负责屏幕信息”这样一个变量，甚至还要加入一个变量以反映“这个朋友所提供信息的可信度”。

也就是说，每增加一个经济主体，每一个经济主体每增加一个信息来源，对同一信息每增加一种不同解读方式，大统一模型都需要至少增加一个变量。因此，要真正解释所有行为的大统一模型一定是无穷大的，而这样的模型在现实世界中是没有任何意义的。

不可能准确判断模型的正误

每个人在进行经济决策（亦即进行选择）时，都有自己的模型，那么，如何判断一个人所使用的模型的正确性？判断依据只能是模型使用的结果，但模型结果与模型准确与否之间的关系并不是一目了然的。

比如，在案例 3.1 建立的高速或辅路选择模型中，假设张三根据他的模型得到的结论是“走高速更快”，从而最终选择了进入高速。如何判断他的模型是正确的？是不是“果然没有堵车”（比如他只花了 30 分钟）就表明他的模型正确？答案是否定的，因为没有堵车的原因可能是本来就没有发生事故，屏幕上所显示的信息只不过是前述马六的朋友手抖错发的。

同样，“果然堵车”（比如他花了 75 分钟）也不一定表明张三的模型就是错误的，因为他如果选择走辅路，可能花的时间要超过 75 分钟——正如前面介绍张三的模型时所说，有可能太多的人选择辅路而导致辅路出现了严重的堵车。

第一种情形属于证实的困难，即证明一个模型正确的困难；第二种情形属于证伪的困难，即证明一个模型错误的困难。一个决策模型既不可能被证实，也不可能被证伪，从而也就没有办法准确判断模型的正误（参见第 3.2 节和第 3.3 节分别对经济学理论证实和证伪的详细讨论）。

模型判断基准的虚拟性

判断经济模型正误的困难，从根本上源于判断基准的虚拟性。如前所述，经济决策就是选择，而选择的基础是比较。判断张三选择走高速是否正确，就需要比较张三“走高速”和“走辅路”两种选择的差异，而唯一正确的比较方法是，在同一时间段内，张三同时走高速和走辅路，然后将结果（比如所花时间）进行比较。如果不采取这种方法，任何结果都有可能是其他因素导致的，从而无法据以判断张三所使用模型的正误。

很显然，张三不可能同时既走高速又走辅路。我们通常所说的比较基准都是虚拟的，即“假设他走辅路，可能只需要花 70 分钟”，而“他这次走高速花了 75 分钟”，所以“他走高速的选择是错误的”。这一推理的结论是不可靠的（即不一定符合现实），因为其大前提是一个假设，并不是对现实的描述。[1]

---

[1]　即使能够得出准确结论说，张三选择走高速的决策是正确的，也并不能证明该决策所依据的经济模型就是正确的，因为如前所述，高速没堵车可能还有模型中没有考虑到的其他原因。在本节，我们忽略这一点，只关注判断基准问题。

机会成本概念的启示

对于经济决策中的比较基准，经济学有一个专门的概念——**机会成本**，即经济主体做出一个选择时所放弃其他选择可能带来的最大利益。这一定义充分体现了机会成本的虚拟性。由于机会成本是“被放弃的选择”可能带来的收益，从而永远不会成为现实，因为这些选择一旦成为现实，其可能带来的收益就不再是机会成本了；由于被放弃的选择永远不可能成为现实，所以其“可能收益”就永远只能是想象中的，从而不可能准确度量；而且“被放弃的选择”可能是无穷的，因为它还需要包括决策者从来没有想到过的选择，比如，张三除了选择高速、辅路之外，可能还有一条他并不知道的路。[1]

对于机会成本的虚拟性，1986年诺贝尔经济学奖得主詹姆斯·布坎南（James Buchanan）在《成本与选择：对经济理论的探索》（*Cost and Choice*：*An Inquiry in Economic Theory*，1969）一书的序言一开始，就以读者面临是否阅读他这篇序言的选择为例进行了讨论。他说，如果读者选择现在不阅读这篇序言，还有很多其他事情可以做（即“备选方案”），那么他现在阅读这篇序言就是有成本的：

> 你选择现在阅读这篇序言的成本，就是你对这些备选方案中最有吸引力的那个赋予的价值。这个价值是（而且必然始终是）处于纯粹想象之中的，它代表着你现在认为其他机会可能提供的价值。一旦你选择阅读这篇序言，你就永远失去了实现替代方案，进而度量其价值的任何可能了。[2]

---

[1] 经济学中讨论机会成本时，通常仅限于经济主体感知到的选择。

[2] Buchanan，James，1969，*Cost and Choice*：*An Inquiry in Economic Theory*，Markham，University of Chicago Press，p. xiii.

机会成本决定着选择，而机会成本本身是虚拟的，仅仅存在于决策者在决策时的想象之中，因此，我们永远无法准确衡量机会成本的高低，从而也就不可能准确判断某一决策的正误，当然也就无法根据结果来判断决策者所依赖模型的正误了。

3.2 经济理论证实的不可能

经济理论的证实，就是运用客观经济事实（即经验证据）来证明一个经济理论的正确性。任何经济理论的最终目的都是指导实践，即以具有普遍性的经济结论来指导具体的经济行为，从而都是在一定范围内的全称命题。任何关于具体经济事实的命题，都是在前述范围下的一个特殊命题。由于根据特殊命题不可能符合逻辑地得到全称命题，因此，对于任何经济理论来说，证实都是不可能的。根据特殊命题得到全称命题的推理，在逻辑上称为归纳推理或归纳逻辑，因此，对证实的批判，也就是对归纳逻辑的批判。

一个简单的例子能够说明“证实不可能”的含义。比如，要证实“天下乌鸦一般黑”，就必须逐一检验全世界过去曾经存在、现在仍然存活以及未来可能出现的全部乌鸦，并且证明其全部都是黑的。很显然这是不可能的，所以，前述论断不可能被证实。也就是说，即使全世界所有人到现在为止看到的乌鸦都是黑的，也不能从中得出“乌鸦都是黑的”这一普遍性的结论，因为将来仍然可能出现不是黑色的乌鸦。

休谟批判

大卫·休谟（David Hume）在《人类理解研究》（*An Enquiry Concerning Human Understanding*，1784）一书中，首次系统地阐述了归纳逻辑的缺陷和证实不可能的思想。休谟把人类的知识划分为两大类：一类是关于“观念关系”（relations of ideas）的知识，如几何、算术、数学等；另一类是关于“实际事实”

(matters of fact) 的知识。他说，前者的正确或错误在思想中就能得到确凿的证明，但是后者则不可能得到证实：

> 与每一个事实相反的事实仍然是可能的，因为这永远不会意味着矛盾。……“太阳明天不会升起”，与“太阳明天会升起”相比，并不是更不可理解，也并不意味着存在更多的矛盾。因此，我们试图证明前一观点的谬误是完全徒劳的。……从一个实例中得出一个结论，与从一百个实例中得出一个结论，从推理过程来看，两者之间没有多大的不同。……我找不到，也无法想象这样的推理。……因此，所有基于经验的推论，都是基于习惯的影响，而不是基于理性的推理。[1]

休谟在这里提出了我们在上一章多次提及的例子：即使我们千万次地看到太阳每天早上升起，我们也不能“基于理性的推理”得出结论说，明天它还会升起。在日常生活中，我们之所以会有“太阳明天早上还会升起”的观念，完全是因为人类具有一种心理习惯，即因为经常看到某两种东西一起出现，就把它们联系起来，从而认为它们将来还会一起出现。但是，对于任何基于事实得到的结论，我们完全可以符合逻辑地想象与之相矛盾的事实，所以，我们没有任何理由相信这样的结论一定是正确的。休谟由此而得出了怀疑论的结论：人类不可能得到确定的、具有普遍性的知识。

康德对休谟批判的反应

康德撰写三大批判的原因之一，是休谟将他从“独断论的迷梦之中惊醒”，而休谟对归纳逻辑（特别是对因果关系）的批判是“惊醒”康德的关键。康德

---

[1] Hume, David, 1748, *An Enquiry Concerning Human Understanding and Other Writings*, Cambridge University Press, pp. 25–43.

对休谟关于经验不可能证实任何判断的观点表示完全赞同：

> 经验永远也不给自己的判断以真正的或严格的普遍性，而只是（通过归纳）给它们以假定的、相比较的普遍性。[1]

但是，康德并没有接受休谟的怀疑论，相反，他创立整个批判哲学的目的就是要从休谟的怀疑论中拯救出科学。

波普尔对休谟批判的反应

波普尔在《猜想与反驳：科学知识的增长》一书中也完全赞同休谟对归纳逻辑的批判（同时与康德一样，也反对休谟的怀疑论）：

> 我觉得休谟完全正确地指出了归纳法在逻辑上是站不住脚的。……理论永远不能从观察性陈述中推理出来，也不能经由这些陈述来理性地证明。我发现休谟对归纳推理的批判是清晰的、终结性的。[2]

休谟对证实不可能的阐述确实可以说是“终结性的”。当然，也有研究者宣称，终于解决了休谟提出的归纳逻辑问题（即成功解释了“我们怎么知道明天太阳还会升起”的问题）。劳伦斯·伯兰德（Lawrence A. Boland）在为《帕尔格雷夫经济学大词典》撰写的词条“传统主义”（Conventionalism）中提到这一点时说，他对这一宣称感到惊讶，因为这一问题是“无解的”（impossible to solve）。他说，如果真的解决了“证实是可能的”这一问题，有关经济学方法论

[1] 康德，《纯粹理性批判》，邓晓芒译，人民出版社2004年版，第3页。

[2] Popper，Karl，1962，*Conjectures and Refutations*：*The Growth of Scientific Knowledge*，Basic Books，p. 42.

的讨论就可以完全停止了。[1] 绝大多数后来的研究者都认为休谟的论证是充分的，从而都是将其结论作为讨论前提，并不再做分析，康德和波普尔就是如此。

3.3 经济理论证伪的不可能

只要看到一只非黑色的乌鸦，就可以证伪“天下乌鸦一般黑”。但这一点并不适用于对经济理论的评价。原因在于，我们面对的经济是一个极其复杂的系统，其中所有因素都彼此相联系，任何经济理论都只可能选择其中有限的几个方面进行讨论，从而都包含有“其他因素不变”的假设，而这一假设就成了所有经济理论的“护身符”：所有可能“证伪”某一理论的经验证据，都可能源于“其他条件”发生了变化。

波普尔论的可证伪性标准

在《猜想与反驳：科学知识的增长》（1962）一书中，波普尔对证伪理论进行了全面阐述。他说：

> 一个理论是否具有科学性的标准，是它的可证伪性（或可反驳性或可检验性）。……可证伪性标准解决的是划界问题。它的主张是，一个陈述或陈述体系要能被划入科学之列，必须能够与可能的或者可以想象的观察相冲突。……虽然科学标准强调我们的可错性，但它并没有就此陷入怀疑论中，因为它也承认，我们能从错误中学习，从而知识能够增长，科学可以进步。[2]

---

[1] Boland，Lawrence A.，2008，Conventionalism，*The New Palgrave Dictionary of Economics*，Second Edition，Palgrave Macmillan.

[2] Popper，Karl，1962，*Conjectures and Refutations: The Growth of Scientific Knowledge*，Basic Books，pp. 37–38.

波普尔之所以特别强调可证伪性对于科学的重要性，是因为他一方面完全认同休谟关于证实不可能的观点，另一方面又反对休谟由此而得到的怀疑论结论。他说，休谟从对归纳逻辑的批判发展为怀疑论，是因为休谟认为归纳逻辑是人类获得知识的唯一方法，但却没有看到使人类获得知识的是另外一种方法，即他在这本著作中阐述的猜想反驳法。

猜想反驳法

波普尔说，休谟完全是从心理角度来解释事物之间的联系，认为人类只能被动地等待客观事物重复出现之后，才会出于心理习惯而在观念中把事物联系起来，因此，事物之间的联系并没有任何确定的客观基础。

与休谟的心理理论不同，波普尔认为人类在认识自然时并不是被动的，而是主动的，人类关于事物之间联系的知识，是人类“将规律性强加给世界”而产生的，从而可以是没有任何逻辑或事实基础的“猜想”。

人类之所以能够“将规律性强加给世界”，是因为人类具有“寻找规律性的自然倾向”(inborn propensity to look out for regularities)，而这一倾向的最初源头，是婴儿出生时对“被喂养、被保护、被疼爱”的期待，这种期待也可以被称为一种“天生知识”(inborn knowledge)。当然，所有这些猜想都是可错的，即使是婴儿出生时就具有的“天生知识”，也有可能是错的（如婴儿可能会被遗弃)。

波普尔认为，人类科学知识的进步，就是在对猜想不断进行反驳的过程中实现的。如果没有猜想作为起点，科学就不可能起步，而如果猜想没有可错性，反驳也就无从下手，科学也就不可能进步。正是基于这一逻辑，波普尔认为，可证伪性（可错性）是科学的基本前提和标准，猜想是科学的源泉，而反驳则是科学进步的动力。当一个猜想在以反驳它为目的的检验中，被新的经验证据证明错误而被拒绝时，为了解释新的经验证据就需要提出新的猜想，这时又要设计反驳这一新的猜想的检验，进而使这一新的猜想继续接受更新证据的检验。在此过程中，科学就得到了发展。

波普尔借用达尔文“适者生存”的名言说，好的理论就是在不断经受反驳的考验之中“生存下来的最强者”（the survival of the fittest），而我们所说的“科学”，就是在某个时点上由这些“最强者”（及其检验报告）构成的一个体系。波普尔反复强调的是，任何时点上的这些“最强者”，都仍然只是一种“猜想”，需要时刻准备接受新的经验证据的检验，从而永远存在被证伪的可能。

经济体系的复杂性

经济体系是一个复杂系统。阿兰·科曼（Alan Kirman）在为《帕尔格雷夫经济学大词典》撰写的词条“作为复杂系统的经济”（Economy as a Complex System）中，把复杂系统所具有的特征概括为五个方面[1]：

（1）相互间直接交往的经济主体是异质的。

（2）经济主体获得的信息及相互交往都是局部的。

（3）经济主体的行为遵循简单的拇指法则。

（4）系统的总体行为并非是某个一般性或代表性经济主体的行为。

（5）系统的总体行为是在个体间复杂的相互交往中涌现的。

这五个方面的特征（以下分别简称特征1至特征5）完全适用于经济体系。亚当·斯密所说的“看不见的手”，非常形象地说明了经济运行的基本状态：每个独立的经济主体（特征1），完全出于自己的利益、根据自己所掌握的局部信息采取行动（特征2），最后却创造出了每个人都未曾预期到的良好结果（特征5），即整个经济呈现出一种良好的秩序，而不是混乱，这就好像是在一只“看不见的手”的指挥下自然而然地涌现出来的。自斯密之后的经济学，关键任务

[1] Kirman，Alan，2008，Economy as a Complex System，*The New Palgrave Dictionary of Economics*，Second Edition，Palgrave Macmillan，p. 2.

之一就是解释这只“看不见的手”是如何运行的。

在经济运行的上述逻辑中，特征2与特征5之间的联系是双向的：一方面，整个经济体系的状态，是所有经济主体行为的结果，从而每个人的行为一定会对整个经济的状态产生影响，而这种影响并不是确定的（特征4）；另一方面，整个经济体系的状态，又反过来会影响每个经济主体的行为。这样，每个经济主体在决策时，都必须预测自己所做决策的宏观影响，然后再根据这一预测结果调整自己的决策；当然，自己的决策调整后，宏观经济状态又会发生变化，所以，经济主体需要再次调整；这一过程需要不断重复，直到自己感觉满意为止。

使问题更为复杂的是，每个经济主体都非常清楚，其他经济主体也在同样做着这种预测、决策、调整的工作，所以，每个经济主体的模型中，还需要包括所有其他经济主体各不相同的行为模型。很显然，这种复杂的关系远远超过了个人的理解能力和计算能力，现实中的经济主体只能采取“拇指法则”（特征3）。

经济理论的“护身符”

正是由于我们所处的经济体系是一个极其复杂的系统，处于这个系统中的每个因素都是彼此联系在一起的，而任何经济理论都只可能选择其中有限几个方面的因素展开讨论，以便使我们能够将有限的注意力集中到这些被认为最重要的因素之上。在此过程中，大量其他因素被忽略，或者被假设不变，或者被假设它们即使变化，影响也不会显著，这是经济理论总是包含“其他因素不变”这样一个限定的原因。

由于“其他”是无穷的，因此，现实与理论预测的不同，永远可以归因于“其他因素不变”的假设没有得到满足。这样，必然包含的“其他因素不变”这一限定，就成了所有经济理论的“护身符”，使得任何经济理论都不可能被证伪。

丹尼尔·豪斯曼（Daniel Hausman）在为《帕尔格雷夫经济学大词典》撰写的词条“证伪主义”（Falsificationism）中指出，如果把波普尔所说的可证伪性作为经济学中知识科学性的标准，那么，几乎就没有任何经济学知识可以算作科学知识了。[1] 波普尔自己的论述，实际上就已经隐含地说明了证伪与证实几乎同样是不可能的：

> 我们可能会对接受任何陈述，哪怕是最简单的观察陈述感到犹豫；我们可以指出的一点是，每一个陈述都是按照某种理论所进行的解释，从而都是不确定的。……根本不存在没有误解危险，从而完全安全的观察。（这正是归纳法站不住脚的原因之一。）[2]

由于关于最简单事实的判断都是不确定的，我们也就无法得到任何确定的判断了，而这当然也包括对一个理论是否被“证伪”的判断。所以，波普尔本人也没有（当然也不可能）“绝对”地坚持证伪理论。

波普尔证伪理论的真正贡献

豪斯曼在前述词条“证伪主义”中说，波普尔在经济学研究方法论上的贡献，主要在于对经验证据和证伪态度的强调，即研究者应主动面对那些不利于自己理论的经验证据的挑战，并且愿意放弃那些不能通过证据检验的理论，而不在于把证伪作为是否是科学知识的判断标准。

经济理论既不可能被证实，也不可能被证伪，并不表明所有经济理论都具有相同的价值，更不意味着我们可以随意接受任何经济理论。经济理论的最终目的都是指导实践，从而都需要接受基于实践（亦即经济证据）的检验。但是，所有检验都不可能是严格的，都只能是一种近似检验，而什么样的经验证据才

---

[1] Hausman, Daniel, 2008, Falsificationism, *The New Palgrave Dictionary of Economics*, Second Edition, Palgrave Macmillan.

[2] Popper, Karl, 1962, *Conjectures and Refutations*: *The Growth of Scientific Knowledge*, Basic Books, p. 41.

足以“近似地”证实或证伪某一个经济理论，在很大程度上取决于研究者（或评价者）的主观判断。

对于促进经济学的发展来说，至关重要的是，研究者需要有一个可证伪的科学态度，进而需要高度重视经验证据的根本性作用。这一点实际上也是波普尔本人特别强调的。他将我们对待科学的态度分为教条态度（独断论）和批判态度（批判论）两大类，把两种态度下的科学分别称为伪科学和真科学：

> 教条态度是指这样一种倾向，即试图通过应用和验证来证实规律，有时甚至几乎完全忽略反驳；而批判态度则是随时准备改变它们、检验它们、反驳它们、证伪它们（如果可能的话）。这意味着，我们可以把批判态度看作科学态度，把教条态度看作我们前面所说的伪科学态度。[1]

波普尔在这里提到的一点非常重要，那就是，独断论除了有时不顾经验证据而固执地坚持自己的理论以外，有时也重视经验证据，但常常只注重对自己有利的证据，而忽略对自己不利的证据。在经济领域这样的事例非常多，本书第6—8章将要详细讨论的货币数量论，就是一个非常突出的例子。

3.4 经济理论的实用主义

对于一个在形式上符合逻辑性和简洁性标准的经济理论来说，既然既不能被证明是正确的（被证实），也不能被证明是错误的（被证伪），那么，如何判断它的好坏优劣？经济学家们给出的答案是实用。

---

[1] Popper, Karl, 1962, *Conjectures and Refutations: The Growth of Scientific Knowledge*, Basic Books, p. 50.

卢卡斯论实用标准

1995 年诺贝尔经济学奖得主罗伯特·卢卡斯（Robert E. Lucas，Jr.），在《经济周期理论的方法和问题》（1980）一文中谈到经济理论的评价标准时说：

> 任何清晰程度足以对所研究的问题给出明确答案的模型，都必然是人为的、抽象的、明显“不真实”的。同时，并不是所有表达清晰的模型都同样有用。……我们需要把它们看作对现实的有用模仿来进行检验。……一个“好”的模型……将不会比“差”的模型更“真实”，但会提供更好的模仿。[1]

在卢卡斯看来，模型不能用“是否真实”或“是否更真实”的标准来衡量，因为所有模型都只能集中考察复杂现实中的某个或某些侧面，从而一定是“非现实”的，如果以现实为标准，一定是“假的”“错的”。因此，“实用”是评估经济理论好坏的唯一标准。

奥曼论实用标准

鲁道夫·奥曼（Rudolf Aumann）在《博弈论试图完成的是什么样的工作?》（1985）一文中，非常明确地说，对于一个科学理论来说，根本不能用“正确”或“错误”来描述，取舍只有“实用”这个唯一的标准：

> 科学理论不能以“真实”或“虚假”来评价。在建构一个理论的时候，我们并不是要了解真相，甚至也不是接近真相；相反，我们只

---

[1] Lucas，Robert E.，Jr.，1980，Methods and Problems in Business Cycle Theory. *Journal of Money*，*Credit and Banking*，Vol. 12，No. 4, pp. 696–697.

> 是试图以一种有用的方式来组织自己的思想和观察结果。一个粗略的比喻是，一个科学理论就像是办公室中的一个文件系统，或者某种复杂的计算机程序。我们不会用“真实”或“不真实”来描述这类系统；相反，我们只讨论它是否有用，或者更准确地说，我们只讨论它的有用程度如何。[1]

奥曼将理论比作“文件管理系统”，认为它们根本无所谓正确、错误之分，只有是否好用之别。奥曼说，文件管理系统要随着文件数量或复杂程度的变化而变化，经济理论也要随着观察到的经济现象的变化而变化，但判断取舍一个理论的标准，并不是它本身是否是“真理”，关键是它是否能更好地解释所观察到的经济现象。

奥曼进一步分析说，既然对于理论来说并没有正确、错误之分，那么，观点完全相反的理论就有可能并存，正如我们在进行文件管理时，常常是多个系统并存，有的按名称排序，有的按发件人排序，还有的按日期排序，等等，各有各的优点和用途。奥曼特别举例说，牛顿建立的经典物理学和爱因斯坦的相对论，如果以真理性为标准，后者完全替代了前者。但是，物理学家们在“日常”研究中仍然主要使用前者，因为对绝大多数的研究来说，前者是对后者的“足够近似”，使用起来要简单方便得多。这个例子表明，即使是在真理性能够准确判断的情况下，也常常会因为“实用”而选择“被证伪”的理论，那么，对于根本无法准确判断真理性的经济理论，“实用”当然也就是我们的唯一选择了。

经济理论的实用主义，使我们能够理解在证券（及其他长期资产）定价方面观点几乎完全相反的法玛和希勒何以能在2013年同时获得诺贝尔经济学奖：

---

[1] Aumann, Rudolf , 1985, What is Game Theory Trying to Accomplish? *Frontiers of Economics*, Oxford University Press, pp. 31-32.

因为他们分别开创的有效市场理论和行为金融理论都是“有用的”。

弗里德曼论实用标准

弗里德曼的《实证经济学方法论》(1953)一文，是经济学方法论方面的经典文献，它充分体现了弗里德曼的实用主义思想。与奥曼一样，弗里德曼也把经济理论比作无正确错误之分、只有是否好用之别的文件管理系统。他还把经济理论比作语言。他指出，对于一门语言来说，形式逻辑可以用于判断它是否完整、是否存在矛盾，从而说明它“是否好用”，但无法说明它“是否正确”，因为对于一门语言来说，根本无所谓“是否正确”。对于经济理论来说，也完全一样。对于这一点，弗里德曼概括道：

> 实证科学的最终目标是要建立一种“理论”或“假说”，使之能够对还没有观察到的现象作出合理的、有意义的(而不是正确的)预测。[1]

弗里德曼在这里非常明确地表达了经济理论的评判标准不可能是真理性，而只能是实用性。对弗里德曼的方法论坚持采取工具主义解读的劳伦斯·伯兰德在为《帕尔格雷夫经济学大词典》撰写的词条“工具主义与操作主义”(Instrumentalism and Operationalism)中，对弗里德曼的实用主义进行了如下概括：

> 科学理论不应该被认为是正确的或者是错误的，其原因仅仅在于，只要它们是分析或预测中的有用工具，它们的正确性就是无关紧要的。对于那些认为经济理论的真理性很重要的经济学家来说，工具

[1] Friedman, Milton, 1953, The Methodology of Positive Economics, *Essays in Positive Economics*, Phoenix Books, p. 7.

主义永远不会被视为一种令人满意的方法。[1]

实际上，我们之所以选择实用主义而不是真理主义，不是因为真理本身是“无关紧要”的：如果我们能够找到具有真理性的经济理论，那么，它一定是实用的。也就是说，这样的理论一定兼具真理性和实用性，当然要比仅具有实用性的理论更值得我们去信奉。但第3.2节和第3.3的讨论表明，经济理论既不可能被证实，也不可能被证伪，从而根本无法判断一个经济理论的真理性，既然如此，我们就只能放弃真理主义。因此，实用主义是经济学家们无奈的选择。

判断有用性的实证检验

既然经济理论的标准是其有用性，而经济理论的最终目标是解释现实、指导实践，那么，有用性的标准就只能是解释和预测。由于解释的合理性仍需要由预测来检验，所以，两者常合称为预测检验。预测检验的基本依据是经验证据，所以也称为实证检验。

经济学中实证检验的重要性，正是弗里德曼（以及很多其他经济学家）主张经济学应该是“实证经济学”的原因。由于任何经验证据既不可能证实也不可能证伪任何理论（也称为模型或假说），所以实证检验不是对经济理论真理性的检验，而只是对其有用性的检验，而且其结论也必然是模糊的。对于预测检验的重要性和模糊性，弗里德曼说道：

对一个假说的合理性来说，唯一有意义的检验，是将其预测与实际经验进行比较。如果预测“频繁地”或比来自另一假说的预测更为经常地与经验证据相矛盾，那么该假说就被拒绝；如果预测没有与经

[1] Boland，Lawrence A.，2008，Instrumentalism and Operationalism，*The New Palgrave Dictionary of Economics*，Second Edition，Palgrave Macmillan，p. 2.

验证据相矛盾，那么该假说就会被接受；如果该假说多次成功地避免了可能出现的矛盾，那么我们就会对它充满信心。实际证据永远不可能“证实”一个假说，它最多只是未能驳倒该假说，而这正是我们说某一假说被经验证据“确认”（并不十分准确）的意思。[1]

对一个经济理论的唯一检验是预测，即将其预测结果与客观事实相比较，如果相符，即理论被“确认”。但弗里德曼强调说，这并不表明理论被证实，因为任何经济理论都不可能被证实。这表明弗里德曼也是同意休谟对归纳逻辑的批判的。

同时，弗里德曼说，相符也仅仅是“未能证明理论错误”，这表明弗里德曼也赞同波普尔的证伪观点，这也正是弗里德曼常被称为“证伪主义者”的原因。如果不相符，即理论被“拒绝”。但弗里德曼认为，拒绝一个理论需要“频繁”或者比替代理论“更多”地遇到不相符的情形。这表明他充分认识到了预测检验的模糊性，即如果仅仅凭借一两次出现的预测不相符就拒绝一个经济理论，可能就没有多少经济理论会存留下来，这与第 3.3 节提到的豪斯曼的观点是一致的。在引文中弗里德曼所使用的“更大信心”“不严格地说”等词语，也显示出他对预测检验模糊性的强调。

伯兰德在前面提到的词条“工具主义与操作主义”中，明确指出了弗里德曼工具主义的模糊性缺陷：

弗里德曼的工具主义引出了许多问题。谁决定什么是“有用的”？一个经济理论需要预测哪些经验事实？……工具主义的支持者，总是

[1] Friedman，Milton，1953，The Methodology of Positive Economics，*Essays in Positive Economics*，Phoenix Books，pp. 8-9.

可以回应批评者说，使用工具主义方法已经被证明非常有用。[1]

确实，经济理论的唯一标准只能是实用性，但任何研究者都可以以“有用”来为自己的理论进行辩护，而且还可以提出相当多的经验证据来。这实际上是经济学中流派林立的原因之一，也是面对经济现象我们都在盲人摸象的体现之一。

假设的不相关性

弗里德曼对于经济理论实用性（预测检验）的强调，与对假设现实性要求的否定是密切联系在一起的，甚至可以说是“同一枚硬币的两个不同侧面”。正因为如此，很多研究弗里德曼《实证经济学方法论》一文的文献，直接将其全文的核心思想概括为“假设不相关”。弗里德曼的如下这段话，说明了两者的一致性：

> 对于一个理论的“假设”来说，有意义的问题不应该是它们在描述上是否“真实”，因为它们从来就不是真实的，而应该是它们对于我们的研究目的来说是否足够近似。这一问题的答案，完全取决于该理论是否有效，即它是否能够产生足够准确的预测。这样，两个被认为相互独立的检验就合二为一了。[2]

弗里德曼认为，对于一个经济理论来说，假设必然是非现实性的，而且越是好的理论，假设就越是远离现实，因为一个好的理论就是要“以尽可能少的

---

[1] Boland，Lawrence A.，2008，Instrumentalism and Operationalism，*The New Palgrave Dictionary of Economics*，Second Edition，Palgrave Macmillan，p. 5.

[2] Friedman，Milton，1953，The Methodology of Positive Economics，*Essays in Positive Economics*，Phoenix Books，p. 15.

假设解释尽可能多的内容”（explains much by little），而减少假设的方法只能是忽略研究者认为不重要的因素，仅仅保留那些他认为重要的因素。

弗里德曼举例说，如果要讨论小麦市场，一个完全“现实”的理论，就不仅仅需要考虑供求关系，还需要考虑交易使用的支付方式，交易中买卖双方的肤色、眼睛和头发颜色、过去的教育、父母和孩子的数量、姓名、家庭收入，小麦种植土壤的肥沃程度，所使用化肥的种类和数量，生产时的天气状况和日照时间，种植小麦的农民的年龄和性别（甚至其肤色、眼睛和头发颜色、过去的教育、父母和孩子的数量、姓名、家庭收入）等。很显然，没有任何理论能够穷尽一切因素，从而没有任何理论是“完全现实”的。要区分不同假设之间的“现实性程度”也是不可能的，因为任何复杂程度的假设所省略的因素都是无穷的。

因此，判断一个假设是否合适，唯一的办法是看整个理论的预测效果。对我们预测小麦的价格来说，小麦生产者的成本比他的眼睛颜色更有用，所以，在小麦价格理论中，我们忽略后者而包括前者。也就是说，要对这个理论进行检验，只需要检验其预测效果（即预测价格是否与实际价格相符），而不需要检验其假设是否符合现实，这就是弗里德曼所说的“两个被认为相互独立的检验就合二为一了”的含义。

弗里德曼的研究实践

弗里德曼强调假设不相关，是因为他认为我们不能依据假设是否现实本身来判断一个经济理论的好坏优劣或者判断其结论的正确与否，他认为这些内容的判断标准只能是实证检验。因此，只有结合他关于实证检验的观点，才有可能真正理解他的“假设不相关”观点，这也正是实证检验和非现实性假设是“同一枚硬币的两个不同侧面”的原因。

不过，从弗里德曼自己的研究实践来看，他并没有能够彻底地坚持他的方法论，这在他对货币数量论的阐述中得到了充分的体现。弗里德曼虽然始终强调实证检验的重要性，但他的“货币数量的增长必然导致通货膨胀”或者“通货膨胀的唯一原因是货币数量的增长”的确定性结论，并非来自基于经验证据的实证检验，而是来自基于特定假设的逻辑推导。这些假设中的货币供给外生假设和货币流通速度稳定假设（亦即货币需求稳定假设），存在非常严重的缺陷，没有任何确定性的基础，所以，我们就可以通过拒绝这些假设而拒绝其结论（参见第6—8章的详细讨论）。

弗里德曼的研究实践，反映出了所有经济研究者都面临的一种困境。人们都希望能够从经济理论中得到一个确定性的结论，而研究者通常为了强调其理论的价值和逻辑完备性，不得不宣称结论的确定性。这种确定性既然不能来自实证检验，就只能依赖于逻辑推理。但任何逻辑推理都是从特定假设前提出发的，因此，经济理论的确定性结论，就只能取决于其假设的合理性（或现实性），假设当然就不再是“不相关”的。这是众多研究者反对弗里德曼“假设不相关”方法论的原因。

也就是说，如果经验证据是我们取舍经济理论的标准，那么，它的假设确实是“不相关”的；但是，如果某一经济理论的结论严重依赖其假设，而我们又必须在经验证据之外来判断这一结论（以及整个理论）的合理性，那么，该理论的假设就不再是“不相关”的了。

必须接受模糊性

要真正坚持实用主义方法论，我们就必须接受经济理论的模糊性，即承认面对复杂的经济金融现象，我们都在盲人摸象，从而不可能得到任何确定性的结论。实用主义是经济学家们在模糊性不可避免背景下的无奈选择。正是因为任何经济理论既不可能被证实，也不可能被证伪，所以，才需要以有用性为标准来取舍经济理论。

弗里德曼的问题是，为了“自圆其说”而将一个本来只是模糊性的理论，提升为一个确定性的结论。或许正是因为这一点，2008年诺贝尔经济学奖得主保罗·克鲁格曼（Paul R. Krugman）在弗里德曼2006年年底去世之后发表的《弗里德曼是谁?》（2007）[1]一文中，把弗里德曼有关货币和货币政策的观点称为“故意误导”（misleading，and perhaps deliberately so）。

3.5 我们自己构建的扭曲经济世界

我们在上一章提到，在盲人摸象的故事中，盲人所了解的大象并不是大象的“本来样子”，而是盲人基于自己所获得的有限信息和解读这些信息的模型“构建”的一只“扭曲”的大象。这一点也完全适用于我们所认识的经济世界。

“扭曲”的世界

我们每个人都有自己的模型，而这些模型就像是过滤网一样，过滤着外部信息，因此，我们所获得的关于外部世界的信息，都是由自己的模型决定的。同时，每个人对于进入自己大脑的信息，又会根据其模型给予独特的解读。我们每个人的模型就决定着我们所观察到的世界，每个人面对的经济世界也就是由我们自己根据各自扭曲的模型所建构的扭曲世界。

对于我们每个人所使用的模型对我们所观察的现象的扭曲，波普尔在《猜想与反驳：科学知识的增长》（1962）一书中概括说：

> 所有观察都涉及我们的理论知识。……纯粹的观察知识，即不受任何理论影响的观察知识，即使存在，也只能是完全空洞的，是没有任何价值的。[2]

---

[1] Krugman，Paul R.，2007，Who Was Milton Friedman? *New York Review of Books*，February 15.

[2] Popper，Karl，1962，*Conjectures and Refutations: The Growth of Scientific Knowledge*，Basic Books，p. 23.

不受任何个人解读所影响的“客观事实”是不存在的，这正是前面引用的弗里德曼的那句话（“理论是我们感知‘事实’的方式，没有理论我们就不能感知‘事实’”）中，弗里德曼为什么要在“事实”一词上打上引号的原因。从这个角度来看，每个人拥有的模型（或理论），都属于一种“个人偏见”，从而都是一种“扭曲”的模型，并不存在真正“客观”的模型。

“固执己见”与“坚持真理”

每个人面对的都是自己建构的扭曲世界，对于普通人来说是如此，对于专门研究经济现象的经济学家来说，更是如此。这方面最好的例证，莫过于在证券（及其他长期资产）定价方面观点几乎完全相反的法玛和希勒在2013年同时获得诺贝尔经济学奖的事实。

在法玛看来，证券市场是有效的，证券价格充分反映了基本面，而希勒的看法则完全相反，认为证券市场是无效的，证券价格主要是由投资者的非理性行为所驱动的；在希勒看来，泡沫的存在是毋庸置疑的，而法玛则认为，连泡沫这个概念都是空洞无物的，在实际市场上根本无所谓泡沫。对于同一个现实社会中存在的同一个市场，有着如此完全相反的看法，而且能够同时获得诺贝尔经济学奖，足以见得各有充分的理由。

绝大多数研究者和实践者的观点，都处于法玛和希勒所代表的两个极端观点之间，即金融市场是近似有效的——既不是完全有效，也不是完全无效。不过，为了理论的完备（即“自圆其说”），就只能坚持一个观点，并将其发挥到极致：这种做法，对于普通人来说，属于“固执己见”；对于经济学大师来说，属于“坚持真理”；而在哲学家看来，两者都属于“盲人摸象”。

>>> 第 4 章

我们可以追求什么？

第 2 章的讨论表明，人类只能认识现象，而不可能认识物自体，但这并不影响我们对物自体做出满足人类需要的假设；第 3 章的讨论表明，任何经济理论都既不能被证实，也不可能被证伪，但这并不意味着我们不可以或者没有必要追求逻辑严密的理论。本章的讨论将表明，人类理性使我们在追求知识方面具有超越现象世界的自然倾向，从而有可能产生上帝存在等先验幻相；但是，如果我们能够坚持把知识限于现象世界，从而把有关本体世界的一切概念（如上帝）仅仅看作我们在思想中创造的理念，就能够充分发挥这些理念对实践的指导作用。在经济金融领域，为了理论的完备，我们可以而且应该做出一些不符合现实的假设；在实践上，为了永远有前进的动力和方向，也可以而且应该确定一些值得始终追求但却永远无法企及的目标。

4.1 思辨理性对知识统一的追求

康德把人类三大认识能力中的理性（另外两大能力是感性和知性）划分为思辨理性和实践理性两大类，前者是人类认识对象时的理性，后者是创造对象时的理性，两者是同一理性的两种不同应用。本章所说的理性，均指思辨理性，在需要指明是实践理性时，将加上“实践”两个字。

直接推理和间接推理

理性是指在知性产生的概念和判断的基础上进行推理的能力。知性和理性都可以进行推理，但知性推理是直接推理，理性推理是间接推理。

直接推理是从一个作为前提的命题出发，直接推断出已经包含在该命题之中的结论。比如，从前提“所有人都会死”，推出“一部分人会死”“一些会死的东西是人”或者“不会死的东西不可能是人”等结论。在这类推理中，只需要通过概念分析，即可直接得到其结论，这是这类推理被称为“直接”推理的原因。由于概念分析属于知性的范围，所以康德将其称为知性推理。

间接推理是从一个命题推断出没有包含在该命题之中的其他命题。比如，从“所有人都会死”这个前提不能直接推理出“学者会死”的结论。要推出上述结论，需要有一个中介命题将这两个命题联结起来，这是这类推理被称为“间接”推理或“中介”推理的原因。由于间接推理是理性的任务，所以康德将其称为理性推理。在讨论中，康德主要采取的是直言三段论，因此，下文中所说的推理，如无特别说明，均指理性推理，而且仅指直言三段论。

把“所有人都会死”当作大前提，增加一个小前提“学者是人”，以此为中介，就能够推理出“学者会死”的结论了。对于这种推理形式，康德特别强调了三点：

第一，大前提和小前提的提出，都属于知性的功能（判断力是知性的一部分），而从两者出发推理得到结论，则属于理性的功能。

第二，理性推理是“先天”的，即不需要等观察到“所有学者都死了”才能得出“学者会死”的普遍必然性结论。正是因为如此，理性就与经验失去了直接的联系，极其容易陷入下文要讨论的“幻相”之中。相比较来看，知性的推理仅仅限于概念的范围以内，只要能够注意遵循逻辑规则，就不会陷入“幻相”。

第三，大前提是一种具有普遍性的规则，是结论成立的条件；小前提将结论中的主词“归摄”于大前提之下，从而得出结论。这样，理性推理的任务，就是寻找使结论成立的普遍条件。由于这一普遍条件的成立本身还可能有条件，所以理性会要求寻找“无条件者”，而正是这种要求有可能将理性带入第二点所说的“幻相”之中。

寻找“无条件者”的绝对命令

理性寻求的是使结论成立的普遍条件，而三段论的大前提表示的就是这样一个普遍条件。由于结论的成立依赖于这个普遍条件，所以，理性必然会进一步追问：这个普遍条件的成立是否仍然具有条件？如果答案是肯定的，那么，理性会继续追问，使这个普遍条件成立的条件，是否也具有条件？每次追问都会要求一个新的三段论来论证。只有在找到无条件者的时候，理性的追问才会停止，因为这时整个认识就达到了绝对的统一，不必再追问下去了。因此，为了追求知识的统一而寻找“无条件者”，就成了人类理性的绝对命令。

继续前述例子。“学者会死”这个结论当然是有条件的，从而是“有条件者”，它的条件有两个，分别是大前提和小前提。由于在三段论中大前提表示的是一般性原理，而小前提表示的是具体事物的状况，它只是保证结论是受大前提这个“普遍条件”所约束的，即将结论“归摄”于大前提之下，因此，康德关注的主要是大前提蕴含的“普遍条件”，在这个例子中就是“所有人都会死”。

在得到这个“普遍条件”之后，理性会继续追问：“所有人都会死”的“普遍条件”是什么？可能的答案是：之所以“所有人都会死”，是因为“所有动物都会死”；而之所以“所有动物都会死”，是因为“所有生物都会死”……这里“之所以……是因为……”的追问、解答模式，表明对“有条件者”的追问，实际上就是对于原因的追问，即不断追问原因、原因的原因、原因的原因的原因……直到最后找到一个不再有条件的“无条件者”，也就是不再有任何其他原因的“终极原因”。

不可能找到“无条件者”

人类是否有可能在现实世界找到“无条件者”？康德的答案是否定的。原因在于，人类只能认识现象，不能认识物自体，而所有现象都是“有条件者”——至少都会受到人类认识条件的限制。

但是，正如只有将纷乱的直观通过概念统一起来才有可能形成知识一样，人类理性必然要求各个由知性产生的分散的知识联结起来，形成一个融贯的整体，实现知识的统一。因此，突破前述限制，超越经验的界限，直到找到“无条件者”，是人类理性的一种“自然倾向”。

“人为自然立法”

人类理性的目标是建立一个统一的知识体系，这是否意味着作为认识对象总体的自然本来就具有统一性，从而使我们不断扩展、不断统一知识的努力具有了现实可能的基础？也就是说，这是不是意味着统一性是自然本来就具有的性质，人类认识的统一性目标，只不过是使认识结果与自然的本来性质相符？康德的答案是否定的。

康德否定自然“本来”就具有统一性，是“我们只能认识现象，而不可能认识物自体”这一核心观点的自然延伸。我们认识的只有现象，而现象的统一性，来自人类在经验中认识现象时赋予对象的直观形式（时间和空间）和思维形式（四大范畴），而不可能来自不可知的物自体。作为物自体的自然是否具有统一性，我们是不知道的。我们能够认识的自然（可知的自然），只能是作为现象总和的自然，而不是作为物自体的自然。康德说：

> 自然界本身无非是现象的总和，因而并非自在之物，而只是内心表象的一个集合。[1]

---

[1] 康德，《纯粹理性批判》，邓晓芒译，人民出版社2004年版，第124页。

对于康德的上述观点，刘易斯·怀特·贝克（Lewis White Beck）在《康德〈实践理性批判〉解读》（*A Commentary on Kant's Critique of Practical Reason*，1960）一书中概括说：

> 我们通过直觉知道的现象，以及通过在范畴指导下进行综合而知道的、关于现象之间联系的概念，并不仅仅是我们心灵中的想法；它们就是一个遵循特定法则的现象体系，就是我们所说的“自然”。这一系统化组织起来的经验，就是科学家提到自然时所说的东西。[1]

科学家眼中的“自然”，并不是我们经验到的现象的简单加总，而是按照特定规则“系统化”以后的经验，范畴正是实现这一目标的先天规则。这类规则与经验知识相结合，就产生了我们通常所说的自然规律。因此，使自然呈现统一性的自然规律（或自然法则），亦即“自然具有统一性”的结论，并不是自然固有的，而是人类在认识过程中赋予的，这就是康德著名的“人为自然立法”的观点：

> 范畴是一些给现象，因而给作为一切现象的总和的自然界颁布先天法则的概念。[2]……它（知性）本身就是对自然的立法，就是说，没有知性，就任何地方都不会有自然，即不会有诸现象之杂多的按照规则的综合统一。……说知性本身是自然规律的来源，因而是自然的形式统一性的来源，无论这听起来是如何夸大和荒唐，然而这样一种主张仍然是正确的。[3]

---

[1] Beck，Lewis White，1960，*A Commentary on Kant's Critique of Practical Reason*，The University of Chicago Press，Ltd，p. 23.

[2] 康德，《纯粹理性批判》，邓晓芒译，人民出版社 2004 年版，第 108 页。

[3] 同上书，第 132 页。

康德清楚地知道，“人为自然立法”的观点令人不可思议，但却是他整个哲学的一个必然结论。实际上，“人为自然立法”只不过是康德认识论中的“哥白尼革命”的另一种表述，两者表达的核心思想是完全一致的。“自然具有统一性”只是我们的一种假设。没有这一假设，人类关于外部世界的所有信息，就将只是碎片式的感觉材料（有如无数张静态照片的累积），从而不可能有任何经验，也就不可能有任何知识。由于“人类有经验”是不证自明的，因此，“自然具有统一性”的假设也是毋庸置疑的。正是基于这一假设，康德建立起了包括感性直观、知性范畴和理性理念在内的一整套先验知识体系。

波普尔对康德的误解

上一章在介绍波普尔的证伪理论时提到，波普尔和康德在对待休谟的观点上有两点是一致的：一是都同意休谟关于归纳逻辑的批判；二是都不同意休谟在这一批判基础上发展起来的怀疑论。两人在走出休谟怀疑论的路径上，也很相似：波普尔的观点是“人类将规律性强加给世界”，而康德的观点是“人为自然立法”。

但波普尔认为他们在走出休谟怀疑论的路径上的相似只是表面上的，实质上完全不同，因为波普尔所说的“规律性”是可错的，而康德所说的直观形式、思维范畴、先验理念等则具有普遍必然性，是确定性的知识，所以，波普尔对康德的观点进行了大篇幅的批判。波普尔说：

> 康德说：“我们的智慧并不是从自然中得出规律，而是把规律强加给自然。”在这一点上，他是对的。但他同时认为，这些规律一定是正确的，或者说，我们必然能够成功地将这些规律强加给自然；在这一点上，他就错了。自然经常成功地反抗我们，迫使我们放弃已被证伪

的规律，但如果我们仍然活着，我们可以继续尝试。[1]

按照康德的理论，“纯粹的自然科学”不仅是可能的，而且与他的意图相反（尽管康德本人并不总是意识到了这一点），还成了我们的心灵构造的必然产物。……问题不再是牛顿如何能够做出如此重大的发现，而是其他人为什么没有能够做到这一点。为什么我们的“消化机制”没有比牛顿更早地“工作”？这是康德思想极其荒谬的后果。[2]

从这两段论述中我们可以看到波普尔对康德的批判，实质上是源于他对康德的误解。波普尔“强加给世界”的规律性包含有经验内容，而康德“强加给自然”的仅仅是没有任何经验内容的形式。康德反复强调，所有知识的内容（康德称为“质料”）都只能来自经验，从而都不具有普遍必然性，当然是可错的。人类“强加”给自然的只是形式，必然正确的形式加上可错的内容构成的经验知识，当然是可错的。因此，在人类经验知识具有可错性这一点上，康德与波普尔是完全一致的。

对于人类知识而言，康德不仅没有否定经验的重要性，反而还进一步将人类知识的范围限定在经验世界之内，超越这一范围的知识只能是“理念”或“悬设”（参见本章下面几节的详细讨论）。同时，康德的观点只是科学是“可能”的，科学的发展本身还需要经验的积累。因此，波普尔说康德认为知识仅仅源于人类心灵，这是对康德的严重误解。康德对于蜡块融化例子的阐述，非常充分说明了这一点：

如果原先固体的蜡块融化了，那么我就先天地认识到必定有某种东西先行了（例如太阳的热），融化则是按照某种固定的规律而跟随

---

[1] Popper, Karl, 1962, *Conjectures and Refutations*: *The Growth of Scientific Knowledge*, Basic Books, New York, p. 48.

[2] *Ibid*, p. 95.

其后的，虽然我离开了经验就既不能先天地和无经验教导而确定地从结果中认识原因，也不能这样从原因中认识结果。所以他（休谟）是错误地从我们按照法则进行规定时的偶然性推论出了法则本身的偶然性。[1]

康德认为，自然界的客观规律是存在的，是否能发现它是“偶然的”，而休谟的错误在于认为这些规律本身就是偶然的（即完全是一种心理现象）。也就是说，康德所说的“固定规律”（即第2章所说的具有真理性的经验知识），并不是人类先天就掌握的，是需要依靠经验来发现的，从而与波普尔所说的“人类强加给世界”的“规律性”在含义上是一样的，也是可错的，也必然是随着经验的积累而逐步发现的。波普尔指出康德无法解释为什么只有牛顿才建立起科学的物理学体系，显示出波普尔并没有注意到康德在这方面的论述。

4.2 纯粹理性的三大先验理念

在经验范围内不断追求“无条件者”，是理性的逻辑应用，此时的理性称为一般理性。除了在逻辑上的应用以外，理性还有一种应用，康德将其称为实在应用（Real Use）或纯粹应用（Pure Use），并把在这种应用时的理性称为纯粹理性。纯粹理性设定了人类知识的最高统一目标。

三大先验理念

一般理性是借用知性的概念进行推理，一直寻求“无条件者”，但纯粹理性则不借用任何知性的概念，当然也不借用任何来自感性的感觉材料，而是完全创造属于自己的专用概念，即先验理念。康德提出了三个具体理念，即灵魂、

[1] 康德，《纯粹理性批判》，邓晓芒译，人民出版社2004年版，第587页。

世界和上帝。[1]

对于有且仅有这样三个先验理念，康德有着非常复杂的论证，但他的基本逻辑是：我们的所有知识都是关于对象的表象；对象分为主体和客体两类，我们在表象对象时，又可以将其分别视作现象和物自体；两两组合，就会得到四大类对象。由于物自体并不是我们的经验对象，仅仅是我们的思考对象，主体和客体在被视为物自体时，可以看作一类。这样，知识的所有对象可以分为三类：一是视作现象的主体；二是视作现象的客体；三是视作物自体的主体和客体。分别对应这三类对象的“无条件者”，就是三个先验理念：灵魂、世界和上帝。

先验理念是一般理性在追求“无条件者”这一自然倾向下所达到顶点的名称，因此，一般理性和纯粹理性并不是两种理性，只是同一个理性的两种不同应用。一般理性的应用对象是在经验范围之内，而纯粹理性的应用对象是不受经验约束的“无条件者”，完全超越了经验的范围，在经验的（感觉的）世界中，不可能有任何与理念对应的实际对象，这是康德将三大理念界定为“先验”的原因。

上帝理念的根本性

在三大理念中，上帝理念包含着“一切能够被思维的东西的可能性的至上条件”，被视作现象的主体和客体显然也属于“能够被思维的东西”，因此，上帝理念包容着灵魂理念和世界理念。

但是，上帝理念并不是灵魂理念和世界理念的加总，灵魂理念和世界理念也没有完全包含进上帝理念之中，否则就只需要上帝这一个理念了。三个理念之间的关系，与三段论中三个部分的关系很类似：结论包含着大前提和小前提

---

[1] 康德也常常将上帝称为“原始存在者”“一切存在者的存在者”“必然的存在者”“绝对必然的存在者”“最高存在者”。

的部分内容，是两者有机结合的结果，但结论并不是大、小前提的加总，结论中也没有包含大、小前提的全部内容。正是因为这种关系的类似性，康德把我们从认识灵魂到认识世界再到认识上帝的过程，比作三段论中从大前提到小前提再到结论的过程。

由于上帝理念包容着灵魂理念和世界理念，同时，考虑到篇幅的限制和本书的目的，在下文中我们仅讨论上帝理念。

上帝理念源于我们的假设

一般理性从任意一个经验对象开始，顺着“条件的条件”这一链条（以下简称“条件链条”）不断向源头追溯，追溯到其顶点得到的就是绝对的“无条件者”。对于经验中的对象，我们都可以用经验概念来加以概括（这是知性的功能），但是，因为“无条件者”不受经验的条件约束，从而就不可能再以经验概念来称呼它，而只能用理性创造的专用名称来称呼它，这就是先验理念。

在前面的例子中，“学者会死”这一结论的条件是“人会死”，“人会死”的条件是“动物会死”，“动物会死”的条件是“生物会死”，那么“生物会死”的条件是什么呢？不断往上追溯，最终只能得出结论认为：“上帝创造生物时就规定生物会死。”到此，我们不能再继续追问“上帝这么规定的条件是什么”，或者追问“上帝为什么这么规定”，因为“上帝”就是我们对一个不必再追问其条件的“无条件者”的称呼，如果再追问其条件，那是自相矛盾的。

人类理性的最高统一

由于上帝理念是“学者会死”向上追溯的整个条件链条的顶点，所以，包括学者在内的所有生物的属性“会死”，都包含在上帝这个理念之中，有了上帝理念这个“无条件者”，整个链条之中的“学者会死”“人会死”“动物会死”“生物会死”就都具有了普遍必然性。当然，运用同样的方法，不只是“会死”这个属性，所有生物具有的其他属性也都包括在上帝理念之中。进一步地，所有存在物的所有属性，也都可以最后归结为上帝理念。这样，通过上帝理念，所有存在物就达到了最高程度的统一。

通过上帝理念达到的理性统一，与通过经验概念和范畴达到的知性统一，是完全不同的。知性统一仅仅限于经验世界，但理性统一则涵盖了人类能够思维的一切，从而是人类理性能够达到的最高统一。

上帝理念的作用

提出了上帝理念，并确定了人类理性能够达到的最高统一，并不表明人类理性的任务就完成了，或者说，人类的认识就达到圆满、可以结束了。实际上，这种统一只不过是一般理性的“设定”，它只是为我们确定了一个不断努力探索的方向和最高目标。

上帝理念就像“纯土”“纯水”“纯气”这样的东西，虽然我们在经验世界中不可能找到，但由于它处在绝对理想的状态，它能够指引我们不断探索。还可以把上帝理念比作北极星。虽然我们不可能到北极星上面去，但在地球上看得见它的地方，可以通过把我们所处的地方与北极星用一条想象中的线连接起来，以帮助我们确定方位。

上帝等先验理念作为最完美的观念，为我们所有的知性概念指明了知识系统化的最终目标，从而引导着我们的知性概念不断扩展、不断统一。对于上帝理念（以及另外两个先验理念）的这一作用，康德将其称为范导作用。

人创造上帝

要充分发挥上帝理念的范导作用，仅仅提出这样一个超越经验的理念还不够，因为我们所有的活动都在经验范围之内，只有经验范围之内的东西才能给我们以切实的指导。

为了解决这一矛盾，必须把上帝理念“实体化”，即创造一个上帝的具体形象。我们创造这个形象的方法，是基于与现实世界中事物的“类比”，找到一个类似的形象（如“人”），然后剔除他可能面临的各种约束，赋予他最完美的形象和最全面的能力，这就是全知、全知、至善的上帝。因此，不是“上帝按照自己的形象创造了人”，而是“人按照自己的形象（及其他想象）创造了上帝”。康德把上帝理念（Idea）实体化的对象，称为上帝理型（Ideal）[1]：

> 正如理念提供规则一样，理想（即理型——引者注）在这种情况下就是用作摹本的通盘规定的蓝本，而我们所具有的衡量我们行动的标尺，无非是我们心中这种神圣的人的行为，借此我们对自己进行比较、评判，并由此而改进自己。[2]

理念和理型都是理性的产物，都仅仅存在于我们的思想之中。两者的差别在于，理念属于普遍性的概念，是一般性的规则，而理型是符合理念所包含规则的个体化对象。

理型并不是一个真实的、实际存在的对象，而只是按照上帝理念在我们的思想中创造出来的一个形象丰富的对象，它的作用仅仅是为我们提供一个可以通过“比较、评判”而“改进”行为的参照，即一个“蓝本”“原型”或者“榜样”“典范”。也就是说，上帝理型是人类可以想象的一切事物最为完美的“蓝本”，是一切事物的唯一的充分条件，而一切事物都是它的“摹本”，但这种“摹本”都具有极大缺陷，离“蓝本”的完美相差甚远。正是因为如此，上帝理型能够发挥模范引导（即“范导”）作用，能够促进任何人、在任何方面追求完美、不断进步。

---

[1] 在中文版中，邓晓芒将“Ideal”译为“理想”。但从前述引文中可以看到，康德使用这个词的意思，与中文日常用语中“理想”一词的含义有比较大的差距，而“蓝本”“原型”“榜样”“典范”等词也只能表达其一部分意思。相比较来看，把它翻译成“理型”，一方面可以体现其“理想典型”的意思，另一方面又与康德所使用的媒介直观与概念的“图型”概念近似，从而更易理解和把握。

[2] 康德，《纯粹理性批判》，邓晓芒译，人民出版社2004年版，第456页。

先验幻相不可避免

康德反复强调，上帝只是我们出于需要而在思想中的一种“设定”，对我们而言只是一种“启发性的虚拟”（heuristic fictions），绝不能把它当作经验世界中实际存在的对象。但是，这种告诫并不始终有效。正是违背这一告诫、试图超越经验界限的尝试导致了先验幻相：

> 先验幻相甚至不顾批判的一切警告，把我们引向完全超出范畴的经验性运用之外，并用对纯粹知性的某种扩展的错觉来搪塞我们。[1]

先验幻相与经验幻相和逻辑幻相不同。经验幻相始终有经验的检验，所以容易得到纠正。比如，我们看到一半在水面之上、一半在水面之下的筷子，会感觉到筷子是弯折的，但只要把筷子从水中拿出来看一下，就知道那只是一种视觉幻相，等明白这一点以后，幻相也就消失了。逻辑幻相与此类似，只要我们能够仔细审阅逻辑分析的各个环节，我们就会发现其中的问题，从而使逻辑幻相消失。但先验幻相既无经验的检验（先验理念都是超越经验的），也不可能通过逻辑来纠正（先验理念本身就是理性基于逻辑推导出来的），从而具有不可避免性。

避免受幻相的欺骗

虽然我们不能避免幻相本身，但仍然可以避免受到幻相的欺骗。具体方法就是区分现象和物自体，即认识到包括无条件者的条件链条被给定，仅仅限于物自体领域，从而并不适用于经验世界。

也就是说，我们发现有条件者被给定时，它的条件一定是被给定的，因此，我们仍然要遵循一般理性的要求，去追问它的条件。但是，由于我们只能

[1] 康德，《纯粹理性批判》，邓晓芒译，人民出版社 2004 年版，第 259–260 页。

认识经验世界中的现象，从而总是会受到经验的约束，所以，作为现象被给定的有条件者，其条件不一定作为现象被给定（即可能仅仅是作为物自体被给定），我们也就不一定能在经验世界中找到它。当然，在经验世界更不可能存在无条件者。

这样，我们虽然并没有消除先验幻相（因为我们仍然相信无条件者存在），但我们已经能够避免先验幻相的欺骗了（因为我们已经知道，无条件者仅仅存在于物自体世界，而经验世界中并不存在无条件者）。认识到这一点，我们就既能发挥先验理念的范导作用，又能避免受与先验理念相伴而生的先验幻相的迷惑。

康德把其三大批判的第一部定名为《纯粹理性批判》，是因为一般理性以及感性、知性都始终要接受经验的检验，从而存在正确性的保障，所以不需要批判；但是，纯粹理性具有超越经验约束、摆脱经验检验的自然倾向，所以需要通过批判来揭示其错误，以将其限制在合理的限度之内。将上帝限制在物自体范围之内（即本体世界），从经验世界中将其彻底驱除出去，从而揭示上帝理念的先验幻相，使我们得以避免受这一幻相的欺骗，就是对纯粹理性进行批判的重要成果之一。

设定上帝理念的理由

康德把过去关于上帝理念的错误哲学观点统称为理性神学，并深入批判了其中对上帝存在的证明。康德概括说，理性神学对上帝存在的证明有三种基本形式，即宇宙论证明、目的论证明和本体论证明。在通过详细分析得出结论认为这三种路径都不可能证明上帝存在以后，康德指出，上帝理念是人类出于理性的命令，为了实现人类知识最高程度的统一，而创造的一种仅存在于思想之中的观念（即“源于理性”），在经验世界中并不存在与之相对应的对象（即“背离现实”）。上帝理念的客观实在性，不能被思辨理性所证明，但也不能被其反驳。

康德认为，我们不能通过知识来证明上帝的存在（即在经验世界中的存在），或者说，只能证明上帝不存在于经验世界（这就是“背离现实”的含义）；但是，上帝有可能以本体形式存在，并且在本体世界决定着所有事物的本体，而本体并不是知识的对象，我们当然就不可能通过知识来证明它存在，但也不能通过知识来证明上帝一定不存在（即“本体可能”），因此，我们完全可以假设上帝存在。由于上帝理念源于理性追求知识统一性的命令，再加上作为上帝理念实体化对象的上帝理型所具有的重要范导作用（即“实践需要”），我们还必须假设上帝存在。

4.3 实践理性的三大悬设

我们在理性追求知识统一的命令下提出了上帝理念，但却无法证明它具有客观实在性，即没有办法证明它必然适用于人类经验，这样，它作为知识的普遍必然性和确定性就没有办法得到保证，这与感性直观形式和知性纯粹概念（四大范畴）因为必然蕴含在所有经验知识之中，从而具有客观实在性，形成了鲜明对照。因此，上帝理念（以及另外两大理念——灵魂和世界）仍然存在着巨大缺陷。康德对这一缺陷的弥补是在他三大批判的第二部《实践理性批判》中完成的。

具体来看，三大理念是思辨理性提出的，但由于它涉及本体世界，超出了经验的范围，从而无法通过思辨理性来证明其客观实在性。与思辨理性只能认识对象不同，实践理性可以创造对象，从而可以超越经验的约束，三大理念的客观实在性就通过人类的实践得到了证明，三大理念也就被提升为三大悬设了。

实践理性与自由

思辨理性与实践理性并不是两种理性，而是同一种理性的两种不同应用。

思辨理性的目的是认识对象，实践理性的目的是创造对象，即通过行动来实现对象。

比如，一个叫李四的人饿了，基于思辨理性提供的知识，他会认识到吃东西就能，也才能解决问题，实践理性就会要求他采取行动、得到食物，即创造出实践理性所要求的对象——食物。对于得到食物的方法，思辨理性又会发挥作用，不断提供可能的选择（如偷、抢、交换等)，而且通过比较得出最佳方案，然后再由实践理性发出行动命令。因此，实践理性发挥作用时，思辨理性也总是同时发挥着作用。

思辨理性能够认识的对象仅限于经验世界，都受到自然因果律的约束，每个对象的原因都是被给定的，人类只能去认识。因此，在经验世界不存在自由，自由只存在于本体世界，即仅仅存在先验的自由，不存在经验的自由。

与思辨理性不同，实践理性能够“决定”对象的“原因”，从而具有了超越经验约束、超越经验世界自然因果律的可能，也就有了经验自由（即实践自由）的可能。康德对实践理性的探讨，目的就是要证明这种自由是可能的，从而为人类的行为确定一种道德责任，因为如果人类被证明始终处于自然因果律的支配之下，人类就将不需要为自己的行为负责，道德伦理也就没有任何意义了。

实践理性与意志

意志是采取行动的意愿，实践理性发挥作用的方法是影响意志。康德把影响意志的因素统称为意志规定根据，把除了理性以外的其他意志影响因素（如欲望、愤怒、憎恨等)，统称为质料。由于任何人都避免不了生理和心理的需求，对于这方面的需求，实践理性并不能完全拒绝，因此，质料是人类意志规定根据中的重要组成部分。但是，质料并不是人类意志的唯一规定根据，否则，人类与动物就没有任何区别了。比如，前例中的李四，虽然可能饥饿难耐，但可能也不会采取偷或抢的行动，这就是实践理性的作用。因此，在指向特定需求的意志规定根据中，实践理性和质料是并存的。

康德探讨的核心问题是，实践理性本身能不能成为意志的唯一规定根据，即意志规定根据中能不能不混杂任何质料。作为意志唯一规定根据的实践理性，被称为纯粹实践理性；与此相对应，混杂有质料的实践理性，就是一般实践理性，或简称实践理性。如果实践理性本身能够成为意志的唯一规定根据，就称为“存在纯粹实践理性”或者“纯粹理性可以是实践的”。

康德证明纯粹实践理性存在的方法，与从经验直观中得到纯粹直观、从经验概念（通过判断）中得到纯粹概念的剥离法一致，是从混杂着质料的实践理性的产物——实践规则——中剥离全部质料，剩下的形式就是纯粹实践理性的产物——普遍法则，康德也称其为道德律。

实践规则及其形式

实践理性体现在人的行动之中，它对行动的影响是通过影响意志实现的，而具体影响方式是制定实践规则。所有实践规则都是理性的产物：理解手段与目的之间的关系，从而确定实践规则中的知识部分，是思辨理性的任务；命令意志采取行动，从而使实践规则有可能被执行，是实践理性的任务。

康德把实践规则划分为个人准则（maxim）和普遍法则（law）两大类。个人准则仅仅是对自己或少数人意志有效的主观原则，普遍法则是对所有人的意志都有效，从而具有客观性的原则。实践规则首先都是个人准则，所以个人准则与普遍法则之间并不是互斥关系，而是包含关系，即普遍法则包括在个人准则之中。

人类不可避免地存在着各种各样的生理和心理的需求（合称欲求），这些欲求会在本能的驱使下进入意志，要求意志采取行动，创造欲求对象，使自己的需求得到满足。这就会与同样可能进入意志的、理性的要求产生冲突，即作为理性产物的实践规则中，就有可能包含一些按照人类自然本能并不愿意遵照执行的内容。正是在这个意义上，实践规则是一种“命令”（imperative），标志是其中包含着“应该”（ought）。

实践规则包含的“应该”就是其形式，在剥离掉所有具体对象以后，实践规则就将只剩下“应该”两个字（及后面的空白）。比如，“应该不要偷盗”剥离掉其质料以后，就会只剩下“应该……”。

实际上，就像“如果饥饿程度能够忍受，就应该不要偷盗”这类实践规则，在完全剥离掉质料以后，虽然表面上剩下的是“如果……，应该……”，但因为“如果”后面的质料已经被剥离，这一限制条件将不再有任何意义，所以真正剩下的仍然只是“应该……”。

作为所有实践规则形式的“应该……”，一定具有普遍必然性，因为它并不附加任何条件，就像是绝对命令一样，当然是适用于所有人的，这就是普遍法则，即康德所说的道德律。

道德律

道德律不是我们能够从任何经验直观或纯粹直观中推导出来的，而是“它自己强加给我们的”（it thrusts itself upon us on its own），从而属于“人为自身的立法”。康德指出，道德律的存在是一个“理性的事实”（a fact of reason），而且是“纯粹理性的唯一事实”（the sole fact of pure reason），日常经验就能告诉我们这一事实，从而它的存在并不需要额外的证明。

对此，康德运用两个例子进行了说明。第一个例子是，如果一个人看到一个美女时产生了占有欲望，但在死刑的威胁下，他内心会产生出抵制这一欲望的力量；第二个例子是，如果国王以同样的死刑威胁，要他做伪证以加害一个他明知清白无辜的人，他内心一定也会产生出抵制求生诱惑的力量。两个例子中的主人公到底是否能成功抵制两种欲望并不重要，重要的是他能够意识到他的“义务”，进而也就意识到了他的自由。

由于道德律是个人准则的普遍形式，所以，一旦我们开始为自己制定个人准则，我们就直接意识到了道德律；道德律是独立于任何感性条件的，从而不受制于自然因果律的约束，这就意味着我们是自由的。

当然，这种自由仅仅是在实践范围内的自由，即意志自由。既然最普通的现实经验告诉我们每个人都可以制定个人准则，那么，道德律就可以如前所述那样被看作一种“纯粹理性的事实”，人类意志自由的存在，当然也就是确凿无疑的了。这样，作为感性存在物而不可避免地受制于自然因果律，从而并不自由的人类，就同时拥有了超越感性世界的意志自由，自由和不自由在人身上统一了起来，而帮助我们实现这一点的正是实践理性。

实现至善的最高目的

实践理性是意志通过行为创造对象的能力。一般实践理性创造的是欲求对象，从而是经验性的，但纯粹实践理性的对象中并不包括任何质料，康德将其称为善和恶。与思辨理性不断追问使有条件者成立的无条件者一样，实践理性也不断寻找着使有条件的善能够得到满足的无条件者，康德把这个无条件者的总体称为至善（highest good）。至善是纯粹实践理性的对象，也是其必然的最高目的（necessary highest purpose），即纯粹实践理性的使命就是实现至善。

符合道德律的善，只是至善的两个组成部分之一，康德将其称为德性（virtue），而另一个组成部分是幸福（happiness）。与幸福相对应，德性是配得幸福的资格（the worthiness to be happy）。两者结合在一起就是完整的、作为总体的至善。但是，这两者在至善中的地位是不同的，决定于道德律的德性是无条件者，而受感性因素约束的幸福则是有条件者。

幸福的可能性可由经验保证，那么，至善的可能性就取决于德性本身的可能性、完全实现德性的可能性以及德性与幸福之间必然联系的可能性，而这三者分别是由意志自由、灵魂不朽和上帝存在三大悬设而得到保证的。

三大悬设

基于思辨理性提出的三大先验理念（灵魂、世界和上帝），具有源于理性、背离现实、本体可能和实践需要四个方面的特征（参见第4.2节的讨论）。三大悬设除了同样符合这四个特征（或条件）以外，还具备另外一个三大先验理念不具备的重要特征，即客观实在。也就是说，康德所说的悬设，就是符合这五个条件的假设。

具体来看，悬设是思辨理性在追求知识统一的命令下符合逻辑地提出的（源于理性），不是经验对象，从而无法由经验知识来证明它们的存在（背离现实），但完全可能以先验对象的形式存在于本体世界（本体可能），即不是不可能存在的，只是我们不知道它们存在，从而可以假设它们存在。由于这样的假设能够对我们的实践产生极为重要的范导作用（实践需要），所以，很有必要假设它们存在。同时，因为它们与一个“先天的、无条件的”从而具有普遍必然性的实践法则密不可分，悬设对象也就通过这条实践法则获得了实在性（客观实在），所以，在实践中我们不仅完全可以接受这些假设，还应当将其当作信仰，忠实地执行其命令。

意志自由

在三大悬设中，意志自由悬设是核心。前面的讨论表明，我们是通过道德律认识到意志自由的。但是，道德律并不是意志自由的存在根据。相反，意志自由是道德律（以及由此决定的德性）的存在根据。这一点使很多批评者认为康德存在循环论证的错误。实际上，康德在《实践理性批判》一书前言的一个注释中非常明确地解释了这一点：道德律是自由的“认识理由”（*ratio cognoscendid*），而自由是道德律的“存在理由”（*ratio essendi*）。[1]

为了说明上述观点，康德区分了“意志服从的自然”（a nature to which the will is subject）和“意志创造的自然”（a nature that is subject to a will）。前者是经验世界中的自然，意志在其中必须服从因果自然律，从而是不自由的；后者则处于本体世界，意志本身就是其最终原因，从而是自由的，即这个自然中的所有法则都是

[1] 康德，《纯粹理性批判》，邓晓芒译，人民出版社2004年版，前言第2页。

由意志决定的，是由意志“自我立法”的。自由意志在创造自然时依据的根本法则就是道德律，所以，我们通过道德律认识到自由；而自由则是道德律的存在根据，因为如果意志没有自由，就不可能创造一个“自我立法”的世界。

灵魂不朽和上帝存在

灵魂不朽和上帝存在这两个悬设的客观实在性，源自它们是实现至善的前提条件这一事实。

康德引入灵魂不朽悬设的基本逻辑是：要实现至善，就必须保证德性圆满；德性圆满就必须保证能够仅仅出于义务而完全遵循道德律；这种完全遵循就必须是可能的；只有没有任何世俗欲望的神圣意志，才有可能完全遵循，处于感性世界的人类不可能完全遵循，但是，纯粹实践理性又命令人类出于实践目的而完全遵循；真正实现完全遵循，对于人类来说，只有在无限的时间中才能逐步实现；要使这一点成为可能，只能悬设人的灵魂能够不随属于自然界的身体的消失而消失，即灵魂不朽。

康德引入上帝存在悬设的基本逻辑是：既然实现至善是纯粹实践理性的使命，那么，我们就必然假设至善是可能的；既然至善是可能的，就必须假设作为至善两个组成部分的德性和幸福之间存在着一种必然的、保证幸福与德性精确匹配的联系，而且这种联系必须被假设为是从德性到幸福的必然因果联系；要保证幸福与德性之间的前述联系必然存在，就必须假设存在一个终极原因，它一方面是整个自然的原因（从而能够决定幸福），另一方面又是人类能够按照道德律行动的原因（从而能够决定德性）；上帝就是这个终极原因的名称。

通过三大悬设，康德证明了至善的可能性，这样就证明了整个实践理性批判的核心课题——存在纯粹实践理性，进而也就证明了先验自由的客观实在性。在这一论证中，三大悬设的地位是不同的，其中，意志自由处于核心地位，另外两大悬设是通过与意志自由之间的联系而获得了客观实在性。

理性信仰与道德宗教

在《纯粹理性批判》一书中，康德说：“我不得不悬置知识，以便给信仰腾出位置。”（I had to annul knowledge in order to make room for faith.）[1]康德指出，如果知识能够证明自由、灵魂、上帝等先验理念不可能，人类的所有一切都将处于自然因果律之中，人类也就没有了任何主动性，当然也就没有了任何信仰的空间，人类的行为也就无所谓道德和不道德了。康德在《纯粹理性批判》一书中的论证，只是为信仰“腾出位置”，而在《实践理性批判》一书中的论证，则为信仰确立了坚实的基础。

对于思辨理性来说，上帝存在只是一个假设；但对于实践理性来说，由于它为实践确定了一个可以追求却永远无法完全实现的目标，从而就变成了一种信仰。由于这种信仰的唯一来源是纯粹实践理性，康德又将其称为纯粹实践理性的信仰（也简称为纯粹理性信仰或理性信仰）。这种信仰最终把我们引向宗教，但不是通常意义上的宗教，而是道德宗教。

康德认为，基于纯粹实践理性的宗教信仰，与神学中所说的宗教信仰的相同点是，都使我们意识到我们有着神圣的义务；但不同之处在于，前者是每个人的自由意志基于纯粹实践理性而自我设定的，而后者则是某个外在的意志以偶然性命令的形式强加给我们的。因此，不是“上帝按照自己的形象创造了人”，而是“人按照自己的形象和需要创造了上帝”，我们接受道德的约束、宗教的戒律，是我们的自由选择，是自由意志的体现。在此基础上，康德进一步提出，人是目的，不能被当作手段，甚至也不能被上帝当作手段：

> 人……就是自在的目的本身，亦即他永远不能被某个人（甚至不能被上帝）单纯用作手段……在我们人格中的人性对我们来说本身必

[1] 康德，《纯粹理性批判》，邓晓芒译，人民出版社2004年版，第22页。

定是神圣的。[1]

康德的批判哲学，集中体现了启蒙时代的理性主义和人道主义精神。正是因为如此，康德被认为是启蒙运动的重要代表人物之一。

4.4 经济理论的三大悬设

上一章的讨论表明，模糊性是经济金融活动固有的基本特征之一，那么，以经济金融活动为研究对象的经济理论，还有可能成为一个具有严密逻辑的统一体系吗？或者说，目前已经存在的，宣称自己逻辑严密、结论确定的经济理论，还具有理论价值和实践意义吗？康德的悬设思想，为我们回答上述问题提供了一个视角。如果把经济理论研究中通常使用的一些重要假设和结论，看作康德所说的悬设，那么，我们就能够理解其合理性基础和重要现实意义了。

三大经济悬设

与康德提出的三大悬设类似，我们也可以把经济理论的悬设概括为三个，即均衡存在（整体经济存在唯一的一般均衡状态）、真值存在（每个经济变量都存在唯一的真值水平）和最优存在（所有经济主体都存在唯一的最优选择）。

康德的三大悬设，对应着他概括的三大先验理念，而这三大理念是在超越人类认识条件的假设下（即假设人具有与全知全能的上帝一样的能力时）提出的，针对的是人类不可认识，但可以想象，也只能想象的本体世界。

同样，经济理论的三大悬设，对应的也是如2011年诺贝尔经济学奖得主托马斯·萨金特（Thomas J. Sargent）所说的“每个人都拥有与上帝一样的模型”时的如下状态：每个人都不存在“盲人摸象”的局限，从而每个人的行为都是

[1] 康德，《纯粹理性批判》，邓晓芒译，人民出版社2004年版，第180页。

唯一最优选择的结果，我们所能够观察到的所有经济变量，都处于其唯一真值的水平，整个社会经济也就将处于其唯一均衡的状态。这样的世界，同样只能是不可认识，但可以想象，也只能想象的本体世界，是我们能够认识的现象世界背后的“大象”。

悬设的完备性

康德三大悬设的逻辑完备性源于三大先验理念的逻辑完备性，而后者源于认识对象划分的逻辑完备性（即概括为视作现象的主体、视作现象的客体和视作物自体的主体及客体三类）。

经济理论的三大悬设，是经济理论追求逻辑完备性的必然结果，而三大悬设本身的逻辑完备性，源于对经济运行的系统描述。经济主体的经济行为是推动经济运行的根本力量，经济主体观察到的经济变量是经济主体做出经济决策、采取经济行动的主要信号，经济主体所有经济行为的结果，表现为经济运行的总体状态。三者之间的动态关系是：经济变量驱动经济行为，经济行为决定经济状态，经济状态表现为经济变量；面对经济变量唯一的真值，经济主体一定选择唯一最优的经济行为，与唯一真值变量和唯一最优行为对应的就是经济均衡状态。

在康德的三大悬设中，意志自由悬设处于核心地位；在经济理论三大悬设中，最优存在悬设处于核心地位，因为无论是经济状态还是经济变量，都是经济主体所采取经济行为的结果，从而经济行为是所有经济分析的起点（解释经济现象）和终点（指导经济实践）。

悬设的五个条件

第4.3节提到，康德的三大悬设满足五个基本条件：源于理性、背离现实、本体可能、实践需要和客观实在。经济理论的三大悬设，也同样符合这五个条件。

三大悬设是经济学追求知识系统性和逻辑完备性的必然要求和自然结果（“源于理性”），但现实中的任何人都不是上帝，既不可能拥有与上帝一样的模型，也不具有上帝那样的观察能力和计算能力，从而其行为不可能是最优的。作为这些非最优行为结果的经济变量和整体经济状态，也就不可能处于其唯一的真值和均衡状态。

从理论上，我们可以证明三大悬设在现实中不可能存在（“背离现实”），但无法证明它们不可能存在于本体界，即不能理性地否定现实中始终欠佳的经济行为背后，存在一个唯一最优的行为，不能否定现实中始终波动的经济变量背后，存在一个唯一真实的自然水平，不能否定现实中始终处于失衡状态下的宏观经济，存在一个唯一稳定的均衡状态（“本体可能”）。

无论是理论研究还是经济实践，都会受益于最优存在、真值存在和均衡存在的假设（“实践需要”），而且蕴含在人类所有经济行为中（进而蕴含在所有经济实践中）的、“两利相权取其重，两害相权取其轻”的基本行为倾向，形成了经济行为存在趋向最优、经济变量存在趋向真值、经济状态存在趋向均衡的基本趋势（“客观实在”），因此，三大悬设是合理的、有益的。

由于最优存在悬设处于三大悬设的核心地位，再加上篇幅所限，下一节仅对最优存在悬设做比较详细的讨论。对于另外两大悬设的详细讨论，请参见《金融哲学》一书。

4.5 最优存在悬设与“差不多”实践原则

人类经济活动的主体是人。作为经济学研究对象的所有经济现象，都是人的经济行为的结果。因此，要真正理解经济现象，就必须理解人的行为动机。理性是经济学关于这一行为动机的根本性假设。需要说明的是，经济学中的理性概念，与康德所说的理性完全不同，后者是指人类的一般性思辨能力（思辨理性）和实践决策能力（实践理性），前者的含义将在下文详细讨论。

最优理性

经济学中的理性概念，有很多不同含义。最为典型的是把理性理解为与均衡悬设相对应的一种行为动机。在这种意义上使用理性概念的突出代表是理性预期学派。这一学派的代表人物之一、2011年诺贝尔经济学奖得主托马斯·萨金特，在为《帕尔格雷夫经济学大词典》撰写的词条“理性预期”(Rational Expectations）中说：

> 理性预期是一个均衡概念。……理性预期均衡意味着如下三类主体拥有相同的模型：（1）模型中的所有经济主体；（2）估计模型的经济学家；（3）自然，也称为数据生成机制。[1]

萨金特在这里所说的“自然”，他有时也将其称为“上帝”。萨金特把作为研究对象的经济主体、从事经济研究的计量经济学家以及全知全能的上帝都拥有同样的模型，称为“模型的共产主义”(communism of models)，正是这一“共产主义”使得均衡成为可能，同时也使得计量经济学家在模型中不必单独估计每个经济主体的预期。其基本逻辑是，唯一的均衡结果是经济主体的唯一最优预期，在这一预期的指导下，经济主体就会采取唯一最优的行为，这些行为的结果就是均衡。在这一逻辑下，均衡结果、最优选择和理性行为三者是相互蕴含的，从而可以被视为对同一性质的三种不同表述。为了区别于下文要说的有限理性或感知理性等概念，我们把理性预期学派所说的理性简称为最优理性。

人类行为不可能最优

1994年诺贝尔经济学奖得主莱因哈德·泽尔腾（Reinhard Selten)，在《什

---

[1] Sargent, Thomas J., 2008, Rational Expectations, *The New Palgrave Dictionary of Economics*, Second Edition, Palgrave Macmillan, pp. 1–3.

么是有限理性?》(2001)[1]一文中，用讨论最优化问题那一节的小标题点明了自己的主要观点："当时间有限时非熟悉问题的最优化是不可能的。"(Impossibility of Unfamiliar Optimization When Decision Time Is Scarce.) 泽尔腾说，现实中的经济主体，在决策时都面临着时间约束，即必须在尽可能短的时间内做出决策。上一章在讨论案例 3.1 "高速或辅路选择模型"时就已经指出了这一点。案例中，张三在高速入口处看到显示屏上"前方 20 公里处有事故，请绕行"的提示后，需要在一两秒钟之内做出决策。如果张三经常遇到这样的问题，而且经常采用解决类似问题的最优方法，那么，这属于泽尔腾所说的熟悉问题，其最优化是可能的。但是，对于非熟悉的问题，决策者首先需要解决备选对象问题，而备选对象通常并不是给定的，需要决策者去搜寻。这样，决策者就面临着两个层次的决策行为：

- 第一层次的问题：找到可以从中选择的备选对象。
- 第二层次的问题：找到解决第一层次问题的方法。

对于前述模型中的张三来说，第一层次的问题是有哪些可选路线。也就是说，张三需要知道除了他熟悉的高速和辅路两条路线以外，还有没有其他可选路线；如果有的话，具体是什么样的路线，以及是否通车、路况如何、可能通行时间等。这样，张三就面临了第二层次的问题，即他需要找到一种方法来确认他可选择的路线到底有哪些。比如，他可以采取用手机上网查询、打电话问朋友或者驾车亲自试走等方法。这些不同方法中哪个是最优的？这就有了第三个层次的问题。泽尔腾说，这样就会产生一个无穷问题序列。

由于每一个问题都需要花费一定的时间，但任何经济主体都不会拥有无穷时间，因此，泽尔腾得出结论说，非熟悉问题的最优化是不可能的。他进一步分析说，由于在现实中人们面临的绝大多数问题都是非熟悉的问题，因此，现

---

[1] Selten, Reinhard, 2001, What is Bounded Rationality? in Gigerenzer, G. and Selten, R. (Eds.), *Bounded Rationality: The Adaptive Toolbox*, The MIT Press.

实世界不可能存在最优行为，亦即不存在理性预期学派所说的最优理性。

有限理性

泽尔腾在前面提到的《什么是有限理性?》(2001) 一文中指出，现实中的经济主体由于不可能在有限的时间内解决数量上无穷的问题，所以不可能具有最优理性，而只能具有有限理性。但是，在这篇文章的开始部分和结论部分，泽尔腾明确指出，根本没有办法准确定义"有限理性"，从而并没有明确回答他那篇文章标题提出的问题。

"有限理性"概念最早是由1978年诺贝尔经济学奖得主赫伯特·西蒙(Herbert A. Simon) 提出来的。在为《帕尔格雷夫经济学大词典》撰写的词条"有限理性"(Bounded Rationality) 中，西蒙对这个概念下的定义 (和解释) 是：

> 有限理性一词是指考虑到了决策者认识局限(包括知识和计算能力两方面局限)的理性决策。有限理性是行为经济学的一个核心主题，它深入研究的是实际决策过程对决策结果的影响方式。[1]

西蒙在这里的表述，说明有限理性具有如下三方面的特点：

第一，有限理性下的决策仍然是理性决策，即不是非理性的决策。

第二，有限理性下的决策不可能是最优决策，其根本原因在于，现实中的经济主体面临着知识和计算能力的双重局限，从而不可能达到最优。这表明有限理性概念是在否定最优化概念的基础上提出来的。

第三，有限理性论者强调决策过程对决策结果的影响。西蒙强调说，最优理性论者通常以"仿佛"(as if) 来回避对决策过程的讨论，即认为可以假设决

---

[1] Simon, Herbert A., 2008, Bounded Rationality, *The New Palgrave Dictionary of Economics*, Second Edition, Palgrave Macmillan, p. 1.

策者"仿佛"是按照最优化方式来行事，进而直接将最优结果作为经济主体行为的描述。但有限理性论者则具有"更大的抱负"，即不仅要描述最终决策结果，还要描述实际决策过程，而对实际决策过程的研究表明，最终决策结果不可能是最优的，只可能是"满意解"。

"满意解"

西蒙在为《帕尔格雷夫经济学大词典》撰写的词条"满意解"(satisficing)中，概括了现实中经济主体在有限理性下的这一决策结果：

> "满意解"(满足或超过约定标准，但不一定是唯一或最好的选择)是最优理性行为的一个替代概念。……决定"满意"与否的标准，可能会因为经验积累所引起愿望水平的调整而发生变化。[1]

西蒙在词条中举了这样一个例子。假设有一堆杂草，其中混杂着很多尖锐程度不等的针，需要从中找到一根针来缝衣服。如果试图找到一根最尖锐的针，就必须翻遍整个杂草堆，但这样做成本太高，而缝衣服并不需要"最尖锐"的针。实际生活中的经济主体，在找到尖锐程度达到或者超过某个标准的针时，就会停止在杂草堆中继续搜索。在这一过程中，所得到的结果就是"满意解"。当然，"满意"的标准会不断变化。比如，在找到一根针并开始缝衣服后，有可能发现这根针并不"满意"，从而会回头再在杂草堆中继续翻，直到找到另一根"满意"的针为止。

对于有限理性下的满意解，有研究者也试图将其纳入最优化框架之中。比如，前例中，可以设想经济主体面临的是一个考虑搜索成本的最优化问题，即

[1] Simon，Herbert A.，2008，Satisficing，*The New Palgrave Dictionary of Economics*，Second Edition，Palgrave Macmillan，p. 1.

会在搜索的边际成本与边际收益相等时停止搜索，并接受搜索结果——这一结果当然也就是最优的。但西蒙说，在现实中这是不可能的，因为这除了要求决策者解决原始决策问题之外，还要求决策者准确估计搜索的成本和收益。实际上，这同样会产生泽尔腾所说的无穷问题序列，从而根本不可能得到最优解。

“差不多”

西蒙所说的“satisficing”，通常译为“满意解”，但如果使用中文日常俗语“差不多”来翻译或表述，可能更好。

第一，“差不多”完全包含了“满意解”所表达的关键思想，即经济主体在面临实际经济决策时，通常只能遵循“差不多”的准则，即只能保证结果与相关标准“差不太多”，而不可能做到“一点不差”。

第二，“满意解”隐含着这样一个思想，即选择结果的判断标准完全是主观的，但“差不多”则可以同时包容存在某种客观标准的情形，只不过此时仍然需要决策者判断实际结果与这一客观标准之间的差距是否属于“差不太多”。

第三，“差不多”这个词是中国人常常使用的口头语，也是日常行为中实际奉行的准则，以它来描述实际经济行为，比较好地达到了西蒙等反复强调的、尽可能真实描述实际经济决策的要求。

第四，将经济学理论中所说的有限理性下的“满意解”解释为“差不多”，能够为这个被通常认为隐含着“马马虎虎”“不认真”“敷衍了事”等含义的词“正名”，这与“我们都在盲人摸象”在一定程度上为“盲人摸象”一词“正名”一样。

感知理性

最优理性和有限理性只是经济学中所使用理性概念的众多含义中的两种。劳伦斯·布卢姆（Lawrence Blume）和大卫·伊斯利（David Easley）在为《帕尔格雷夫经济学大词典》撰写的词条“理性”(Rationality)中，开篇即说，对于“理性”这个概念，“没有任何两个经济学家的定义相同”。[1]

两位作者简要回顾了理性概念的历史，并概括了在这一漫长历史过程中所形成的几大类定义。在这些定义中，两位作者尤其批判了理性预期学派的定义，认为“理性预期”中的“理性”二字，是对理性概念的误解和滥用：

> “理性预期”概念是对“理性”一词的误用。不幸的是，要放弃“理性预期”这个术语可能太迟了。理性原则与理性预期之间没有任何共同点：理性原则认为，个人按其感知到的最佳利益行动；而理性预期假说则认为，这些感知符合某种事前确定的正确性标准。[2]

在两位作者看来，理性的真正含义，仅仅是指经济主体会按照其“感知到的最佳利益”行事。为了表述方便，我们把两位作者所说的理性称为“感知理性”。理性预期所说的理性就是前述最优理性，即认为经济主体会按照“某种事先确定的正确标准”行事。布卢姆等在前述词条中回顾的其他理性定义，都是在最优理性和感知理性基础上的变形，为节省篇幅，我们忽略对其他理性定义的讨论。

最优理性与有限理性的调和

在前述词条中，两位作者也对有限理性概念进行了批判。实际上，感知理性实际上是对最优理性和有限理性的一种调和。也就是说，感知理性可以包容最优理性和有限理性。从两位作者所概括的通常对他们所说的理性概念的如下三大误解中可以明确看到这一点：

第一，理性不意味着完备信息或对称信息，即现实中存在的不完备信息和

---

[1] Blume, Lawrence, and Easley, David, 2008, Rationality, *The New Palgrave Dictionary of Economics*, Second Edition, Palgrave Macmillan, p. 1.

[2] *Ibid*, p. 5.

非对称信息，影响的只是“感知”，但并不影响理性原则本身。

第二，理性并不要求个人完全自私，即现实中社会习俗等对人的行为的影响，也完全可以融入理性原则之中，需要改变的只是经济主体“感知”到的偏好内容。

第三，理性并不意味着“理性预期”，即并不要求经济主体的“感知”都是正确的。

“舍鱼而取熊掌”

对于感知理性的调和性质，我们可以用《孟子》中的“舍鱼而取熊掌”的例子来进行说明。“鱼，我所欲也，熊掌亦我所欲也；二者不可得兼，舍鱼而取熊掌者也。”这个例子中的理性行为，包括如下三个组成部分：

第一，备选对象明确（以下简称“对象条件”），即有多个明确的可选择对象（“鱼”和“熊掌”）。如果只有唯一一个选项，就无所谓选择，也就无所谓理性。

第二，偏好顺序唯一确定（以下简称“偏好条件”），即经济主体对每个选择对象的偏好程度相互之间是可以比较的，而且偏好顺序是唯一确定的（对“熊掌”的“欲”强于对“鱼”的“欲”）。

第三，选择最优（以下简称“理性原则”），即经济主体在只能做出唯一选择（即“不可得兼”）时，会选择备选对象之中他的偏好程度最高的那个对象（即“舍鱼而取熊掌”），这就是俗语所说的“两利相权取其重，两害相权取其轻”。

共识

经济学家们在将理性概念应用于对实际经济运行的研究时，对于第三个方面所说的理性原则是没有分歧的。也就是说，经济学家们都会同意如下分析：如果一个经济主体面临的选择既符合对象条件（备选对象明确），也符合偏好条件（偏好顺序唯一确定），那么，这个经济主体的选择也就是唯一确定的，并且是唯一最优的；如果一个经济体系中，所有经济主体的选择都符合对象条件和偏好条件，那么，整个经济体系一定就是处在最优的均衡状态，因为每个经济主体都会选择其对应的最优结果，而不可能存在任何偏离这一状态的可能。这个理性原则，属于康德所说的先验知识，即具有普遍必然性的经济学知识。

分歧

经济学家们关于理性的分歧主要是在对象条件和偏好条件两个方面。最优理性论者（理性预期论者）认为，现实经济中的经济主体就像是萨金特所说的那样，"每个人都拥有与上帝一样的模型"，他们所面临的选择既符合对象条件，也符合偏好条件，从而每个经济主体都会做出现实经济中的最优选择，经济也就会始终处于均衡状态。

但有限理性论者则认为，无论是对象条件还是偏好条件，在现实中都无法得到满足。从对象条件来看，实际经济生活中的备选对象通常并不明确，可能会有无穷多个选项，而且有些备选项还需要经济主体去探索，而这些探索是有成本的，结果也是不确定的。从偏好顺序来看，由于现实中经济主体的偏好往往有多个维度，偏好顺序很难确定。比如，"鱼"与"余"在中文中的发音一样，选择"鱼"有"年年有余"的象征意义，从而可能有很多人对"鱼"的"欲"要远胜于对"熊掌"的"欲"。或者，由于熊是一种被保护的动物，"没有买卖就没有杀害"，这一事实同样可能导致人们的偏好顺序发生变化。这样，实际结果可能是"舍熊掌而取鱼"，而非模型所预测的"舍鱼而取熊掌"。

在感知理性论者看来，上述反对意见完全能够包括进理性概念之中，因为感知理性的主张要比最优理性弱得多：经济主体只是会在他们"感知"到的多个备选对象中，按照他们"感知"到的偏好顺序，选择他们"认为"能够使他们获得"感知"到的最高利益的对象。

也就是说，感知理性论者认为，经济主体会选择他们主观上认为最优的行为，从而其主张与最优理性是相容的；但这种最优并不是以外在客观标准（如均衡）来衡量的最优，从而与最优理性又是不同的。同时，他们承认主观认识可能是有偏差的，从而其主张与有限理性是相容的；但又承认经济主体具有追求最优的倾向，并且在特定条件下会做出最优的选择，从而与有限理性也不相同。正是因为如此，我们可以把感知理性看作对最优理性和有限理性的一种调和。

最优存在悬设

运用康德的悬设概念，我们还可以从另外一个角度来看待调和最优理性和有限理性的感知理性。具体来说就是把最优存在（源自最优理性）看作一个悬设，将其作为实践的追求目标，但在具体实践决策时仍然遵循“差不多”的准则（源自有限理性）。

在从杂草堆里找针的例子中，最优存在的悬设，意味着我们可以假设存在一根“最尖锐”的针（假设为A），我们在找针时会尽可能去找到A。但是，由于时间、精力和能力等的约束，我们不可能找到A；实际上，即便是偶然碰到A，我们也不可能知道它就是A。不过，这并不妨碍我们假设存在A，也不妨碍我们假设每个人都会尽可能找到在尖锐程度上更接近A的针。在这里，最关键的是，假设A的存在能够促使我们充分考虑现实约束条件和所找到针的尖锐程度，从而能够更有效地指导我们找到一根“差不多”的针的实践。

在经济金融的实践中，由于我们都在盲人摸象，从而我们的任何决策都不可能是最优的，而只能是“差不多”。但是，“差不多”的意思是永远“还差一点”，因此，悬设一个我们永远无法真正达到的最优，我们就将具有持续前进的动力和希望，社会就有可能不断进步。

第2篇

“无用”的货币和银行

PART TWO

>>> 第 5 章

金融科技会颠覆商业银行吗？

自 2013 年起互联网金融在中国的井喷式发展，使得比尔·盖茨二十多年前提出的“银行是 21 世纪的恐龙”的观点再次受到广泛关注，似乎这句话在中国即将变成现实。自 2016 年起，“金融科技”成为代替“互联网金融”的又一热词。本章从技术角度讨论金融科技会是否会颠覆商业银行的问题。本书第一篇基于康德哲学得到的基本结论，为本章奠定了坚实基础：既然我们都在盲人摸象，电脑（互联网或金融科技）也不例外，因此，未来仍将需要人的“拍脑袋”决策，而作为人才联合体的银行也就不可能会被完全淘汰。第 7 章将从商业银行“无中生有”的货币创造能力这一角度，进一步讨论商业银行的存亡问题。

5.1 颠覆银行的互联网金融模式

谢平曾在多个场合表示自己是“颠覆论者”，而且认为互联网金融不仅将颠覆银行，而且还会颠覆金融市场。在《互联网金融的现实与未来》（2014）一文中，谢平写道：

在理论界我属于颠覆论的。现在大家认为互联网是金融的工具，IT 企业做金融，不能跟银行和资本市场并列。我相信未来通过互联网发展直接金融，不需要资本市场，也不需要银行了。[1]

谢平指出，互联网金融是与存在银行和金融市场等中介的传统金融模式完全不同的金融模式，他用图 5.1 和图 5.2 概括了这两类模式的差异。谢平在多篇文章中对互联网金融模式进行了详细阐述，专栏 5.1 概括了他与合作者在首次详细阐述这一模式的文章中提出的主要设想。

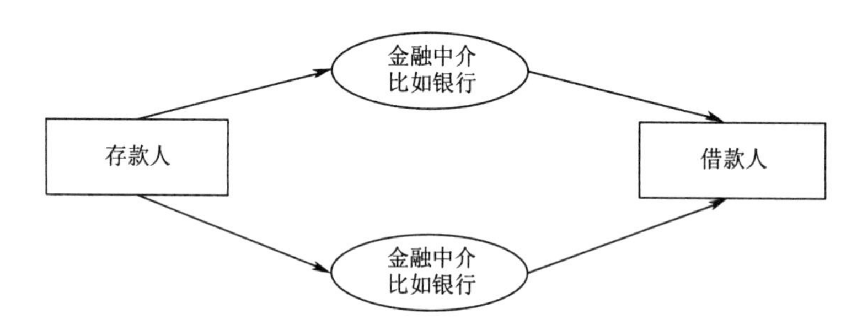

图 5.1　传统金融模式

资料来源：谢平，2014，互联网金融的现实与未来，《新金融》第 4 期，第 5 页。

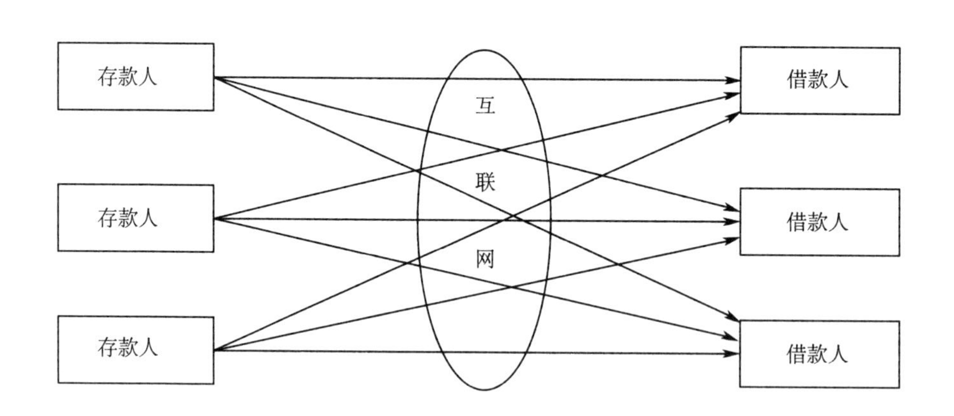

图 5.2　互联网金融模式

资料来源：谢平，互联网金融的现实与未来，《新金融》，2014 年第 4 期，第 5 页。

[1]　谢平，互联网金融的现实与未来，《新金融》，2014 年第 4 期，第 5 页。

专栏 5.1

取代银行的互联网金融模式

全新互联网金融模式的核心主要包括三个方面，即支付方式、信息处理和资源配置。

支付是金融的基础设施，会影响金融活动的形态。互联网金融模式下，支付系统具有以下根本性特点：第一，所有个人和机构（法律主体）都在中央银行的支付中心（超级网银）开立账户（存款和证券登记）；第二，证券、现金等金融资产的支付和转移通过移动互联网络进行（具体工具是手机和掌上电脑）；第三，支付清算完全电子化，社会基本不再需要现钞流通，就算有极个别小额现金支付，也不影响此系统的运转；第四，二级商业银行账户体系将不再存在。这种支付系统不会颠覆目前人类由中央银行统一发行信用货币的制度。货币与商品价格的关系也不会发生根本转变。但是，目前社交网络内已经自行发行货币，用于支付网民之间的数据商品购买，甚至实物商品购买，并建立了内部支付系统。

信息是金融的核心，构成金融资源配置的基础。金融信息中，最核心的是资金供需双方，特别是资金需求方的信息。互联网金融模式下的信息处理是它与商业银行间接融资和资本市场直接融资的最大区别，有三个组成部分：一是社交网络生成和传播信息，特别是对个人和机构没有义务披露的信息；二是搜索引擎对信息的组织、排序和检索，能缓解信息超载问题，有针对性地满足信息需求；三是云计算保障海量信息高速处理能力。总的效果是，在云计算的保障下，资金供需双方信息通过社交网络揭示和传播，被搜索引擎组织和标准化，最终形成时间连续、动态变化的信息序列。由此可以给出任何资金需求者的风险定价或动态违约概率，而且成本极低。这样，金融交易的信息基础（充分条件）就满足了。这与目前的市场机制类似。

互联网和通信手段的发展，降低了个人发布信息以及与日常生活之外的人联系的成本，产生了一些新的分工协作模式，比如，“人肉搜索”、维基百科的编撰等。单个利益相关者的信息可能有限，但如果这些利益相关者都在社交网络上发布各自掌握的信息，汇在一起就能得到信用资质和盈利前景方面的完整信息。搜索引擎能够从海量信息中找到最能匹配用户需求的内容，同时，搜索引擎与社交网络融合产生的社会化搜索，不仅能寻找到现有的答案，还会推荐合适的人来回答，或者通过社交关系过滤掉不可信赖的内容。

互联网金融模式中资源配置的特点是资金供需信息直接在网上发布并匹配，供需双方直接联系和交易，不需要经过银行、券商或交易所等中介。在供需信息几乎完全对称、交易成本极低的条件下，互联网金融模式形成了“充分交易可能性集合”，双方或多方交易可以同时进行，信息充分透明，定价完全竞争（比如拍卖式）。各种金融产品均可如此交易。这种资源配置方式最有效率，可以实现社会福利最大化，也最公平，供需方均有透明、公平的机会，诸如中小企业融资、民间借贷、个人投资渠道等问题就容易解决。不认识的人和企业可以通过“借贷”而形成社交网络关系，成为“熟人”，进而拓展了其他合作的可能性，如投资入股、买卖产品等。

资料来源：谢平、邹传伟，互联网金融模式研究，《金融研究》，2012年第12期，第11–22页。标题为本书作者所加，内容有删节，文字有适当调整。

专栏5.1概括的三个方面，是任何金融体系最核心的三个方面，但仔细研究会发现，谢平设计的这样一个互联网金融模式（以下简称“互联网金融模式”），不可能真正有效地运行，更不可能颠覆银行。

互联网金融模式在第一个方面的变革，并不仅仅是支付方式的变革，还涉及支付手段——货币——方面的变革，从而应该统称为“货币及支付变革”。不过，这一变革并不彻底，正是这一点使得它不可能在离开银行体系以后还能真正有效地运行，进而也就无法达到颠覆银行的最终状态。

比如，“这种支付系统不会颠覆目前人类由中央银行统一发行信用货币的制度”，但又怎么可能在“二级商业银行账户体系将不再存在”的情况下，“所有个人和机构（法律主体）都在中央银行的支付中心（超级网银）开立账户（存款和证券登记）”？“就算有极个别小额现金支付，也不影响此系统的运转”，那么，现金将如何进入和退出流通系统？实际上，“二级商业银行账户体系”与“由中央银行统一发行信用货币的制度”是不可分割的，而现金的低成本、高效率流通，也不可能离开商业银行。另外，社交网络“自行发行”的货币，是真正的货币吗？实际上，商业银行在宏观上的根本性意义，正在于它们是整个货币体系的运行基础。其中涉及的内容非常复杂，不仅包括整个货币体系的运行，还包括货币的本质及其发展的逻辑等。本书第 7 章将对商业银行在现代货币体系中的核心作用进行详细讨论（其他内容请参见《货币哲学》一书）。

互联网金融模式变革的另外两个方面是信息处理和资源配置。由于资源配置的核心也是信息，因此，我们可以把这两个方面结合在一起讨论，统称为信息问题。实际上，信息也是第一个方面“货币及支付变革”的基础，从而是整个互联网金融模式的根基，这也正是谢平等认为“互联网金融模式下的信息处理是它与商业银行间接融资和资本市场直接融资的最大区别”的原因。鉴于这一问题的基础性，本章余下部分将对此进行比较详细的探讨。

5.2 金融科技、互联网金融与信息技术

在中国，2013 年被称为“互联网金融元年”，2016 年被称为“金融科技元年”，因为在这两个年份中“互联网金融”和“金融科技”分别开始成为热门话题，相关业态也开始呈现蓬勃发展的态势。专栏 5.2 对这两个概念进行了比较全面的总结和比较。

5.2

金融科技与互联网金融的概念

金融科技（FinTech）一词为英文 Financial Technology 合并后的缩写。由

于金融科技仍处于发展初期，涉及的业务模式尚不稳定，各类业务形态存在不同程度的差异，目前全球尚无统一定义。

2016年3月，全球金融治理的牵头机构——金融稳定理事会发布了《金融科技的描述与分析框架报告》，第一次在国际组织层面对金融科技做出了初步定义，即金融科技是指通过技术手段推动金融创新，形成对金融市场、机构及金融服务产生重大影响的业务模式、技术应用以及流程和产品。

在实践中，“金融科技”的具体含义在不同背景下也存在差异。有时是指对现行金融业务的数字化或电子化，如网上银行、手机银行等；有时是指可以应用于金融领域的各类新技术，如分布式账户、云计算、大数据等；有时则是指希望涉足金融领域、与现有金融机构形成合作或竞争关系的科技企业或电信运营商。

“金融科技”与国内的“互联网金融”概念既有联系，又有区别。从相似性看，二者均体现了金融与科技的融合，都是对运用各种新技术手段提供、优化、创新金融服务等行为的概括。从差异性看，“金融科技”更强调新技术对金融业务的辅助、支持和优化作用，其运用仍需遵循金融业务的内在规律，遵守现行法律和监管要求。国内的“互联网金融”概念既涵盖金融机构的“金融＋互联网”模式，也涵盖互联网企业的“互联网＋金融”模式。从中长期看，国内的“互联网金融”概念可能逐步趋近并融入“金融科技”的概念体系，最终与国际通行概念保持一致。

资料来源：李文红、蒋则沈，2017，金融科技（FinTech）发展与监管：一个监管者的视角，《金融监管研究》第3期，第1–2页。

专栏5.2的概括表明，互联网金融和金融科技这两个概念在本质上是一致的，只是侧重点有所不同。两者的基础都是信息技术，两者的核心内容是金融变革，因此，两者可以统称为“信息技术驱动的金融变革”。实际上，如果把关注的重心不是放在时髦的概念上，而是放在更为根本性的信息技术上，我们就能够比较深入地理解此次金融变革的实质，进而也就有可能对其未来发展趋势做出更加符合逻辑的判断。

在把关注重心放在信息技术上以后，我们就会发现，中国最近几年“金融科技（或互联网金融）会颠覆银行”的观点，与比尔·盖茨二十多年前提出的“银行是 21 世纪的恐龙”，以及在此之前很多人提出的“银行即将消亡”的看法，在逻辑上是完全一致的，其根本观点都是，信息技术发展和应用的结果必将是银行被淘汰。

“银行是 21 世纪的恐龙”

2015 年 3 月，在博鳌亚洲论坛关于互联网思维的一个分论坛上，1999 年至 2013 年担任招商银行行长的马蔚华，在谈到互联网金融的发展对银行业的挑战时说：

> 我刚当行长时最大的焦虑就是来自比尔·盖茨的挑战。……当时，比尔·盖茨这些 IT 领袖们说，既然银行用我的 IT，还不如我直接干。那时候，软件公司要取代银行的支付业务。当时把美国的银行家吓得够呛。……比尔·盖茨说，你们这些银行不改变，就是 21 世纪的恐龙。我昨天跟比尔·盖茨说：“你这句话让我 15 年没睡好觉。”[1]

根据相关文献推测，比尔·盖茨这句话是在 1994 年所说。遗憾的是，笔者没有找到他这句话的具体出处（如他的相关文章、讲稿或对他演讲的直接报道），从而无法准确引用和分析他本人的描述和论证。马蔚华的上述这段话表明，比尔·盖茨要自己做的并不是全部银行业务，而只是支付业务，与前面提到的互联网金融模式很类似。

[1] 《马蔚华：比尔·盖茨的一句话让我十五年没睡好觉》，凤凰财经，2015 年 03 月 29 日，http://finance.ifeng.com/。

比尔·盖茨的这句话已经成了银行所面临严峻挑战的标志，而他说这句话的大体时间，也被当作了这种挑战的真正起点。比如，约翰·奥瑟兹（John Authers）在《银行应对IT威胁的调整几乎还没有开始》（2013）[1]一文中分析指出，2013年欧洲银行业虽然已从国际金融危机的重创中逐渐恢复，并且仍然面临着商业模式的调整问题，但是还没有采取真正有效的措施来应对高科技发展所带来的根本性威胁，而这一威胁从比尔·盖茨在1994年把银行称为“恐龙”时就已经开始了。

“银行已不再重要”

比尔·盖茨的上述名言已经说了二十多年了，他的预言为什么没有变成现实？奥瑟兹在《毁灭性的技术不会扼杀银行》（2014）[2]一文中，对此进行了专门分析。他说，监管当局对于银行这类机构的严格监管，使得银行存在着一个过高的准入门槛，而与之形成鲜明对照的是，没有政府提供类似保护的书店、出版社、唱片公司等，则已经出现了破产倒闭浪潮，相关行业出现了大幅度萎缩。面对技术革命的挑战，银行必须进行变革，但除非银行在这方面出现重大失误，银行是不会消亡的。

不过，作者并没有进一步分析，政府为什么要对银行实施如此严格的监管，当然也就没有分析全文隐含的基本观点，即政府将继续保持对银行的严格监管（参见《银行哲学》一书的详细讨论）。

在这篇文章中，奥瑟兹同样提到了比尔·盖茨，同时还明确地引用了他的观点，即“银行业务是重要的，但银行已不再重要”（Banking was essential，but banks were not）这一观点的正确性，取决于我们对银行业务和银行两个概念的定义。如果“银行就是从事银行业务的机构”或者“银行业务就是银行从事的

[1] Authers，John，2013，Banks' Adjustment to IT Threat Barely Begun，*Financial Times*，Jan. 27.

[2] Authers，John，2014，Disruptive Technology Will Not Kill Banks，*Financial Times*，Oct. 3.

业务”，那么，区分两者重要性的意义就不再存在了。本书第7章的讨论将表明，“银行”与“银行业务”正是相互定义的，因此，除非否定银行业务（亦即银行货币）的重要性，我们就不可能否定银行的重要性。

信息技术的颠覆性力量

比尔·盖茨当然不是宣称银行即将消亡的第一人。比如，德意志银行的著名银行家乌尔里克·卡特勒力（Ulrich Cartelleri），在20世纪80年代末就曾明确预言：“银行将是（20世纪）90年代的钢厂和船坞（Steelmills and Shipyards）。”[1]时任美国联邦存款保险公司主席的威廉·伊萨克（William Isaac）说：“银行业在经济上正变得无关紧要（Irrelevant）了，甚至是在政治上也几乎变得无关紧要了。”[2]爱德华·富拉什（Edward Furash）在《银行业的关键十字路口》(Banking's Critical Crossroads，1993）一文中说：“银行业务对现代经济很重要，但银行不重要。”(Banking is essential to a modern economy. Banks are not.)[3]

在1994年之后，许多经济学家、企业家、金融家也都提出并且详细论证过银行即将消亡的观点。但毫无疑问的是，比尔·盖茨所说的“银行是21世纪的恐龙”这句话的流传范围最广，影响也最大，尤其是在银行界，几乎是人人皆知。除了名人的话容易传播以及“恐龙”这一比喻十分形象这两个原因之外，更为重要的是，比尔·盖茨代表了被认为能够把这句话变成现实的力量——信息技术。

---

[1] Schmidt，Reinhard H.，Hackethal，Andreas and Tyrell，Marcel，1998，Disintermediation and the Role of Banks in Europe：An International Comparison，*Frankfurt University Working Paper Series*，No. 10，p. 4.

[2] Bacon，Kenneth H.，1993，Losing Ground：Banks' Declining Role in Economy Worries Fed，May Hurt Firms，*Wall Street Journal*，Jul. 9.

[3] Furash，Edward E.，1993，Banking's Critical Crossroads，*Bankers Magazine*，Vol. 176，No.2，pp. 20-26.

5.3 基于信息不对称的银行消亡逻辑

信息技术之所以被广泛地认为能够颠覆银行，是因为信息不对称问题被认为是银行存在的根本原因，而信息技术的发展（以及与之相伴而迅猛发展的金融创新）能够解决信息不对称问题，而且成本要更低。也就是说，银行原来存在的理由就不再存在了，当然也就会消亡。这一逻辑包括两个环节：一是银行的存在是因为信息不对称问题；二是信息技术可以解决信息不对称问题。

银行存在的理由

从信息角度解释银行的存在原因，最著名的文献是约翰·博伊德（John Boyd）与2004年诺贝尔经济学奖得主爱德华·普雷斯科特（Edward C. Prescott）合作的《金融中介联盟》一文。[1] 博伊德等首先列举了真实世界中银行的五个典型事实[2]：

第一，银行从存款人中借入资金，然后贷放给借款人；

第二，存款人和借款人的数量都很大，这表明银行在资产负债表的双方向都实现了比较充分的分散；

第三，借款人比银行更了解自己的风险，即借款人关于自己的信息集与银行关于借款人的信息集不同（以下分别简称“借款人信息集”与“银行信息集”）；

---

[1] Boyd，John and Prescott，Edward，1986，Financial Intermediary Coalitions，*Journal of Economic Theory*，Vol. 38，pp. 211-232.

[2] 在这篇文章中，两位作者在正文中并没有使用“银行”一词，始终使用的是“金融中介”一词，而从这五个方面的典型事实来看，他们说的就是银行（即商业银行）。他们之所以选择“金融中介”一词，强调的是它的功能，而不是具体组织形式（可以是以有限公司形式存在的“银行”，也可以是采取合作制形式的合作社）。在本书中，我们同样强调的是功能，即本书所说的银行也是行使银行独特功能的机构，即中国的农村信用社也属于银行。因此，为了保持行文的简洁，同时，也为了强调我们在本书第7章将要讨论的“商业银行不是金融中介”的观点，本节均以“银行”加以代替。

第四，银行会生产有关潜在借款人的信息，并据以分配贷款、确定贷款条件，这当然存在很高的成本；

第五，存款人对银行的请求权，与银行对借款人的请求权，有着不同的风险（即有着不同的“状态依存支付”）。

两位作者认为，银行之所以会存在，是因为这类机构是存款人联合在一起建立起来一个“信息联盟”，即共同生产有关潜在借款人（在发放贷款之前）和现实借款人（在发放贷款之后）的信息，从而既防范信息不对称所导致的逆向选择问题（在交易之前交易对手隐藏信息的问题），又防范信息不对称所导致的道德风险问题（在交易之后交易对手隐藏行动的问题）。作为信息联盟的银行，在生产信息方面具有明确的规模效应，大大降低了存款人单独生产信息的成本总和，这一成本优势正是银行产生的原因。如果存款人与借款人之间不存在信息不对称，或者作为信息联盟的银行不存在生产成本方面的优势，市场直接交易就将取而代之，银行当然也就是不必要的了。

银行将被淘汰的理由

博伊德等的论述，解释了本节开始时提到的第一个环节的问题，即银行的存在是因为信息不对称问题。很显然，顺着博伊德等的思路，再稍稍延伸一下思考，就能解决第二个环节的问题，即信息技术可以解决信息不对称问题。

由于信息技术的发展，一方面，潜在（及现实）借款人能够通过主动披露信息，使得存款人能够完全了解借款人；另一方面，存款人能够以极低的成本生产有关借款人的信息。这样，作为存款人与借款人之间的信息不对称，也就不再存在了；作为以克服信息不对称为唯一目的的银行，当然也就没有继续存在下去的理由。因此，信息技术之所以能够使银行变成“21 世纪的恐龙”，正是因为它消除了银行存在的前提：信息不对称或信息生产的困难。

5.4 大数据再“大”也不会足够大

信息技术变革带来的首要变化是巨量信息的积累和应用，“大数据”就是这一巨量信息的名称。信息技术之所以被认为有可能会颠覆银行，主要根据之一就是大数据的巨大力量。但是，隐私保护、商业竞争、虚假信息、软信息等问题的存在，使得大数据再“大”也不会足够大，主要依赖大数据力量的前述结论，是值得商榷的。

隐私保护和商业竞争的影响

案例 5.1 描述了一个虚构的电话订购比萨饼的场景，比较形象地解释了什么是大数据以及如何应用大数据的问题。

案例 5.1

电话订购比萨饼的虚拟场景

某比萨饼店的电话铃响了，客服人员拿起电话。

客服：××× 比萨饼店。您好，请问有什么需要我为您服务的吗？

顾客：你好，我想要一份……

客服：先生，烦请先把您的会员卡号告诉我。

顾客：16846146***。

客服：陈先生，您好！您是住在泉州路一号 12 楼 1205 室，您家电话是 2646****，您公司电话是 4666****，您的手机是 1391234****。请问您想用哪一个电话付费？

顾客：你为什么知道我所有的电话号码？

客服：陈先生，因为我们联机到 CRM 系统。

顾客：我想要一个海鲜比萨饼……

客服：陈先生，海鲜比萨饼不适合您。

顾客：为什么?

客服：根据您的医疗记录，你的血压和胆固醇都偏高。

顾客：那你们有什么可以推荐的?

客服：您可以试试我们的低脂健康比萨饼。

顾客：你怎么知道我会喜欢吃这种的?

客服：您上星期一在中央图书馆借了一本《低脂健康食谱》。

顾客：好。那我要一个家庭特大号比萨饼，要付多少钱?

客服：99 元，这个足够您一家六口吃了。但您母亲应该少吃，她上个月刚刚做了心脏搭桥手术，还处在恢复期。

顾客：那可以刷卡吗?

客服：陈先生，对不起。请您付现款，因为您的信用卡已经刷爆了，您现在还欠银行 4807 元，而且还不包括房贷利息。

顾客：那我先去附近的提款机提款。

客服：陈先生，根据您的记录，您已经超过今日提款限额。

顾客：算了，你们直接把比萨饼送我家吧，家里有现金。你们多久会送到?

客服：大约 30 分钟。如果您不想等，可以自己骑车来。

顾客：为什么?

客服：根据我们 CRM 全球定位系统的车辆行驶自动跟踪系统记录，您登记有一辆车号为 SB-748 的摩托车，而目前您正在解放路东段华联商场右侧骑着这辆摩托车。

顾客当即晕倒。

资料来源：本书作者根据网络流传版本改写。

生活在阳光下的恐怖

在现实生活中，这样的场景是否有可能存在？从当前信息技术已经达到的水平来看，完全是可能的。从企业角度来说，这也是一种极为理想的场景，因为企业已经掌握了客户的几乎所有信息，全面了解客户的各种需要，能够向客户低成本地生产、提供最合适的产品，并在最短的时间内实现销售、获取利润。在巨大利润的吸引下，企业将会尽一切可能推动大数据的应用，案例中所描述的场景似乎很快就会变成现实。

但是，面对这样的服务，消费者感受最深的可能不会是方便周到的服务，而是生活在阳光下、完全没有隐私的恐惧。从个人隐私的角度，我们很难想象一个比萨饼店的客户信息管理系统中会包含客户的家庭、医疗、银行、车辆、网购记录等全面实时的信息。

曹卫东在《开放社会及其数据敌人》（2014）一文中把这类场景中的个人称为“数据的奴隶”，并进而把大数据称为开放社会和民主愿景的“敌人”，需要我们每个人去“捍卫私人领域，并由此捍卫作为民主基石的公共领域”。[1]

政府的隐私保护

2013年6月，曾任职于美国中情局（CIA）和国家安全局（NSA）的爱德华·斯诺登，通过媒体曝光了美国情报部门通过直接接入苹果、微软、谷歌、雅虎等九大互联网公司的中心服务器以监视网民数据和电话的秘密计划“棱镜”，在国际上引起了轩然大波。但从随后美国政府相关部门的表态和采取的措施来看，美国情报部门并没有打算终止相关计划，因为这是防止再次发生类似“9·11”恐怖袭击事件所必需的，民众所希望的是，政府能将秘密监视、监听的范围和程度控制在法律许可的限度内，并且确保所获得的相关信息不会被滥用。

斯诺登案例表明，即使是国家安全部门出于国家安全的需要，也要通过接

[1] 曹卫东，开放社会及其数据敌人，《读书》，2014年第11期，第80页。

入多家（而不是一家）商业性机构，才能获得有限（而不是全部）的信息，而且对所获得信息的使用也有着明确的限制（而不是任意使用），因此，各国政府在避免自己侵犯公民隐私的过程中，必然会采取相应措施，以保证公民隐私在商业活动中得到妥善的保护。

比如，2012 年 12 月 28 日，全国人大常委会发布了《关于加强网络信息保护的决定》，其中对网络服务提供者和其他企事业单位在业务活动中收集、使用公民个人电子信息，做出了具体规定。自 2013 年 3 月 15 日起施行的《征信业管理条例》，对于个人信息的采集、使用做出了更为明确的规定（参见专栏 5.3）。

《征信业管理条例》对个人信息保护的规定（节选）

第十三条　采集个人信息应当经信息主体本人同意，未经本人同意不得采集。但是，依照法律、行政法规规定公开的信息除外。

企业的董事、监事、高级管理人员与其履行职务相关的信息，不作为个人信息。

第十四条　禁止征信机构采集个人的宗教信仰、基因、指纹、血型、疾病和病史信息以及法律、行政法规规定禁止采集的其他个人信息。

征信机构不得采集个人的收入、存款、有价证券、商业保险、不动产的信息和纳税数额信息。但是，征信机构明确告知信息主体提供该信息可能产生的不利后果，并取得其书面同意的除外。

第十五条　信息提供者向征信机构提供个人不良信息，应当事先告知信息主体本人。但是，依照法律、行政法规规定公开的不良信息除外。

第十六条　征信机构对个人不良信息的保存期限，自不良行为或者事件终止之日起为 5 年；超过 5 年的，应当予以删除。

在不良信息保存期限内，信息主体可以对不良信息作出说明，征信机构应当予以记载。

第十七条　信息主体可以向征信机构查询自身信息。个人信息主体有权每年两次免费获取本人的信用报告。

第十八条　向征信机构查询个人信息的，应当取得信息主体本人的书面同意并约定用途。但是，法律规定可以不经同意查询的除外。

征信机构不得违反前款规定提供个人信息。

第十九条　征信机构或者信息提供者、信息使用者采用格式合同条款取得个人信息主体同意的，应当在合同中作出足以引起信息主体注意的提示，并按照信息主体的要求作出明确说明。

第二十条　信息使用者应当按照与个人信息主体约定的用途使用个人信息，不得用作约定以外的用途，不得未经个人信息主体同意向第三方提供。

第二十一条　征信机构可以通过信息主体、企业交易对方、行业协会提供信息，政府有关部门依法已公开的信息，人民法院依法公布的判决、裁定等渠道，采集企业信息。

征信机构不得采集法律、行政法规禁止采集的企业信息。

第二十二条　征信机构应当按照国务院征信业监督管理部门的规定，建立健全和严格执行保障信息安全的规章制度，并采取有效技术措施保障信息安全。

经营个人征信业务的征信机构应当对其工作人员查询个人信息的权限和程序作出明确规定，对工作人员查询个人信息的情况进行登记，如实记载查询工作人员的姓名，查询的时间、内容及用途。工作人员不得违反规定的权限和程序查询信息，不得泄露工作中获取的信息。

第二十三条　征信机构应当采取合理措施，保障其提供信息的准确性。

征信机构提供的信息供信息使用者参考。

资料来源：《征信业管理条例》（自 2013 年 3 月 15 日起施行）第三章“征信业务规则”。

企业的隐私保护

除了政府通过法律规定的保护以外，从商业活动本身运行的逻辑来看，公民隐私也有着两方面的保护屏障：

第一，既然有隐私保护的需要，也就会产生隐私保护服务；现在已经有很多软件包含了专门的隐私保护功能，使得消费者能够自主决定在使用中是否允许服务商获取相关隐私信息、是否接受服务商的推送信息。

第二，竞争对手的存在将迫使服务商极端重视用户的隐私保护，因为任何希望获取用户信息的服务商，都必须得到用户的信任，使用户相信他们获得的相关信息不会被滥用；否则，用户极有可能转向竞争对手的服务，从而威胁其本身的生存。同时，如果某个服务商在用户隐私保护方面存在严重漏洞，往往在用户自己注意到之前，该服务商的竞争对手就有可能发现，并且将其公布出来，以打击竞争对手，而用户则可以“坐享其成”。

大数据必然分割

既然数据是有价值的，而相关数据的完全免费披露又受到隐私保护的约束，这就使得不同的服务商之间，只会在极其有限的范围内共享数据。这方面的例证之一是，2015 年 6 月，阿里巴巴投资 12 亿元人民币参股第一财经。对于其中原因，马云解释说：“以前开放的数据现在原则上将不再开放。原因是为了保障数据的安全和隐私。”[1]

隐私保护的始终需要和竞争的始终存在，使得任何单家机构都不可能掌握全部大数据，大数据必然是分割的。因此，在商业领域，前述电话订购比萨饼的恐怖场景在现实中很难出现：一方面，不大可能有任何商业机构会掌握如此多的信息；另一方面，即使是有某家机构掌握了较多的信息，在使用中也将会极其谨慎。

[1] 陶娅洁，入股第一财经：阿里数据革命的一步棋，《中国产经新闻》，2015 年 6 月 16 日。

专栏5.1所示的互联网金融模式最大的缺陷之一是，没有重视隐私保护的巨大影响。很显然，像“人肉搜索”这类信息获取方式，即使不被国家法律禁止，也不是正常商业道德所能容忍的。相比较来看，在隐私保护方面，银行具有严格的事前管理和事后追究制度，国家也有严格的法规和监管，比较容易获得客户的信任，客户也就能够主动向银行提供大量信息。比如，在向银行申请贷款时，客户通常会愿意向银行提供关于自己经营状况的详细信息，其中还有可能包括一些商业机密。在客户隐私保护方面的优势，是银行的重要竞争力源泉之一。

虚假信息的挑战

大数据中真正有用的信息极其有限，除了大量非相关信息形成的噪声以外，对于数据使用者来说，最大的挑战莫过于其中极有可能包含有大量难以辨认的虚假信息。电商刷单早已是业内公开的秘密，但案例5.2中的淘宝刷单内幕，使我们更清楚地看到了辨别虚假信息的困难：购买前浏览同类商品并与卖家聊天、购买时有货款支付、购买后有快递单据和好评，通过如此严密流程制造出来的虚假销量和好评，如何才能与真实交易结果区别开来？

案例5.2

淘宝刷单内幕

3个月前，家住武汉的大学生张严（化名）向《楚天都市报》爆料，反映有网络中介平台专门招聘兼职人员当刷手，帮淘宝网上的卖家刷虚假成交量和好评，以此获利，自己就曾做过半年刷手。随后张严再次以寻求兼职工作的大学生身份进入某yy刷单平台，卧底2个多月。

在张严卧底的过程中，记者发现，整个刷单造假流程非常严密。比如张严卧底yy刷单平台刷的第一单，具体淘宝刷单流程是这样的：2月5日晚上

11点，主持人“黑猫”发布了任务。……这个“任务”的意思如下：该单由中介主持远程代付款，刷手买完确认收货之后，会有2.5元的佣金。而这单“任务”对会员淘宝账号的要求是，该账号每周购物不超过4次，每月不超过8次，该账号里面待确认收货、待发货和待评价的商品数量总和不超过7个，购物账号需要实名，并且有2颗星以上的信誉，而且淘宝注册账号要超过一个月。

“黑猫”解释说，限制刷单者的购物次数，是为了避免淘宝官方的检查，“同一账号短时间内买得太多了，容易被淘宝官方怀疑。”同样，要求刷手账号里面待确认收货、待发货和待评价的商品数量总和不超过7个，也是为了避免引起淘宝官方的怀疑。“如果一个买家账号里很多都是待确认、待发货信息，那就有刷单嫌疑。”

当张严接下这个单子后，“黑猫”首先发来一份关键词“诺众个人护理专营店，吹风机大功率”，随后又发来一张该店商品的截图，并注明全程手机单（用手机淘宝来操作）。

按照培训老师教的，张严登录手机淘宝在第一页找到了该店，发现该店交易额为5513件，远超同类产品。张严将该店截图发给“黑猫”，“黑猫”随后发来拍单说明：“货比三家，还要与卖家假聊天，把店面和假聊内容截图。”

货比三家，意思就是在购买商品前，先假意快速浏览其他两家同类店铺。“黑猫”解释说，这些浏览时间长度，都会影响到淘宝中商品的排名和位置，而且也可避免淘宝官方认定为“恶意虚假刷单”，因为“只有真正的买家才会浏览其他同类产品”。

张严按要求拍下该产品，价格为117元，“黑猫”确认无误后代付了货款。4天后，张严收到“货物”——一个空包裹。第二天，张严的淘宝账号收到了2.5元的佣金。

记者发现，从2月5日晚11点到第二天中午12点，张严刷单的该网店中，这款吹风机的交易量从5513上升至5673件；无独有偶，张严2月

6 日下午 3 点接到过一个名为“古今中外专柜正品文胸”的单子，从下午 3 点到第二天中午 12 点，该款产品交易量从 9133 件增加至 9823 件，飙升了 690 件。

资料来源：吕锐、李炯，2015，大学生卧底刷单平台 揭开淘宝刷单流程内幕，《楚天都市报》4 月 21 日。

“没有人知道你是一条狗”

《纽约客》1993 年 7 月 5 日刊登了一则由彼得・施泰纳（Peter Steiner）创作的漫画。漫画中有两只狗，一只坐在一台计算机前的椅子上，对另一只坐在地板上的狗说：“在互联网上，没人知道你是一条狗。”（On the Internet，nobody knows you're a dog.）[1] 这句话很快流行开来，其根本原因在于它反映了互联网的根本特征之一 ——匿名。在前述刷单的例子中，实名交易都能造假，匿名交往或匿名访问的数据，当然也就更加容易了。

鉴别信息真假的困难

鉴别信息真假的基本方法是比较，即运用二律背反的原则，通过两条相互矛盾的信息不可能同时为真来判断。但这一判断只能说明两条中存在一条假信息，而对于哪条是假信息，则需要再通过与第三条、第四条甚至更多的信息的比较来判断。当然，这一判断的准确性，依赖于作为判断基础的这些信息本身必须可靠。这样就存在着一个无限递推的问题，即对于任何给定的大数据，如果需要判断其中所含信息为真，则需要更多的大数据，因此，大数据再“大”也不会足够大。

[1] Steiner，P.，1993，On the Internet，nobody knows you're a dog，*The New Yorker*，July 5.

“魔高一丈”

大数据的作用越大，弄虚作假的动力也就越强，虚假信息的存在也就越有可能。当然，如果所有大数据都是虚假的，问题也就比较简单了，因为使用者可以通过拒绝使用大数据来避免受其误导。比如，如果淘宝上所有卖家的交易量和评价都是假的，消费者也就不再参考这些信息了；当然，如此一来，前述刷单者也就没有刷单的积极性了。也就是说，刷单的普遍存在正意味着交易量和评价数据仍然得到了大多数消费者的信赖。正是因为如此，虚假内容的存在，并未使大数据的价值完全丧失，但它却使我们绝对不能仅仅凭借大数据就做出决策。

在专栏 5.1 所示的互联网金融模式中，虚假信息的主要防范方式之一是“通过社交关系过滤掉不可信赖的内容”，但却忽略了大量存在“杀熟”的现实。毫无疑问，银行也不可能杜绝虚假信息的存在。但是，由于银行拥有专业化的人才和多重信息渠道，在甄别虚假信息方面，要比普通人具有更大的优势，从而有其存在的价值。

“只可意会”的软信息

信息按照其存储介质，可以划分为两大类：一类是硬信息，即记录在人的大脑之外的各种信息存储介质上的书面信息（包括音像信息），能够通过外部存储介质（如纸张、电脑、光盘等）传递；另一类是软信息，即记录在人的大脑之中、体现在人的言行之中、蕴含在外在物质对象之中的信息，在转化为硬信息之前，只能通过人与人之间的直接交往（如面谈、电话、会议、共同参加各种商务或非商务的活动等）或直接接触外在物质对象来传递。用通俗的话来说，硬信息是“可以言传”的信息，而软信息是“只可意会”的信息。

由于存储介质的不同，两类信息具有完全不同的特征。硬信息是非个人化的，内容非常明确、具体，收集成本比较低，容易复制，易于持久保存，在不同的人之间传递时，信息内容一般不会发生变化。与硬信息形成鲜明对照的是，由于软信息需要通过直接交往或直接接触来传递，而不同的人在背景知识、思维能力、关注重心等方面存在着明显差异，对于同样的信息一般不会有不同的理解，因此，软信息是个人化的，内容通常比较模糊，无法复制，容易忘记而难以持久保存，在传递过程中，不仅成本（包括直接交往中所发生的货币成本、时间成本、精神成本等）很高，而且在传递过程中信息内容通常会因交往环境、个人差异等而发生变化。

一个案例的启示

一个案例比较好地说明了硬信息与软信息之间的差别。比如，A 说了这样一句话："我没说他偷了我的钱。"这句话只有九个字，写在纸上或者记录在电脑里后，无论什么人在什么时候看到它们，都是这九个字，在传递过程中不会发生任何变化。但是，A 在说这句话时想要表达的具体意思到底是什么，并不确定，因为他说话时的重音不同，就会有着几乎完全不同的含义。表 5.1 列举了因重音不同这句话中隐含的七种不同含义。

表 5.1 一句话隐含的含义

强调的内容（用引号表示）	隐含的含义
"我"没说他偷了我的钱	可是有人这么说
我"没"说他偷了我的钱	我确实没有这么说
我没"说"他偷了我的钱	可是我是这么暗示的
我没说"他"偷了我的钱	可是有人偷了
我没说他"偷了"我的钱	可是他对我的钱做了手脚
我没说他偷了"我的"钱	但他偷了别人的钱
我没说他偷了我的"钱"	但他偷了我的其他东西

同一句话具有的这么多种可能的含义，就是硬信息背后所蕴含的软信息。真正了解这些软信息含义的人，或许只能是亲耳听到 A 说这句话的人。但是，

即使是“亲耳听到”甚至是“亲耳听到并且亲自看到”，或者是仔细聆听、观看详细记录了 A 说这句话时的每个细节的录音、录像的人，也并不能确定他的理解就是 A 想要表达的意思。这主要有两方面的原因：一方面，受到表达能力、表达意图、具体环境等的影响（比如，A 因其语言能力有限而错误地使用了重音），有可能使 A 表达出来的语句与他想要表达的意思并不一致；另一方面，观察者的理解，又会受到其观察能力、理解能力、与 A 的关系、过去相关经历等的影响，从而不同的观察者可能会对A所说这句话的具体含义有着迥然不同的解释。

信息的损失和扭曲

硬信息与软信息之间是可以相互转化的。比如，一个人可以通过读书、听录音、看录像等，将硬信息内化为软信息；也可以通过将其思想转换成书面文字存储在纸张、光盘或计算机中，从而将软信息外化为硬信息。但在这一转换过程中，信息内容可能会发生扭曲和损失变化。由于文字的先天局限性、概念和数据的概括性、金融活动的主观性、社会经济联系的复杂性等原因，不可能有定义准确的经验概念、含义明确的数据、度量准确的风险判断和确切知道的因果关系，因此，软信息永远会是有价值的，不可能在没有信息损失和扭曲的情况下全部都转化成硬信息。[1]

很显然，大数据无论如何之大，都必然是不周全的，因为它只可能记录硬信息，而不可能包含只能记录在人的大脑中的软信息。在现实社会中，声誉、关系、文化、组织、管理等之所以如此重要，从根本上来说，是因为它们都蕴含了异常丰富而且极其重要的软信息。具有复杂层级结构、稳定工作团队、持续客户关系的银行，正是能够便利获取和充分利用软信息的一种制度安排，从这一角度来看，是仍然具有继续存在的价值的。相比较来看，在专栏 5.1 所示的互联网金融模式中，软信息将不可能得到有效的利用。

[1] 我们将在《金融哲学》一书中对此进行详细讨论。

5.5 知识鸿沟与信息生产激励

在金融活动中，信息的重要性在于它能帮助我们做出更加准确的金融决策，但获取信息还只是“迈出了万里长征的第一步”。比如，在得到一家企业的财务报表以及有关该企业的组织、管理、生产等硬信息，并且通过走访、实地考察等获得软信息以后，我们每个人就都能够得到关于这家企业未来经营风险的判断了吗？每个人都能够做出相关金融决策了吗？即使是假设我们所得到的信息都是真实的，要得到准确的判断，也还需要具备另外一个必要条件，即我们拥有理解这些信息并根据这些信息得出一个综合性判断的知识。但社会分工的必然存在，使得我们不可能每个人都拥有相同的知识，相互之间必然存在着一道又一道的知识鸿沟，俗语“隔行如隔山”正说明了这一道理。知识鸿沟的存在，使得在弥补这一鸿沟方面具有独特优势的银行，具有了继续存在和发展的价值。

分工引起的知识鸿沟

社会分工是国民财富增长的根本原因之一，而社会分工程度的不断深化，从一个侧面来看，也就是个人“傻瓜化”的过程。假设一个社会中只有甲和乙两个人，且只有种田和打猎两种活动，两个人各方面的条件以及两个人从事两种活动的方式完全相同。在没有分工的情形下，两个人既种田又打猎，他们拥有的知识也就完全相同，其中既包括种田知识（假设为 1 单位），也包括打猎知识（假设为 1 单位），整个社会的知识（总共为 2 单位）与两个人分别拥有的知识（也为 2 单位）完全相同。

在分工的情形下，假设甲只负责种田、不打猎，而乙只负责打猎、不种田，然后两人公平交换部分劳动成果。这种分工带来的专业化提高了种田和打猎的效率，使得甲乙双方能够享受的劳动成果总量增加了（国民财富增长了）。与没有分工的情形相比，由于甲专门负责种田，他的种田知识大幅度增长了（假设增长为 3 单位），但由于从不打猎，他的打猎知识下降为零（即 0 单位）；而乙的情况与此相反，他的打猎知识增长了（假设也增长为 3 单位），但种田知识下降为零（即 0 单位）。这样，整个社会的知识从不分工时的 2 单位增长为分工后的 6 单位，每个人在各自专业领域的知识也从 1 单位增长到了 3 单位，但在其非专业领域的知识却从 1 单位下降到了 0 单位，而且相对于整个社会的知识来说，每个人所掌握的知识也就要少得多了（不分工时是 100%，分工时只是 50%）。表 5.2 比较了两种情形。

表 5.2　分工情形与不分工情形的比较

主体	项目	不分工	分工
全社会	全社会总知识量	1	6
甲	打猎知识量	1	0
	种田知识量	1	3
	个人总知识量	1	3
	个人知识比例	100%	50%
乙	打猎知识量	1	3
	种田知识量	1	0
	个人总知识量	1	3
	个人知识比例	100%	50%

上述例子中只是假设了两个人、两项活动的情形，而在现实世界中人口数量巨大、工作种类繁多、信息存量极其庞大、信息增量呈现爆炸式增长的状况下，每个人拥有的知识，相对于整个社会的知识总量来说，几乎可以说是接近于零，因此，任何人都可以坦承自己是“傻瓜”。[1]

银行的产生和发展，正是社会分工和个人“傻瓜化”的结果：一方面，银行能够集中专业人才，通过规模效应和范围效应，降低金融知识服务的成本，

[1]　当然，从另一个侧面来看，我们每个人都变得越来越“聪明”了：不仅自己所掌握的知识绝对量在不断增长，而且每个人在自己专业领域所掌握的知识，也远远超过了所有没有该专业知识的人。

提高其效率；另一方面，绝大多数“金融傻瓜”能够享受到银行可信赖的高质量服务。存款保险体系风行全球的根本目的，正是让普通存款人不必研究、不必担心银行的安全性，就可以把钱存进去。这就像是拿着一个傻瓜相机，只要掌握最简单的操作就可以拍摄出质量还不错的相片，而不必去了解相机的成像原理或相机本身的构造。从未来的发展趋势来看，每个人都将会越来越有可能仅仅从事自己最擅长、最有兴趣的工作，社会分工只会越来越发达，从而不需要，也不可能每个人都成为“金融精英”，集中“金融精英”的银行就必然会继续有生存的巨大空间。相比较来看，专栏 5.1 所显示的互联网金融模式，要求每个金融活动的参与者都具备更为丰富的金融知识，其取代银行模式的可能性是值得商榷的。

信息生产的激励机制

弥补分工必然引起的金融知识鸿沟的方式中，银行方式的特殊性，是将运用知识生产信息的服务（即第 5.3 节所说的信息生产）和金融活动紧密结合在一起，由同一家机构来经营。与此截然不同的还有另外一种方式是将两项活动分开来，由专门的机构从事信息生产，这类机构的典型代表是信用评级机构，相应的信息生产方式可简称为信用评级方式。

为了将两种方式统一起来，我们把第 5.3 节所说的存款人改称储蓄者，他既可以选择将其资金存入银行，由银行将这笔钱贷款给企业[1]，也可以选择直接购买企业发行的债券，但为了解决知识鸿沟问题，储蓄者从信用评级机构那里购买有关企业的信用评级（含风险评估报告）。图 5.3 和图 5.4 分别概括了这两种方式。

[1] 本书第 3 章的讨论表明，银行贷款的资金是银行“无中生有”创造的，并不是来自储蓄者（存款人）资金的转移，但为了便于与债券融资方式进行比较，我们在本节仍然采取这种约定俗成的简洁方法。

图 5.3　信息生产的银行方式

注：箭头方向代表资金和信息流动的方向，实线代表资金的流动，虚线代表信息的流动。

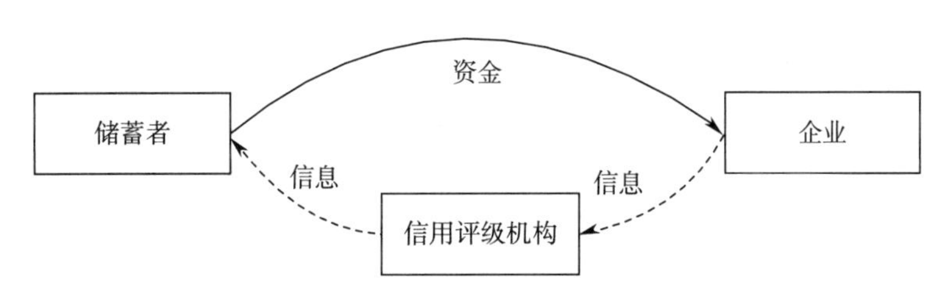

图 5.4　信息生产的信用评级方式

注：同图 5.3。

从图 5.3 和图 5.4 的比较中，我们可以清楚地看到两种不同信息生产方式的差异。在银行方式下，银行生产的信息不会流到储蓄者手中，而是会保存在银行内部，将其直接运用于对贷款的风险控制。在这种方式下，并不存在信息生产的激励问题[1]，因为如果银行所生产的信息质量太差，银行将会遭受贷款的损失。相比较来看，在信用评级方式下，信用评级公司生产的信息会流到储蓄者手中，储蓄者再根据这些信息做出投资决策。在这一过程中，就存在信息可靠性和信息再销售两个方面的激励问题。

信息可靠性问题是指储蓄者无法确信信用评级机构提供的信息是否可靠，信用评级机构也无法向储蓄者提供绝对的保证。信息可靠性问题的根源在于信息生产与资金融通的分离，信用评级机构仅负责生产信息，储蓄者利用这些信息进行金融决策引起的金融风险，一方面与信用评级机构没有直接契约关系，另一方面又与储蓄者自身所具备的知识及其他条件（如其他信息渠道、资金实

[1]　在这里的讨论中，我们把银行和信用评级机构都当作一个整体来讨论，从而忽略银行和信用评级机构内部分工导致的激励问题。

力、组织安排等）密切相关，这样，储蓄者在遭受损失的情况下，很难确定其根源就在于信用评级机构所生产信息的质量问题，相应地，信用评级机构也就有可能缺乏生产高质量信息的足够激励。

再销售问题是指储蓄者在拿到信用评级机构销售给他的信息以后，可能会将这些信息转卖给第三方。与一般商品不同的是，信息的转卖并不影响它对转卖方的价值，有时甚至还有可能增加其价值。比如，储蓄者在利用所获得信息购买一家企业的债券以后，他可能将这些信息卖给第三方，第三方因为获得这些信息而采取的同样购买该家企业债券的行为，将促使其价格上涨，从而使储蓄者获益。在信息出现再次销售的情况下，信息生产者可能无法获得本来能够获得的全部收入，从而可能无法弥补其生产成本，这样也会影响信用评级机构生产信息的激励。

当然，信用评级机构对自己声誉的重视以及保护自有知识产权的努力，会在一定程度上解决信息可靠性和再销售问题，但从目前在全世界范围内真正能够生存的信用评级机构数量极少（主要只有穆迪、标准普尔和惠誉三家）这一点来看，要真正解决这样的问题极其困难。同时，信用评级方式并没有完全解决知识鸿沟问题，因为要读懂评级报告也仍然需要具有相关的知识。相比较来看，银行方式既不存在信息可靠性问题，也不存在信息再销售问题，储蓄者对获取银行服务的知识要求非常低，从而是比较全面解决知识鸿沟问题的一种安排。

>>> 第 6 章

“无用”的“直升机货币”

普通人常常会得出读书无用、知识无用或者哲学无用的结论，而相关专家则通常持完全相反的观点。在货币问题上似乎正好逆转了过来：普通人通常认为“货币不是万能的，但没有货币是万万不能的”，经济主体通常将赚取尽可能多的货币当作其经营（或工作）的首要目标，而研究货币问题的经济学家们则得出了“货币无用”的观点。不过，经济学家们所谓的“货币无用”，不是说货币这种工具无用，而是说货币数量的多少无关紧要，即货币数量的增长并没有实际意义。[1] 在明确主张这一观点的众多经济学家中，弗里德曼最为旗帜鲜明，影响也最大，他提出的“直升机货币”几乎成了前述观点的代名词。我们将在本章和第 8 章对弗里德曼的观点进行比较详细的介绍和讨论。

6.1 个体与整体的区分

货币学派的旗手、1976 年诺贝尔经济学奖得主米尔顿 · 弗里德曼（Milton Friedman），曾多次把货币理论比喻成一座日式花园。他说，一座花园表面上的简单掩盖了其深层次的丰富性，而货币现象正是如此。花园的整体美源于花园的多样性，虽然整体的花园是由单独的花草树木、山石水池、亭台楼阁等个体

[1] 普通老百姓认为货币重要，也同样是从货币数量角度来说的。

组成的，但这些个体的美，只有在这些个体被看作花园这个整体的一部分时，才有可能被表现出来；我们要研究货币问题也应像从远处来观察一座日式花园一样，即要从整体上进行。[1]

弗里德曼把区分个体和整体视作货币研究两大基本原则之一（另一原则是区分名义货币数量与实际货币数量，详见下文的讨论）。他之所以如此强调个体与整体的区分，是因为在一个货币化经济中，虽然我们每个人平时都会接触货币，对于货币似乎都非常熟悉，但我们关于货币的日常经验都是从个体角度出发的，这就造成了货币理论研究中最大的困难，即从个体角度和从整体角度来分析货币现象，不仅无法得出一致的观点，而且还有可能得出完全相反的结论。比如，从个体角度来看，货币当然是越多越好，但如果从整个社会经济的整体角度来看，货币数量的增长通常不仅没有好处，而且反而会带来可能严重阻碍经济增长，甚至可能引起社会动荡的通货膨胀。

为了说明个体和整体之间的区别，弗里德曼举例说，在一个大型电影院中，如果数量巨大的观众中某一个人想在中途走出电影院，是一件很容易的事，但如果突然有人大喊一声“有炸弹”，在听到这个声音后所有人要同时走出电影院，就是几乎不可能的。在货币问题上正是如此。我们中的任何一个人，如果觉得自己手中持有的货币太多了，想将其减少到希望持有的水平，那是一件很容易的事，因为只需要去购买商品（包括劳务，本书下同）或者转换成其他金融资产；但是，如果一个社会中所有人都同时要实现这一目标，就会非常困难，而其结果就只能是通货膨胀。

正是基于整体角度的研究，弗里德曼得出了货币学派的基本主张，即货币数量的多少，在整体上对于实体经济不会产生实质性的影响。他说，货币数量的变化，就如同改变货币单位（比如在原单位基础上乘以 100 或除以 100）一样，其影响只是用货币表示的所有价格都在原有基础上乘以 100 或除以 100，对社会

---

[1] Friedman，Milton，1969，*The Optimum Quantity of Money and Other Essays*，Aldine Transaction.

中每个人所拥有货币和其他资产以及所欠债务的价值，都不会有任何影响，从而对这些人的行为也不会产生影响，当然也就是“无用”的。

弗里德曼举了法国1960年1月1日以1个新法郎取代100个旧法郎的事例进行了说明。他说，这一货币改革唯一的影响就是以法郎标价的商品的价格，在原来的基础上少了两个零。案例6.1与此非常类似。中国人民银行自1955年3月1日起发行第二套人民币，以1∶10000的比例替换第一套人民币，其影响也仅仅是以第二套人民币标注的价格在原来的基础上少了四个零，其他并没有任何实质性的变化。

案例6.1

62年前存5万元变50元

2015年8月，一条题为“62年前存5万元变50元，80岁老太砸坏银行玻璃”的新闻，在网络上引起了广泛的关注。这个月的20日，昆明的徐奶奶砸坏了威远街的一家银行的玻璃。80岁高龄的徐奶奶说，她1953年4月3日在银行存入5万元，前日拿着存单到银行取款时，银行称，这张存单存入时的5万元只相当于现在的5元，核算下来连本带利值20多元，银行让她支取50元，但徐奶奶不干。

原来，国务院1955年2月21日发布命令，决定由中国人民银行自1955年3月1日起发行第二套人民币，收回第一套人民币，两套人民币之间的折合比率为：第二套人民币1元等于第一套人民币1万元。

资料来源：新浪新闻（http://news.sina.com.cn），2015年8月27日。

弗里德曼所使用的这些例子非常浅显，使我们得以比较直观地理解他的观点。但正如他把货币理论比作日式花园的例子时所说，“一座花园表面上的简单掩盖了其深层次的丰富性”，弗里德曼列举的这些简单例子，掩盖了他背后复杂的逻辑，而这一逻辑中就隐含着值得商榷的严重缺陷。

6.2 货币无用论的学术名称

第 6.1 节的讨论说明了货币无用论的两个基本特点：一是整体视角；二是货币数量视角。第二个视角使得货币无用论在学术领域的正式名称主要是“货币数量论”（The Quantity Theory of Money），其基本思想是，货币数量的多少对于实体经济并没有实质性的影响，从而是“无用”的。

除了“货币数量论”这一名称以外，学术领域还有另外三个基本内涵几乎完全相同但视角略有差异的名称，即货币主义（Monetarism）、货币面纱论（Veil of Money）和货币中性论（Neutrality of Money）。

货币主义

弗里德曼的基本思想是货币无用论，但却被冠以隐含着“货币极其重要”意思的“货币主义”这一名称。这一名称并没有被滥用，因为在弗里德曼看来，货币数量不仅是重要的，而且几乎是“唯一重要”的。他在论述货币数量极端重要这一观点时所采取的视角，与他论证货币数量无用时所采用的视角有所不同：前者是货币供给视角（亦即政府政策视角），后者是货币需求视角（亦即经济运行视角）。

从货币供给视角来看，货币数量的增加，尤其是政府为了增加自己收入所导致货币数量的过度增长，不仅不会带来刺激就业、促进增长的正面效果，反而会导致扰乱市场自动调节机制的通货膨胀，因此，政府必须保证货币供给的数量每年按照固定的比例增长。弗里德曼认为，这是在宏观政策方面政府能够做而且应该做的唯一工作：“能够做”是因为全社会的货币供应量，是由政府完全控制的；“应该做”是因为如果能够把这件事情做好，整个经济就能够正常运行，历史上几乎所有宏观经济波动，都是由于政府没有能够采取保持货币供给稳定的政策所致。弗里德曼对货币供给稳定增长的如此强调，使得他的理论被称为“货币主义”。

政府虽然能够控制货币供给，但却无法控制货币需求，即政府不能强制规定公众持有货币的数量，因为公众虽然必须持有政府决定的供给量，但那只是“名义货币数量”，而影响公众行为的却是政府无法控制的“实际货币数量”（即与名义货币数量所具有实际购买力相对应的货币数量），这正是他强调的货币理论两大基本原则之一（另一个原则就是第6.1节提到的个体与整体的区分）。从货币需求角度来说，货币数量（即名义数量）的多少当然是无用的。

货币中性

“中性”一词的本义是“处于两种相对性质之间的性质”，如处于阳性和阴性之间或酸性和碱性之间的性质。但在说明两个因素之间的关系时，“中性”一词的含义是，两个因素中的一个对另一个没有实质性影响。将货币数量论的主张称为“货币中性”，是取“中性”的后一种含义。由于“货币中性”的表述更简洁，而且能更为明确地揭示其基本主张，所以，这一概念在20世纪80年代之后的经济学中使用得更为频繁，卢卡斯在1995年获得诺贝尔经济学奖时所发表的获奖演讲的标题就是“货币中性”（Monetary Neutrality）。[1]

货币面纱

就像是蒙在脸上的纱巾并不会使人脸有任何实质上的改变一样，在货币数量论者看来，货币只是罩在实体经济之上的一层“面纱”，所以，货币数量论也常被称为“货币面纱论”。要看清蒙着纱巾的脸的“真实面貌”需要揭开纱巾，与此类似，要理解经济的“真实面貌”，也必须抛开货币因素，这是在经济理论中通常没有货币得容身之地的原因（参见《金融哲学》一书的详细讨论）。

---

[1] Lucas, Robert E., Jr., 1996, Nobel Lecture：Monetary Neutrality, *Journal of Political Economy*, Vol. 104, No. 4, pp. 661–682.

6.3 “仍被信奉的最古老经济理论”

弗里德曼在《货币主义者的观点》(1983) 一文中明确指出，“货币主义”(Monetarism) 只不过是“非常古老的经济理论——货币数量论”的一个新名称。[1] 货币数量论通常被称为“仍被信奉的最古老经济理论”，最早可以追溯到公元 200 年左右（参见专栏 6.1）。

货币数量论的形成与发展

货币数量论的发展经过了古典货币数量论、新古典货币数量论和现代货币数量论三个阶段。

一、古典货币数量论

古罗马时代最早产生了货币数量论的思想萌芽。早在公元 200 年左右，罗马法官鲍尔斯鸠曾说过：“货币的价值被货币的数量所左右。”1569 年，法国重商主义者让·博丹明确地将商品价格与货币数量联系起来，用货币数量的变化来解释 16 世纪西欧的价格变动。在这之后，爱尔兰银行家理查德·坎蒂隆、英国古典经济学家约翰·洛克和大卫·休谟进一步发展了这一理论。

二、新古典货币数量论

费雪在《货币的购买力》(1911) 一书中，提出了以“交易方程式”表述的货币数量论。自此，传统的货币数量论开始形成一个较为完整的理论体系。其交易方程式为：$MV=PT$，其中，P 为社会平均物价水平，M 为货币数量，V 为货币流通速度，T 为社会总交易量。费雪指出，由于货币流通速度 V 是由社会的制度和习惯等因素决定的，在长时期内相当稳定；同时在充分就

[1] Friedman，Milton，1983，A Monetarist View，*The Journal of Economic Education*，Vol. 14，No. 4，pp. 44–55.

业的条件下，社会的商品和劳务的总产量乃至社会总交易量 T 也是一个相当稳定的因素，由此从交易方程式得出结论认为，在货币的流通速度与社会商品和劳务量不变的条件下，货币供给 M 的变化将同比例地引起物价水平 P 的变动。

英国剑桥学派的创始人马歇尔提出了“现金余额数量说”。1917 年，马歇尔的弟子庇古根据这一思想提出了剑桥方程式：$M=KPy$，其中，M 表示人们手中持有的货币数量，Py 表示以货币计算的国民生产总值，K 表示人们手中持有的货币数量与以货币计算的国民生产总值的比例。

三、现代货币数量论

20 世纪 30 年代经济大危机后，凯恩斯革命使许多货币主义者纷纷放弃了传统的货币数量说，转为凯恩斯主义者。20 世纪 60 年代后，美国的通货膨胀日益剧烈，特别是 1973 年至 1974 年出现物价上涨与高失业同时并存的“滞胀”现象，凯恩斯主义理论无法进行理论上的解释，更难提出解决对策。于是货币数量论重新成为经济思想的主流，以现代货币主义的身份登上历史舞台，成为凯恩斯革命的反革命。芝加哥大学教授米尔顿·弗里德曼是现代货币主义的创始人和领袖，1976 年诺贝尔经济学奖获得者，被誉为第二次世界大战后至今世界上最具影响力的经济学家之一。

资料来源：孙昌博，略论货币数量论的形成与发展，《宁夏大学学报（人文社会科学版）》，2005 年第 11 期，第 77–78 页。引用时有删节。

大卫·休谟在 1742 年出版的《人性论》（*A Treatise of Human Nature*）一书中的“论货币”（Of Money）和“论利息”（Of Interest），是对货币数量论的最早系统阐述，休谟因此而被称为货币数量论的鼻祖，他的论述到现在为止仍被广泛引用。弗里德曼为《新帕尔格雷夫经济学大辞典》撰写的词条“货币数量论”（Quantity Theory of Money），就是以引用休谟讨论货币问题的文字开始的；1995 年诺贝尔经济学奖得主罗伯特·卢卡斯在获奖演讲中更是 35 次提到休谟的名字，8 次长篇引用休谟的论述，并把休谟在《人性论》一书中阐述货币问题的两章内容称为“现代货币理论的开端”。

货币数量论在其漫长的发展历史过程中，一直饱受各种批评，而它曾面临的最为严峻的一次挑战，是大萧条之后兴起的凯恩斯经济学。在凯恩斯的挑战下，这一理论几乎被彻底抛弃，但随后不久在现实经济中出现凯恩斯理论无法解释的“滞胀”之后得以“复活”。

弗里德曼是使货币数量论得以“复活”的主要经济学家，有许多人甚至认为他是实现这一伟大目标的“唯一功臣”。由于弗里德曼对货币在经济中重要性的突出强调（有的批评者甚至把弗里德曼的观点概括为“货币不仅重要，而且是唯一重要的”），他的经济学主张被称为货币主义，他及其追随者被称为货币主义者（或货币学派）。

弗里德曼基于货币数量论的主张，在当前主流货币金融学和经济学教材中，仍然占据着主导地位。比如，米什金在《货币金融学》（第 10 版）中在解释通货膨胀的原因时，赞同地引用了弗里德曼“通货膨胀任何时候、任何地方都是一个货币现象”的著名论断，并声称“几乎所有经济学家都同意这一观点”。[1]

以卢卡斯和 2011 年诺贝尔经济学奖得主托马斯·萨金特等为代表的理性预期学派，为货币数量论注入了新的活力，而卢卡斯也被称为“第二代货币主义者”。[2] 由于卢卡斯等的研究主要是通过引入动态分析和复杂计量模型，使更丰富的经验检验成为可能，但并没有改变货币数量论的基本逻辑和结论，因此，本书主要以弗里德曼的相关阐述为基础展开讨论，并在需要时引用其他人的观点，以做辅助说明。

---

[1] Mishkin，Frederic S.，2013，*The Economics of Money*，*Banking*，*and Financial Markets*,10e.，Pearson Education，p. 9.

[2] 对于理性预期学派的相关观点，我们将在《金融哲学》一书中进行详细介绍。

6.4　弗里德曼的“直升机货币”

弗里德曼在《最优货币数量与其他论文》（*The Optimum Quantity of Money and Other Essays*，1969）一书中使用了一个虚构的案例，其中提到的货币数量增长方式是一架直升机从空中撒钱。从那以后，“直升机货币”成了政府直接控制货币供给机制的代名词。在《货币的祸害：货币史片断》（*Money Mischief: Episodes in Monetary History*，1994）一书中，弗里德曼进一步细化了这一案例（参见案例6.2）。

案例6.2

直升机从天上撒钱的影响

假设存在一个长期稳定的封闭社会，其中典型个体的年收入是人均2万美元，当前流通中的货币数量是人均2000美元。每人实际持有的货币数量，是相当于满足5.2周消费需要的货币数量（这一数量以下简称为5.2周）【①初始均衡假设】。由于每个人的收入水平和消费偏好不同，每个人实际持有的货币数量可能会各不相同。

有一天，一架直升飞机飞过这一社会，撒下一笔钱【②货币外生假设】，数量等于该社会流通中的货币数量，即人均2000美元。这笔钱立即被这个社会中的成员捡起来。每个人所捡到的货币的数量，正好等于他已经拥有的货币数量【③货币可得性均等假设】。这样，每个经济主体所持有的名义货币数量的增长率，与全社会名义货币数量的增长率完全一样，即都是100%。

社会中每个人都确信飞机撒钱这一奇迹是一次性的，即今后不会再出现。这一假设非常重要；如果没有这一假设，直升飞机的出现又会增加社会成员预期的不确定性，从而可能引起实际货币需求发生变化【④均衡条件不变假设（预期稳定假设）】。

如果每个人都决定把捡到的货币全部保存在手里，则直升机的出现对整个社会不会带来任何影响。所有商品的价格仍然与飞机撒钱之前一样，人均收入仍然是每年2万美元；唯一不同的是，每个人持有的货币余额将是满足10.4周消费需要的货币数量，而不是原来稳定状态下的满足5.2周消费需要的货币数量。

但现实中的人们并不会这样做，因为直升机一次性地撒钱不会使他们希望持有更多的货币【⑤多余货币不会被储蓄假设】。对于典型个体来说，如果他在原来稳定状态下想持有10.4周的货币，他就会那么做；既然他原来只保留5.2周的货币，直升机一次性地撒钱，既没有改变任何人的实际收入，也没有改变整个社会的商品总量，从而并没有使整个社会的稳定状态有任何改变【⑥货币中性假设】，当然也就不会改变他愿意持有的货币数量【⑦实际货币需求固定假设】。因此，典型个体在捡到额外5.2周的货币以后，就会增加自己的支出，从而减少所持有的货币余额【⑧减少货币的唯一方式是转移给其他人】，并且将一直持续到实际持有的货币数量达到满足5.2周消费时为止【⑨最终回归均衡假设】。

在这里，区分个体与整体的重要性凸显了出来：对于任意一个个体来说，他都可以通过购买商品或资产、偿还债务等支出方式，减少手中所持有的货币；但是，对于整个社会来说，却不可能做到这一点，因为一个人的支出就会构成另一个人的收入，全社会的货币总支出不可能多于全社会的货币总收入，两者是恒等的【⑩全社会货币数量固定假设】。这就像是“音乐椅子游戏”一样，由于游戏中抢椅子的人的数量始终多于椅子的数量，音乐停止时总会有人因为没有抢到椅子而被淘汰。

全社会每个人都想减少手中所持有货币的努力最终会失败，但在此过程中，商品价格却会被不断抬高，从而导致通货膨胀，人均名义收入会从2万美元上升到4万美元，但全社会的商品总量不会发生变化【结论：货币中性】。

资料来源：Friedman，Milton，1994，*Money Mischief*：*Episodes in Monetary History*，Mariner Books，pp. 29–31. 本书作者根据原文内容重新表述；括号“【】”中所标明的内容，是案例中所隐含的重要假设和最终结论。

总体逻辑

弗里德曼的这个案例值得我们深入研究，因为其中隐含着弗里德曼货币数量论的基本逻辑。我们可以把案例6.2所揭示的这一逻辑转换成图6.1至图6.4。图6.1的总体逻辑显示，货币数量的增长必然导致通货膨胀的逻辑链条中包括三个环节：图中“环节1”说明货币数量增长导致用于购买商品的货币会增加（即商品的需求增加），“环节2”说明货币数量增长并不会引起流通中商品的数量发生任何变化（即商品的供给不变），“环节3”说明前两个环节共同作用的结果必然是价格的上涨（即通货膨胀）。环节3是最基本的市场机制，不需要做进一步的说明，但环节1和环节2则需要详细解释，这也正是弗里德曼详细分析案例6.2的主要目的。

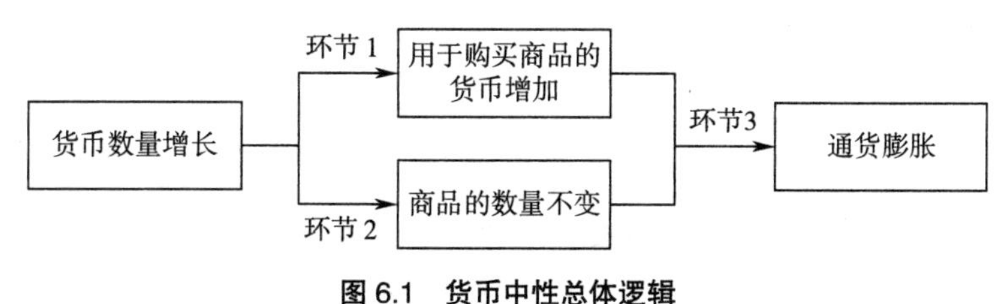

图6.1 货币中性总体逻辑

环节1中的问题

图6.2细化了图6.1中环节1的逻辑。图中标出了案例6.2中所隐含弗里德

曼逻辑中存在的四个主要疑问。

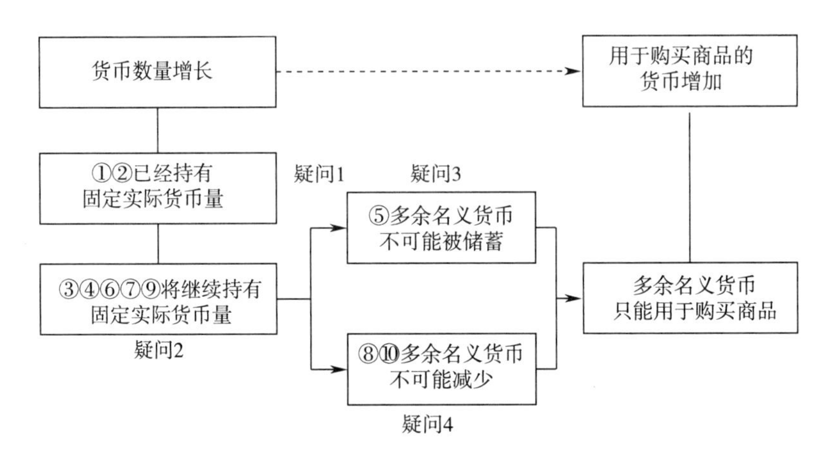

图 6.2 多余名义货币及其出路

注：图中圆圈数字代表的是案例 6.2 中用方括号注明的假设，其含义分别如下：①初始均衡；②货币外生；③货币可得性均等；④预期稳定；⑤多余货币不会被储蓄；⑥货币中性；⑦实际货币需求固定；⑧减少货币的唯一方式是转移给其他人；⑨回归均衡；⑩全社会货币数量固定。

“疑问 1”说明的是，既然经济已经处于均衡，所有经济主体都已经持有了他们希望持有的货币数量，那么，“强塞”给他们的“多余”货币当然是“无用”的，因此，弗里德曼的全部结论就已经能够直接从这个假设中得到了，根本不需要他实际运用的复杂逻辑论证。这就好像是往一个杯子里倒水，假设杯子已经满了，如果还继续往里倒入完全同样的水，与新倒入部分等量的水必然会溢出，新倒入的水当然也就是“无用”的。

“疑问 2”说明的是，直升机撒钱不会改变任何均衡条件、公众将保持实际货币持有量不变的假设，也同样蕴含了弗里德曼要论证的结论，尤其是其中编号为⑥的“货币中性假设”，直接就是他的“货币中性结论”：“直升机一次性地撒钱，既没有改变任何人的实际收入，也没有改变整个社会的商品总量，从而并没有使整个社会的稳定状态有任何改变。”

“疑问 1”和“疑问 2”所揭示前述问题的根源在于弗里德曼的货币外生信条，即他认为，货币供给是完全由货币当局“任意”决定的，与公众的货币需求无关，公众只能在被动接受政府“强塞”给的货币的情况下，将超出自己持有意愿的货币通过购买商品的形式运用出去，在其他条件不变的情况下，其结果当然是通货膨胀。下一章对现代货币体系的详细讨论将表明，货币供给是由货币需求驱动的，因此，货币不是外生的，而是内生的。

“疑问 3”说明的是，“多余名义货币不可能被储蓄”的假设，既缺乏事实的根据，也缺乏逻辑的基础，是不能被接受的。从事实角度来看，中国货币供应量长期以超过 GDP 增长率的速度高速增长，之所以没有导致货币数量论所预测的通货膨胀，主要原因就是大量货币被储蓄，并没有被用来购买商品；从逻辑的角度来看，货币的储藏手段职能蕴含在交易媒介职能之中，无论是事前还是事后，我们都无法将两者区分开来（参见《货币哲学》一书的详细讨论）。

“疑问 4”说明的是，从整体上来看全社会多余的名义货币不可能减少的假设是不成立的。下一章的讨论将表明，在现代银行信用货币体系下，流通中的货币都对应着对银行体系的债务，公众完全可以通过偿还银行债务来“消灭”货币，流通中的货币数量当然也就会减少。而在金属货币体系下，金属货币一旦被窖藏（也可被认为属于“疑问 3”所说的储蓄）也就退出了流通，流通中的货币数量也就减少了。很显然，弗里德曼忽视了这两种货币减少的方式，而这同样源于弗里德曼的货币外生信条。

环节 2 中的问题

图 6.3 细化了图 6.1 中环节 2 的逻辑。从图中可以看到，整个逻辑链条的基础是均衡假设：货币数量增长之前，整个经济是处于均衡状态的；在货币数量增长之后，由于均衡条件没有发生变化，这种初始均衡状态可能会出现一些变化，但最终仍将恢复原来的均衡状态。与前面讨论图 6.1 所示“疑问 1”和“疑问 2”时一样，弗里德曼的均衡假设实际上已经蕴含了他要论证的结论，即货币数量的增长不会改变产出，因为在均衡状态下，经济主体没有采取额外经济行为的动力，当然产出也就不会改变。

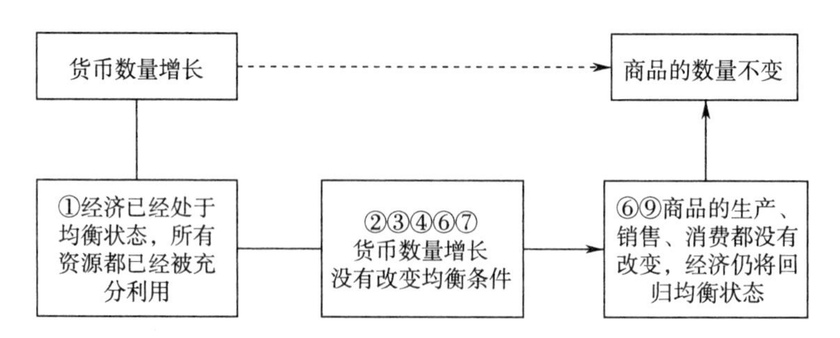

图 6.3 货币数量增长对产出的影响

但上述逻辑存在的疑问是，既然在均衡状态下经济主体没有采取额外行为的动机，货币数量又怎么会增长呢？弗里德曼的答案是货币是外生的，即货币是由中央银行“硬塞”给经济主体的。因此，要理解弗里德曼货币数量论中的逻辑缺陷和可能启示，必须深入理解现代货币体系的运行，这是下一章的主要任务。

>>> 第 7 章

银行货币的“无中生有”和“有中生无”

上一章的讨论表明，弗里德曼的货币数量论，在逻辑上几乎完全依赖于他的货币外生信条，即整个货币供给机制就像是“一架直升机从空中撒钱”。正是因为如此，“直升机货币”成了弗里德曼所主张的政府直接控制货币供给机制的代名词，进而也就在一定程度上成了弗里德曼货币数量论以及“无用货币”的代名词。本章的讨论将表明，在现代货币体系中，中央银行虽然对货币供应量具有一定的调控能力，但其影响力极其有限，货币供给在总体上是内生的，而不是外生的，弗里德曼货币数量论的逻辑基础存在严重的缺陷。由于商业银行是现代货币体系的基础，但其核心作用常常被误解，因此，本章以商业银行的性质为切入点和落脚点展开讨论。

7.1 商业银行是金融中介吗？

商业银行（本书简称“银行”）通常被认为是最为典型的金融中介机构，即从储蓄者（存款人）手中吸收资金，然后将其贷放给借款人，从中赚取利差。比如，蒂莫西 · 科克（Timothy W. Koch）和斯科特 · 麦克唐纳（S. Scott MacDonald）所著、2015 年已出版第 8 版的著名教材《银行管理学》（*Bank Management*），就是在这个意义上来理解商业银行的：

与其他金融中介机构一样，商业银行是将资金从资金富余者（存款人）向资金欠缺者（借款人）转移的一种服务机构。[1]

弗雷德里克·米什金在使用极其广泛的教材《货币金融学》中，同样把银行看作典型的金融中介机构：

银行赚取利润的方法，就是通过销售具有特定属性的债务来获取资金，然后运用这些资金来购买具有不同属性的资产。这一过程称为资产转换。比如，一个人持有的存款，使银行获得了向另一个人发放贷款所需要的资金。这样，银行就将存款（存款人持有的资产）转换成了贷款（银行持有的资产）。[2]

图 7.1 显示了把银行看作金融中介的基本逻辑。在这一逻辑下，银行最基本的业务包括两个步骤：第一步是存款；第二步是贷款。这两个步骤在时间顺序上是先后进行的，标号为"①"的存款在先，标号为"②"的贷款在后；在逻辑关系上也同样如此，因为贷款的资金来源于存款，没有存款就不会有贷款；在利率上，存款利率一定低于贷款利率，银行赚取的就是两者之间的利差。

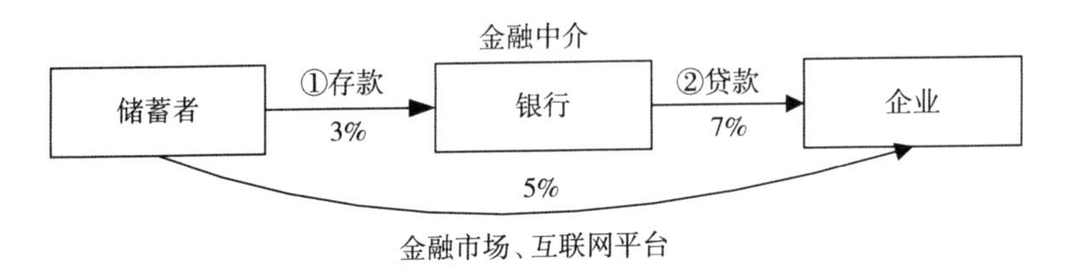

图 7.1　把银行看作金融中介

[1]　Koch，Timothy W. and MacDonald，S. Scott，2015，*Bank Management*，8th Edition，Cengage Learning，p. 69.

[2]　Mishki，Frederic S.，2013，*The Economics of Money*，*Banking*，*and Financial Markets*，10th Edition，Pearson Education，p. 269.

在把银行看作金融中介的情况下，银行将始终面临非中介化（disintermediation）的压力，因为储蓄者和企业都有着脱离银行的经济动力：如果储蓄者将资金以一个处于存款利率和贷款利率之间的利率（图中假设为5%）直接贷放给企业，那么，储蓄者将获得更多的收益，而企业将支付更少的成本，可谓“双赢”，而银行就被完全淘汰了。本书第5章中所述“金融科技（互联网金融或信息技术）会颠覆商业银行”的观点，正是基于这样一个基本的逻辑。

图7.2显示了电子商务对商品传统销售渠道的影响。在传统方式下，厂家生产的商品要到达消费者手中，需要经过多级批发商和商场，成本十分高昂：图中假设出厂价为100元的商品，到达消费者手中以后会翻一番，达到200元。但是通过淘宝等电商平台，由于去掉了大量中介环节，消费者拿到商品的价格就会大幅度降低（图中假设为110元）。

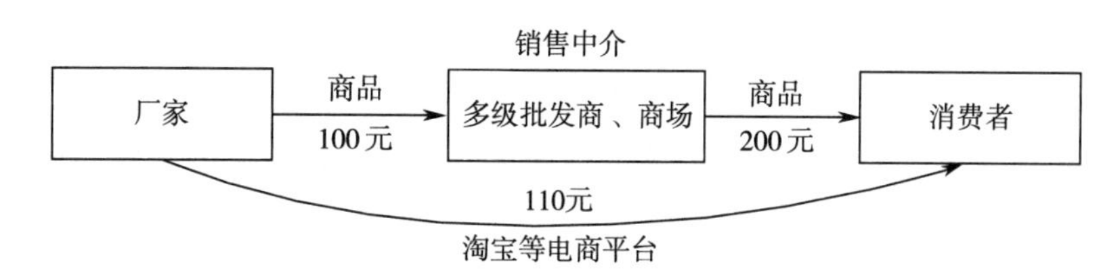

图7.2　电商平台对传统销售渠道的影响

比较图7.1和图7.2，两张图的逻辑似乎完全一致，银行和商场所处的情形似乎完全相同，两者的命运也将会完全一样。但是，下文基于银行财务报表的简单分析将显示，银行用于贷款的资金并不是来源于存款人，而是银行“无中生有”地创造出来的，而这正是银行所具有的独特性质；相比较来看，商场销售给消费者的商品，只能来自厂家，而不可能自己生产，因此，表面上逻辑一致的图7.1和图7.2，实质上是完全不同的。

7.2 两级银行与两类货币

现代货币体系是纯粹信用货币体系，由于它是以银行货币为基础的，所以也称为银行货币体系。这一体系的基本框架可以概括为两级银行和两类货币。

两级银行是指货币体系中的货币机构包括中央银行和商业银行两个层次。商业银行通常有许多家，但中央银行只有一家，且通常由政府控制，负责保障整个社会货币体系的正常运行和宏观经济的稳定。同时，中央银行不对居民和企业（两者统称为公众或非银行公众）办理业务，其客户除了商业银行以外，还有特定非银行金融机构和政府，但为了简便起见，在下面的讨论中我们忽略商业银行以外的客户。

两类货币是指全社会中的货币包括流通中现金和银行存款两大类，两者的总和等于整个社会的货币供应量。

两级银行与两类货币是紧密联系在一起的：流通中现金为中央银行的负债，存款货币属于商业银行的负债，商业银行均在中央银行开立存款账户，商业银行在中央银行的存款可以随时转换为库存现金，存款货币能够随时转化为流通中现金。流通中现金具有法偿货币的地位（辅币除外），而存款货币并不是法偿货币，人们愿意接受存款货币，是因为相信其能够在需要时随时转化为法偿货币——现金（即流通中现金，下同）。图 7.3 概括了这一货币体系的总体框架。

支付技术的发展和应用，使得当前货币体系中的主要构成部分是存款货币，流通中现金所占比例极低。表 7.1 是中国 2016 年年底货币供应量的基本统计情况。表中数据显示，在 2016 年年底的 155 万亿元货币存量中，流通中现金仅占 4.4%，其余超过 95% 的货币是商业银行的负债——存款。需要强调的是，货币供应量不包括库存现金，只包括被公众持有的现金，即流通中现金。如无特别说明，本书所说的货币供应量，都是指包括流通中现金和所有存款的 M2。

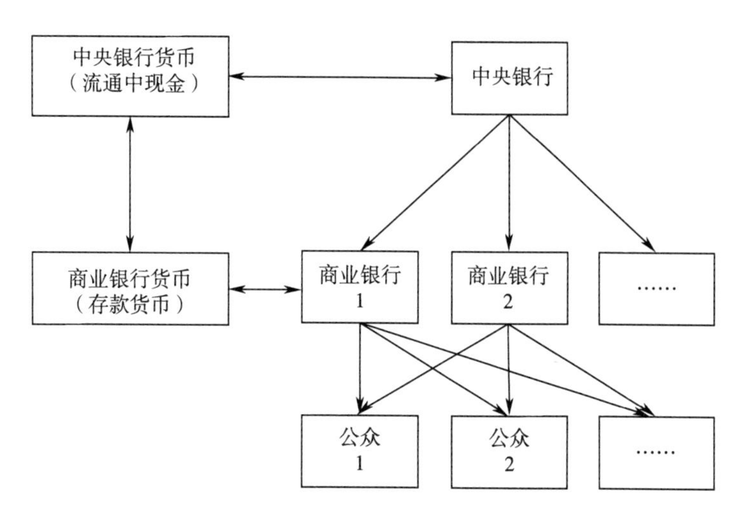

图 7.3 现代银行货币体系总体框架

表 7.1 中国货币供应量（2016 年 12 月 31 日）

货币类型	余额（万亿元）	占比（%）
货币和准货币	155.0	100.0
货币	48.7	31.4
流通中货币	6.8	4.4
单位活期存款	41.8	27.0
准货币	106.4	68.6
单位定期存款	30.8	19.9
个人存款	60.4	38.9
其他存款	15.2	9.8

资料来源：中国人民银行网站。

除了作为中央银行负债的现金以外，只有商业银行的负债（存款）才是货币，而其他任何机构的负债都不是货币，也就是说，负债能否被视为货币，是一家机构被称为商业银行的充分必要条件，或者说是区分银行与非银行的标准。因此，存款货币与银行可以说是相互定义的。本书第 5 章所说的银行消亡问题，从根本上来看取决于货币的未来，如果货币不消亡，而且作为货币形态主要形式的银行货币不消亡，银行就不会消亡。

7.3 存款货币的创造和消灭

通过存贷款过程中银行资产负债表的变化我们可以看到，银行发放贷款的资金，并不是来源于存款人，而是银行“无中生有”地创造的，因此，银行并不是金融中介，其存贷款业务不是一个资金转移的过程，而是资金创造的过程。同时，银行收回贷款的过程，又是“有中生无”地消灭货币，从而减少全社会货币存量的过程。这两个方面，既有利于我们理解银行是否会消亡的问题，也有利于我们理解上一章所讨论的货币数量论的缺陷问题。

三个基本假设

为了分析存款货币的创造和消灭过程，我们需要从一个比较简单的情形开始讨论。为此，我们做出如下三个基本假设：

假设1（单家银行假设）：全社会只存在一家商业银行甲，其初始资本、资产、负债均为零。

假设2（初始现金假设）：全社会初始货币为企业A持有的现金100元。

假设3（转账支付假设）：全社会所有结算都是转账支付，没有人需要使用现金。

在后面的讨论中，我们将逐步放宽这些假设，使其完全符合现实货币体系。[1]另外，在讨论中我们忽略存款的具体种类，只讨论广义货币供应量M2的

---

[1] 本章所介绍的有关货币体系的知识，属于本书第2章提到的、康德所说的先验知识。我们关心的经济仅限于现代经济，它是一种货币经济（即以货币为交易媒介的经济），货币是使整个经济成为一个有机整体的纽带。实际上，以这种经济为研究范围的经济学，其具体研究对象就可以运用货币来定义：凡是与货币直接或间接相关的社会现象，都是经济学的研究对象；凡是与货币没有任何关系的社会现象，都不是经济学的研究对象。这样，货币运行本身具有的严密逻辑体系，就使货币成了我们把握整体经济运行的“总纲”，以货币为主线，通过“纲举目张”的效应，就能建立起一个完备的总体经济先验知识体系。这个体系为我们提供了一个分析经济现象的、具有普遍必然性的总体框架，以此为基础，再结合经验证据，就能够对现实经济运行做出比较好的解释。（参见《金融哲学》一书的详细讨论。）

变化。根据假设 2，初始货币供应量 M2 为 100 元。在初始假设下，甲银行和 A 企业的资产负债表如图 7.4 所示。图中 A 企业在负债和权益方的问号表示这个项目的具体内容现在假设为未知，将在下节的讨论中予以具体解释；虚线箭头表示机构内部资产负债项目的对应关系。

甲银行资产负债表（元）

资产	负债和权益
0	0

A企业资产负债表（元）

资产	负债和权益
现金100 ◄- -	- -► ? 100

图 7.4　货币体系初始状况

注：虚线箭头表示机构内部资产负债项目之间的对应关系。

存款改变货币结构

假设 A 企业将 100 元现金存入甲银行。这笔业务使原来流通的 100 元现金退出流通，变为银行的库存现金，新增加了存款货币 100 元，因此，整个社会的货币供应量 M2 仍然为 100 元，即银行的存款业务并不改变货币供应量，但改变了货币供应量的结构。[1] 交易完成后，双方的资产负债表变为如图 7.5 所示的情形。表中的实线箭头显示，这笔存款业务使 A 企业与甲银行建立起了债权债务关系：同一笔存款，对 A 企业来说是资产，对甲银行来说是负债。

---

[1]　现金存款业务也可以被看作新创造了一笔存款货币，但同时消灭了一笔相同金额的现金货币。图 7.5 中，100 元现金货币被消灭（参见第 7.4 节的详细讨论），而 100 元存款货币被全新创造了出来。与此类似，存款的任何转移都可以看作一笔旧存款的消灭和一笔新存款的创造，比如，存款人 A 以转账支付的方式将 100 元存款支付给 B，可以看作原来 A 的 100 元存款被消灭，而 B 所获得的 100 元存款是被新创造出来的。由于这一增一减金额上完全相同，对货币供应量总额没有任何影响，因此，本书把这两种情况都不视作货币的创造和消灭；也就是说，本书所说的货币创造和货币消灭，都是从货币供应量总额这一角度来看的。

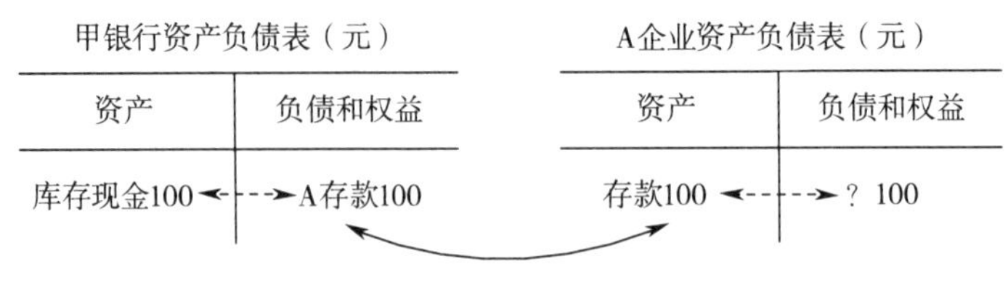

图 7.5　A 企业将现金存入甲银行之后

注：实线箭头表示机构间的债权债务关系；虚线箭头表示机构内部资产负债项目之间的对应关系。

贷款业务的影响

假设甲银行贷款 100 元给 B 企业。根据“转账支付假设”，B 企业不支取现金，即甲银行贷款给 B 时，将贷款资金打入 B 在该行所开立的存款账户。这一业务使甲银行的资产从 100 元变为 200 元（增加了对 B 的贷款 100 元）；负债从 100 元变为 200 元（增加了 B 的存款 100 元）；全社会的货币供应量 M2 净增加 100 元，变为 200 元（即 A、B 各持有 100 元存款货币）。这笔业务结束以后，甲银行和 B 企业的资产负债表如图 7.6 所示。

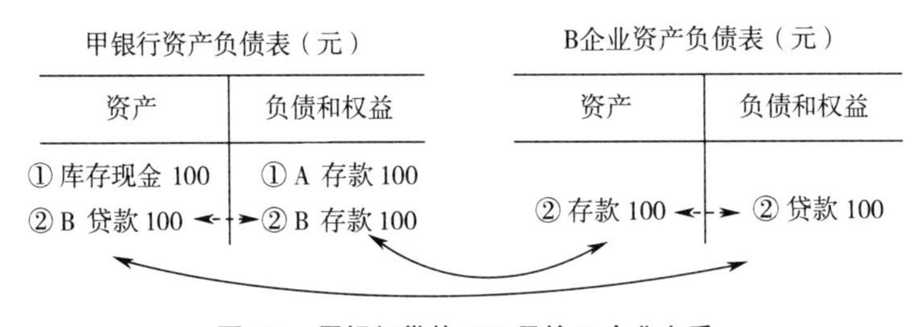

图 7.6　甲银行贷款 100 元给 B 企业之后

注：实线箭头表示机构间的债权债务关系；虚线箭头表示机构内部资产负债项目之间的对应关系。圆圈数字代表业务步骤，同一数字表示同一笔业务；①为初始情形，来自图 7.5。

图中的两条实线箭头表示了两对债权债务关系：一条表示存款关系；另一条表示贷款关系。这两对关系是由同一笔业务引起的，两者通过银行和企业内部的资产负债对应关系（虚线箭头所示）联系起来，形成了一个封闭的循环。这显示出了一个极为重要的规律，即存款货币对应着公众对银行的债务，公众可以通过偿还这一债务来消灭货币（参见下文的详细讨论）。

银行贷款资金的来源

在前述贷款业务中，甲银行贷款给 B 企业的钱是哪里来的？按照“银行是金融中介”的传统观点，这笔钱当然来自 A 企业的存款。但是，仔细分析图 7.6 我们就会发现，B 企业通过贷款所获得的资金，并不是 A 企业存入的那 100 元，因为在甲银行贷款给 B 企业以后，A 企业存入的 100 元并没有发生任何变化，A 企业仍然可以随时支取或通过转账使用这 100 元。

B 企业得到的 100 元，是甲银行全新“创造”的。这种“创造”体现为整个社会货币供应量的净增加：从贷款前的 100 元增加到了贷款后的 200 元，增加幅度与贷款额度完全一样。这就是银行的货币创造功能。也就是说，银行每发放 1 元钱的贷款，就会新创造 1 元钱的货币。[1] 因此，商业银行并不是金融中介。

在把银行视作金融中介的逻辑（图 7.1）中，存款和贷款的顺序是“先存款、后贷款”，但上述贷款业务逻辑则显示出两者的顺序是与此相反的，即应该是“先贷款、后存款”（图 7.7）。这并不是一个“蛋生鸡、鸡生蛋”的问题，因为两者的顺序问题有着确定的答案。

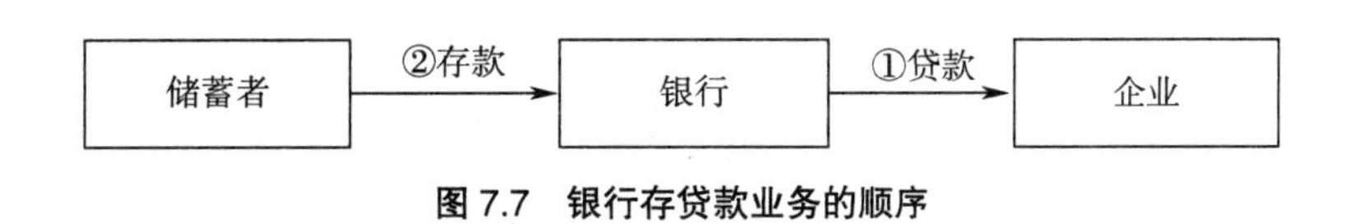

图 7.7 银行存贷款业务的顺序

如果有人认为“贷款来源于存款”，我们只需要追问“存款来自哪里”，对

[1] 发放贷款只是银行创造货币的众多形式之一，银行从非银行公众手中以支付货币方式进行的交易，如买入债券、外汇、固定资产以及分发红利、支付利息等，都会创造货币。本书忽略这些贷款业务以外的其他业务。

方将会无以应答；而对于“贷款来自哪里”的问题，我们可以回答是“无”，即银行发放贷款的资金来源于银行“无中生有”的创造。借款人从银行拿到贷款资金的方式不是直接拿到现金，而在其银行存款账户上增加余额，这样，贷款就创造了存款；借款人在以存款形式拿到资金以后，由于不需要支取现金，所以将这笔钱仍然存在银行，在转账支付的情况下，这笔钱就始终以存款形式存在银行。这就是贷款创造存款的基本逻辑。

为了进一步显示银行通过贷款“无中生有”创造存款货币的能力，我们还可以改变一下贷款金额。在图 7.5 的基础上，甲银行是否可以贷款 10 万元给 B 企业呢？答案是肯定的（图 7.8）。

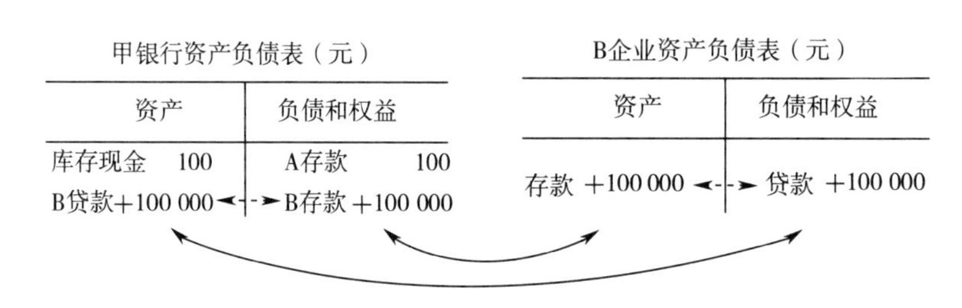

图 7.8 甲银行贷款 10 万元给 B 企业之后

注：实线箭头表示机构间的债权债务关系；虚线箭头表示机构内部项目之间的对应关系。

实际上，在三个基本假设下，甲银行可以没有限制地任意放贷、任意创造货币。很显然，这样完全没有限制的货币创造，不可能保证整个货币体系的良好运行。在现实世界中，银行实际发放贷款、创造货币的数量，必然会受到极为严格的约束，而这种约束正是三个假设所隐含的因素，在下文中，我们将通过放松这三个假设来引入约束。不过，在讨论这些约束之前，我们还要讨论另外几个重要问题。

货币的消灭

银行每发放 1 元钱的贷款，就会“无中生有”创造出 1 元钱的货币，从而使整个社会的货币供应量增加 1 元；而银行每收回 1 元钱的贷款，又会“有中生无”地消灭 1 元钱的货币，使整个社会货币供应量减少 1 元。[1]

假设在甲银行贷款 100 元给 B 企业之后，B 企业立即运用自己的存款 100 元，偿还甲银行贷款本金 100 元（即还款前双方的资产负债表如图 7.6 所示）。在偿还贷款以后，B 企业的存款和贷款都变成了零（图 7.9），甲银行和 B 企业的资产负债表又变回了甲银行贷款 100 元给 B 企业之后的情形（即图 7.5）。

甲银行资产负债表（元）

资产	负债和权益
① 库存现金 100	① A存款 100
② B贷款 100	② B存款 100
③ B贷款 −100	③ B存款 −100

B企业资产负债表（元）

资产	负债和权益
② 存款 100	② 贷款 100
③ 存款 −100	③ 贷款 −100

图 7.9 存款货币的消灭过程

注：圆圈数字代表业务步骤，同一数字表示同一笔业务；①和②为初始情形，来自图 7.6。

企业 B 偿还给甲银行的 100 元货币哪里去了？答案是被消灭了！也就是说，这笔贷款在发放时“无中生有”地创造出来的货币，又被“有中生无”地消灭了。

我们这里省略了有贷款利息的情形。[2] 由于每收回 1 元钱的贷款会消灭 1 元钱的货币，而正常收回贷款本息时的金额会超过发放时的贷款本金，所以对于一笔这样的贷款来说，收回时消灭的货币数量，会超过发放时新创造的货币数量，在其他条件不变的情况下，这笔贷款的收回会导致全社会货币存量的减

[1] 银行以非存款形式吸收资金（如发行债券），也会消灭货币。比如，甲银行发行 100 元债券，A 企业用存在甲银行的存款 100 元购买。由于债券不计入 M2，这笔业务使全社会的货币供应量减少 100 元。如果甲银行接下来立即贷款 100 元，其资金来源仍然是“无中生有”地创造的，并不是通过发行债券筹集到的 100 元。不过，由于 A 企业持有债券时，不能像原来持有存款时那样随时支取现金，所以甲银行面临的流动性风险会低得多（参见第 7.5 节的讨论），这是甲银行愿意支付更高的利率发行债券的原因。

[2] 有贷款利息的情形，可参见《货币哲学》一书的详细讨论。

少。因此，要保证整个社会货币存量的不断增长，必须保证贷款余额的持续增长，而且要以比贷款利率更高的速度增长，以确保新发放贷款所创造的货币数量，超过原收回贷款所消灭的货币数量。

银行收回贷款能够消灭货币这一点，对于我们理解上一章提到的弗里德曼货币数量论的局限性非常重要。在讨论图6.2的“疑问4”时我们已经指出，在弗里德曼的逻辑中非常关键的一个假设是，从整体上来看，全社会多余的名义货币不可能减少，但本节的讨论说明，存款货币始终对应着公众对银行体系的债务，公众总可以通过偿还银行债务来消灭存款货币，从而使全社会的名义货币量（即货币供应量）减少。下节的讨论将表明，这一结论也同样适用于流通中现金。因此，弗里德曼的货币数量论逻辑是值得商榷的。

7.4 流通中现金的创造和消灭

由于中央银行不直接对公众办理业务，作为中央银行负债的现金进入和退出流通领域，也要经过商业银行“无中生有”的货币创造和“有中生无”的消灭过程，相对于存款货币来说，只不过是增加了中央银行“无中生有”的货币创造和“有中生无”的消灭过程。在现代信用货币体系下，中央银行和商业银行是密切结合在一起的，是所有货币的创造者和潜在消灭者，即所有货币都是银行体系“无中生有”地创造出来的，同时，也都可以被银行体系“有中生无”地消灭。

现金创造的逻辑过程

第7.2节提到，在中国2016年年底的155万亿元货币存量中，流通中现金所占比例只有4.4%，但由于它是唯一具有法偿地位的货币，从而是整个货币体系的核心（参见第7.5节的详细讨论）。在第7.3节的假设2“初始现金假设”中，我们假设全社会初始货币为A企业持有的现金100元，那么，这笔初始现金是如何到达A企业手中的呢？

现金是中央银行的负债，但中央银行不与非银行公众打交道，因此，A 企业不可能从中央银行直接获得现金。生活中的常识告诉我们，现金是从商业银行（假设仍为上一章中的甲银行）支取的。很显然，甲银行不会把现金免费赠送给 A 企业，A 企业必须在甲银行先有存款，然后才能支取现金。

再往前追溯，A 企业在甲银行的存款只能来自于甲银行发放给他的贷款（注意，我们在这里讨论的是全社会中由 A 企业持有的唯一 100 元现金的来源）。甲银行贷款给 A 企业可以“无中生有”，但现金却来自中央银行。同样，中央银行不能把现金无偿赠送给甲银行，甲银行也没有任何其他资产与中央银行交换，因此，这 100 元现金只能来自中央银行对商业银行的贷款。这笔贷款所需要的资金也是中央银行“无中生有”地创造的。与商业银行一样，中央银行发放贷款也不需要任何资金来源。

相比较来看，中央银行比商业银行还多了一项能力，即“无中生有”地创造现金的能力。当然，这里的“无中生有”不是物质上的，因为中央银行也必须用纸张、油墨等才能造出纸币（现金）；与贷款的“无中生有”一样，它指的是会计上、逻辑上的。

现金创造的业务流程

上面是从逻辑上追溯现金进入流通的过程。图 7.10 从业务流程角度显示了 100 元现金从中央银行到达 A 企业手中的四个基本步骤：

第一步，中央银行贷款 100 元给甲银行。在这一步中，中央银行对商业银行的贷款是“无中生有”的，没有任何先决条件。

第二步，甲银行从中央银行支取现金 100 元。在此步骤中，中央银行是直接以货币发行[1]替代甲银行的存款，从而也是“无中生有”的。

[1] 在中央银行资产负债表中的货币发行，包括银行库存现金和流通中现金两部分，仍在中央银行或商业银行的现金就称为库存现金，在公众手中的现金称为流通中现金。

第三步，甲银行发挥“无中生有”的货币创造功能，贷款 100 元给 A 企业，此时，与第 7.3 节的讨论一致，整个社会的货币供应量 M2 从零变为 100 元，由 A 企业的存款 100 元构成。

第四步，A 企业从甲银行支取现金 100 元，现金进入流通、到达公众手中。

中央银行资产负债表（元）

资产	负债和权益
①甲贷款 +100	①甲存款 +100
	②甲存款 −100
	②货币发行 +100

甲银行资产负债表（元）

资产	负债和权益
①存放央行 +100	①央行贷款 +100
②存放央行 −100	③A存款 +100
②库存现金 +100	④A存款 −100
④库存现金 −100	
③A贷款 +100	

A企业资产负债表（元）

资产	负债和权益
③存款 +100	②贷款 +100
③存款 −100	
④现金 −100	

图 7.10 现金进入流通的过程

注：圆圈数字代表业务步骤，同一数字表示同一笔业务。

现金隐含的债务关系

图 7.11 在图 7.10 的基础上，剔除掉余额为零的项目，增加了各项目之间的对应关系。该图显示，流通中现金表面上看反映的仅仅是现金持有人（债权人）与中央银行（债务人）之间的关系，但是，由于中央银行并不与公众直接发生业务关系，所以，流通中现金实际上隐含着一长串的债权债务关系。比较图 7.11 与图 7.4 就可以看到，后者所示货币体系初始状况中的问号，就是来自甲银行的贷款，完整的初始状况图应如图 7.11 所示。

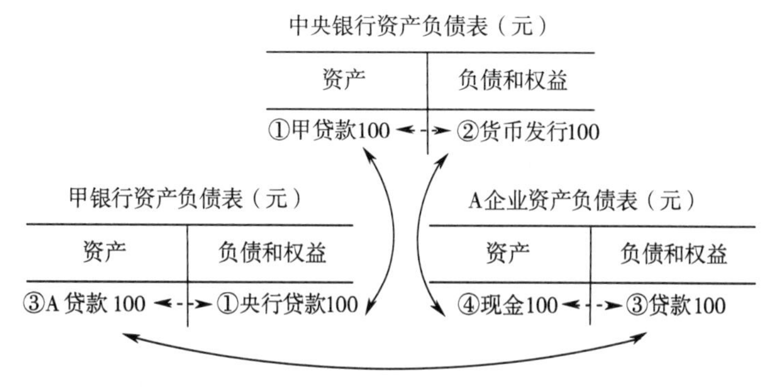

图 7.11 现金进入流通后的债权债务关系

注：实线箭头表示机构间的债权债务关系；虚线箭头表示机构内部资产负债项目之间的对应关系。圆圈数字的含义同图 7.10。

流通中现金的消灭

与图 7.5 所示存款货币所隐含的债权债务关系一样，图 7.11 所示流通中现金所隐含的债权债务关系，也形成了一个封闭的循环，隐含着流通中现金被消灭的可能。其中尤其值得注意的是，在这一长串的债务链条中，始终对应着公众对商业银行的债务，从而与存款货币一样，公众也可以通过偿还对银行的债务而消灭流通中现金。事实也正是如此。

图 7.12 显示了在图 7.11 基础上流通中现金被消灭，并结清全部相关债权债务关系的四个业务步骤。接着前述现金进入流通的四个步骤，它们分别是：

第五步，A 企业把 100 元现金存入银行，这些现金变成甲银行的库存现金而退出流通，但这只是消灭了流通中现金，改变了货币结构（即用存款货币替代了现金货币），全社会的货币供应量 M2 并没有发生变化，与图 7.5 所示是一致的。

第六步，A 企业用存款偿还所欠银行贷款 100 元，全社会的货币供应量 M2 减少 100 元，这与图 7.9 所示存款货币的消灭过程是一样的。

第七步，甲银行将库存现金 100 元存入中央银行，中央银行货币发行量减少 100 元。

中央银行资产负债表（元）

资产	负债和权益
①甲贷款 100	②货币发行 100
⑧甲贷款 -100	⑦货币发行 -100
	⑦甲存款 +100
	⑧甲贷款 -100

甲银行资产负债表（元）

资产	负债和权益
③A贷款 100	①央行贷款 100
⑥A贷款 -100	⑧央行贷款 -100
⑤库存现金 +100	⑤A存款 +100
⑦库存现金 -100	⑥A存款 -100
⑦存放央行 100	
⑧存放央行 -100	

A企业资产负债表（元）

资产	负债和权益
④现金 100	③贷款 100
⑤现金 -100	③⑥款 -100
⑤存款 +100	
⑥存款 -100	

图 7.12 流通中现金的消灭过程

注：圆圈数字代表业务步骤，同一数字表示同一笔业务。数字①至④同图 7.10 和图 7.11。

第八步，甲银行运用100元存放在央行的款项，偿还所欠中央银行的贷款，三家机构资产负债表的左右双方都变为零，整个世界回归到“落了片白茫茫大地真干净”的“无”的境地。

在第五步中，流通中现金就已经被“消灭”了。但与存款货币的消灭是被“彻底消灭”不同的是，第五步中所说的“消灭”，仅仅是从货币流通角度来说的，而不是从物质上来说的。对于需要销毁的残破纸币来说，在经过第七步流回中央银行后如果被销毁，才是从物质上被“彻底消灭”。

7.5 银行“无中生有”能力的内外部约束

在第 7.3 节的讨论中我们提到，在三个基本假设下，甲银行可以没有限制地任意放贷、任意创造货币。正如下章我们要详细讨论的那样，货币数量论虽然有很多缺陷，但也有着极为重要的启示，那就是“太多的货币追逐太少的商品必然导致通货膨胀”。因此，货币数量必须要有所限制，银行“无中生有”的货币创造能力必须要有所约束。

存款的货币属性根源于它的高流动性。这一流动性具体表现在两个方面：一方面，存款可以随时转换成现金这种唯一的法偿货币（即变现）；另一方面，存款也可以随时用于转账支付（或者随时转换成可以随时支付的存款类型）。确保存款货币始终具有这两类流动性，就形成了对银行货币创造能力的有效约束。

存款变现的流动性约束

货币的根本属性是普遍可接受性。在信用货币体系下，只有以国家信誉作为后盾的、作为中央银行负债的流通中现金，才被国家通过法律形式赋予法偿货币的地位，而存款只是商业银行的负债，并不具备法偿货币的地位。但是，存款能够随时转换成现金（即变现）的能力，使现金的法偿地位部分地转移到了存款身上，存款就因此而具有了普遍可接受性，变成了货币。正是由于存款的货币属性源于其随时变现的能力，后者也就成了约束银行“无中生有”地创造货币的重要力量。

为了说明这一约束，我们放松前述三个基本假设中的第三个假设（即“转账支付假设”），转而假设借款人要求支取现金。首先假设借款人对借入的款项需要全额支取现金。如图 7.5 所示，甲银行从 A 企业吸收 100 元现金存款之后的情况下，甲银行向 B 企业发放 100 元的贷款，B 企业继而支取现金 100 元，全部过程如图 7.13 所示。

甲银行资产负债表（元）

资产	负债和权益
①库存现金　100	①A存款　100
③库存现金　-100	②B存款　+100
②B贷款　+100	③B存款　-100

B企业资产负债表（元）

资产	负债和权益
②存款　100	②贷款　+100
③存款　-100	
③存款　+100	

图 7.13　甲银行贷款 100 元现金给 B 企业之后

注：圆圈数字代表业务步骤，同一数字表示同一笔业务；①和②同图 7.6。

银行发放现金贷款，并没有改变“每发放 1 元贷款都将‘无中生有’地新创造 1 元货币”的基本结论。图 7.13 中，全社会的货币供应量在步骤②增加了 100 元，这 100 元就是甲银行“无中生有”创造的；步骤③中的支取现金，只是改变了货币的结构，并没有改变货币总量。

在甲银行贷款 100 元现金给 B 企业以后，甲银行的库存现金下降为零，将无法再继续发放现金贷款。因此，如果借款人要求全额支取现金（即贷款要求 100% 的现金准备），甲银行“无中生有”的贷款能力将会受到限制，在其他条件不变的情况下，最高贷款额就是它拥有的库存现金数量。

在前述现金贷款完成后，如果 A 企业要支取现金，甲银行将无法满足。面对这种情况，甲银行要么限制 A 企业支取现金的能力，这样将改变其存款的货币属性（即 A 的存款不能再算作货币），要么就无法满足 B 企业的借款需求，即无法向 B 发放前述 100 元贷款。因此，如果银行所有存款都必须保持 100% 的现金准备，银行将不具备“无中生有”的货币创造能力。

表 6.1 显示，在中国 2016 年年底的货币供应量中，流通中现金所占比例不到 5%，这是现代银行货币体系的基本特征之一；而且随着支付技术的发展，现金占货币存量的比例有不断下降的趋势。因此，对存款 100% 的现金准备，已经不符合现代货币体系的基本特征。为更接近现实，我们假设银行要求的存款准备金率（即库存现金与全部存款余额的比例）为 5%。那么，在图 7.5 所示库存现金 100 元的基础上，甲银行新发放贷款的最高额就是 1900 元。[1] 按照这一最高额发放贷款给 B 企业以后，双方的资产负债表将如图 7.14 所示。

[1] 贷款新创造的存款货币是 1900 元，再加上原来 A 企业的存款 100 元，存款总额为 2000 元，库存现金 100 元与这 2000 元的比例正好是 5%。

甲银行资产负债表（元）		B企业资产负债表（元）	
资产	负债和权益	资产	负债和权益
库存现金 100	A存款 100		
B贷款 +1 900	B存款 +1 900	存款 +1 900	贷款 1 900

图 7.14 甲银行按最高贷款额贷款给 B 企业之后

注：箭头表示债权债务关系；虚线箭头表示机构内部资产负债项目之间的对应关系。

转账支付的流动性约束

在三个基本假设中的第一个假设（“单家银行假设”）下，转账支付要求并不形成对银行货币创造能力的约束，因为此时所有客户都将在唯一的一家银行开户，存款转账支付仅仅体现在这家银行负债方不同存款人账户的增减变动，不可能出现银行无法满足的情形。但是，如果放松这一假设，甲银行的贷款能力就将受到数量上的约束。

银行之间的转账，既可以采取中央银行方式，也可以采取代理行方式，由于后者主要应用于国际结算，同时也为简化起见，这里只讨论中央银行方式。在这种方式下，各商业银行都在中央银行开户，银行间的转账支付通过增减各自在中央银行所开立账户的余额来实现。

假设除了前述例子中的中央银行、甲银行和在甲银行开户的 A 企业和 B 企业以外，另外还存在一家乙银行和在乙银行开户的 C 企业，同时假设甲银行目前的状况如图 7.5 所示，即通过吸收 A 企业的存款，获得了库存现金 100 元；中央银行的初始货币发行为 100 元，而其他相关主体的初始资产、负债和权益均为零。在这种情况下，甲银行向 B 企业发放一笔贷款，用于购买 C 企业的存货，而且知道 B 企业会立即将所获得的贷款资金通过转账方式支付给在乙银行开户的 C 企业，相关程序如图 7.15 所示。

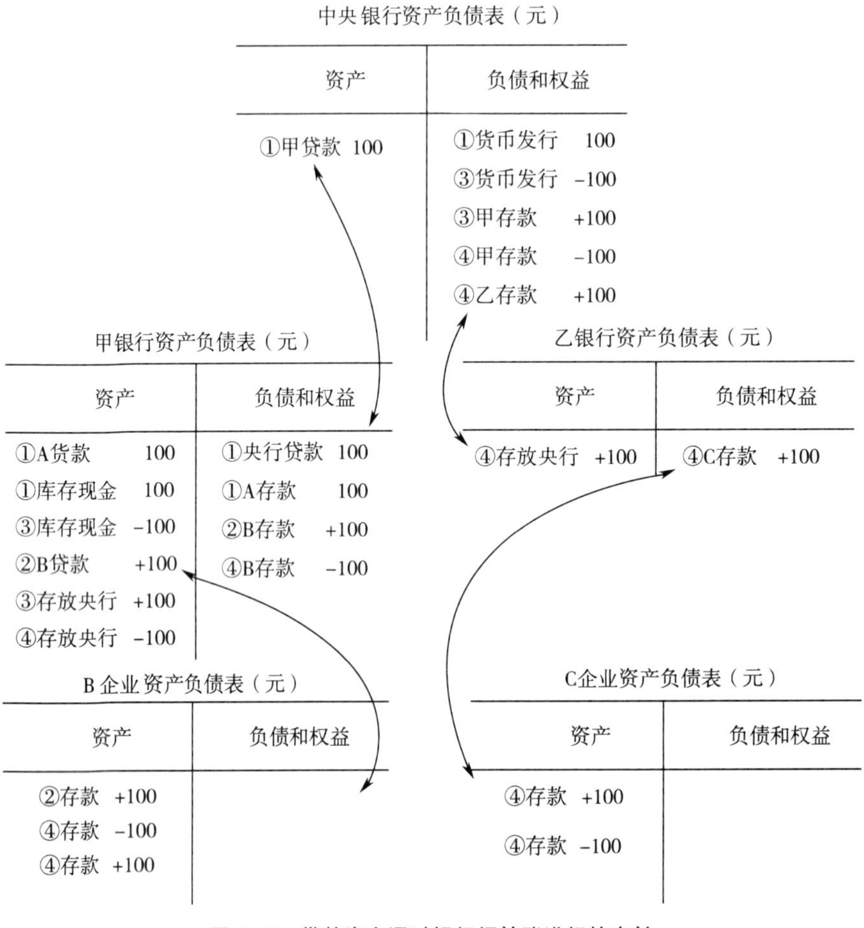

图 7.15 贷款资金通过银行间转账进行的支付

注：箭头表示债权债务关系；圆圈数字代表业务步骤，同一数字表示同一笔业务；①为初始情形，来自图 7.6 和图 7.11。

在图 7.15 的步骤③中，B 企业支付 100 元给在乙银行开户的 C 企业时，甲银行为了保证在中央银行的存款账户上有足够的资金用于支付，将自己的库存现金全部上缴到中央银行，转换成存放央行款项。这一步骤给我们一个重要启示，即从流动性角度来看，商业银行持有的库存现金与存放央行款项是一样的，因为两者可以随时相互转换。

在步骤④中，当 B 企业支付购买存货的货款给 C 企业时，甲银行运用它在中央银行的存款支付给乙银行。在这一过程中，甲银行所发放贷款的最高额就不可能超过其库存现金（存入中央银行后变为存放央行款项）的金额，后者也就成了对甲银行“无中生有”创造货币能力的约束。

中央银行的调控

本节前面的讨论表明，在存款人有支取现金和跨行转账支付的需求时，银行的最高贷款额取决于两个因素：一是库存现金和存放央行款项的数量；二是存款准备金率。这两个方面的约束，就为政府通过中央银行对商业银行“无中生有”货币创造能力进行限制和调节，提供了强有力的基础。正是在这一基础上，中央银行发展出了三大货币政策工具——存款准备金要求、再贴现和公开市场业务（图 7.16）。

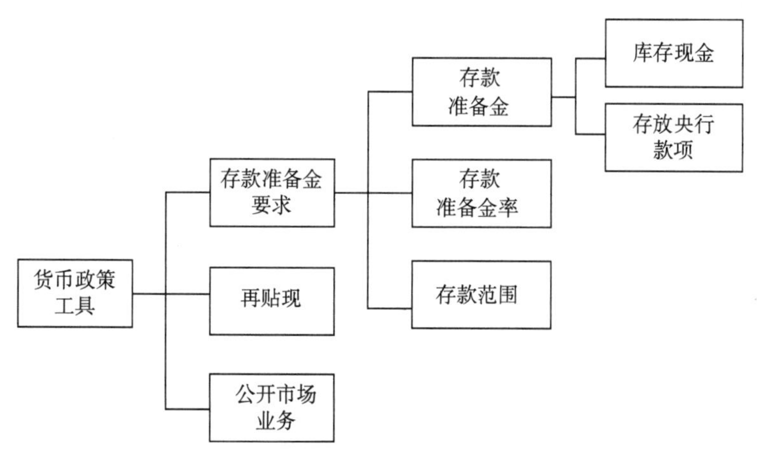

图 7.16　三大货币政策工具

存款准备金要求包括存款准备金、存款准备金率和存款范围三部分。存款准备金是指商业银行为保证客户支取现金和转账结算需要而持有的库存现金和存放在中央银行的存款（即存放央行款项）。由于商业银行持有的库存现金和存放央行款项之间可以随时相互转换，所以，通常把两者合在一起考察。存款准备金与存款总额的比例就是存款准备金率，它分为法定存款准备金率和超额存款准备金率两大类，前者由中央银行强制规定，后者由商业银行根据业务发展需要而自行确定。存款范围是指规定存款准备金率公式中分母——存款总额——的计算口径，由中央银行强制规定。

再贴现是指中央银行调整自己向商业银行发放贷款的条件[1]，主要包括贷款的利率、期限、贷款申请资格（如需要达到资本充足率要求）、贷款抵押品条件（如再贴现票据的质量）等。公开市场业务是指中央银行在公开市场上买进和卖出有价证券。这两个工具都会直接影响商业银行的存款准备金，从而与存款准备金要求在实质上是一致的，差异仅仅表现在影响的强度和范围上。

中央银行可以通过三大工具来调节商业银行的贷款能力，从而调节全社会货币供应量的变化。但是，中央银行却无法完全控制货币供应量，原因除了在于统计口径问题，还在于任何时点上货币供应量的变化，都是商业银行发放贷款所创造的货币与收回贷款所消灭的货币之间的差额，从而货币供应量在总体上取决于银行的实际贷款余额，而后者并不是中央银行所能完全控制的。

政府安全网的保护

货币是经济的“血液”，银行体系就是“血管”，而银行“无中生有”的货币创造和“有中生无”的货币消灭就是“自动造血机制”。为了保证货币体系的健康运行，世界各国对银行业几乎无一例外地都实行着严格的管制和严密的保护。

首先，存款是特许经营业务，只有满足法律规定的准入条件、获得政府的批准才能够经营。我国《商业银行法》第十一条规定：

> 未经国务院银行业监督管理机构批准，任何单位和个人不得从事

---

[1] 中央银行向商业银行发放的贷款（即再贷款），通常以购买商业银行贴现票据的方式进行，从而被称为再贴现。

> 吸收公众存款等商业银行业务，任何单位不得在名称中使用“银行”字样。

其次，经营过程中需要切实保障存款人的利益，银行必须随时满足存款人支取存款本金和利息的要求。为此，政府对银行经营和管理的各个方面都制定了非常严格的规章制度，并建立起了系统的现场和非现场检查制度。在银行出现严重经营困难时，政府会接管银行，而政府接管的主要目的就是保护存款人的利益。我国《商业银行法》第六十四条规定：

> 商业银行已经或者可能发生信用危机，严重影响存款人的利益时，国务院银行业监督管理机构可以对该银行实行接管。接管的目的是对被接管的商业银行采取必要措施，以保护存款人的利益，恢复商业银行的正常经营能力。被接管的商业银行的债权债务关系不因接管而变化。

同时，为了切实保护存款人的利益，很多国家建立了存款保险制度，在银行被接管或清算时向存款人偿付被保险存款。我国《存款保险条例》自2015年5月1日起正式施行，从而建立起了正式的存款保险制度。

最后，当银行出现流动性问题、经营困难达不到需要政府接管的程度时，中央银行会向商业银行提供流动性支持，即充当“最后贷款人”的角色，以保障银行的持续经营。中央银行之所以能够充当“最后贷款人”，是因为它是全社会唯一一家具有不受任何约束的“无中生有”地创造货币能力的机构，这样的机构当然只能由国家机器——政府——掌握，因此，在现代社会中，中央银行无一例外都是由政府控制的。商业银行在需要时对中央银行最后流动性支持的需求，使得中央银行除了前述货币政策工具以外，还具有了额外调节和控制商业银行的能力。

银行和借款人的自我约束

银行贷款是借贷双方基于自愿并受法律约束的一种合作行为，双方的行为都会对贷款总额，进而对银行“无中生有”的货币创造能力形成直接影响。

借款人偿还本金和支付利息的义务，会使借款人不可能无限制地向银行申请贷款，这就是借款人的自我约束。银行一方面需要控制贷款风险，保证借款人能够到期偿还贷款本金（从而使得银行原来通过贷款所创造的货币能够被消灭）；另一方面要确保贷款的收益能够弥补贷款管理成本，从而能够为银行的股东带来必要的利润。这样，银行也不可能无限制地发放贷款，这就是银行的自我约束。

无论是借款人的自我约束还是银行的自我约束，都根源于前述流动性约束，因为如果没有流动性约束，银行完全不必担心借款人偿还贷款的问题，借款人和银行就都不必自我约束了。

货币是内生的

前面的讨论表明，商业银行发放贷款需要同时满足如下六个方面的条件（如图 7.17 所示）。

第一，货币政策要求，即满足中央银行的准备金要求；

第二，风险监管要求，即符合监管当局规定的资本充足率、贷款集中度、不良贷款率、贷款行业限制等；

第三，银行能够贷，即银行拥有调查了解借款人状况、评估贷款风险、办理贷款手续、进行贷款检查的人员和相应信息系统；

第四，银行愿意贷，即银行股东、管理层和信贷管理员有承担风险的意愿；

第五，借款人能够借，即借款人预测未来的收入能够保证及时偿还银行贷款本息，有能够说服银行发放贷款的担保；

第六，借款人愿意借，即愿意忍受因杠杆率上升而引起资产负债表的恶化及破产风险的上升，从而向银行提出贷款申请。

在这六个条件中，中央银行能够控制的只有第一个。因此，货币是内生的，货币供应量在很大程度上要受到货币需求的影响；货币并不是外生的，即并不是由中央银行“任意”决定的。这一点表明，上一章提到的、弗里德曼的货币外生信条并不符合现代货币体系的基本逻辑。

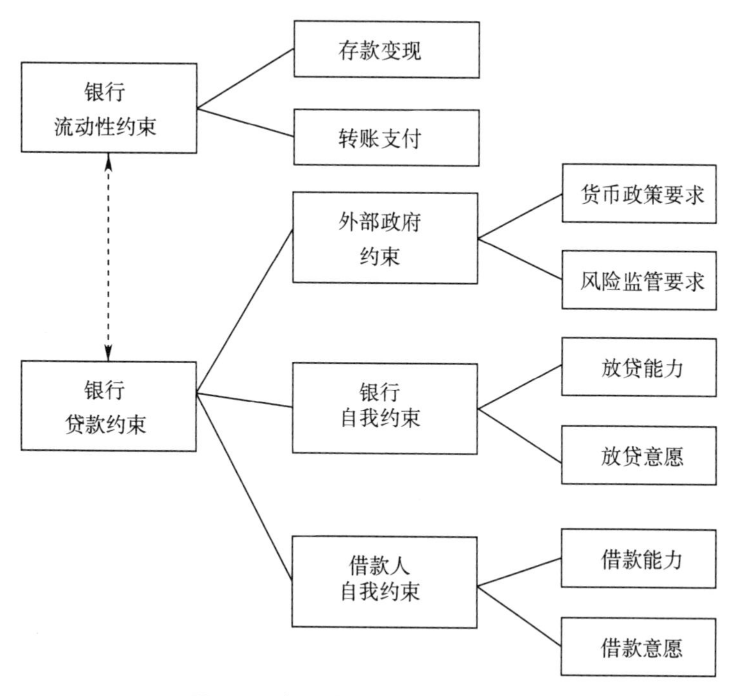

图 7.17 银行贷款面临的内外部约束

“无中生有”与内外部约束的表面矛盾

在前面的讨论中，我们一方面强调银行具有“无中生有”地创造货币的能力，另一方面又强调这种能力面临着诸多内外部约束。那么，两者之间是否存在矛盾？

运用“无米之炊”的比喻，有助于我们更好地理解这一点。银行自己能够“创造”大米，想做米饭就不需要从别处获得大米（从而是“无米之炊”）。

不过，做米饭除了需要大米以外还需要水和火，即水和火仍然是银行“做米饭”面临的约束，但这并不影响我们“银行能为无米之炊”的事实。政府(中央银行)要限制银行做出来的“米饭”(即所创造货币)的数量，就可以通过限制其“火和水”(即前述各种约束)来实现。因此，表面上存在的前述矛盾，实际上是不存在的。

7.6 银行性质被误解的原因

前面几节基于银行资产负债表变化的讨论表明，银行发放贷款的资金并不是来源于存款人，而是来源于银行“无中生有”的货币创造，因此，银行的作用不是将存款人的资金转移给借款人，从而不是金融中介。那么，这样简单明了的事实，为什么会存在如此普遍的误解呢?

符合表面现象和常识

商业银行被误解为金融中介的第一个原因是，把银行视为金融中介，符合表面现象和常识。银行同时经营存款和贷款业务，存款人拿出货币，借款人得到货币，而存款人拿出的货币和借款人得到的货币，表面上完全一样。同时，从借款人的角度来看，他从银行得到的、银行“无中生有”创造的货币，与他从其他渠道(如发行债券、股票或民间借贷)得到的货币，即从其他经济主体手中转移过来的货币，在表现上看也完全一样。从存款人的角度来看，他对自己的存款有完全的支配权，把这部分资金存放在银行，与投资于其他有价证券(如债券、股票)相比，除了风险、收益等不同以外，也没有任何差别。因此，银行被认为只是将存款人手中的货币转换成借款人手中的货币，在这一过程中，银行只是承担着中介的职能。

前述误解在现金的存取方面更加明显。由于现金是中央银行的负债，商业银行的作用似乎只是作为一个中介，或者把从一部分人手中以存款吸收进来的现金转移给另外一部分人，或者是把从中央银行得到的现金转移给公众，而商业银行在现金进入和退出流通过程中的重要作用被掩盖了起来，

常识加强了前述这种印象。一方面，常识告诉我们，银行不可能放着存款人的货币不用，转而自己再创造新的货币贷放给借款人，因为这似乎是“多此一举”；另一方面，商业世界的基本规律是“不劳无获”“没有免费的午餐”，不可能存在“无中生有”。因此，银行的货币创造功能就很难被认识到。

银行资产负债表的始终平衡

银行资产负债表始终平衡的现象，强化了银行是金融中介的观念。图7.6所示甲银行在发放100元贷款给B企业以后的资产负债表，通常会给人以甲银行是一种金融中介的错觉：甲银行从A企业和B企业手中总共吸收了200元的存款，其中100元以现金形式持有，另外100元以贷款形式发放给了B企业。会计处理中的复式记账要求必然导致的这一结果，掩盖了B企业的100元存款是由银行向B企业发放100元贷款新创造的这一事实。从逻辑上来看，不是因为先有B企业的存款，然后才有对B企业的贷款，而是相反，即先有对B企业的贷款，然后才有B企业的存款。也就是说，在存贷款之间的关系，贷款是原因，存款是结果（参见图7.7）。

实践中的拉存款现象

实践中银行尽一切可能吸收存款（俗称“拉存款”）的现象，既加强了银行是金融中介的观念，又使得银行的货币创造功能受到怀疑：既然银行可以“无中生有”地创造存款，现实中的银行为什么还要拉存款？

在中央银行规定法定存款准备金率的情况下，银行如果增加现金存款和来自其他银行的存款，就会增加其准备金（包括库存现金和存放央行款项），进而也就能够扩大贷款规模了。

比如，图7.14显示，在准备金率为5%、库存现金为100元的情况下，甲

银行的贷款规模最大为1900元。假设准备金率保持不变，如果甲银行通过拉存款将库存现金增加一倍达到200元，那么，甲银行的最大贷款规模就将上升一倍，达到3800元。

从这个角度来看，存款数量就决定了银行贷款的规模，进而就决定了银行的盈利水平（贷款是银行最主要的收入来源），正是因为如此，银行也才会拉存款。如果政府以与存款直接挂钩的方式来强制规定银行的贷款规模，存款数量与实际贷款规模的关系会更加直接和明显，银行拉存款的动力也就会更强。因此，银行拉存款的目的是获得第7.5节所说的“火和水”，以克服银行货币创造所面临的存款支取和转账结算这两重流动性约束（以及由此衍生出来的政府其他强制性约束）。

在中央银行取消存款准备金率管制以后，银行的贷款规模主要取决于市场利率水平、借款人对贷款的需求、银行自身的贷款管理能力等因素。此时，虽然银行贷款仍然要受流动性的约束，存款也仍然是银行的一种优质资金来源（成本低，可以派生其他业务），从而银行将仍然会尽可能去拉存款，但存款数量将不再对贷款规模具有任何实质性的约束力，因为银行可以通过存款以外的其他途径（如同业拆借、再贴现等主动负债形式）来获取准备金，以保证其流动性，银行拉存款的动力将会显著下降。

现实中银行“拼命”拉存款的现实，加深了人们对存款与贷款之间关系的误解，使人误以为银行只是将存款转化为贷款，误认为银行贷款的资金来源于存款，从而形成了银行是金融中介的普遍观念，而没有看清银行拉的存款只是银行发放贷款的一种流动性约束，银行发放贷款并不需要资金来源——银行可以“无中生有”地创造资金。

存款创造的瞬间完成

银行创造存款是一瞬间完成的，即银行将贷款资金存入存款人账户的一瞬间，这笔货币就被创造了出来。从存款人的角度来看，从得到存款的那一瞬间开始，他对这笔存款就拥有了完全的支配权，他有权决定是继续以存款形式保留在银行，还是支取现金或者投资于有价证券。银行为了降低其可能面临的流动性困难，希望尽可能将这笔存款继续留在银行。持续留住存款的困难和瞬间创造存款的容易形成了如此鲜明的对照，使得人们只看到存款的吸收，而几乎完全忽视了存款的创造。

有利于银行实践

把银行视作金融中介，在微观上有利于提高银行的经营效率，在宏观上有利于提高银行的稳健程度。具体来看，如果把存款视作银行贷款的资金来源，存款对整个银行的经营就具有了决定性的意义，银行就将不遗余力地改善对存款人的服务，而政府则能顺利以保护存款人利益为名义来实施各种强制性的监管，从而在客观上能够促进银行经营效率和稳健程度的提升。正是基于这种实践的需要，银行是金融中介的错误观念就不断得到了强化。

银行发展历史

从历史上来看，银行的前身确实是金融中介，而且在产生的初期，金融中介也仍是其重要职能之一。

银行产生于金属货币流通时期，其起源之一是金匠。金匠发展为银行的基本路径是：人们最初以保管的目的把金银存放在金匠那里，金匠还收取一定保管费；后来，金匠发现有很多需要临时性借用金银的人，就将别人存放在他那里的金银转借给这些人；随着借款规模的扩大，金匠开始以支付利息的方式，吸引更多的人将其金银存放在他那里，然后将借入的金银转贷给借款人。在这一过程中，金匠是名副其实的金融中介，因为其作用只是将一部分人存放的金银转移给另一部分人使用。

随着票据的广泛流通使用，人们开始将金匠开具的金银存储证明用作支付凭证。开始时，金匠开具的金银存储证明都是有全额准备的，但在金匠发现并不是所有人都会同时来支取实际的金银后，就开始超过其实际金银存储额来签发证明。此时，金匠就具备了“无中生有”的货币创造功能，金匠也就从金融中介变成了银行。

在银行产生的初期，由于仍有一部分存款人需要支取实际的金银，因此，在相当一段时间中，银行仍然同时承担着金融中介和货币创造的职能。但在金属货币退出流通后，银行就不再是金融中介了。但由于历史的原因，人们就误认为商业银行如同其前身和初期一样，也是（或主要是）金融中介了。

7.7 纠正误解的意义

前面的讨论表明，在常识、会计、时间、实践和历史等诸方面，银行都有被视作金融中介的理由。既然如此，我们为什么非要强调商业银行不是金融中介呢？

更正明显的错误

在商业银行普遍被视为金融中介，而且似乎也有充分理由的情况下，我们强调商业银行不是金融中介，首要原因是这并不符合事实。前面几节基于银行和企业资产负债表的讨论已经充分地表明，银行贷款的资金并不是来源于存款人，而是银行“无中生有”地创造的。

本书作者当然不是第一个认识到这一点的。凯恩斯在《货币论》（*A Treatise on Money*, 1930）一书中对此进行了简要分析，而熊彼特在《经济分析史》（*History of Economic Analysis*，1954）一书中专门用两节（第二编第六章第五节“信用与银行业务”和第四编第七章“银行信用与存款‘创造’”）进行了详细阐述。熊彼特在批评以前学者认为银行只不过是将存款人存入的货币转移给借款人时说，在实际流通中的货币全部是贵金属铸币时，这一描述是正确的，但在信用货币产生之后，这一描述就不再正确，而在信用货币成为唯一流通货币时，这一描述则是完全错误的。熊彼特说，我们必须坚持银行“创造”存款的理论，因为这是承认“明白无误的事实”（patent facts）。[1]

重建对银行的信心

认识到商业银行并非金融中介，是重建对银行的信心的重要支点，是论证银行不会被金融科技（互联网金融或信息技术）所颠覆、不会被金融市场和投资基金等制度所替代的关键。

我们在第 5 章中已经从信息角度指出了银行消亡论者所持观点的众多局限，如果看到银行是唯一具有“无中生有”地创造货币能力的机构，我们就会看到金融科技不可能颠覆银行，因为信息技术的广泛应用以及非银行金融机构的发展，只不过是帮助经济主体更高效率地转移银行所创造的货币，其运行和发展都不可能离开银行。

我们可以以互联网金融中的 P2P 理财为例对此进行简要说明。P2P 理财是个人之间通过互联网平台相互借贷，是第 5 章所说互联网金融模式（图 5.2）的典型代表。部分人认为这种模式可以颠覆银行，是因为他们没有看到双方借贷的货币，是由银行体系“无中生有”创造的，其借贷活动是不可能离开银行的。

P2P 理财有资金池和信息中介两种模式，我国目前已禁止资金池模式，要求只能实行信息中介模式。[2] 在资金池模式下，资金要经过平台自身在银行开立的存款账户，但在信息中介模式下，P2P 平台仅仅提供撮合借贷双方的信息中介服务，资金不经过平台在银行开立的存款账户。

图 7.18 和图 7.19 分别表示在图 7.5 的基础上 A 以两种不同模式将资金直接借贷给 B 的过程（假设 P2P 平台的名称为 P 平台）。从图中箭头所代表的相关经济主体之间的债权债务关系可以看到，以 P2P 平台为代表的互联网金融模式与银行有着本质的差异，根本上不可能颠覆银行。

---

[1] Schumpeter，Joseph A.，1954，*History of Economic Analysis*，Allen & Unwin Ltd，p. 1080.

[2] 国务院 2016 年 10 月 13 日发布的《互联网金融风险专项整治工作实施方案》中明确要求：“P2P 网络借贷平台应守住法律底线和政策红线，落实信息中介性质，不得设立资金池。”

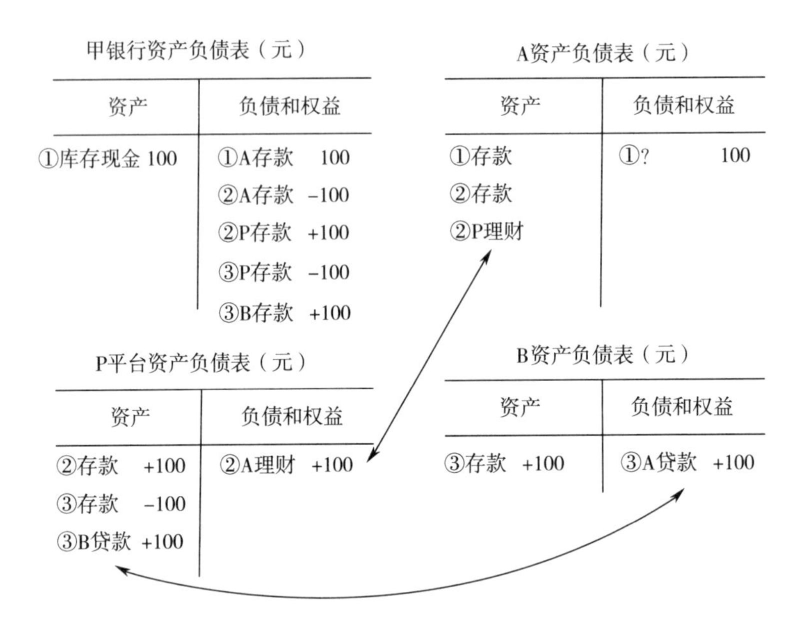

图 7.18 A 通过 P2P 平台贷款给 B（资金池模式）

注：箭头表示债权债务关系。圆圈数字代表业务步骤，同一数字表示同一笔业务；①为初始情形，来自图 7.5。

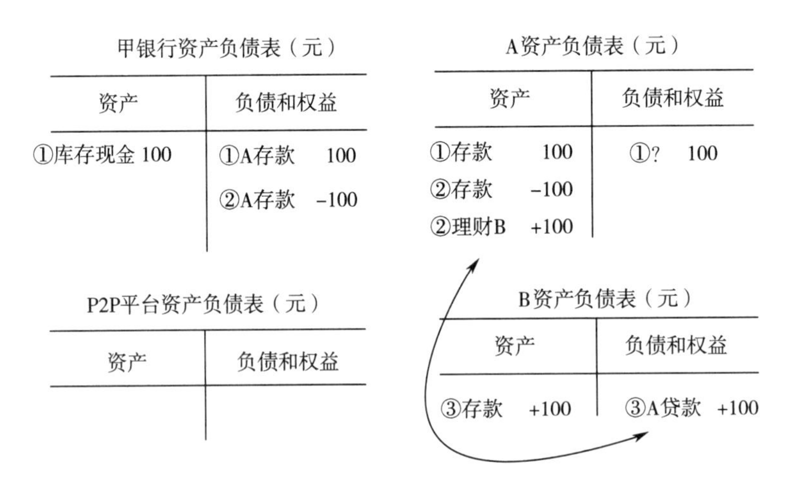

图 7.19 A 通过 P2P 平台贷款给 B（信息中介模式）

注：箭头表示债权债务关系。圆圈数字代表业务步骤，同一数字表示同一笔业务；①为初始情形，来自图 7.5。

同时，两类模式下P2P平台的性质是不同的，两者所蕴含的宏观风险也就大不相同。在资金池模式下，A和B分别与P平台存在债权债务关系，但A和B之间并不直接存在这一关系，因此，P平台将受B违约的直接影响，A所持理财产品的风险也就将直接取决于P平台的风险。由于P平台直接参与了最终债权人A和最终债务人B之间的业务交易，从而是真正的金融中介。在信息中介模式下，A和B之间直接建立债权债务关系，P平台并不直接参与其中，仅仅提供信息服务（以及相关的转账支付服务），A所持理财产品的风险与P平台没有直接关系。这是我国禁止互联网金融采取资金池模式的根本原因。

从图7.18和图7.19中我们还可以得到一个重要启示：互联网金融无论采取的是资金池模式还是信息中介模式，都是在银行创造的存款货币和在银行开立的存款账户基础上进行的，对银行的资产负债表在总体上没有任何直接影响；认为互联网金融的发展会对银行形成巨大挑战的讨论，显然是被严重夸大了。

当然，如果将这两张图与图7.6进行比较，仍然可以看到存在着显著区别，即在图7.6所显示的、甲银行贷款给B的情况下，甲银行的资产多了100元贷款，这似乎显示出互联网金融的发展确实对银行造成了巨大的影响，因为它使银行失去了贷款给B的机会，而贷款是银行收入的主要来源，银行的收入和盈利能力也就受到了不可避免的影响。

但如果仔细分析一下就会发现，中国互联网金融之所以会在近年内蓬勃发展，根本原因就在于像B这样的借款人无法从银行获得贷款，而后者的原因则在于银行不愿意贷款给这类借款人，从而并不是“被动失去机会”，最多只能算做是“主动放弃机会”，这也是近来银行开始降低贷款门槛的根本原因（参见《银行哲学》一书的详细讨论）。

或许有人提出，如果互联网企业也被赋予货币创造能力，即其负债也能随时转换成法偿货币，从而也能被普遍接受为货币，那么，它们不是就有可能颠覆银行了吗？但在这种情况下，它们自己就变成了银行，那就谈不上颠覆整个银行制度了。

这里仍然还有一个逻辑上非常重要的环节，那就是，既然银行的特殊性之一在于其能够“无中生有”地创造货币，如果将来不需要货币或者不需要银行创造的货币，银行不就消亡了吗？这是一个至关重要的问题，答案将是非常明确的，即在可以预见的将来，我们还会需要货币，而且还会需要银行货币（参见《货币哲学》一书的详细讨论）。

明确银行的战略方向

认识到商业银行并非金融中介，有助于商业银行在树立信心的同时，认清业务重心，调整业务策略。由于银行具有通过贷款“无中生有”地创造货币的能力，因此，决定银行生存和发展的关键是贷款业务。

贷款是银行收益的主要来源，也是其风险的主要来源。只要能够获得并充分利用足够数量的、能够为银行带来足够高的经风险调整后收益的贷款机会，银行的生存和发展就有了坚实的基础。一方面，贷款收益能够直接满足股东的利润要求、支付各种管理费用，并为银行营销和扩张提供财务支持；另一方面，银行能够运用贷款带来的收益，通过提高存款利率、改善服务等方式来回馈存款客户，使其发放贷款的流动性约束得到满足，从而使银行能够充分发挥其货币创造能力，来抓住更多的贷款机会，银行因而会进入一种良性循环。

这里马上遇到的问题是，将来会不会所有企业和个人都不从银行借入贷款，而全部都转向互联网金融平台或金融市场借款呢？如果出现这种情况，银行会不会就被颠覆了呢？

前面提到，在可以预见的将来，我们还一定会需要银行通过贷款创造的存款货币，银行贷款当然也一定会存在。即使不考虑这一点，相对于非银行金融安排（包括非银行金融机构和金融市场）来说，银行在贷款方面还具有一个巨大的优势，那就是，银行贷款的资金成本下限为零，因为其资金来源是“无”，而非银行金融安排的资金成本下限一定会远高于零。当然，银行在贷款方面还具有很多其他优势，如何充分发挥这些优势，为未来银行的发展指明了方向（参见《银行哲学》一书的详细讨论）。

理解严格银行监管的原因

认识到商业银行并非金融中介，有助于我们理解为什么古今中外对商业银行的监管都如此严格，而对非银行金融机构和金融市场的监管则相对来看要宽松得多。这种监管宽松程度的差异，根本原因就在于银行有着非银行金融安排不可比拟的巨大力量——“无中生有”的货币创造，从而对整个经济乃至整个社会有着根本性的影响。相比较来看，非银行金融安排只是有助于更高效率地转移银行所创造的货币，其重要性和系统性风险要小得多。

理解货币理论和货币现象

认识到商业银行并非金融中介，特别是认识到银行“无中生有”的货币创造机制和“有中生无”的货币消灭机制，以及银行在整个货币运行中的关键作用，有助于我们理解货币与经济增长之间的关系，并纠正货币理论中一些重大错误观念。

经济增长需要投资，投资需要货币，这样，货币的来源就成了关键。如果把银行理解为金融中介机构，即先要有存款，然后才能有贷款，那么，存款来源于什么地方？但如果把银行理解为“无中生有”的货币创造者，就不需要担心投资所需要货币的来源了，因为银行可以以借款人的未来偿还能力为基础来“无中生有”地创造出货币，在借款人生产出产品、创造出价值、增进人民福利以后，再通过收回贷款，将原来创造出的货币全部消灭掉。这样，货币的正面作用就得到了充分的发挥，而其负面效应（比如可能对通货膨胀造成的影响）又会被抑制。

银行通过其货币创造功能促进经济增长的巨大作用，有助于我们理解长期在货币理论中占据统治地位的货币数量理论所存在的缺陷（参见下一章），同时也有助于我们深入理解中国的经济增长逻辑（参见本书第 12 章）。

>>> 第 8 章

货币数量论的误导和启示

第 6 章的讨论表明，弗里德曼的货币数量论在逻辑上几乎完全依赖于货币外生假设，即整个货币供给机制就像是“直升机从空中撒钱”一样，货币供应量是由政府（中央银行）完全控制的。但是，第 7 章的讨论表明，在弗里德曼所讨论的现代信用货币体系下，货币供给不是外生的（即不是由中央银行单方面“任意”决定的），而是内生的（即货币供应量在很大程度上要受到货币需求的影响）。这样，弗里德曼货币数量论的根基就发生了动摇，根据这一理论得到的很多结论也就存在着严重的误导。不过，如果仔细分析，仍然能够发现货币数量论中还隐含着非常重要的启示。本章的主要任务就是揭示这些误导和启示。

8.1 实际货币需求是稳定的吗?

第 6 章提到，弗里德曼把区分名义货币数量与实际货币数量视作货币研究的两大基本原则之一（另一个原则是区分个体和整体）。名义货币数量以货币单位（如美元、英镑、人民币元等）表示，是从供给角度来看的货币数量；而实际货币数量以特定名义数量货币所能购买的实际商品的数量表示，是从需求角度来看的货币数量。弗里德曼认为，前者完全由中央银行决定，后者完全由公众来决定。因此，两个数量之间的区分实际上是货币供给与货币需求之间的区分。

由于弗里德曼认为货币供给是中央银行外生决定的，虽然中央银行在实际决策中可能要考虑很多因素，决策程序也可能很复杂，但在经济逻辑上非常简单，所以，他讨论的重点是货币需求，他甚至明确指出，货币数量论在本质上就是一个关于货币需求的理论。[1] 因此，要理解弗里德曼的货币数量论，我们必须深入理解他的货币需求理论。

从货币数量恒等式到货币数量论

欧文·费雪（Irving Fisher）在《货币的购买力》（*Purchasing Power of Money*，1911）一书中提出的交易方程式 $MV=PT$，使得传统货币数量论首次形成了一个比较完整的理论体系（参见专栏 6.1）。在后来者的研究中，由于社会总交易量的数据难以获得，交易方程式中的这一因素被国民收入（NI）或国内生产总值（GDP）代替，所使用的字母 T 也被 Y 代替，货币数量论的基础性公式就变成了如下形式：

$$MV = PY \tag{8.1}$$

式中，M 为货币数量，V 为货币流通速度，P 为社会平均物价水平（通常以物价指数来衡量），Y 为实际国民收入（或国内生产总值）。

但公式 8.1 本身并不是货币数量论，因为其中的 V 是不可直接观察的，从而被定义为使这个等式恒等的值，因此，它还只是一个左右双方永远相等的恒等式。这样一个恒等式对于我们解释现实中的货币现象没有直接的帮助，因为在我们观察到名义国民收入 PY 或者物价 P 发生变化以后，从这个等式本身，我们无法直接判断其原因是货币数量 M 的变化还是货币流通速度 V 的变化。弗里德曼在对“凯恩斯革命”的“反革命”中，将货币数量恒等式发展成为货币数量

[1] Friedman, Milton, 1956, The Quantity Theory of Money: A Restatement, *Studies in the Quantity Theory of Money*, University of Chicago Press, p. 52.

论的关键，是将货币流通速度 V 与实际货币数量联系起来，得出了 V 是稳定的结论。

凯恩斯的“革命”

在对古典经济学的“革命”中，凯恩斯对货币数量论批判的关键就是认为 V 是不稳定的。凯恩斯把货币需求动机概括为受两个因素影响的三个方面：受当期收入影响的交易动机，以及受利率影响的预防动机和投机动机。

凯恩斯分析说，在经济处于非充分就业的均衡状态时，就会出现流动性陷阱，利率就会达到最低水平，相应地，证券价格达到最高水平；如果货币数量增加，公众就不可能通过买入证券的方式来消除手中所持有的额外货币（这是在利率变化引起投资变化，进而引起收入变化之前，人们持有额外货币的唯一处理方式），因为只要有人购买，证券价格就会上升，而这会立即促使证券投机者卖掉手中所持证券，从而吸收多余的货币。由于利率没有变化，当然，仅仅受利率影响的投资也不会变化，进而收入、就业、物价等宏观经济变量也就都不会变化。凯恩斯由此得出结论认为，在这种情形下，向经济体系中注入货币、增加货币数量的货币政策是完全无效的，货币数量论的结论当然也就不成立。

对于凯恩斯的上述观点，弗里德曼概括说：

> 凯恩斯认为，……在非充分就业情况下，……货币流通速度（V）变得非常不稳定，会被动地适应名义收入或货币数量的任何独立变化。……其结果是，从全社会的角度来看，公众会持有增加的货币数量，即 V 会下降。[1]

[1]　Friedman，Milton，2008，Quantity Theory of Money，*The New Palgrave Dictionary of Economics*，Second Edition，Palgrave Macmillan，p. 18.

从这段引述中可以看到，凯恩斯的论述前提是“在非充分就业情况下”，但弗里德曼在讨论中则是把“经济处于均衡状态”作为讨论的起点和终点（参见本书第6章）。既然讨论前提不同，结论当然也就大相径庭了。上一章的讨论表明，如果经济处于均衡状态，货币数量是不可能增加的，因为既然公众没有持有更多货币的意愿，也就不会向银行申请贷款，银行也就无法通过贷款来创造更多的货币；既然货币数量不可能增加，那么讨论货币数量增加的影响也就失去了任何意义。因此，从讨论前提这一点上，弗里德曼的逻辑就显示出了严重缺陷。

弗里德曼的“反革命”

在对凯恩斯“革命”的“反革命”中，弗里德曼对凯恩斯关于V不稳定的结论进行了批判，认为V是稳定的。弗里德曼证明这一结论的基本方法是，将V与实际货币数量联系起来，然后证明后者是稳定的。

与凯恩斯认为消费（交易货币需求的基础）完全取决于当期收入不同，弗里德曼认为，消费不仅取决于当期收入，还取决于未来收入，即消费取决于作为当期收入和未来收入总和的恒久收入。恒久收入的稳定性，当然要远远高于当期收入的稳定性，弗里德曼由此证明了消费函数的稳定性。

在对消费函数进行分析的基础上，弗里德曼得出了与凯恩斯完全不同的如下货币需求函数：[1]

$$M^D=Pf\ (y, w, R^*_M, R^*_B, R^*_E; u) \qquad (8.2)$$

其中，M^D表示名义货币需求，P表示当前物价水平，M^D和P之商（即M^D/P）就是实际货币需求；y表示实际恒久收入（乘以人数即为实际国民收入），w表示非人力财富占总财富的比例，R^*_M、R^*_B和R^*_E分别表示货币、固定收益债券和

[1] Friedman，Milton，2008，Quantity Theory of Money，*The New Palgrave Dictionary of Economics*，Second Edition，Palgrave Macmillan，p. 12.

实物资产的预期收益率（含预期价格变化），u 表示货币带来的主观效用（其中主要是流动性和安全性）。

与凯恩斯的货币需求函数相比，弗里德曼的货币需求函数有两个最为突出的差异：第一，影响实际货币需求的收入是通常相当稳定的恒久收入，而不是通常大幅波动的当期收入；第二，影响实际货币需求的利率是多重的，不仅包括凯恩斯所假设的债券收益率，还包括货币本身的收益率和实物资产的收益率，这些收益率之间不仅不是完全相关的，从而不能简化为一个单一利率，而且通常是负相关的，比如债券收益率的下降会引起实物资产收益率的上升，两者对实际货币需求的影响相互抵消，使得利率变化对实际货币需求的影响几乎可以忽略不计。除了这两个主要因素以外，公式（8.2）中的其他因素也都是非常稳定的，因此，弗里德曼得出结论认为，实际货币需求是相当稳定的。

实际货币需求与货币流通速度

弗里德曼认为，人们持有货币的目的主要是满足商品交易的要求，实际货币需求要以特定名义数量的货币所能购买实际商品的数量来表示。但是，由于商品的种类众多，无法直接表示，所以，弗里德曼用的指标是一个期限，具体是指住户和企业手中所持有货币数量能够购买维持该期限内正常生产和消费所需商品的期限。比如，如果一个消费者每个月去一次银行支取现金，在再次去银行之间的这个月中，所有消费都以现金支付，那么，他所持有的实际货币数量，就是能够购买一个月中所需商品的货币数量，用期限表示就是一个月。[1] 这个期限的倒数就是货币流通速度：如果以一年（即 12 个月）为计算期限，公式 $MV = PY$ 中的货币流通速度 V 就是 12。通过这种方式，弗里德曼就将 V 和实际货币需求联系了起来。由于公众的实际货币需求是稳定的，所以 V 也是稳定的。

由于公众的实际货币需求是稳定的，他们在获得额外的名义货币收入时，

[1]　在案例 6.2（直升机从天上撒钱的影响）中，弗里德曼是用 5.2 周表示人们持有货币的名义数量。

就会尽可能减少手中持有的名义货币数量，直到其实际购买力与他们愿意持有的实际货币数量相等时为止。第6章的讨论表明，正是这一机制使得货币数量M的变化必然引起名义收入PY或物价水平P的变化。

消费者确定名义货币需求量的困难

弗里德曼的上述机制是否合理？一个简单的例子就能发现其中隐含的重要假设，进而发现其中存在的问题。根据公式（8.2）所示的弗里德曼货币需求函数，如果一个消费者获得了假设为$x>0$元的名义货币收入，要确定他想保留的名义货币量为ax（其中，$0<a<1$），那么，他需要了解和预测如下信息：

第一，他需要知道当前和未来的物价水平P和P'，否则无法根据名义货币数量确定实际货币数量。物价上涨幅度越大（假设其他因素不变，下同），a也越大。

第二，他需要预测收入x对他的恒久收入y和财富结构w有什么样的影响，即他需要知道这笔收入是偶然性的还是持久性的；如果是持久性的，则说明可以提高总体消费水平，a就可能较大，以支持更多的当期消费。这是案例6.2中弗里德曼强调说“全社会每个人都确信飞机撒钱这一奇迹是一次性的”的原因。

第三，他需要预测三类资产的预期收益率。一方面，他要据此对当期消费额进行调整，因为这些资产的收益率越低，当期消费的机会成本也越低，从而a就应越大；另一方面，可投资金融资产和实物资产相对于货币的预期收益率越低，持有货币的机会成本越低，a就应越大。

第四，他需要确定货币带来的流动性便利和安全性感受，这实际上反映的是对前一条所说的可投资金融资产和实物资产的风险性，这些资产的风险越高，a就应越大。

对于第一点、第二点和第三点的第一个方面，消费者决定的是x中多大比例用于当期消费（其余部分用于储蓄），可称为消费比例决策；对于第三点的第二个方面和第四点，消费者决定的是储蓄中多大比例以货币形式持有（其余部分以其他资产形式持有），可称为储蓄方式决策。两类决策都会影响货币需求，不过，消费比例决策影响的是货币的交易媒介需求，而储蓄方式决策影响的是货币的储藏手段需求。

这一差异非常重要，原因在于两个方面：一方面，只有交易媒介需求对当期消费产生影响时，才有可能进而对物价上涨产生压力；另一方面，交易媒介需求是有限的，而储藏手段需求则是无限的，尤其在其他投资手段有限、宏观经济波动性较大、未来高度不确定性的情况下更是如此。中国改革开放以来货币供应量的增长速度远超过经济增长的速度，但没有引起严重的通货膨胀，其主要原因之一，就是大量货币需求是储藏手段需求（参见《货币哲学》一书的详细讨论）。也就是说，如果考虑到储藏手段货币需求的无限性和高度不确定性，公众的实际货币需求不可能是稳定的。

即使不考虑储藏手段货币需求的无限性，实际货币需求稳定的假设也仍然存在问题。本书第 3 章的讨论表明，消费者要获得前述四个方面的准确信息并做出准确预测，是几乎不可能的，在通常情况下，甚至连做出初步估计也极其困难。

以第一点为例。消费者要准确知道当前和未来的物价水平 P 和 P'，需要满足如下几个方面的条件：一是要有一个低成本可观察的物价指数，而且是与消费者个人消费结构一致的物价指数；二是需要知道所有其他人都与自己一样获得了相同的货币收入，从而知道是整个社会货币供应量增加了，否则，不可能对物价有任何影响；三是需要知道这些货币数量对整个社会物价水平（尤其是与自己消费结构相关的商品的物价）的具体影响程度；四是根据前述物价预测自己需要保留的货币额。很显然，能够准确做到这些的消费者，只能是 2011 年诺贝尔经济学奖得主萨金特所说“拥有与上帝一样的模型”的消费者。因此，即使是接受公式（8.2）所示的、弗里德曼的货币需求函数，我们也无法得出实际货币需求稳定的结论。

8.2 关于通货膨胀原因的误导

弗里德曼在证明实际货币需求稳定，进而证明 V 稳定以后，就从公式 $MV=PY$ 中得出结论认为，PY 或 P 的变化完全源于 M 的变化。实际上，弗里德曼的这一逻辑还隐含着如下两个重要假设：

第一，货币数量 M 对产出 Y 没有影响；否则，就不能如弗里德曼那样，始终把名义收入 PY 的变化和物价 P 的变化视为完全相同的变化；

第二，名义收入 PY（或物价 P）不会影响货币数量 M，即因果关系的方向只可能是从货币数量到产出，而不可能存在从产出到货币数量的情形。

上一章的讨论表明，在与弗里德曼的假设完全相同的货币体系下，货币的增长源自商业银行的贷款（忽略创造货币的其他资产业务），而商业银行在发放贷款创造货币从而使货币进入流通领域时，要以收回贷款为条件，这就要求这笔贷款必须创造价值、增加产出，因此，除了银行判断失误、借款人故意挪用等特殊情况以外，货币增长与产出增长通常是同步的。也就是说，货币数量 M 的增长，其目的就是要增加产出 Y，从而隐含在弗里德曼讨论中的前述第一个假设“货币数量 M 对产出 Y 没有影响”不是必然成立的。

在银行贷款中，贷款金额取决于贷款需求，而贷款需求则取决于需要运用这笔贷款购买的商品的数量和价格，因此，贷款金额（进而贷款所创造货币的数量）就与借款人所预计的未来价格水平，进而与当前价格水平 P 是直接相关的，这样，价格就会对货币数量形成影响，从而隐含在弗里德曼讨论中的前述第二个假设“名义收入 PY（或物价 P）不会影响货币数量 M”也不是必然成立的。这一点实际上说明，货币数量与通货膨胀之间因果关系的方向，并非如弗里德曼所言是从货币数量到通货膨胀，而极有可能是从通货膨胀到货币数量。[1]

因此，弗里德曼的著名论断“通货膨胀在任何时候、任何地方都是一个货

[1] 《金融哲学》一书以通货膨胀与货币数量之间的关系为例，比较详细地讨论了确定因果关系的困难。

币现象”是值得商榷的，把通货膨胀的唯一原因归结于货币数量的增长，或者认为“货币数量增长必然导致通货膨胀”，是一种误导。

8.3 关于通货膨胀原因的启示

如果货币数量论是完全错误的，它也不可能在经过两百多年的探讨之后，仍然具有如此巨大的影响力。实际上，货币数量论也仍然有着极有价值的启示，而且这些启示也蕴含在弗里德曼的论述之中。

“太多的货币追逐太少的商品”

实际交易中某一商品的价格，是这一商品与特定数量的货币相交换的比例。很显然，在其他情况不变的情况下，与同一商品相交换的货币数量越大，以该货币单位表示的价格就越高。这一结论也可以推广到整个经济：假设突然之间，政府宣布所有已经发行和即将发行的纸币的面值，都改变为原来的 1000 倍，而且所有人都同时了解这一信息，那么，结果就必然是所有价格都同时上涨为原来的 1000 倍，人们在交易中除了需要多数几个零以外，并没有别的显著差异。在这一点上，弗里德曼观点的正确性是毋庸置疑的。

实际经济运行中货币数量的增长，当然要比政府宣布面值变化复杂得多，不过，其核心思想仍然是适用的。在运用到分析通货膨胀原因时，这一思想的启示就是，“太多的货币追逐太少的商品”既是通货膨胀的必要条件，也是导致通货膨胀的充分条件，也就是说，两者始终是相伴而生的。弗里德曼在《一位货币主义者的观点》(1983)一文中第二节的标题“廉价货币创造昂贵商品”(Cheap Money Makes Dear Goods)，充分体现了这一思想后半部分所包含的充分条件，而第三节中的如下这句话，则体现了前半部分隐含的必要条件：

> 导致通货膨胀的原因有且仅有一个，那就是，货币数量的增长超

过了产出数量的增长。[1]

弗里德曼在《货币的祸害：货币史片断》(1994) 一书第八章“通货膨胀的成因与对策”中，对前述思想做了更为具体的阐述：

> 如果能够买到的货物和服务的数量——简而言之就是产出——与货币的数量以同样快的速度增加，那么，价格就会趋于稳定。价格甚至还有可能持续下跌，因为人们的收入增多以后，会倾向于更多地以货币形式保存财产。通货膨胀是在货币数量增长速度显著超过产量增长速度时发生的，而且每单位产出对应的货币数量增长得越快，通货膨胀率也就越高。在经济学中，也许没有比此更为确定的命题了。[2]

充分条件和必要条件结合起来，上述观点即可概括为“太多的货币追逐太少的商品必然导致通货膨胀”(以下简称“流量论”)。弗里德曼的这一观点，与“货币数量增长必然导致通货膨胀”这一同样出自弗里德曼但在第 8.2 节中我们称之为“误导”的观点（以下简称“存量论”)，表面上是一致的，但实质上存在着极为关键的差异，这一差异就是前述两个简称所使用名词“流量”和“存量”之间的差异。

存量与流量的差异

存量论强调的是货币和商品的存量。弗里德曼在讨论中提到货币数量时，通常使用的名称是“货币存量”(money stock)。他在讨论到将供求分析运用于

---

[1] Friedman, Milton, 1983, A Monetarist View, *The Journal of Economic Education*, Vol. 14, No. 4, p. 47.

[2] Friedman, Milton, 1994, *Money Mischief: Episodes in Monetary History*, Mariner Books, p. 193.

分析一般商品和货币的差异时说：

> 对于具体商品进行供求分析时，涉及的是流量，比如每年多少双鞋子、多少次理发，但货币数量论涉及的是某一时点上的货币存量。[1]

弗里德曼在讨论货币数量论时所说商品（即产出）当然是流量，但由于他认为货币数量的增长并不会影响产出（忽略他对短期和长期的区分，参见第 8.6 节对这一区分的讨论），所以，他所说的产出实际上是一种必然会存在的商品存货，从而可以被视为存量。

在流量论中，货币数量的增加是否会导致通货膨胀（或通货紧缩），关键是增加的货币（存量）在未来一定时期中所形成的购买力（流量），相对于相应时期中以这些货币为交易媒介的商品（存量加流量）的数量来说，是过多还是过少：过多就会引起通货膨胀，过少就会引起通货紧缩。其中的关键就是“太多的货币追逐太少的商品”中的“追逐”一词所隐含的、动态的流量，而不是存量。

从货币角度来看，影响物价的是流量而不是存量，即货币必须用于实际交易，才会影响实际交易中的物价；从商品角度来看，影响物价的是全部可交易商品，其中既包括货币数量增加以前就必然会参加交易的商品，还包括在所讨论时期中因货币增加而新生产并进入流通的商品，以及因为对商品未来（超过所讨论时期）价格变化的预期所引起的实际交易商品数量的增加（投机性库存下降）或减少（投机性库存增加）。

进一步讨论

流量论和存量论都可以用货币数量恒等式 $MV=PY$ 来表达。存量论认为，在

---

[1] Friedman，Milton，2008，Quantity Theory of Money，*The New Palgrave Dictionary of Economics*，Second Edition，Palgrave Macmillan，p. 15.

M增加时，即 $\Delta M>0$（Δ 表示增量，下同）时，V和Y都不变，且P不会影响 ΔM，所以有，

$$\Delta P=(M+\Delta M)\times V/Y-P=\Delta M\times V/Y>0 \tag{8.3}$$

这样就证明了如下结论：货币数量M增长，必然导致价格上涨，引起通货膨胀。

与此不同，流量论认为，当货币数量增长（即 $\Delta M>0$）时，其他变量的变化是不确定的：

第一，V的变化是不确定的，既可能因为预期P上升而上升（即储藏职能需求下降），也可能因为预期P下降或者其他替代资产预期收益下降而下降（即储藏职能需求上升）。

第二，Y的变化是不确定的，既有可能因为新增货币启动了闲置资源，或者改善了资源的配置，从而出现增长；也有可能因为新增货币对资源配置没有任何影响，从而不变；还有可能因为新增货币被用于投机或者战争，恶化了资源配置，甚至毁灭了大量生产能力，从而出现下降。

第三，P和M的关系是不确定的，P不仅可能会因为M的增加而上升，而且还可能会反作用于M。

上述三个方面的不确定性，使得我们在讨论过程中，就不能假设货币增量ΔM是外生给定的，必须将其以联立方程组的形式内生化。考虑到这一点，我们可以运用如下包括四个方程式的联立方程组来粗略表示流量论的基本逻辑：

$$\Delta P=(M+\Delta M)\times(V+\Delta V)\div(Y+\Delta Y)-M\times V\div Y \tag{8.4}$$

$$\Delta M=f(\Delta P,\ \Delta V,\ \Delta Y,\ \cdots) \tag{8.5}$$

$$\Delta V=g(\Delta P,\ \Delta M,\ \Delta V,\ \cdots) \tag{8.6}$$

$$\Delta Y=h(\Delta P,\ \Delta M,\ \Delta V,\ \cdots) \tag{8.7}$$

其中，f、g和h分别代表三个函数，…表示其他因素。

在这个方程组中，货币数量恒等式的四个变量都是内生的，而且是相互影响的。公式（8.4）以显函数形式表示的价格变化表明，即使我们能够强制性假

设 ΔM 为正，由于 ΔV 和 ΔY 可能为正、零或负，我们也不能事先确定 ΔP 就为正。

但是，如果我们假设 ΔV 和 ΔY 均为零，而且公式（8.5）中不包含 ΔP（即 ΔM 完全外生），我们就得到了公式（8.3），因此，存量论只是流量论的一种特殊形式。从这里我们也可以看到第 6 章中已经指出的弗里德曼货币数量论逻辑中的一个关键问题了，即他要证明的“货币中性”这一结论已经在他的假设（ΔV 和 ΔY 均为零）之中了。

“舍弃逻辑、迁就量化”

弗里德曼当然也意识到了真正影响物价的是货币流量。由于他反复强调所有经济理论必须以实证为基础（参见本书第 3 章对弗里德曼《实证经济学方法论》一文的详细介绍），因此，是否能够进行实证研究就成了整个理论的关键，而实证就需要准确度量货币流量。

通常采用流通中的货币存量乘以流通速度来计算货币流量，但这一方法隐含着一个极重要的假设，即货币存量保持不变。由于人们可以通过偿还银行债务的方式消灭货币存量（在信用货币体系下），或者通过窖藏的方式减少流通中的货币存量（在金属货币体系下），所以，这一假设是完全不符合现实的。同时，货币流通速度本身也是无法观察的。

准确度量货币流量的另一方法是，追踪并记录每笔交易实际支付的货币额，但一方面其成本极其巨大，现实可能性极小；另一方面实际交易中大量信用交易的存在，使得即使能够有这样的统计，其意义也极其有限。

面对无法度量货币流量的现实困难，弗里德曼的解决办法是“舍弃逻辑、迁就量化”：一方面，通过假设货币外生来保证货币存量不变；另一方面，通过“证明”货币实际需求的稳定来“证明”货币流通速度的稳定，进而得出了第 8.2 节所述具有严重误导性的结论。因此，弗里德曼对货币数量论的解释，是为了实证的目的，而牺牲掉了其可能的启示。

8.4 关于通货膨胀治理的误导

弗里德曼可以称得是“坚强的反通货膨胀斗士”，主张要采取一切必要措施来防止通货膨胀。但是，按照弗里德曼的货币数量论，既然通货膨胀的原因如此简单（货币太多），对策也如此明确（控制货币数量），为什么通货膨胀问题还会如此麻烦？

都是中央银行的责任吗

弗里德曼认为，治理通货膨胀的措施非常简单，即控制货币数量的增长。由于中央银行完全决定着货币数量，所以，通货膨胀的唯一障碍就是政治意愿。弗里德曼在《货币的祸害：货币史片断》（1994）一书中，明确地概括了这一观点：

> 治理通货膨胀的对策，说起来非常简单，但要真正实施却非常困难。由于货币数的过度增长是导致通货膨胀唯一重要的原因，因此，降低货币增长率是治理通货膨胀的唯一对策。问题不是知道该做什么，因为这非常容易，即政府必须大幅度降低货币数量的增长率；问题在于必须要有采取必要措施的政治决心。[1]

弗里德曼说，拥有治理通货膨胀的政治决心之所以极其困难，是因为在出现严重的通货膨胀时，治理它会有非常大的副作用，比如经济增长率会下降，失业率会上升。他还举例说，治理通货膨胀与酒鬼戒酒极其相似，两者都需要忍受很长一段时间的痛苦。

把通货膨胀完全归咎于中央银行，把其治理责任完全集中于中央银行，可

[1] Friedman，Milton，1994，*Money Mischief*：*Episodes in Monetary History*，Mariner Books，p. 213.

以说是弗里德曼所阐释货币数量论在实践方面最为严重的误导。上一章的讨论表明，货币数量的变化并不是由中央银行能够完全控制的，它还要受到银行的贷款意愿和贷款能力、借款人的借款意愿和借款能力的影响，再加上本章前几节对货币需求的讨论，充分说明弗里德曼关于通货膨胀治理责任的观点是值得商榷的。

时任美联储主席的阿兰·格林斯潘（Alan Greenspan）在《货币政策中的风险和不确定性》一文中，在回顾 20 世纪 80 年代和 90 年代通货膨胀在全球范围内出现持续下降，从而保持物价水平总体稳定时说，其功劳并不完全归于中央银行的货币政策：

> 我逐渐意识到，至少在过去 20 年里，货币政策一直处于一个特别有利于价格稳定的环境中。这一环境的主要特点包括三个方面：（1）对物价稳定的政治支持增加了，这在很大程度上源于 20 世纪 70 年代前所未有的和平时期通货膨胀；（2）全球化释放了巨大的竞争力量；（3）生产效率的加速增长，这在相当长的时间中抑制了成本的上涨。[1]

既然通货膨胀的成功治理不能完全归功于中央银行，那么，在出现严重通货膨胀时，责任也不能完全归咎于中央银行。

为什么要治理通货膨胀

如果货币数量的增长是中性的，即它只会导致通货膨胀，对实体经济没有任何影响，而只有实体经济中生产的商品和劳务才是我们真正需要的东西，货币只不过是获得这些东西的工具，那么，我们为什么要忍受那么大的痛苦去治理（或防止）通货膨胀？其中所隐含的逻辑上的矛盾，一方面说明货币中性的

---

[1] Greenspan, Alan, 2004, Risk and Uncertainty in Monetary Policy, https://www.federalreserve.gov/, January 3.

结论是有问题的，另一方面也隐含着通货膨胀的真正成因和根本性治理对策。

弗里德曼在与他的夫人罗斯合著的《自由选择》一书中提到了通货膨胀的危害：

> 不稳定通货膨胀导致的主要消极后果之一，是使价格在信息的传递上变得不再有效。比如，木材的价格上涨了，但木材生产者却无法搞清楚其原因究竟是通货膨胀导致的所有物价同时上涨，还是相对于其他商品来说，木材的需求增加了或者供给下降了。对于生产来说，最重要的信息首先是相对价格，即一种商品与另一种商品的价格之比。较高的通货膨胀，尤其是极度不稳定的通货膨胀，却使这种相对价格的信息变得毫无用处。[1]

也就是说，通货膨胀之所以不利于经济发展，主要是因为它的影响是不均衡的，即通货膨胀使经济中不同商品价格上涨的幅度不一样。除此之外，通货膨胀对不同经济主体的影响也是迥然不同的，其中最为突出的是，它对债务人有利，而对债权人不利。很显然，通货膨胀影响的这类差异必然会引起资源配置的变化，从而对实体经济产生显著影响。也就是说，即使是货币数量增加必然导致通货膨胀，但由于通货膨胀会对实体经济产生影响，所以，货币也不是中性的。

通货膨胀的真正原因和治理关键

通货膨胀影响的不均衡，在一定程度上揭示了其基本形成机制。在出现通货膨胀时，以产业为单位来考察，不同产业的价格上涨速度和幅度是不同的。

---

[1] Friedman，Milton and Friedman，Rose，1981，*Free to Choose：A Personal Statement*，Avon Books，p. 1718.

什么产业价格的上涨会最快、幅度最大？一定是那些能够吸引更多资源的产业。这些产业能够吸引资源，必须同时满足两个条件：一是这些产业在人们的预期中具有良好的前景；二是这一预期得到了银行及其他投资者的认可，从而获得了融资。

如果几乎所有行业都被预期具有良好前景，并且都能得到融资，但相关资源或产品不能及时以同样的速度增长，那么，所有行业的价格都有可能出现上涨（当然上涨幅度可能不同），从而就有可能引发通货膨胀（即物价水平的普遍上涨）。

在通货膨胀过程中，并不一定会出现货币存量的上涨，因为如果货币存量足够大，而原来货币的流通速度比较低（比如大量货币以定期存款形式存在银行），就有可能通过提高流通速度来改变其当期购买力，比如定期存款可能被支取后用于购买企业发行的有价证券，从而转变成企业的活期存款：在此过程中，货币存量并没有发生变化，但货币流量变了。

前述讨论表明，在通货膨胀的形成过程中，预期和融资起到了极其重要的作用：没有相应预期就不会有融资；没有融资就不会形成购买力，当然也就不可能有实际的价格上涨，更不会有普遍的通货膨胀。因此，通货膨胀的真正原因在于预期，尤其是对未来经济增长的普遍性预期。

防范和治理通货膨胀，关键是要解决“太多的货币追逐太少的商品”，即保证货币流量增长与商品流量增长相适应。由于经济主体的生产、消费和融资决策，从根本上来说都取决于预期，因此，有效管理预期是治理通货膨胀的关键。但正如凯恩斯所说，预期（亦即信心）是“不受控制”“无法管理”“最难操纵”的（参见下一章的详细讨论），这才是通货膨胀难以得到有效治理的根本性困难。

8.5 被忽略的通货紧缩问题

弗里德曼在讨论货币数量论时，几乎将其与通货膨胀问题等同起来，差不多完全忽略了通货紧缩问题。原因比较简单，因为弗里德曼“复活”货币数量论的契机是解释现实中面临的通货膨胀问题，而在他面临的“现实”中，根据他对货币数量论的解释，通货紧缩几乎是不可能的。

美联储本来可以更早地结束大萧条吗

不过，弗里德曼在讨论货币历史时，却对通货紧缩问题非常重视。弗里德曼在通货紧缩方面最著名的一个研究结论是，美国大萧条主要是由美联储通货紧缩的货币政策所导致的。在他与施瓦茨合著的《美国货币史》(*A Monetary History of the United States: 1867—1960*) 一书中，他基于大量数据得出结论：

> 在整个萧条过程中，美联储拥有足够的力量来终止通货紧缩和银行崩溃的悲惨进程。如果它在1930年年末，甚至是1931年的年初或年中有效地运用了这些力量，持续的流动性危机几乎可以肯定地会被避免，货币存量就不会出现下降，事实上，货币存量就有可能增加到任何需要的程度。如果采取这样的行动，必将大幅缓解萧条的严重程度，而且极有可能使萧条更早地结束。[1]

为了说明大萧条的影响，弗里德曼等引用数据说，1931年的名义货币收入，要低于从1917年以来任何一年的水平，而1933年的实际收入甚至要略低于1916年的水平，1933年的人均实际收入仅仅与四分之一世纪之前、陷入经济衰退的1908年的水平几乎相同，在大萧条的低谷，失业率高达25%。

很显然，弗里德曼的这一讨论与他在阐述货币数量论时所得到的货币中性

[1] Friedman，Milton and Schwartz，Anna Jacobson，1963，*A Monetary History of the United States*，Princeton University Press，p. 11.

结论是相矛盾的：既然货币数量的减少能够对实体经济产生影响，为什么货币数量的增加就不可能对实体经济产生影响呢?

通货紧缩更难治理

从基本逻辑来看，通货紧缩与通货膨胀是一样的，即导致通货膨胀的是“太多的货币追逐太少的商品”，而导致通货紧缩的是“太少的货币追逐太多的商品”。但是，与通货膨胀相比，通货紧缩的治理要困难得多，主要原因在于，在现代货币体系下，中央银行对货币数量变化的影响能力是不对称的，即其限制能力明显地要强于促进能力。

上一章的讨论表明，流通中货币存量的变化，取决于银行发放贷款（忽略其他资产业务，下同）所创造货币与银行收回贷款所消灭货币之间差额的变化，即取决于银行贷款余额的变化。贷款余额的变化，主要受到如下两方面因素的影响：一是银行的放贷能力和公众的借款能力（两者合称“贷款能力”）；二是银行的放贷意愿和公众的借款意愿（两者合称“贷款意愿”）。中央银行能够有效地约束贷款能力，从而在一定程度上阻止贷款余额的过快增长；但是，当贷款意愿不强时，即使中央银行放松对贷款能力的约束，贷款余额的增长也会缺乏动力。[1]

因此，弗里德曼将大萧条完全归咎于美联储的结论，是值得商榷的。美联储在当时如果采取宽松的货币政策，可能会有助于减弱大萧条的严重程度，但可能不会起到根本性的作用，因为在经济前景极其暗淡的情况下，无论是商业银行还是借款人都会采取收缩的政策，银行不愿意放贷，企业不愿意投资，消费者不愿意消费，银行贷款余额进而货币存量很难出现增长。

在2008年开始的全球金融危机期间中，美国及其他国家中央银行实施的定

[1] 我们可以运用饮牛的比喻来说明中央银行能力的不对称性。在牛想喝水时，我们可以有多种方法禁止它喝水；但在牛不想喝水时，“强按头”是不管用的。

量宽松货币政策提供了另一个例证。这些中央银行之所以实施定量宽松政策，是因为传统的宽松货币政策已经不再有任何作用：宽松程度已经达到了“极点”——利率已经达到或接近于零，从而不可能再低，甚至有部分国家采取了惩罚性的负利率政策。

在面对通货紧缩时，中央银行所需要解决的已经不是一个货币问题，而是整个经济面临的问题，因此，有专家指出通货紧缩已不再是纯粹的货币现象。实际上，不仅通货紧缩不是纯粹的货币现象，从我们前面几节的讨论可以看到，通货膨胀也并非如弗里德曼所说的纯粹货币现象，因为货币数量的变化始终与经济活动密切联系在一起，货币供给并非外生的，而货币需求也并非独立于货币供给的。

从未来发展来看，人类面临的将主要是通货紧缩问题，其根本原因在于，人类的生产能力已经出现过剩，供给将主要取决于需求，加上信息技术的蓬勃发展和广泛应用，竞争的激烈程度不断加剧，价格总体上存在着巨大的下降压力。因此，我们需要更加重视对防范和治理通货紧缩的研究。

8.6 区分短期和长期的“障眼法”

弗里德曼在讨论货币数量增长的影响时，进一步区分了长期效应和短期效应。他在《一位货币主义者的观点》(1983) 一文中说：

> 货币数量的变化，虽然在开始时会影响产出和就业，但在长期中，它的主要影响是在价格上。[1]

---

[1] Friedman, Milton, 1983, A Monetarist View, *The Journal of Economic Education*, Vol. 14, No. 4, p. 46.

货币在短期内非中性、长期内中性，成了目前正统经济学中的基本结论。这就引出了三个问题：第一，短期内和长期内的影响为什么会不同？第二，短期内的非中性是如何发展成为长期内的非中性的？第三，短期到底是多短？而长期到底有多长？

对于第一个和第二个问题，弗里德曼并没有做详细论述，他在讨论第6章和本章概括的相关内容时，并没有说明其适用期限，更没有针对短期和长期分别进行论述。但在论述菲利普斯曲线时，弗里德曼明确区分了长期和短期，由于对这一曲线的批判和发展，正是弗里德曼“成功复活”货币数量论的主要原因，所以，从中我们可以看到弗里德曼心目中短期和长期之间的根本差异（专栏8.1）。

专栏 8.1

短期和长期菲利普斯曲线

菲利普斯曲线的基本结论是，在失业率与通货膨胀之间存在一个稳定的替代关系，政府据此可以采取增加货币数量的扩张性货币政策，以通货膨胀上升的代价，换取失业率的下降和产出的增加。这一主张很显然与货币数量论的主张是相左的。在20世纪50年代和60年代，菲利普斯曲线被广泛接受，是货币数量论被拒绝的主要原因之一。

但20世纪70年代出现的经济增长停滞（失业率高企）和通货膨胀并存的滞胀，使菲利普斯曲线受到质疑。弗里德曼认为，菲利普斯曲线所示的替代关系只在短期内存在，而在长期内失业率将稳定在自然失业率的水平，货币数量的增长只会导致通货膨胀率的上升，而不会改变失业率（和经济增长率），而这正是货币数量论的结论。

之所以在短期和长期存在明显的差异，弗里德曼的解释是，工人和企业在短期内都存在错误观念，而这种错误观念在长期内会得到纠正。具体来看，通货膨胀使得企业感觉到实际工资出现下降，这会促使企业提高名义工资，而工人则错误地将名义工资的提高看作实际工资的上升。这两种观念之间的差异，使得企业增加就业机会，而工人也愿意更多地工作，全社会的失业率也因此出现下降，这就形成了菲利普斯曲线。但是，如果通货膨胀继续，工人和企业的预期会逐渐趋同，失业率下降的趋势会被逆转。因此，向右下方倾斜的菲利普斯曲线只是一种短期现象；在长期中，菲利普斯曲线将变成一条垂直于横轴的直线，它与横轴的交点就是自然失业率，在这种情况下，货币数量的增长将只会改变价格水平，而不会改变失业率。

资料来源：Friedman，Milton，2008，Quantity Theory of Money，*The New Palgrave Dictionary of Economics*，Second Edition，Palgrave Macmillan，pp. 23–24. 本书作者根据原文内容重新表述。

从专栏 8.1 的表述中，我们看到了弗里德曼在货币数量论问题上区分长期和短期的基本逻辑：货币数量的增长之所以在短期内是非中性的，是因为货币数量的增长在开始时会增加经济主体的收入，但经济主体无法区分名义收入和实际收入，即把它当作实际收入的增长（这就是文献中通常所说“存在货币幻觉”），从而做出了错误的决策，比如增加消费等，其结果是产出增加，失业率下降。但随着时间的推移，由于经济主体得到的信息(如物价总水平上升的信息)越来越多，他们会逐渐认识到原来的错误，从而纠正原来的决策，失业率恢复到自然失业率水平。

第 8.1 节在讨论消费者如何确定自己应该持有的名义货币数量这一问题时，已经说明消费者获得准确信息并进行相关计算的困难，与此类似，经济主体要消除前述“货币幻觉”，也是极其困难的。

同时，还存在另外一个逻辑上的问题。失业率是一个时点指标，当然是可以“纠正错误”的，但当我们讨论产出问题时涉及的是时期指标，其数量是累积性的，如何“纠正错误”？也就是说，如果货币在短期内对实体经济产生影响，即导致消费增加、产出增加、销售增加、就业增加，那么，当人们认识到错误的时候，这些已经增加的消费、产出、销售是否会被消除或抵消呢？答案是否定的，因为在“纠正错误”后的消费、产出、销售等，只会维持在假设没有货币数量增长时的水平，而不会出现能够抵消前述“错误”期间增加部分的减少。

前述问题也涉及期限，进而也就涉及了前面提到的第三个问题：短期到底是多短？长期到底有多长？对此，弗里德曼在为《帕尔格雷夫经济学大词典》撰写的词条“货币数量论”（Quantity Theory of Money）中给出了一个具体期限：

> 在短期（可能长达三至十年），货币数量变化会主要影响产出。但在以十年为单位的期限内，货币数量增长将主要影响价格。[1]

无论是在实际经济运行中还是在经济学讨论中，“三至十年”很难被看作短期，而且三年和十年之间的时间跨度非常大，再加上弗里德曼并没有针对这一期限做出明确解释，区分短期和长期的理论价值极其有限。

在现实经济中，货币数量的增长是持续不断的，经济主体的经济计划常常是以年度为单位，即使是政府也通常是四年或五年就要换届，也就是说，经济主体的决策通常每年或者至多每四到五年就有可能做出重大调整，如果货币数量的增长在长达“三至十年”的时期中会对实体经济产生明确的影响，这种影响又如何可能被消除或抵消呢？

实际上，货币数量论者之所以区分长期和短期，而且弗里德曼将短期确定为“三至十年”，主要原因是货币数量增长率和通货膨胀率的实际数据，只有在以十年为单位进行平均时，才显示出比较明显的相关性。米什金在《货币金融学》（第 10 版）中，以美国 1870 年至 2000 年间货币增长率与通货膨胀率的十

[1] Friedman，Milton，2008，Quantity Theory of Money，*The New Palgrave Dictionary of Economics*，Second Edition，Palgrave Macmillan，p. 25.

年平均值画了一张图（即下述引文中的“图 1”），同时，又以美国 1965 年至 2010 年间年度货币增长率与滞后两年的年度通货膨胀率画了另一张图（即下述引文中的“图 2”），然后得出结论：

> 通货膨胀率与货币增长率，在图 1 显示出了极强的正相关性，……但年度数据显示两者的关系则完全不明显。……实际上，图 2 显示两者之间几乎不存在正相关关系。根据这一证据得到的结论是，货币数量论在长期内是有效的，但在短期内是无效的。表述这一结论的另一个方法是，米尔顿·弗里德曼的论断“通货膨胀在任何时候、任何地方都是一个货币现象”在长期内是准确的，但在短期内却得不到数据的支持。[1]

仅仅依据数据得出结论的做法，本来就存在严重缺陷（参见《金融哲学》一书的详细讨论），再加上经济主体在现实经济活动中准确获取信息并进行相关计算的困难，以及短期内对实体经济的影响很难被消除或抵消，弗里德曼在讨论货币中性问题时所做长期和短期的区分，实际上只是调和理论分析与实际数据之间所存在明显差异的一种“障眼法”。

---

[1] Mishkin，Frederic S.，2013，*The Economics of Money*，*Banking*，*and Financial Markets*，10th Edition，Pearson Education，p. 484.

第3篇

金融的文化基础

PART THREE

>>> 第 9 章

金融活动中的文化和制度

第 6 至 8 章关于货币运行与经济增长之间关系的讨论结论，可以应用于解释中国经济增长，这一解释又能进一步促进我们对前者的理解。要比较好地解释中国经济增长的逻辑，就必须理解中国金融结构的独特性，而这种独特性又源于如下两个方面的因素：一是文化对金融的根本性影响，二是中西方文化的根本性差异。本章讨论前一个方面，第 10 章讨论后一个方面。本章的讨论将表明，文化和制度对于金融活动的作用，与康德哲学中时间和空间对于直观（进而对整个人类认识）的作用非常相似，因此，本篇内容是本书第 1 篇内容的延伸，是将康德哲学应用于具体金融分析的又一个例证。

9.1 金融契约的不完备性

金融活动通常被解释为货币资金的融通。本书第 7 章的讨论表明，现代信用货币从源头上来自银行“无中生有”的创造，同时又可以被银行“有中生无”地消灭，因此，金融活动不仅包括货币的融通，还要包括货币的创造和消灭。另外，货币的转移支付或兑换，并不属于以偿还（通常还包括支付利息等报酬）为条件的货币融通。因此，金融活动是包括货币创造、货币转移、货币兑换、货币融通和货币消灭在内的所有活动的总称。

金融活动与金融契约

金融活动都是以金融工具为载体的。我国从 2007 年开始实施的《企业会计准则第 22 号——金融工具确认和计量》，从企业角度对金融工具进行了定义：

> 金融工具，是指形成一个企业的金融资产，并形成其他单位的金融负债或权益工具的合同。

中国人民银行在 2010 年发布的、适用于金融业综合统计的《金融工具统计分类及编码标准（试行）》中，从金融机构角度对金融工具的定义是：

> 金融工具是机构单位之间签订的、可能形成一个机构单位的金融资产并形成其他机构单位的金融负债或权益性工具的金融契约，包括金融资产、金融负债、权益性工具和或有工具。

这两个定义很类似，但后者多了一个“或有工具”。这一差异的原因在于，前者是从企业会计角度来定义的，而“或有工具”要么是以资产或负债的形式进入资产负债表，要么是以表外项目形式保留在表外，从而不需要单列；而后者则是从统计角度来定义的，所以需要包括这类工具。另外，这两个定义分别是从企业和金融机构这两类经济主体出发的，但完全可以推广到参与金融的其他经济主体。因此，金融工具在本质上是一种金融契约，这两个概念可以互换使用。

我们可以通过一个具体的例子来进一步理解金融工具的契约性质。比如，任何人持有的人民币现金，对于持有者来说是一笔资产，而对于发行人——中国人民银行——来说则是一笔负债，因此，人民币现金相当于是持有者(债权人)与中国人民银行（债务人）之间的一份债务契约。现金是无记名的，现金的转让意味着上述契约关系的改变：债务人保持不变，但债权人发生了变化，而且这种变化是通过现金转让行为自动发生的。同时，我们也可以把现金的转让理解为契约的替代，即由一份新创立的契约来代替一份旧的契约，而旧的契约相当于通过执行而被消灭了，执行的方式是接受现金的人代替中国人民银行清偿了债务（如果不需偿还）或承担了新的债务（如果需要偿还）。后一种理解方式，在记名式工具（如存款）的转让上体现得更加明显。

由于金融工具和金融契约在概念上的等同性，所以，以金融工具为载体的金融活动，也可以说是金融契约的创造、转让和消灭等活动的总称，金融活动就是围绕金融契约的全部活动。这样，契约就为我们提供了一个全面分析金融现象的良好视角。

契约的不完备性

所有契约都是不完备的。这一点早为经济学家们所注意到。但对于契约不完备的原因，一般都没有做进一步的论证。2016年诺贝尔经济学奖得主奥立弗·哈特(Oliver Hart)在为《帕尔格雷夫经济学大词典》撰写的词条“不完备契约”(Incomplete Contract）中，并没有详细分析契约不完备的原因，而且就连不完备契约的定义，也只是在整个词条的结论中，通过与完备契约的对比，做了如下简要说明：

> 完备契约是指具体列明在未来可以想象得到的每一种可能情形下契约各方全部义务的契约。……在现实世界，通常不可能事先完全地、没有任何模糊性地列明契约各方的全部义务，因此，大多数实际契约都是严重不完备的。[1]

---

[1] Hart, Oliver, 2008, Incomplete Contract, *The New Palgrave Dictionary of Economics*, Second Edition, Palgrave Macmillan, p. 13.

完备契约必须同时满足两个条件：一是明确列明与契约相关的未来所有可能情形；二是明确列明在所有可能情形下契约方各自的义务。两个条件中的“明确列明”实际上隐含着第三个条件，即所列明条款能够为第三方验证，从而能够得到完全实施。

很显然，在充满不确定性的现实经济中，这三个条件都是不可能得到满足的，因此，契约的不完备性并不需要再做更多的论证。这一点是相关文献的共同特征，即一般都认为契约的不完备性是“不证自明”的，而需要研究的主要是其对策和相应后果；即使部分文献适当讨论了契约不完备性的原因，也是为讨论其对策和后果服务的。

金融契约的不完备性

相对于普通商务契约来说，金融契约的不完备性更加突出。比如，在普通股股票这种契约中，发行人对于投资者，尤其是小投资者，简直可以说是没有做出任何具有法律约束力的承诺：既没有承诺偿还本金，也没有承诺发放股息，虽然承诺了投票权，但中小投资者通常因为成本太高而无法行使这一权利，即使是在克服成本的情况下行使这一权利，其实际作用也因其股份所占比例极低而几乎可以忽略不计。因此，金融契约的不完备性也是“不证自明”的，我们关注的重点是，不完备的金融契约是如何得到执行，从而使金融活动成为可能的。

法律的作用

契约通常被认为是依靠法律制度的强制力来执行的。很多观点认为，现代金融业的蓬勃发展，从根本上源于法律对债权人和股东提供的第三方保护。对于这一点，托尔斯腾·贝克（Thorsten Beck）和罗斯·莱文（Ross Levine）在《法律制度与金融发展》（2004）一文中做了比较全面的概括，其核心结论之一是：

> 我们可以把金融看作一系列契约。……在法律制度能够保障私有财产权、支持私人契约安排、保护投资者合法权益的国家，储蓄者更愿意为公司和金融市场提供融资。与此相反，不保障私有产权、不支持私人契约安排的法律制度，会抑制企业融资、阻碍金融发展。[1]

两位作者把金融看作契约的组合，这与我们前面的观点是一致的。正如金融契约的不完备性是“不证自明”的一样，法律在促进金融发展中的作用也是“不证自明”的，我们需要讨论的仅仅是这种作用是否足以保证金融契约的执行。

文化的作用

法律的强制作用，仅仅适用于相关条款能够被独立于契约双方的第三方法院验证的情形。由于契约总是不完备的，法律并不足以保证契约的执行，契约的有效性还要依赖于文化，而且相比较来看，文化的作用更具根本性。

2009年诺贝尔经济学奖得主奥利弗·威廉姆森（Oliver E. Williamson）在《企业作为治理结构的理论：从选择到契约》（2002）一文中，虽然并没有明确提到文化这个概念，但表达了极为相似的观点。他分析道，对于契约来说，来自公正第三方强制的“法律约束力”当然重要，但它只是作为最后手段（ultimate appeal）的威慑，在具体业务实践中，契约最重要的作用也只是为业务活动提供一个“参考框架”（framework of reference）、“粗略指引”（rough indication）和“不时指导”（occasional guide）。[2]

---

[1] Beck，Thorsten，and Levine，Ross，2004，Legal Institutions and Financial Development，NBER Working Paper No. 10417，p. 2–5.

[2] Williamson，Oliver E.，2002，The Theory of the Firm as Governance Structure：From Choice to Contract，*The Journal of Economic Perspectives*，Vol. 16，No. 3，pp. 171-195.

威廉姆森说，我们之所以运用“参考框架”这类非常灵活的概念来理解契约，主要是因为实践中的经济主体需要建立的是一种能够应对广泛不确定性的合作关系。商业活动的本质是分工合作，持续低成本合作的前提是双方自愿，因此，依赖于第三方力量的强制往往不仅不利于合作，反而会在很大程度上损害合作。同时，诉诸法律，通常需要耗费大量的时间、精力和金钱，成本极其高昂。因此，在实践中，尽管交易双方事前签订有包含明确约定条款的合同，但在出现问题时，双方极少按照法律条款采取相应强制措施，而是会尽量采取协商的办法，寻找一种令双方都满意的补救方法，只有在确实不能达成协议，从而继续合作几乎成为不可能时，双方才会诉诸法律行动。因此，在实践中保证契约得到有效执行的力量，不仅仅是法律制度，相比较来看，更为经常发挥作用从而也就更为重要、更为基本的力量是文化。

9.2 显性和隐性金融契约

契约除了可以按照是否完备划分成完备契约和不完备契约以外，还可以按照契约内容是否明示划分为显性契约（explicit contract）和隐性契约（implicit contract）两大类。金融契约的两类划分方式在本质上是一致的，都说明了文化和制度在金融契约（亦即金融活动）中的极端重要性。

契约的构成要件

显性契约是指契约双方明确约定的契约，而隐性契约则是指契约双方虽然没有明确约定，但契约方主观上认为自己与对方已经达成的契约。区分两者的关键是双方对于契约内容是否“明确约定”。由于隐性契约的主观性，我们可以把这类契约称为单方面感知契约。

契约（也称合同）本来是一个法律概念，从契约角度来研究广泛的社会现象，是对法律上的契约（以下简称“法律契约”）在概念上的延伸。我们能够把社会关系中的相互承诺称为契约，是因为它与法律契约有着类似的地方，从而可以“借用”契约这一概念。因此，法律契约是我们理解契约概念的基准。

根据《中华人民共和国合同法》（自1999年10月1日起施行）相关条款（参见专栏9.1）的规定，法律契约具有如下三个方面的构成要件：

第一，契约主体，即在法律上完全“平等”的“自然人、法人、其他组织”；

第二，契约内容，即对契约主体所享有“权利”、所承担“义务”的约定，这些约定如果符合法律规定，“义务”就对契约主体具有“法律约束力”，“权利”就会得到“法律保护”；

第三，契约形式，即契约是基于“自愿”、明确约定契约内容的“协议”，包括书面协议、口头协议（如通过面谈、录音、录像、电话等方式表达的协议）和其他形式的协议（参见下文的解释）。

合同的构成要件

第二条　本法所称合同是平等主体的自然人、法人、其他组织之间设立、变更、终止民事权利义务关系的协议。

第三条　合同当事人的法律地位平等，一方不得将自己的意志强加给另一方。

第四条　当事人依法享有自愿订立合同的权利，任何单位和个人不得非法干预。

第八条　依法成立的合同，对当事人具有法律约束力。当事人应当按照约定履行自己的义务，不得擅自变更或者解除合同。

依法成立的合同，受法律保护。

第十条　当事人订立合同，有书面形式、口头形式和其他形式。

第十一条　书面形式是指合同书、信件和数据电文（包括电报、电传、传真、电子数据交换和电子邮件）等可以有形地表现所载内容的形式。

资料来源：《中华人民共和国合同法》（自1999年10月1日起施行）。

显性契约和隐性契约

主体、内容和形式三个方面的构成要件，是任何契约都必须同时具备的三个条件，但这三个方面对于显性契约来说是“显性”（即明确）的，而对于隐性契约来说则是“隐性”（即不明确）的。具体来看，显性契约是与“确定”的契约对手就“具体”的契约内容达成的“明确”协议，而隐性契约则是单方面感知到的、“主观上认为”已经达成的协议，即契约的对手、内容和形式，都是仅仅存在于契约主体的观念之中，从而并不是明确的。

在这里需要特别指出的是，专栏9.1所引《中华人民共和国合同法》第十条规定的合同的“其他形式”，最高人民法院在2009年发布的司法解释，将其解释为“从双方从事的民事行为能够推定双方有订立合同意愿的”而“推定”的协议。这种协议通常称为默示合同（implied contract）。比如，一个客人进入餐馆点菜，餐馆接受点单，双方并没有以书面或口头形式达成任何协议，但是双方点菜、接单的行为，则显示出双方在事实上形成了一份契约。由于默示合同在主体、内容和形式三个方面都是明确的，从而也属于显性契约，与书面或口头契约不同的是，双方约定契约的方式是行为。

另外还有三点需要特别说明。第一，法律契约是典型的显性契约，但不是所有显性契约都是能够得到法律支持的法律契约。比如，主体、内容和形式三个方面都明确的契约，可能因为主体无法定资格（如不满承担法律责任的法定年龄）或内容违反法律规定（如毒品买卖）而没有法律效力。第二，隐性契约是没有任何法律效力的契约，因为它并不符合法律在契约形式方面最基本的要求。第三，第9.1节所说的与金融工具等同的金融契约都属于显性契约，隐性契约既不能据以在财务报表中列示，也不会进入任何统计数据之中。

父子契约

将经济学研究中使用的概念和方法，延伸至对婚姻、家庭相关问题的分析，可以说是由来已久。肖莎娜·格罗斯巴德·斯凯特曼（Shoshana Grossbard-Shechtman）和伯特兰·莱蒙尼西尔（Bertrand Lemennicier）在《婚姻合约与婚姻的法与经济学：奥地利学派的观点》（1999）[1]一文中，将其追溯到了古希腊。

由于应用经济学方法分析社会问题而于1992年获得诺贝尔经济学奖的加利·贝克尔（Gary S. Becker），在获奖演讲《研究行为的经济视角》[2]中说，传统经济学的研究通常仅仅是从经济利益的角度来分析人类行为，其适用范围非常狭窄，他所做的研究主要是把经济学作为一种分析方法，推广到对广泛社会问题的研究，而其中最为突出的应用之一是对家庭问题的研究。

贝克尔说，我们完全可以采取经济学中所使用的契约方法来研究家庭问题。虽然现实中和谐的家庭关系，不是来自依赖于第三方强制实施的法律契约，而是来自爱和责任，但这并不妨碍我们运用经济学的思维方式和法律上的契约术语来理解家庭关系。贝克尔分析说，父母一方面对孩子在教育上做出投资，另一方面通过在生活中培养爱的情感、灌输家庭成员间互相帮助的责任观念等“操纵”孩子的生活经验，以间接获得在将来父母年老时孩子提供照顾的承诺，就相当于父母与孩子之间签订了一份契约（以下简称“父子契约”）。虽然这份契约并不能得到强制实施，并且充满了不确定性，但却非常有效。也就

---

[1]　Grossbard-Shechtman，Shoshana and Lemennicier，Bertrand，1999，Marriage Contracts and the Law-and-Economics of Marriage：An Austrian Perspective，*Journal of Socio-Economics*，1999，Vol. 28，No. 6，pp. 665–690.

[2]　Becker，Gary S.，Nobel Lecture：The Economic Way of Looking at Behavior，*Journal of Political Economy*，Vol. 101，No. 3，pp. 385–409.

是说，家庭成员之间承诺的保障不是制度而是文化，这种承诺所依赖的不是有约束力的书面协议，而是因为长期生活在一起而形成的一种能够保障承诺得到自动执行的观念或“偏好”。

贝克尔所说的父子契约是典型的隐性契约。父母与孩子之间的相互承诺之所以能够被称为“契约”，正在于它同样具有契约的三个基本要素：在契约主体上，一方是父母，另一方是孩子，而且双方也是基于平等和自愿原则的，只不过在时间上有差异，是现在的父母与未来的孩子之间的平等和自愿；在契约内容上，父母的义务（孩子的权利）是在孩子成长的过程中对孩子的教育进行投资，父母的权利（孩子的义务）是孩子在独立以后向父母提供照顾；在契约形式上，父母或孩子“认为”他们已经（或曾经）在心理上签订了一份协议。

父子契约虽然也具有主体、内容和形式三个方面的契约要素，但都是不明确的。父子契约在形式上仅仅是单方面感知的契约，这就使得另外两个契约要素（契约主体和契约内容）也具有了极大的模糊性，尤其在契约主体方面，似乎使得我们不能再使用契约这一概念。原因在于，由于孩子有可能并没有类似的感知，这一契约可能只是父母的“一厢情愿”，即整个契约在实际上只有一方，从而似乎根本不能被称为“契约”。不过，虽然孩子在未成年时没有任何责任的概念，从而没有对契约的感知，但这并不妨碍父母相信他们将来有一天会有这样的感知，从而把孩子“看成”契约主体。所以，从父母角度来看，父子契约具有两个独立的主体，满足契约对主体的要求，从而仍然能够被称为“契约”。

赠送牧羊犬的契约

既然隐性契约只是单方面感知的契约，契约的主体、内容和形式都仅仅存在于观念之中，在第三方看来，这份契约是否存在是不得而知的，当然更不可能去验证和强制实施，那么，这就引出了三个问题：第一，我们如何知道隐性契约确实存在？第二，隐性契约如何得到实施？第三，研究隐性契约到底有什么意义？

桑本谦在《隐性的契约与隐性的交易》(2006）一文中讲述的一个虚拟故事，比较好地同时回答了上述三个问题。他说，假设一位朋友给作者赠送了一条牧羊犬，朋友的真实目的是换取身为律师的作者的一些免费法律服务。当然朋友并没有明确这么表示，作者也没有明确答应，如果作者拒绝为朋友提供任何免费的法律服务，这位朋友当然不可能去要求法院执行这个契约。那么，这位朋友为什么会“免费”赠送一条价值不菲的牧羊犬给作者呢？作者从隐性契约的角度解释了这一现象：

> 当他把一条牧羊犬赠送给我的时候，我就欠了他一个“人情”。“人情”是隐性契约下的债务，这意味着在适当的时候我必须回赠给朋友价值相当的物品或劳务。……乔治·霍曼斯在其著作《人类群体》中辨识了一个世界上最为普通的规范：如果有人为我做了点好事，我就必须也为他做大致相当的一点事作为回报。……西塞罗所说的“没有什么比报恩更重要”，孔子所说的“来而无往非礼也”……都大致表述了同样的信条。
>
> 当我接受那条牧羊犬的时候，我和朋友之间的隐性契约就开始生效了。反过来，如果我不打算和朋友签订这份契约，我就应当拒绝接受他的赠送。正因为如此，在我们的社会中，如果关系还没有亲密到一定程度，赠送别人礼物被视为一种唐突的行为，因为这意味着强加给别人一个不情愿接受的隐性契约；同样，如果关系已经亲密到一定程度，拒绝接受别人赠送的礼物也是一种冒犯，因为这意味着拒绝和赠送者做交易。
>
> 但最不能容忍的行为是“来而无往”或“只进不出”。当不能指望法律和法院来阻止这种隐性契约下的机会主义行为的时候，私人惩罚

就要发挥它传统的社会控制功能。议论、指责、冷漠、断绝交往甚至驱逐就是对付这种机会主义行为的常规且有效的惩罚方式。[1]

从这里我们看到了前述三个问题的答案。从日常生活中普遍存在的，并非采用明确契约形式的交换行为中，我们看到了隐性契约的存在，这与我们从制度和动物性因素解释不了的行为看到文化的存在是一样的（参见第 9.4 节的详细讨论）。隐性契约的实施，依赖于“来而无往非礼也”这类观念，或者说是依赖于人之所以为人的爱、良知和人性，也就是来自制度以外的“非动物因素”——文化。这两个问题的答案，也为第三个问题的答案奠定了基础，即研究隐性契约的意义在于，相比于仅仅注重显性契约，我们能够更好地解释人类的行为，比如前述赠送牧羊犬的行为。

显性契约与隐性契约的并存

隐性契约是单方面感知的契约，而显性契约的契约方也都会对该份契约有所感知，但感知结果并不一定完全相同。这样，任何显性契约都有与之相对应的多份隐性契约，隐性契约的数量与契约直接相关（从而会对契约形成感知）的自然人的数量相同。

一个简单的例子有助于我们理解显性契约与隐性契约的这种并存。假设甲与乙签订了一份书面契约，契约内容是：“甲雇用乙担任甲的工作秘书，每个月工资 5 万元。”显性契约就是这份书面契约，对甲和乙来说是一样的。但是，由于任何契约都必然是不完备的，对于这同一份显性契约，甲乙双方的理解通常是不同的。比如，对于工作内容，在乙看来应该仅限于“每天八小时，每周五天”的办公室工作，而在甲看来则可能是“我不下班，你也不能下班”“我周末加班，你也需要加班”。因此，涉及两个自然人的一份显性契约，对应着两个不同版本

[1] 桑本谦，隐性的契约与隐性的交易，《博览群书》，2006 年第 5 期，第 63–65 页。

的隐性契约。

在如上述雇佣契约那类比较复杂的契约中，多个不同自然人所感知的隐性契约之间通常会存在很大差异，但在简单契约中，多份隐性契约之间有可能完全重合。比如，甲手中持有100美元现钞，乙手中持有600元人民币现钞，双方都已确认对方所持货币为真币，甲和乙以口头方式达成协议，双方立即相互交换手中持有的货币。这个例子中，甲和乙感知到的隐性契约通常会是相同的。

隐性契约与显性契约有可能完全不同，即其内容中没有任何交叉部分。比如两个黑社会组织的头目达成了一个协议（显性契约），约定一个月以后召开合并大会正式合并，但两人的真实目的都是在合并大会上将对方杀掉，以便自己的组织吞并对方组织，自己担任老大。这个例子中的三份契约就是不同的。

文化和制度的共同支撑

由于所有显性契约都有与之相对应的隐性契约，因此，任何显性契约的有效实施，都需要隐性契约不仅与显性相约尽可能一致，而且需要隐性契约也能得到有效实施，否则，显性契约只能完全依赖于第三方的强制。第9.1节的讨论表明，实践中诉诸法律、求助于第三方强制的成本十分高昂，通常只是契约执行的最后手段。因此，任何一个显性契约，都需要文化和制度的共同支撑。[1]

进一步地来看，显性契约的有效性取决于与其相对应的隐性契约。也就是说，显性契约对契约方行为的影响，必须首先在契约方内心中转化成隐性契约，只有当隐性契约与显性契约完全一致的情况下，显性契约才有可能是完全有效的，而当两者不一致的情况下，显性契约的有效性将大幅度下降，甚至完全失效。这与第9.3节中将从制度经济学中的“制度”分离出“文化”时所讨论的观点非常相似：只有当作为正式规则的制度，与作为非正式规则的文化一致

---

[1] 需要特别说明的是，对于并无相关制度保障的显性契约，则只能依赖于文化。比如，前述黑社会合并的例子中，双方达成的显性契约并不可能得到来自国家法律的保护，从而只能完全依赖于“黑帮文化”。

时，制度才有可能被主动建立，而在被迫建立以后才有可能被自愿执行；如果两者不一致，即使通过强制可在一定时期或一定范围内发生部分效力，但也不可能持续大范围有效。

“金融是信心的游戏”

“金融是信心的游戏”，以非常简洁的语言概括了金融的本质。本书第7章的讨论表明，现代货币是由银行体系“无中生有”地创造的，同时又可以被银行体系“有中生无”地消灭，而货币要在不断被创造、不断被消灭的过程中顺畅流通，并且始终有一部分以稳定的价值停留在流通领域，其关键就是信心：只有企业和居民愿意从银行贷款（并保持不偿还贷款），同时，银行体系愿意发放贷款（并保持不收回贷款），货币才会被创造出来（并停留在流通领域），进而成为所有其他金融活动的基础，而信心是企业和居民愿意借、银行愿意贷“最重要”的基础；同时，经济中还需要有一部分经济主体愿意持有货币，货币的价值才有可能保持相对稳定，货币的创造和消灭以及其他金融活动的秩序也才有坚实的基础，而信心则是部分经济主体愿意持有货币“唯一重要”的基础。[1]

信心作为金融的基础，在金融运行正常的时候很难被意识到，而在金融出现严重问题时就会凸显出来。2007年发端于美国的国际金融危机爆发以后，时任中国国务院总理的温家宝2008年9月在纽约会见美国经济金融界知名人士时说：“在经济困难面前，信心比黄金和货币更重要。”在第二年“两会”闭幕后的记者招待会上，温总理再次提到了这句话，进一步强调了信心对于成功应对危机的重要性。

在凯恩斯的总体宏观经济分析框架中，信心处于核心地位：信心决定着投资，投资决定着收入，收入决定着消费，投资和消费加在一起构成的有效需求

[1] 只有对于货币持有，我们才能说信心是“唯一重要”的，因为在信用货币流通条件下，货币本身没有任何价值，其价值的唯一来源就是对其他人会接受所持有货币的信心。

决定着生产。凯恩斯认为，像大萧条这类经济衰退的根本原因就在于信心的丧失，而恢复经济增长最大的困难也就在于重建信心：

> 要使资本边际效率复苏并不容易，因为决定资本边际效率的是不受控制、无法管理的市场心理。用日常语言来说，在个人主义的资本主义经济体系中，它取决于最难操纵的信心的恢复。这一点是银行家和工商企业家们在面对经济衰退时一向正确地强调的，但却被过分相信“纯货币性”补救方案的经济学家们大大低估了。[1]

在讨论中，凯恩斯使用了一个后来被广泛引用的“动物精神”一词来形容驱动投资的自发性冲动（spontaneous urge）。2001 年和 2013 年分别获得诺贝尔经济学奖的乔治·阿克尔洛夫（George A. Akerlof）和罗伯特·希勒（Robert J. Shiller），在 2009 年合著的《动物精神：人类心理如何推动经济变化，它对全球资本主义为什么重要》（*Animal Spirits*：*How Human Psychology Drives the Economy*，*and Why It Matters for Global Capitalism*）一书中，大大扩展了凯恩斯的“动物精神”这一概念，说明了经济发展中心理因素的巨大作用，而在这些心理因素中，信心占据着首要地位：

> 我们的理论基石是信心，以及信心与经济之间的反馈机制，正是这种机制放大了各种扰动。……当人们有信心时，他们就会购买；当人们缺乏信心时，他们就会退缩，就会卖。……当人们在做出重大投资决策时，他们必须凭靠信心。[2]

---

[1]　Keynes，John Maynard，1936，*The General Theory of Employment*，*Interest and Money*，Macmillan and Co.，Limited，p. 240.

[2]　Shiller，Robert J.，and Akerlof，George A.，2009，*Animal Spirits*：*How Human Psychology Drives the Economy*，*and Why It Matters for Global Capitalism*，Princeton University Press，pp. 5–13.

两位诺贝尔经济学奖获得者，除了与凯恩斯一样强调信心在影响投资方面的关键作用以外，还强调了信心在消费（进而在整体宏观经济）中的作用。为了反映经济中基于信心的反馈机制的重要作用，他们还模仿凯恩斯经济学中的消费乘数、投资乘数、政府支出乘数等概念，提出了信心乘数（confidence multiplier）的概念。

信心的重要性与盲人摸象

信心在经济金融运行中的关键作用，使得我们面对经济金融现象不可能避免盲人摸象的困境。经济主体的行为依赖于他对整个经济未来发展状况的信心，但这种信心并不完全由他自己决定，因为每个经济主体都知道，未来经济状况是由包括自己在内的所有经济主体共同决定的，这样，每个经济主体在形成自己对未来经济状况的预期时，必须预测其他经济主体对未来经济状况的信心。当然，在此过程中，每个经济主体还需要预测别人对自己的预测，甚至进一步预测别人对自己的预测的预测，等等。但是，信心是一种纯粹的心理现象，一方面并不存在可低成本观察的、可靠的度量指标，另一方面会受到众多因素的影响，从而没有任何办法来准确预测。面对这样的局面，经济主体对其他人信心的预测，只能依赖于有限信息进行，当然也就不可能避免盲人摸象。正是因为如此，凯恩斯在前引文字中运用“不受控制”“无法管理”“最难操纵”等词汇来形容信心。

在《就业、利息和货币通论》（1936）一书中，凯恩斯把股票投资比作选美比赛的讨论，很好地描述了经济主体在形成对未来经济状况的信心时所面临的上述困境。凯恩斯说，假设有一个选美比赛，要求参赛者从100张照片中选出6张最美丽的面孔，得票数排列前六位的就是“最美丽的面孔”，而正好选中这六张照片的人将会获得奖励，那么，参赛者所采取的策略一定会是这样的：

> 这不是要求参赛者挑选自己认为最漂亮的面孔（第一层次），甚至

> 也不是要求他们猜测平均观念认为哪些面孔最漂亮（第二层次）。我们还必须到达第三个层次，即猜测平均观念会认为“哪些面孔属于最漂亮是平均观点”。我认为，还有人会做第四层次、第五层次甚至更高层次的猜测。[1]

凯恩斯讨论这个选美策略的目的是说明，投资者选择的股票并不是他自己认为最有价值的股票，而是他认为其他投资者一定认为最有价值的股票，当然他所认为的其他投资者之所以这样认为，是因为他们也认为别的投资者是这样认为的。由于这些“认为”背后是不可捉摸的、只能称为“本能”的心理因素，所以，凯恩斯运用“动物精神”来概括投资的驱动因素。

金融中信心的重要性，使得我们在面对经济金融现象时不得不盲人摸象。实际上，这种因果关系是双方向的，即金融中信心之所以具有如此重要的地位，从根本上来说就是因为我们都在盲人摸象。如果我们不是在盲人摸象，即我们所观察到的经济金融指标是对实际经济金融状况（“基本面”）的准确反映，那么，我们就能够根据这些指标做出正确的决策，也就完全不需要依赖于模糊的信心了。

信心与隐性契约

在经济金融运行中有着极其重要作用的信心，是一种隐性契约的外在体现。第9.1节讨论金融契约的不完备性时提到的股票例子，有助于我们理解这一点。

在普通股股票这种显性契约中，既没有偿还本金的承诺，也没有发放股息的承诺，通常只是说明股息将依据企业的利润水平而定，但从西方成熟股票市

---

[1] Keynes, John Maynard, 1936, *The General Theory of Employment, Interest and Money*, Macmillan and Co., Limited, p. 97.

场的实践中可以看到，股息通常保持在稳定增长的状态，其波动幅度要远小于利润的波动幅度，即相对于利润所隐含的股息水平来说，在利润比较高时股息比较低，而在利润比较低时股息又比较高。

公司这么做的目的是维持股东对于公司的信心。也就是说，公司与每一个股东之间，除了股票这一显性契约以外，还有多份更为重要的隐性契约，这些契约中最重要的约定之一就是保持股息稳定增长，而在显性契约中没有任何明确承诺情况下，股东仍然购买股票所显示的对公司的信心，正是这种隐性契约的体现之一。

把在金融中起着重要作用的信心理解为一种隐性契约，有着两方面的重要意义：一方面，由于信心是文化在针对特定对象在特定时期和特定范围内发挥作用的体现，通过隐性契约我们就将文化与金融密切联系了起来；另一方面，信心虽然是一种心理现象，但却有着明确指向（契约对手）和具体内容（契约约定），与显性契约有很多相似之处，这就将作为显性契约基础的制度与作为隐性契约基础的文化统一了起来，从而为我们在下文中把文化概念从制度经济学的制度中分离出来奠定了基础。

9.3 从制度经济学的制度中分离文化

在制度经济学的分析中，文化通常以非正式规则的形式包括在制度之中，制度是包括正式规则和非正式规则在内的所有规则的总和。1993年诺贝尔经济学奖得主道格拉斯·诺斯（Douglass C. North），在获奖演讲《时间进程中的经济绩效》一文中对制度的定义是：

> 制度是人类设计的、约束人类相互交往的结构，包括正式约束（规则、法律、宪法）、非正式约束（行为规范、传统和自我施加的行为守

则）和两类约束的实施措施。[1]

诺斯的这个定义突出了如下三个方面的内容：第一，制度是人为设计的；第二，制度的目的是协调人际交往的约束，我们可以称之为广义的规则（诺斯在后文中也使用"规则"一词来概括这种约束）；第三，制度的内容包括正式规则、非正式规则以及两者的实施机制。我们可以把两类规则的实施机制分别融入两类规则之中，这样，从总体上来看，诺斯所说的制度包括如下两部分内容：一是正式规则及其实施机制，二是非正式规则及其实施机制。由于这两部分内容有着非常不同的性质，从而很有必要将两者分开来讨论，前者是本书所说的制度，后者是本书所说的文化；为讨论的方便，我们将两者分别称为狭义的制度和狭义的文化，而把诺斯所说的制度称为广义的制度。

诺斯在前述诺奖演讲中的如下这段话，提供了将狭义的文化从广义的制度中分离出来单独讨论的充足理由：

> 制度是影响经济状况的正式规则、非正式规范及其实施特征的混合物。虽然正式规则可能会在一夜之间改变，但非正式规范通常只能逐渐变化。由于为正式规则提供"合法性"的是非正式规范，革命性变化从来不会像革命者希望的那样具有革命性，经济绩效通常也会与预期不同。一个经济体如果采用另一个经济体的正式规则，前者的经济表现会与后者大不相同，原因就在于前者有着完全不同于后者的非正式规范和规则执行特征。[2]

[1] North，Douglass C.，1994，Economic Performance through Time，*The American Economic Review*，Vol. 84，No. 3，p. 360.

[2] *Ibid*，p. 366.

从诺斯的这段概括以及他在这篇文章中其他地方的相关论述中，可以非常清楚地看到，非正式规则与正式规则有着几乎完全不同的特征，这具体表现在如下两个方面：

第一，正式规则改变起来可以非常迅速。比如，可以通过革命建立新政权、颁布新法令在一夜之间建立起全新的正式规则。但是，非正式规则变化起来则非常缓慢，它依赖于内在于人们心灵的心智模式（mental models）的改变，而心智模式的改变通常需要长时间的经验积累和持续学习。

第二，非正式规则是正式规则的"合法性基础"。如果公众拥有正式规则的决定权，那么，非正式规则将决定什么样的正式规则得以建立；如果公众对正式规则没有决定权，那么，非正式规则将决定什么样的正式规则会被遵循。

两类规则如此明显且重要的差异，使我们很有必要而且能够将其区分开来分别讨论。与前文的讨论一致，我们将正式规则称为（狭义的）制度，将非正式规则称为（狭义的）文化。

9.4 文化概念的模糊性

以制度这个概念统称诺斯所说的正式规则，完全符合中文中通常所说的"制度"一词的含义。《现代汉语词典》对"制度"一词的解释之一是"要求成员共同遵守的规章或准则"。其中包括两个关键词：一是"要求"，即制度的实施带有强制性；二是"规章或准则"，即制度在形式上通常是用文字明确表述出来的规则。这两点正是本书所说制度的核心特征。最为典型的制度，是国家法律以及保证法律实施的国家机器（如公安系统、检察系统、法院系统）和其他辅助安排（如律师等）。

相比较来看，由于文化的概念极其模糊，用它来概括诺斯所说的非正式规则显得有些勉强，从而有必要进行更为深入的探讨。

“无所不包”的广义文化

美国人类学家阿尔弗雷·克罗伯(Alfred L. Kroeber)和克莱·克拉克洪(Clyde Kluckhohn)在《文化：关于概念和定义的批评性回顾》(*Culture*：*A Critical Review of Concepts and Definitions*，1952)一书中，列举了从1871年到1951年的80年间关于文化的164种定义。殷海光在《中国文化的展望》(1966)一书中，摘取了其中他认为“特别精彩”的44种定义，并把它们划分为记述的定义、历史的定义、规范性的定义、心理的定义、结构的定义和发生的定义六大类，然后又引用了自1952年至1965年间出现的、比较有影响的三个新定义。殷海光对这些定义进行了简要评论，最后得出结论：

> 显然得很，在那些定义中，任何一个定义只说到文化的一个或若干个层面或要点。这也就是说，在那些定义中，没有任何一个足以一举无遗地将文化的实有内容囊括而尽。之所以如此，原因之一，是文化实有的内容太复杂了，复杂到非目前的语言技术所能用少数的表达方式提挈出来。[1]

殷海光并没有接着给出自己的定义，只是在后面讨论中提到了类似定义的这样一句话：“文化是有关人的一切事物。”[2]梁漱溟在《中国文化要义》一书中就文化的定义表达了与此非常相似的观点：

> 我今说文化就是吾人生活所依靠之一切，意在指示人们，文化是极其实在的东西。文化之本义，应在经济、政治，乃至一切无所

[1] 殷海光，《中国文化的展望》，文星书店1966年版，第39页。

[2] 同上书，第57页。

不包。[1]

《现代汉语词典》所提供有关文化的解释中，有一条是“人类在社会历史发展过程中所创造的物质财富和精神财富的总和”。因此，从最广泛的意义上来说，文化是“无所不包”的，我们把这个意义上的文化称为广义的文化。

企业文化概念的启示

人们通常所使用的“企业文化”一词中的“文化”，为我们提供了一个与诺斯所说的非正式规则极为类似的、狭义的文化概念。王竹泉和隋敏在《控制结构 + 企业文化：内部控制要素新二元论》(2010) 一文中说：

> 如果把控制结构看作企业内部控制的“硬件”，企业文化就是内部控制的“软件”，二者都是内部控制的构成要素。……控制结构是一套通过内部控制目标设定、风险识别、风险评估、风险应对、控制活动、信息与沟通以及内部监督等刚性制度的设计来保证企业目标实现的程序；企业文化是企业组织在其发展过程中所形成的组织成员所共同信仰的管理哲学、行为规范和价值体系的总和，……因此，企业文化是一套保证企业目标实现的非正式规则，……对人的行为的影响是潜移默化的，它们会被认为是“这就是做事的方式”而被自动执行。[2]

两位作者把通常被认为仅属于内部控制要素之一的文化，从整个内部控制系统中分离出来，把剩下的部分称为控制结构，并且把文化的特征概括为“非正式规则”“软件”“软约束”“自动执行”，而把控制结构的特征概括为“正式

---

[1] 梁漱溟，中国文化要义，上海人民出版社 1949 年版，第 6 页。

[2] 王竹泉、隋敏，控制结构 + 企业文化：内部控制要素新二元论，《会计研究》，2010 年第 3 期，第 31 页。

规则”“硬件”“刚性制度”“强制实施”，与我们在本章中把非正式规则从诺斯所说广义的制度中分离出来，在方法、结果和意义上都非常相似；两位作者对企业文化和控制结构的特征的概括，也分别完全适用于我们所说的狭义的文化和狭义的制度。

作为非正式规则的文化

企业文化和企业制度都是为了协调企业内、外部人际合作，进而实现企业目标的规则，两者之间的差异体现在如下两个方面：

第一，在形式上，制度通常以文字形式（或口头形式）明确表述出来，从而是“正式”规则；文化则是内在于人的思想之中，仅仅以行为的方式“外化”出来，从而是“非正式”规则。

第二，制度的实施需要依赖于外在的惩罚机制，具有强制性；文化则是通过直接改变人的思想而发挥作用的，从而具有自愿性。

文化通过行为“外化”的特点非常重要，因为它解答了这样一个非常重要的疑问：内在于人的思想之中的文化，我们是如何知道它存在，又如何判断其作用的呢？我们是通过仅仅从制度本身无法解释的行为，才得以知道文化的存在和作用。这实际上为我们提供了“定义”文化这个多元概念的另一种方法：

> 文化就是决定人类行为的所有非动物性因素中，除了制度以外的所有因素的总和。

这个定义中提到的“非动物性因素”，就是文化和制度构成的总体，因为正是这两者把人与动物区别开来。

以非正式规则来界定文化，并没有改变文化这个概念的模糊性特征，因为正式规则和非正式规则两者之间的界线也是非常模糊的，甚至连规则这个概念本身也是模糊的。前述以排除法来“定义”文化的做法进一步印证了文化概念的模糊性，这种极度模糊性正是制度经济学长期将其与正式规则融合在一起来研究的原因。

文化的层次

企业文化仅限于企业内部范围，属于微观层次的文化概念。保留“企业文化”中作为非正式规则的“文化”这个核心概念，将其适用范围从“企业”扩展到一个民族或国家（或地区），就有了概括这个民族非正式规则的民族或国别文化，如“中国文化”或“西方文化”，这属于中观层次的文化概念。再进一步把适用范围扩展到整个人类，就有了最一般的，从而属于宏观层次的文化概念。本章所讨论的文化属于宏观层次，而下一章所讨论的文化则属于中观层次。

上述文化层次是从地域或组织范围的维度来看的。如果从时间维度来看，在同一地域范围内，文化中有的部分会相当稳定，而有的部分则会频繁发生变化。根据这种稳定性程度的不同，我们也可以把文化划分为深层文化和浅层文化两大类，隐含在第 10.5 节所说的语言文字、思维方式中的文化观念，就属于深层文化，而体现在第 9.2 节所说的信心中的文化观念，则属于浅层文化。

9.5 文化和制度是金融活动的前提

文化和制度对于金融活动的作用，与康德哲学中时间和空间对于直观的作用非常相似，即文化和制度相当于任何金融契约的两大直观形式，从而也是所有金融活动的前提。

寻找文化和制度的剥离法

我们可以按照康德从任何经验直观中找到直观形式的方法，从任何金融契约入手找到文化和制度这两大直观形式。康德采用的方法是剥离法，即从任何经验直观中完全剥离来自感觉的材料，剩下的就是直观形式。同样，我们可以从任何金融契约中剥离契约双方直接约定的内容以及契约的载体，剩下的就是金融契约的“直观形式”了。

比如，存款人到银行柜台存入一笔定期存款，交出现金，拿到一份存单，这份存单就是一份金融契约。我们先从中剥离掉双方直接约定的任何内容，如存款契约主体（存款人和银行）、存款契约内容（存款金额、期限、利率、支付方式等），然后剥离掉载体（即存单这张纸），剩下的就是文化和制度。

如果把这份存单与如下这份“手写存单”比较一下，就可发现剩下的东西了：假设这个存款人把他的钱交给街上偶然碰到的一个陌生人，这个陌生人交还给他一张与前述存单上所载明内容除契约主体以外完全相同的纸条。很显然，这两份存单不可同日而语，因为前一份存单还包含着政府对银行的一系列监管规章（即制度）以及存款人对作为监管者的政府、作为经营者的银行、作为监督者的媒体和市场等的信心（即文化），而后一份存单则完全没有这些东西。

上述例子表明，通过对任何金融契约的前述剥离，都会剩下与金融契约相关的文化和制度。如果没有能够保证金融契约实施的文化和制度，任何典型意义上的金融契约都是不可能的。正是在这个意义上，我们说文化和制度是金融活动的前提（或可能性条件）。

内幕信息案例的启示

一个稍微复杂一点的案例（案例9.1），除了能帮助我们进一步理解上述观点以外，还有助于我们理解文化与制度之间的差异和关系。

案例 9.1

证券基金投资中的内幕信息

假设甲是一个证券投资基金经理，在他目前持有的投资组合中，有A公司发行的一种公开上市交易债券。一天下午，甲收到一位朋友发过来的短信，说是评级公司B将A公司的信用级别从AAA级下调到了BBB级。根据这条短信，甲是否要马上抛出手中持有的A公司的债券？

这首先要取决于甲是否相信这条短信的内容。如果这位朋友从来没有给他发过类似短信，而且甲也认为他根本不可能发这类短信，甲就有可能直接忽略这条短信，也就没有必要再继续往下研究了。但如果这位朋友经常给他发类似短信，而且他非常信任这位朋友，从而相信短信所说信息，他就有可能采取进一步措施。比如，他可能立即上网查看相关新闻，发现新闻中没有任何相关报道，A公司和B公司的网站也都没有相关信息，甲就知道了他这位朋友发送给他的是一条内幕消息。他虽然知道根据内幕消息进行交易是违反国家法律规定的，但是，他曾经多次这么做，并且从来没有被查处过，所以，他决定立即卖出手中持有的那笔债券。

在案例9.1所示的假想简单故事中，甲的朋友肯定违反了禁止向他人提供内幕消息的制度，而甲也违反了禁止获取并利用内幕消息进行证券交易的制度，但两人都无视作为正式规则的这些制度，原因在于他们奉行着自己的非正式规则（文化），而且正因为有前述制度的存在，能够利用内幕消息的人极其有限，从而使他们有了利用这类消息赚取利润的机会。这表明制度是通过文化发生作用的。文化是内在于人类心灵的非正式规则，而制度则是外在于人类心灵的正式规则。外在于心灵的制度，要发挥出影响人类行为的作用，就必须被转化为文化观念。

案例9.1还表明，一个经济主体在做出任何金融交易决策时，都需要依据相关信息，而面对这些信息，经济主体必须首先判断其真假，进而判断利用它们进行交易的可能，而文化和制度则提供了进行这类判断所需要的基本框架。因此，文化和制度是任何金融活动的前提条件，从而可以称得上是金融活动的两大直观形式。

文化和制度的性质

与时间和空间所具有的特征一样，文化和制度也同样具有先验观念性和经验实在性。它们具有这两个特征的根本原因也一样，即文化和制度也具有独立性、单一性和无限性。

经济主体参与任何具体金融交易活动，都必须对交易对手有充分的信任（属于一种观念），这种信任只能来自文化和制度，因此，相对于实际的金融交易活动来说，文化和制度具有先验观念性。由于任何金融契约都不可能完备，所以，文化和制度必然隐含在所有金融契约之中，从而必然适用于所有金融交易，即它们又具有了经验实在性。

文化和制度的独立性表现在，它们独立于任何具体金融交易，我们可以想象没有任何金融交易的文化和制度，但无法想象没有任何文化和制度的金融交易。文化和制度的单一性表现在，它们各自是一个整体，任何具体的文化和制度，分别都是作为整体的文化和制度的一部分，我们无法将任何一个部分从它的整体中彻底割裂开来。文化和制度的无限性表现在，从范围上涉及人类所有活动、所有知识、所有行为，从时间上可以追溯至人类的起源，并会一直持续到人类灭亡。

文化和制度的独立性、单一性和无限性，使得任何具体的文化观念和具体的金融制度，都不可能由任何个人或团体随意确立、变更，都必然受制于作为整体的文化和制度，只有与其相符合的才可能确立、有效、持久。正是因为文化和制度有着与时间和空间类似的特征，我们得以模仿康德，把文化和制度称为金融活动的两大直观形式；由于制度是通过文化发生作用的，所以，制度相当于空间，是金融活动的外部形式，而文化则相当于时间，是金融活动的内部形式。

文化比制度更重要

文化和制度是金融活动的前提条件，而文化又是比制度更为根本性的前提条件，具有极其重要的意义，这突出地表现在如下两个方面：

第一，不能避开文化来解释金融现象。我们观察到的任何金融现象（如通货膨胀、股市波动等），都是经济主体金融行为的结果，这些行为是受其观念支配的，而文化是影响其观念的重要因素之一。因此，对金融现象的解释必须始终重视文化因素的重要作用，既不能像古典经济学那样，仅仅从理性经济人的假设出发，完全基于利益（或效用）的“算计”来解释金融行为，也不能像忽略文化因素的制度经济学那样，仅仅通过具有强制力的制度来分析金融发展（有些制度经济学家也特别强调文化的作用）。需要特别注意的是，我们的主张不是“文化解释一切”，而是“文化是重要的”。

第二，金融必然是模糊的。如果金融活动的前提条件只有制度而不包括文化，即如果始终能够建立起完备的制度，所有金融交易都能通过契约双方明确约定的条款来实施，那么，金融活动就将只存在复杂的“算计”，而不会存在本书反复强调的模糊性，对于金融活动的预测将只有计算能力的约束，金融智能的发展必将最终取代任何个人的主观决策。谷歌机器人阿尔法狗打败所有世界围棋名将，之所以是计算机发展的必然，是因为围棋是一个具有明确规则的世界，约束人工智能的唯一瓶颈是计算速度。在计算速度比较低时，人（或机器人）仍然会采取模糊性决策，不过，这种模糊性存在着一定的规律（如概率性），从而终有可能被克服。但是，相对于基于简单、明确、有限规则的围棋世界来说，现实经济金融世界要复杂得多，而其复杂性正源于文化的永恒性，即只要存在我们现在所能定义的、所能想象的人，现实经济金融世界的运行，就必然依赖于文化，而不可能变成仅仅依赖于明确规则的世界。

实际上，人之所以为人，正是源于文化；否则，人就变成了仅仅遵循明确规则的机器人，或者仅仅追随动物本能的低级动物。第 9.5 节提到，文化必然是模糊的。从一定程度上说，文化就是我们对于影响人类行为的一切模糊性因素的概括，即文化是模糊性的代名词。本书第 1 章已指出，哲学也是模糊性的代名词。文化与哲学在本质上是一致的。如果没有了模糊性，在经济金融讨论中就完全不必涉及文化，当然也就不需要采用宽广的哲学视角了。文化的必然模糊性导致了金融的必然模糊性，而金融的必然模糊性，正是面对金融现象时“我们都在盲人摸象”的根本原因。因此，认识到文化和制度是金融活动的两大直观形式，特别是认识到文化是其内部形式，从而是金融活动更为根本性的前提，是金融哲学的重要基础。

第 10 章

中西方文化的根本差异及其金融影响

上一章的讨论表明，文化对于金融活动有着至关重要的影响。我们可以据此得出如下结论：不同类型的文化将会产生出不同类型的金融体系。第 10—12 章的目的是以中国文化和中国金融为例来说明这一结论。本章首先讨论的是中西方文化的根本差异及其形成原因和延续力量，继而从这一差异的角度来解释中国和英国在货币历史方面的区别，第 11 章和第 12 章将从同样视角来分别解释中国改革开放以来金融结构和经济增长方式方面的中国特色。

10.1 中西方文化的根本差异

对于中西方文化的差异有许多不同的概括，其中得到较为普遍认可的是集体主义与个人主义之间的差异。不过，由于对集体主义和个人主义的概念有着迥然不同的理解，这一概括常常引起很多误解，从而大大降低了其解释力。

集体主义与个人主义

大卫·托马斯（David C. Thomas）等在《文化差异与心理契约》（2003）[1]一文中，在概括很多相关研究成果以后得出结论：个人主义与集体主义是区分

[1] Thomas，David C.，Au，Kevin and Ravlin，Elizabeth C.，2003，Cultural Variation and the Psychological Contract，*Journal of Organizational Behavior*，Vol. 24, No. 5，pp. 451–471.

不同文化最重要的维度。

跨文化研究的著名学者吉尔特·霍夫斯泰德（Geert Hofstede）在《21世纪的亚洲管理》（2007）一文中，认为集体主义与个人主义的区别是亚洲（东方）文化与欧美（西方）文化之间“最明显”的区别：

> 亚洲国家与欧美国家之间文化最明显的区别是个人主义与集体主义的区别。……在个人主义维度上，所有西方国家的得分全部高于平均水平，其中，美国和澳大利亚的得分最高，而以色列和西班牙的得分最低；亚洲国家的得分全都低于平均水平，这些国家因此而可以被称为集体主义文化。在集体主义维度的评分中，中国、印度尼西亚、韩国和巴基斯坦比较高，而印度、日本、伊朗和阿拉伯国家相对较低。[1]

霍夫斯泰德的研究表明，中国在亚洲国家中的集体主义倾向最为明显，可以说是这类型文化最为典型的代表。

霍夫斯泰德还引用资料说，从人类发展的总体趋势看，随着一个国家富裕程度的提高，这个国家文化中的个人主义倾向也就随之上升。但是，亚洲经济的高速发展却并没有使这些国家的个人主义达到西方国家在同等经济发展程度时的水平，也就是说，经济发展并没有消弭东西方文化之间的前述根本性差异。

人是一种群居动物，任何社会的文化都既包括集体主义成分，也包括个人主义成分，因此，运用这一对概念来概括文化差异只是相对的，并非绝对的。对此，很多文献都进行了反复强调。比如，阿夫纳·格雷夫（Avner Greif）在《文化信念与社会组织：关于集体主义社会与个人主义社会的历史和理论

[1] Hofstede，Geert，2007，Asian Management in the 21st Century，*Asia Pacific Journal of Management*，No. 24，pp. 416–417.

反思》(1994) 一文中就对此进行了特别说明。[1]

两类文化的定义问题

以集体主义和个人主义来区分中西方文化，必须首先明确这两个概念的基本含义。王海明在《集体主义之我见》(2004) 一文中回顾了众多学者对集体主义的定义后得出结论：

> 所谓集体主义，就是确证集体与个人的关系应该如何的道德原则的理论，也就是关于每个人一切涉及集体的行为之善恶原则的理论。与个人主义恰恰相反，这种理论的根本特征，不是个人价值至高无上，而是集体价值至高无上。……这种理论的基本内容，如所周知，可以概括为一句话：集体利益高于个人利益，因而当两者发生冲突时，应该牺牲个人利益，保全集体利益。[2]

“集体利益至高无上”这一耳熟能详的集体主义定义所引出的疑问是：到底什么是集体和集体利益？如何确定集体的边界？谁来代表利益？如何计算集体利益？如何判断集体利益与个人利益的冲突？一个更根本性的问题是：作为一个本质上有着无穷欲望的个体，如何会认识到集体利益高于个人利益，尤其是如何会认为集体价值具有至高无上的地位的？我们不排除社会上有很多大公无私，从而始终为整个社会着想的人，但是，我们讨论的是社会中的绝大多数人——这是文化一词的必然要求。因此，前述定义下的集体主义可能无法比较

---

[1] Greif, Avner, 1994, Cultural Beliefs and the Organization of Society: A Historical and Theoretical Reflection on Collectivist and Individual Societies, *The Journal of Political Economy*, Vol. 102, No. 5, pp. 912–950.

[2] 王海明，集体主义之我见，《上海师范大学学报（哲学社会科学版）》，2004 年第 9 期，第 1 页。

准确地反映中国文化的基本特征。[1]

两类文化下个人利益的一致性

霍夫斯泰德在前面所引《21 世纪的亚洲管理》(2007) 一文中，对集体主义和个人主义的定义是：

> 集体主义社会中，个人从出生起就融入了一个具有强大社会凝聚力的团体之中，在每个人的整个一生当中，这个团体都将会持续地保护他，作为交换，他对这个团体也保持绝对的忠诚。个人主义社会中，个人相互之间的关系是松散的，每个人都只关心自己和直系亲属。[2]

霍夫斯泰德对集体主义的定义，与前引王海明的定义表面上看很相似，但实际上存在着根本的不同。霍夫斯泰德是从个人利益的角度来讨论的：在个人主义社会中，人与人之间的关系是以交换为基础的，集体主义社会下的基础性关系也同样是交换，只不过交换的对象不只是个人，还包括集体。这样，就将两种文化从个人利益的角度统一了起来，从而解释了集体主义文化产生和发展的根本动力。

个人获取利益方式的差异

霍夫斯泰德的这一分析方法，与经济学方法论中的个体主义（methodological individualism）是一致的，即社会经济运行的状态，只能是经济主体出于个人利益最大化选择的结果，因为只有个人会选择。文化的形成也同样如此（参见第

[1]　需要特别指出的是，我们在本章要明确的是在跨文化比较意义的集体主义定义。从这个角度来看，“集体利益至高无上”的定义是不适当的。但这并不否认把集体主义当作政治信仰时这一定义的适当性。

[2]　Hofstede，Geert，2007，Asian Management in the 21st Century，*Asia Pacific Journal of Management*，Vol. 24，No. 4，pp. 416–417.

10.2 节对两类文化形成原因的探讨)。托马斯等在前面提到的《文化差异与心理契约》(2003)一文中，更为明确地从个人看待自己与他人之间的关系这一角度来解释两类文化的差异：

> 个人主义是指把自己视为独立于他人的一种心理倾向。……资源以某种标准按一定比例共享。……经济决策以成本收益为基础、由市场力量决定。
>
> 集体主义是指把自己视为与特定人群相互依赖的一种心理倾向。……对于关系的形成特别重视，即使是在这种关系对个人的利益并不明确时亦是如此。……个人按自己的能力贡献自己的资源，并从公共资源库中自由地获取需要的资源。关系被理想化为永恒的，而决策则由协商一致来做出。[1]

因此，在跨文化比较中的集体主义，并不是指个人认为某个抽象的“集体”的利益比自己的利益更重要，而是指个人认为自己的利益与其他人的利益没有办法完全区分开来，要实现个人利益的最大化，必须同时考虑某个集体内其他人（而不是“集体”）的利益，即通过增进其他人的利益来间接增进自己的利益。也就是说，集体主义和个人主义的目标是相同的，都是要实现个体的利益最大化，但实现这一目标的方式是不同的。

在两类文化下，以最终实现个体利益最大化为出发点的个人行为，都有可能同时促进集体利益。在集体主义下，个人通过直接照顾“集体”(实质上是“集体”内的其他人）的利益来间接实现自己的利益；在这一过程中，“集体”内的其他个人常常会因此而直接受益。在个人主义下，个人只直接关注自己的利

[1] Thomas，David C.，Au，Kevin and Ravlin，Elizabeth C.，2003，Cultural Variation and the Psychological Contract，*Journal of Organizational Behavior*，Vol. 24，No. 5，p. 455.

益，但在某个“集体”内与他交往的其他人，会因为与他之间进行的、对双方都有利的交换而间接受益。因此，即使是在个人主义下，“集体利益”也会得到促进，这正是亚当·斯密在《国富论》(1776) 一书中所说的“看不见的手”能够促进社会公共利益（亦即“集体利益”）的基本思想。

请客制与AA制的区别

对于日常聚餐中的买单习俗，中国盛行的是“请客制”，西方盛行的是“AA制”。这两者之间的差异，形象地体现了两类文化之间的差异。高俊雪在《从AA制看中西文化差异》(2010) 一文中分析道：

> 西方的AA制更多的是人际交往的一次性博弈，或者是短期博弈。而在中国，请客吃饭大多是在等待下次的回报，……是无限期博弈；外国人吃饭AA制是为了成本最小化，而中国人请客吃饭是为了……利益最大化，……与西方人……保障自己的利益相同。……每次吃饭各付各的，你不占我的便宜，我也不占你的便宜，这是保证自己的利益。而中国人在吃饭问题上讲究长期的投资，除了“投资”纯粹的感情之外，还“投资”长期的人情。……人情是中国人实现利益的重要手段。……西方人不喜欢欠人情，事情必须一件一件算清楚。所以吃饭一定也要算清楚。[1]

表面上来看，请客制是买单者牺牲了个人利益，但如果把所花的钱看成“投资”，我们就能够理解这种“牺牲”从根本上来看还是为了买单者自己的利益。从显性契约和隐性契约的视角来看，一起吃饭无论是在西方还是在中国，都是以契约为媒介的人与人之间的一种交往（交易）形式，不同的是西方人的

[1] 高俊雪，从AA制看中西文化差异，《文学界（理论版）》，2010年第2期，第108页。

AA 制是以显性契约的方式进行，而中国人的请客制则是以隐性契约的方式进行的。

两类文化的根本差异

从中西方聚餐买单习俗的差异，我们看到了两类文化之间最为根本的区别：个人主义文化下个人之间的界限是清晰的，而集体主义文化下的这一界限是模糊的。个人界限的清晰使得每个人都非常清楚地知道“我就是我”“他就是他”，所有的思维和组织都以个人为基础而展开，这是以个人主义这一名称来概括这类文化的原因；而个人界限的模糊使得每个人只能在与其他人的关系中来定位自身、认知自身，把与自己接近的人视作同一个“集体”，并从这样的“集体”中来寻找归属、确定身份，正是因为如此，集体主义被用来概括这类文化。

概括起来看，从中西方文化比较的角度来看，集体主义与个人主义之间的根本区别，不在于行为动机是争取集体利益还是争取个人利益，也不在于行为结果是促进集体利益还是促进个人利益，而在于个人之间的界线是清晰的还是模糊的：如果个人之间的界线比较清晰，就属于个人主义；如果比较模糊，则属于集体主义。

10.2 中西方文化差异的成因和延续力量

只有真正理解两类文化的成因，才能够比较深入地理解两者之间的差异；同时，只有进一步理解了两类文化各自的延续力量，才能理解两者巨大的生命力，才能理解传统文化对金融活动的深远影响。

“孝”与家庭观念

“百善孝为先”突出显示了“孝”在中国的极端重要性，而正是“孝”的观念和实践在中国传统文化和社会中的根本性地位，决定了中国文化的集体主义特征。对于这一点，肖群忠在《孝与中国国民性》（2000）一文中引用资料概括道：

> 孝是中国文化的原发性、综合性的首要文化观念，是中国文化的鲜明特点。……它是中国社会一切人际关系得以展开的精神基础和实践起点，是中国古代政治的伦理精神基础，也是社会教化和学校教育的核心和根本，对中国人的衣食住行、生活方式与民俗、艺术均发生了重要影响。因此，正如梁漱溟先生所言："说中国文化是'孝的文化'，自是没错。"在一定意义上可以说中国文化就是一种孝的文化，这种观点得到很多中外学者的认同，如谢幼伟先生说："中国社会是彻始彻终，为孝这一概念所支配的社会。中国社会是以孝为基础而建立起来的。"[1]

"孝"从根本上来说是子女对父母的敬爱、顺从和照顾，它之所以成为中国文化的根基，从根本上源于每个中国人都认同这样一个极其简单的事实：每个人的生命都源自父母，每个人在出生之后相当长的时期中要生存下去都离不开家庭。但是，如果仅仅基于这一事实，"孝"还不可能具有如此强大的力量。

孝治天下

陈桐生在《中国集体主义的历史与现状》（1999）一文中，将中国集体主义传统的形成与"孝"的观念和实践联系了起来。他分析说，早在西周时期，孝就已经成为当时社会重要的伦理观念。经过春秋战国至秦汉之际儒家学者的刻意阐发，孝被看作人的本质甚至是宇宙的根本。

[1] 肖群忠，孝与中国国民性，《哲学研究》，2000年第7期，第33页。

汉代以后的统治阶级对孝予以认同并大力提倡，形成了以孝治天下的思路。具体来看，就是要求人们将孝亲的伦理情感，推及父母以外的亲属以及其他社会成员，即以孝为核心向四周延伸和扩散。

陈桐生将这种延伸具体划分为九层：一是由孝亲延伸到孝敬父母、曾祖父母、高祖父母乃至远祖父母、始祖父母；二是由孝亲延伸到孝敬叔伯；三是由孝亲延伸到敬重、善待兄弟；四是由孝亲延伸到孝敬母党；五是由孝亲延伸到孝敬夫党；六是由孝亲延伸到孝顺妻党；七是从孝亲延伸到忠君；八是从孝亲延伸到孝敬师父；九是从孝亲延伸到尊敬父老乡亲。对这九层延伸，陈桐生概括道：

> 将这九层延伸联系起来，就构成一个庞大的盘根错节的社会关系网。家庭之上，形成宗族；宗族之上，形成家族；家族之上，形成社会。中国古代的集体主义由此得以产生。……一个家庭是一个集体，一个宗族是一个集体，一个家族是一个集体，一个社会也是一个集体。……个人、家庭、宗族、家族、社会均以孝为核心伦理观念，由亲到疏，由近及远，逐层推及，渐次辐射延伸。……在中国传统文化中，没有个人主义的地位，个人要实现人生价值，必须要通过自己与他人的伦理关系、履行自己在宗法体系坐标中的特定伦理责任与义务、牺牲个人利益以维护宗法集体利益才能体现出来。[1]

正是通过道德教化、法律制度、乡规民约、习俗惯例等重重机制，在原本属于人类本能(甚至动物本能)的“孝”的基础上，通过九层延伸，形成了一个“庞大的盘根错节的社会关系网”，不仅罩住了社会中的每一个人，而且也罩住了每个人的人生中的所有各个侧面，使任何人都无法逃离。

---

[1] 陈桐生，中国集体主义的历史与现状，《现代哲学》，1999 年第 11 期，第 62 页。

"孝"隐含的经济交换

从经济角度来看，"孝"实际上是一种交换关系，是父母对子女的养育和子女对父母的回报之间的一种交换。[1] 常常与"孝"字并行使用的"慈"字就是这种关系的反映。这种交换实际上还只是"孝"所蕴含交换的众多形式之一。

刘忠世在《"二十四孝"中的社会交换与传统孝道》(2011) 一文中，研究了中国民间流传甚广、影响极深的"二十四孝"故事，发现其中包含着"广泛的社会交换"：

> 同社会生活各领域相一致，"二十四孝"故事中也包含着广泛的社会交换，包括孝行与"神灵之天""自然之天"和强势者的交换。在交换过程中，孝子获得社会地位或权力，也有的获得财富、社会赞誉或父母的慈爱。……感动神明的最著名的人物，要数卖身葬父的董永。他的孝行不仅得到了仙女的帮助，为其偿还了债务，而且还赢得了仙女的爱情。……自然界作为对孝子的回报者，主要有"涌泉跃鲤""卧冰求鲤""哭竹生笋"等。……在传统中国，……孝行的表彰奖励权力，也只能属于优势地位者，特别是以天子为代表的掌权者。这方面的典型仍要首推舜。……以己之孝，换儿孙之孝，……代表了中国人行孝的一个基本思路，……就是以年轻时的行为，交换年老时他人的对待方式。[2]

"孝"中所蕴含的实质上是一种交换关系，进一步印证了我们在第10.1节所强调的观点，即作为概括中国文化基本特征的集体主义这一概念，并非是指每

---

[1] 上一章在提到的1992年诺贝尔经济学奖得主的加利·贝克尔，他的获奖成果主要是把经济学方法应用到对广泛社会问题的研究，其中最为突出的应用之一是对家庭问题的研究，即从经济交换、契约的角度来看待家庭问题。

[2] 刘忠世，"二十四孝"中的社会交换与传统孝道，《齐鲁学刊》，2011年第3期，第31–33页。

个人的行为是为了增进某个集体的利益，而是与个人主义文化下个人行为的最终出发点一致，同样是追求个人利益。

不过，“孝”作为一种交换，只能是一种隐性契约，即“孝”作为追求个人利益的手段是极其隐蔽的。对于这一点，刘忠世在概括“二十四孝”故事的总体特点时说，其中所隐含的交换，“无论对于儿女的行为是奖赏还是惩罚，都与当事人的主观目的无关，而是一种客观后果”。正是对于“主观目的”的“隐”，使得其中所蕴含的交换关系，尤其是当事人对自己利益的主观追求被掩盖了起来，这就强化了“孝”的道德意义，使其获得了道义上的正当性，从而能够被作为中国人的基本行为准则，并且不断延伸，直至覆盖所有人的所有侧面，进而使中国文化形成了显著的集体主义特征。

基督教、团体观念与家庭观念

个人主义在西方的发展，可谓源远流长。戴景平在《个人主义和整体主义的对立：中西方人生哲学理论基础的差异》(2010) [1] 一文中对此进行了详细回顾。他说，西方个人主义思想的萌芽可以追溯到古希腊时期。伯利克里的“人是第一重要的”思想树立了人的主体地位，肯定了人的存在价值与意义。普罗泰戈拉的“人是万物的尺度”的命题，把事物客观的尺度转变为主观的、个别的尺度，把人自身作为衡量事物的原则和标准。苏格拉底从伦理学的立场深入到个体意识的理性和价值内核，提出了“认识你自己”的著名命题，首次建立起哲学意义上的自我意识观念。中世纪则使每个人的灵魂在尘世生活中相对于其他灵魂是独立的，要独自面对上帝。文艺复兴时期的人文主义思想家强调人的个性、尊严和幸福，包含了个人主义思想的萌芽。启蒙运动把理性看成人的本质，是人区别于动物的根本所在，是宇宙的“普照之光”。德国古典哲学更是

---

[1] 戴景平，个人主义和整体主义的对立：中西方人生哲学理论基础的差异，《长白学刊》，2010 年第 6 期。

把人的地位提高到无以复加的高度，康德的“人是目的而不是手段”是其最典型的代表（参见本书第4章的讨论）。以个人主义作为人生哲学基础理论，形成了西方的个人主义和自由主义人生观。

不过，这种历史久远的个人主义哲学观念，要形成社会大众普遍奉行的生活准则，还需要有强大的外部力量，而在西方社会中，这一强大的力量就是基督教。对于这一点，梁漱溟在《中国文化要义》(1949）一书中引用了著名史学家何炳松在《中古欧洲史》一书中的相关结论后总结道：

> 自罗马帝国西部瓦解以后，西部欧洲制度之最永久而且最有势力者，莫过于基督教之教会。……以我所见，宗教问题实为中西文化的分水岭。中国古代社会与希腊罗马古代社会，彼此原都不相远的。但西洋继此而有之文化发展，则以宗教若基督教者作中心；中国却以非宗教的周孔教化作中心。后此两方社会构造演化不同，悉决于此。周孔教化“极高明而道中庸”，于宗法社会的生活无所骤变，而润泽以礼文，提高其精神。中国遂渐以转进于伦理本位，而家族家庭生活乃延续于后。西洋则由基督教转向大团体生活，而家庭以轻，家族以裂，此其大较也。[1]

梁漱溟认为，基督教的发展，对于当时社会具有极为根本性的两大影响：一是“推翻各家各邦的家神邦神，反对一切偶像崇拜，不惜与任何异教为敌”；二是“打破家族小群和阶级制度，人人如兄弟一般来合组超家庭的团体，即教会”。也就是说，基督教会的强大，一方面导致家庭、家族的弱化；另一方面导致团体的增强，而不断增长的团体，除了教会以外，还有遍布社会、经济各个领域的“东一个集团、西一个集团”，如行会、自主城市等。正是这种同时并存

---

[1] 梁漱溟，《中国文化要义》，上海人民出版社1949年版，第46页。

的弱化和强化，在西方形成了与中国以家庭、家族为基础的集体主义文化迥然不同的个人主义文化。

基督教义与中国传统文化观念的冲突

从基督教在中国传播初期所引起的激烈冲突中，我们可以更为清楚地看到中西方文化在家庭观念方面的根本性差异。王守中在《中国传统家庭和家族与基督教的冲突》（1998）[1]一文中指出，近代中国之所以教案频发，其根本原因之一是基督教教义与中国传统文化之间存在着根本性的冲突。

王守中把基督教教义与中国传统家庭、家族制度之间的矛盾概括为四个方面：一是教会组织比中国传统的家庭组织更团结，更坚强有力，因而使传统的家庭和家族组织遭到了冲击；二是基督教“在上帝面前人人平等”的主张，削弱了宗法家长和族长的权力；三是基督教男女平等的主张，否定了男子支配女子的夫权制度；四是基督教反对偶像崇拜的教义，与中国以孝为本的祭祖活动发生了尖锐冲突。

基督教并不反对家庭及孝的观念和行为，实际上，不仅是不反对，甚至是提倡。比如，摩西十戒第五条规定：“当孝敬父母，使你的日子在耶和华你神所赐你的地上得以长久。”不过，与中国文化中以孝亲为基础不断延伸，从而形成“一个庞大的盘根错节的社会关系网”不同，基督教（进而西方社会中）关于世俗社会中的家庭观念，仅仅限于核心家庭，而其延伸也只是在宗教生活中，把所有信奉基督教的信众都称为“兄弟”，都尊称上帝为“天父”。由于基督教的这种延伸仅仅限于宗教生活，在科学技术的发展使人类突破了宗教的束缚之后，现实生活中个人的独立性就凸显了出来，个人主义也就成了所有人所遵循的基本准则，进而也就成了整个社会发展的基础。

---

[1] 王守中，中国传统家庭和家族与基督教的冲突，《人文杂志》，1998 年第 5 期，第 111–115 页。

不同家庭观念的起源

把中西方集体主义文化和个人主义文化的起源，追溯到家庭观念的差异，还只是康德所说“追寻有条件者的无条件者链条”中的一环。我们还需要继续追问的是：中西方为什么会产生出如此迥异的家庭观念？具体来看，需要讨论的是：为什么中国会产生出如此强烈的“孝”的观念，并且在孝亲的基础上不断延伸，从而形成一个覆盖所有人、所有方面的强制性网络；而在那么多备选的宗教中，西方人却最终选择了基督教？

长期从事中西方文化比较研究的辜正坤，在《中西方文化比较导论》(2007)[1]一书中把人类文化的产生和演变概括为九大基本规律：生态环境横向决定律；语言文字纵向诱导暗示律；科技、工具、媒介横向催变律；物（食）欲原动力律；情（性）欲原动力律；权欲原动力律；审美递增、递减律；阴阳二极对立转化律；万物五相（五行、五向）选择律。在这九大规律中，前两条具有根本性。第一条所说的生态环境，在总体上决定了不同文化的初始形态，可以解释中西方文化差异的最初起源；第二条所说的语言文字（以及与之密切相联的思维方式），在总体上决定了文化发展呈现出明显的路径依赖特征，可以解释中西方文化差异持续存在的基本原因。由于篇幅所限，我们在这里只简要介绍这两条规律，忽略对另外七条规律的详细讨论。

应对自然挑战的“最优”策略

辜正坤指出，文化是人类在应对自然环境挑战过程逐渐形成的一种“最优”策略。他举例说，把一杯水泼到地上，水就会向四面八方渗透、漫流，在遇到阻碍时，或者停顿，或者突破阻碍继续渗透，或者绕过阻碍继续前行，最后形成一种不规则的形状，这个形状就是和周围的事物相关、互动而构成的一种形状。辜正坤在这个比喻的基础上总结道：

---

[1]　辜正坤，《中西文化比较导论》，北京大学出版社 2007 年版。

> 这个形状很类似于文化的形状。人类的文化是可以自我协调、自我组织、自我规范、自我节律、自我适应的。它在诸多互动、互构的因素网络中一定要找到一种最好的存在方式。……这说明了没有一种文化不是合理的，这也说明了没有一个文化不是好的。依据它适应周围的条件而言，它肯定是最好的。[1]

文化正是人类在应对自然环境挑战的过程中，不断突破各种障碍而选择的一种策略。辜正坤接着从生态环境的角度来解释中西方文化差异产生的最初原因。他分析说，大约距今一万年前，地球的第四纪冰期到达了尾声，地球表面温度开始慢慢上升，到了距今五千年前后，地表的温度普遍转暖。就是在这个时期，中国文化和孕育西方文化的地中海文化（包括古希腊文化以及对西方文化有显著影响的古埃及文化、巴比伦文化等）开始形成，但两类文化呈现出明显不同的特色，而这种差异的根本原因在于地理环境的差异。

中国的地理环境非常适于农业的发展。从远古时代起，西伯利亚寒流将蒙古大沙漠的细沙卷起来带到黄河中下游一带，形成了大约 150 多米厚的、非常肥沃的土壤层，再加上这一地区的气候比较湿润，雨量充沛，而北面、西面的大山和东面、南面的大海、大江，在一定程度上阻止了游牧民族的侵扰，从而发展起了农业。农业的发展，一方面使得中国人可以长期居住在同一个地方，家庭、家族关系比较稳定，整个社会就以家庭为基础联系成为一个整体；另一方面对于农业来说，经验远比力量重要，这就使经验通常更为丰富的家长、族长的地位凸显了出来。在这样的社会中，人与人之间的合作主要以家庭、家族为基础展开，以“孝”为核心的文化观念也就由此而发展起来。

相比较来看，西欧地区环海、多山的地理环境，使得这一地区的农业很难发展，但游牧业和商业则具备良好的条件，尤其是地中海地区所处的优越地理

[1] 辜正坤，《中西文化比较导论》，北京大学出版社 2007 年，第 1–2 页。

位置，使其航海业非常发达，由此促进了商业的发展。无论是游牧业还是商业都是流动性的，个人的力量比经验更加重要，恶劣自然环境的挑战进一步强化了这一点。这就使得西方人的家庭观念比较薄弱，人与人之间的合作平台不再是家庭或家族，而变成了主要以个人为基础建立起来的各种团体，相应地，也就产生了以个人主义为核心的文化。

辜正坤最后总结说，在不同地理环境下产生出不同的经济形式，进而产生出中西方两类不同的文化，完全是“水到渠成”“自然而然”的。这两类文化都是应对各自自然环境挑战的“最佳”合作模式，本身并无优劣之分。

在分析中，辜正坤并没有使用“集体主义文化”和“个人主义文化”两个概念，但他所表述的核心思想是一致的。也就是说，中国集体主义文化和西方个人主义文化之间的差异，在根源上是由两类文化形成初期的地理环境所决定的。

辜正坤论语言文字和思维方式的影响

在辜正坤所概括的人类文化发展的九大基本规律中，“生态环境横向决定律”只是其中之一。在讨论这一规律时，辜正坤多次强调说，他不是一个文化的环境决定论者，他所强调的是，环境只是从源头上进而从“总的方向”上决定了文化的基本特征，是我们从“横向”上解释不同地区文化差异的一个入口。

在“纵向”上来看，环境的作用与历史发展的时间进程是成反比的：“越往古代方向追溯，环境的影响就越大；越往近代、现代、当代方向，它的影响就越小。”因此，地理环境影响的主要是中西方文化产生时的初始选择。不过，由于文化在后续发展中，总体上呈现着严重的路径依赖特征，这就使得人类应对自然环境所确定的“初始选择”具有了持续性的影响。影响文化后续发展的因素很多，其中最为突出的一个因素是语言文字以及与其密切相联的思维方式。

辜正坤所概括的人类文化发展的九大基本规律中的第二大规律，是“语言文字纵向诱导暗示律”。他解释说，文化中最伟大的成就是语言文字，在一般情况下，只要人类继续存在，语言文字就会一直存在，而且非常稳定，其基本模式（如语法规则和文字等）可以上千年甚至数千年不发生根本的变化，从而是文化通常保持高度稳定性的基本原因。也就是说，语言文字是从“纵向”影响文化发展的基本力量。

语言文字对文化发展的影响，主要是通过“反构”使用它的人的思维来实现的。不过，这种“反构”，是在“不知不觉”中“潜移默化”地实现的，这是辜正坤将其称为“诱导暗示”的原因。

辜正坤在分析中西方语言文字对两类文化的影响时说，中国的汉语言文字是综合性的，图像感很强，虽然现在已经不完全是象形字而主要是形声字了，但是早期它是由图画文字演变而来的，至今残存着相当多的象形特点，因此它就容易在我们的大脑当中熏陶出一种象形定势思维，理解事物时就容易侧重从形象方面、从宏观整体方面去把握。西方印欧语系的语言文字则非常精细，语法非常发达。相比较来看，汉语言文字的语法系统则要薄弱得多。在马建中 1898 年出版《文通》(后来通常称为《马氏文通》）之前，中国数千年来没有一本语法书，而马建中的语法是拿了拉丁语法来套汉语语法的，把汉语强行地拉入印欧语系的语法体系里。汉语言文字之所以不重视语法，是因为它的语文要素中的直接表意功能非常强大，根本无须强调语法功能。而印欧语系的文字是符号化的，不能直接表意，从而只能依赖于发达的语法系统。在这里，辜正坤再次强调了他关于文化“自我协调、自我完善”的观点：两类语言文字都是“最佳”的。

在两类不同语言文字的影响下，中国人和西方人形成了两类完全不同的思维模式：中国人的思维呈现立体性、内向性和综合性的特征，而西方人的思维则呈现流线性、外向性和分析性的特征。

成中英论语言文字和思维方式的影响

对于中西方语言、思维的差异及其成因，成中英在《中国语言与中国传统哲学思维方式》(1988) [1] 一文中进行了比较详细的分析。他说，中西方两个文化系统的语言的出发点是不同的，中国的是形象语言，西方的是声音语言。形象语言是空间性的，从展开的空间中去摹拟或掌握对象世界。声音语言则是时间性的，通过时间的延续来显示外界事物。因重视时间，所以声音有高低大小，而长短更为重要，一个字由数目不等的音节组成。

成中英把两类不同语言产生的原因与其产生的环境联系了起来。他说，华夏民族在元初状态所处的大自然环境，比较有平衡性和规则性，人们能在比较稳定的状态下掌握空间所呈现出来的世界，从而面对自然环境并没有感到太多的压力、紧张和恐惧。在这样的环境下，人与人之间可以进行很有效的近距离沟通，而近距离沟通正是形象语言产生的条件。与此不同的是，希腊民族在元初状态就生活在不稳定的大自然环境之中，海洋环境气候恶劣，经常要同生活环境抗争，人们之间要传达消息作远距离沟通时，不得不主要依靠声音，进而产生的就是声音语言。从这里，我们看到了自然环境的初始影响，从而与我们前面所介绍的辜正坤的看法是一致的。

成中英接下来分析了语言与思维方式之间的关系。他说，语言是人类最原始的思维方式，我们选择了一种语言，也就选择了一种思维方式。形象语言是通过知觉和经验从整体上掌握对象的，也就是从构成整体的各个部分之间通过相互关联所构成的整个关系网中来把握对象的，这样，任何一个对象，从某个角度来看是一个整体；换个角度，它又是构成其他对象的一部分。因此，任何对象都是模糊的，通过关系来反映对象的形象语言，当然也变得十分模糊，由此决定的思维方式也就是一种模糊思维。在声音语言中，由于声音不能形象化，所以必须形成一套抽象的、准确定义的概念以代表外在世界，在此基础上形成的语言，也就必然依赖于明确界定的语法规则，与之相对应的思维方式，也就是遵循严密逻辑规则的清晰思维。

---

[1] 成中英，中国语言与中国传统哲学思维方式，《哲学动态》，1988 年第 10 期，第 18–21 页。

中文的模糊性

模糊性是所有语言的共同特性，但是相比较来看，中国语言的模糊性要远甚于西方语言。著名语言学家季羡林在《作诗与参禅》（1996）一文中，把汉语称为“世界上模糊性最强的语言”：

> 模糊性是世界上所有的语言所共有的。但是诸语言之间，其模糊程度又是各不相同的。据我个人的看法，没有形态变化的汉语是世界上模糊性最强的语言。……“模糊”这个词儿容易让人们理解为“模糊一团”“糊里糊涂”等等。……“模糊”绝不是我们常常说的“模模糊糊”“不清不楚”等等。……模糊性的本质是宇宙普遍联系和连续运动在人类思维活动中的反映。[1]

季羡林之所以会在这里对“模糊”一词的含义做一个特别说明，是因为通常在使用“模糊”这个词语时往往带有贬义，但在用于概括中国语言文字，进而整个中国文化的特征时，只是强调其思维模式的整体性，并不包含任何贬义。

为了进一步说明汉语的模糊性，季羡林举了一个例子。他说，在温庭筠诗句“鸡声茅店月，人迹板桥霜”中，既无人称，也没有时态，连个动词都没有，只是平铺直叙地列上了六种东西，其间的关系也是相当模糊的。但是，无论谁读了，都会受到感染。如果用印欧语系的语言来翻译或改写，六种东西的相互关系以及它们与“主人”的关系会清楚很多，然而其艺术感染力也就会大大减少了。季羡林解释说，之所以会如此，是因为明确了的关系会大大地限制读者的想象力的发挥，从而不利于审美。

---

[1] 季羡林，作诗与参禅，《季羡林文集（第六卷：中国文化与东方文化）》，江西教育出版社 1996 年版，第 448–475 页。

成中英在前引文章中，也以中国的古诗古文为例，对汉语的模糊性进行了说明。他说，中国古诗古文无标点、不分段，条理是隐性的，只能从整体来推断部分的含义，从而对整体的了解越多，对个体的理解也就可能越深，整体与个体相互决定，没有哪一个是开端。在这种情况下，想要理解整个诗文的思想，需要从整体到个体、从个体到整体反复思辨，然后形成一个整体与个体相互融合的境界，从而整个思维过程必然呈现出模糊性的特征。与此完全不同，西方语言是由元素来建构的，由词组成句，由句组成文，个体决定整体，整个思维过程是显性的、清晰的。

前述讨论使我们找到了第 10.1 节所讨论的中国集体主义文化和西方个人主义文化下个人关系界限的模糊和清晰的深层根源。两类文化在产生初期自然环境的差异，使得人们在应对环境挑战的过程中采取了不同的合作策略，创立了不同的语言文字，从而形成了不同的思维方式，当然也就产生出了不同的文化。

10.3　社会变迁与文化观念

1993 年诺贝尔经济学奖得主道格拉斯·诺斯（Douglass North）等在《暴力与社会秩序：诠释有文字记载的人类历史的一个概念性框架》（*Violence and Social Orders：A Conceptual Framework for Interpreting Recorded Human History*，2009）一书中，建立了一个分析人类社会秩序及其变迁的总体框架，其中包括四个核心要素，即暴力、组织、制度和信念。诺斯等建立的这一框架，有助于我们理解文化作用于经济金融的机制，因此，我们在这里进行比较详细的介绍。

两类秩序

诺斯等把过去一万年左右的时间中涌现的社会秩序划分为两大类，分别称为权利限制秩序（limited access order）和权利开放秩序（open access order）。前者是第一次社会革命（五千年至一万年前的农业革命）所产生的大型社会团体，后者是第二次社会革命（两百多年前的工业革命）所产生并持续至今的现代社会。这两类秩序之间的核心区别是：在前一类秩序中，个人建立组织的权利受到严格限制，仅对具有特定身份的个人开放；而在后一类秩序中，这种权利对所有公民开放，只有非人格化的最低条件（比如最低资本等）。

组织的重要性

诺斯等之所以特别强调组织的重要性，主要有两个方面的原因。第一，组织是提高生产效率的主要手段。具体来看，组织是由多个人为了追求某个共同目标而结合在一起的一个合作平台。组织通过协调个人关系、促进分工，使得效率有了大幅度提升的可能。第二，组织是有效约束暴力的唯一方式。相比较来看，第二个方面的原因是更主要的，因为暴力的普遍使用不仅使得效率的提升不可能，而且还会使得正常生活秩序进而基本生存都无法得到保证，这使得约束暴力成为社会得以发展的首要条件。

诺斯等把组织进一步划分为政治组织和经济组织两大类，前者主要是指企业，后者包括政党和政府。诺斯等指出，他们所进行的研究不同于过去文献的创新之处主要在于两点：第一，所有组织的存在和发展都必须得到政府的支持，因为组织的基础是契约，需要作为中立第三方的政府提供契约得到有效实施的保障。政府支持的方式是建立组织运行所需要的制度，而这一制度的根本支撑力量则是暴力或暴力威胁。第二，政府并不是一个单一行动者，而是一个涉及众多个体相互之间复杂关系的混合体，决定这个混合体总体特征的主要因素是控制暴力的具体方式。

控制暴力的不同方式

在权利限制秩序中控制暴力的方式是，特定权贵人群相互妥协，约定互不使用暴力，以分享和平带来的利益。具体方法是，建立和加入政治组织和经济组织的权利被限定于权贵人群之中，所有类型组织对政府的依赖，保证了这一限定的有效性。但是，权贵人群中不同个体在经济、政治和军事方面势力的变化，会导致对利益格局进行调整的需要，而违背承诺、诉诸暴力几乎是实现利益重新分配的唯一途径，因此，这类社会对暴力的约束是极其不稳定的，整个社会通常会处于周期性的治乱循环之中。

与此形成鲜明对照的是，在权利开放秩序中，暴力由专门的暴力组织——军队和警察——垄断，其他任何个人、经济组织和政治组织都无权使用暴力，暴力组织本身受一系列非人格化的制度严格约束，所有其他组织也都变为非人格化的组织，即包括暴力组织在内的所有组织对所有人都开放，而且所有组织及其中所有个人的行为，都受共同的、不受任何个人或组织影响的制度约束，各种组织进而整个社会的稳定性得到大幅度提升，人们的精力也就能够主要用于生产和生活，社会自然也就能够得以持续进步。

两类秩序间的过渡

社会从权利限制秩序向权利开放秩序的过渡，是诺斯等分析的重点。在这一分析中需要解决的关键问题是，在前一类秩序中独享权利的权贵们为什么会放弃特权。诺斯等的解释是，权利限制秩序中的权贵们也并非是一个完全统一的整体，而是存在许多不同的利益集团，正是在寻求解决这些利益集团相对实力变化引起的混乱的对策过程中，权利开放秩序得以涌现。

在这一过程中有两个关键环节：一是部分权贵认识到所有权贵共享平等权利对自己是有利的；二是建立相应的制度使这一点变成现实。这两个环节分别涉及四要素框架中除前述组织和暴力以外的另外两个要素，即信念和制度。

上一章提到，在制度经济学的分析中，文化通常以非正式规则的形式包括在制度之中，而制度是包括正式规则和非正式规则在内的所有规则的总和。在《暴力与社会秩序》（2009）一书中，诺斯等也对制度概念采取了同样的解释，但在进一步说明中却将信念包括进了制度概念。但是，在四要素框架中，信念是与暴力、组织和制度并列的一个单独要素，并没有包含在制度之中。同时，诺斯等非常明确地表示，由于信念支配着人的行为，从而也就决定着组织和制度：

> 人是有自觉目的性的。我们关心的是我们称之为因果信念的信念子集。因果信念涉及的是我们周围世界中行动与结果之间的因果关系。……信念不仅塑造个人的选择，而且塑造组织和制度。……对于因果信念是如何形成的这一更深层次的问题，我们并没有试图去回答。[1]

由于诺斯等并没有进一步探讨信念的来源，所以，他们也就没有能够很好地解释权贵们为什么会放弃特权这一关键问题。实际上，信念是文化在个人观念中的体现，而文化是个人信念的总和，信念和文化只不过是“同一枚硬币的两个不同侧面”。因此，把诺斯等所说的信念理解为（或者修改为）我们在上一章所说的狭义的文化，第 10.2 节对中西方文化差异成因和延续力量的讨论回答了文化（信念）的来源，这样我们需要进一步说明的就只剩下从文化到具体制度的机制了。

从文化到制度的机制，从根本上取决于文化的类型。在本书中我们关心的是金融制度的发展问题，因此，我们以金融制度为例对此进行说明。金融的基础是货币，而现代货币体系的基础是银行。银行作为一种商业性组织，必须有一系列商业性制度的保护才有可能产生和发展。在商业性组织和商业性制度发展的过程中，政府始终扮演着极其重要的角色，因此，银行组织既是商业性信用的载体，也是政府性信用的载体，从而是两类信用完美结合的产物。无论是商业性制度的建立，还是商业性组织的发展，从根本上都取决于商业性文化。

---

[1] North，Douglass C.，Wallis，John Joseph and Weingast，Barry R.，2009，*Violence and Social Orders：A Conceptual Framework for Interpreting Recorded Human History*，Cambridge University Press，pp. 27–28.

英国和中国货币和银行发展历史的巨大差异，非常充分地体现了两类不同文化对金融制度的不同影响。

10.4　个人主义文化与英国货币史

上节提到，诺斯等在分析社会从权利限制秩序向权利开放秩序的过渡问题时，需要解决的一个关键问题是，独享权利的权贵们为什么会放弃特权。简要回顾英国民主制度的建立、重商主义政策的施行，以及英格兰银行发展成为中央银行的历史，我们就可以发现，其根本推动力量就是重商文化下的权钱交易。

权钱交易与制度变革

在英国宪政发展史上具有里程碑意义的 1215 年《大宪章》，其根本性内容是对国王征税权力的限制，而这一限制之所以能够被国王接受，主要原因在于国王无法继续以其封建特权为基础强制性要求臣民纳税，要获得需要的收入，就必须通过提供臣民所需要的东西（如安全和权利的保障）来“交换”。

要理解上述过程，我们需要简要回顾一下此前一段时期中英国国王的财政状况。金雀花王朝第一位国王亨利二世（1154–1189 年在位），积极参与了半个多世纪以前开始的十字军东征（1095–1291 年）。为了更好地进行东征，亨利二世进行了军事合同制改革，内容是改变原来骑士免费提供军役服务的制度，允许骑士通过缴纳“免役钱”（scutage）替代军役，然后以所征收的货币招募雇佣兵参战。

很显然，骑士缴纳的免役钱极其有限。为了弥补军费的不足，亨利二世 1166 年征收了一次支持东征的专项税收。1185 年，亨利再次征收十字军东征专项税，税率为所有动产价值的 2.5%（即个人资产税）、所有收入的 1%（即个人所得税）。这一极为沉重的税收在随后的两年中又各征收了一次。1188 年，亨利亲自带领军队加入十字军东征的行列，并同时开始征收“萨拉丁十字税”（Saladin

Tithe)，而税率提到了所有动产和收入的 10% 这一前所未有的高水平。

以动产为基础征税，从政府角度来看，首要任务就是要核实个人所拥有的动产的价值，而其中就隐含着相关政治制度的根源了。格林·戴维斯（Glyn Davies）在《货币的历史：从古到今》（*A History of Money*：*From Ancient Times to the Present Day*，2002）一书中指出，在 1188 年征收“萨拉丁十字税”时，为了保证税基准确而实施的相关措施，是英国议会制度的渊源之一。[1]

1199 年担任国王的约翰（1199–1216 年在位），一方面对法战争失败，另一方面与教皇发生冲突并被开除教籍。在内外交困的状态下，约翰通过征税的方式增加收入的企图遭受到了贵族的抵制，最后为了得到贵族的支持而不得不接受贵族的要求，于 1215 年签署了《大宪章》。约翰在迫使他签署《大宪章》的贵族们离开伦敦返回封地之后，即以他被胁迫签署协议有损国王尊严为由，公开废除了《大宪章》。英国立即陷入内战之中，约翰在内战正酣时病死。

随后的两任国王，虽然亦有推翻《大宪章》的强烈愿望和几次实际行动，但都在自己陷入财政危机的时候被迫做出妥协和让步。亨利三世（1216–1272 年在位）于 1217 年和 1225 年两次发布修订后的《大宪章》，爱德华一世（1272–1307 年在位）于 1297 年发布最后一次修订后的《大宪章》。

在此之后，《大宪章》已成为既定的英国法律，再也没有能够被推翻，后来的英国宪法就是以《大宪章》为基础和武器而不断发展起来的。英国宪政史上的顶峰、确立英国君主立宪制度的 1688 年光荣革命中签署的《权利法案》，在内容上是对《大宪章》所确定权利的再次确认。

概括起来看，英国民主式宪政制度下贵族（及其他经济主体）所获得的民主权利，可以说是从国王手中“购买”的，是权钱交易的结果。当然，在此过程中，还时常伴随着暴力（或暴力的威胁）。对于这一点，马克思在《弗里德里

---

[1] Davies，Glyn，2002，*A History of Money*：*From Ancient Times to the Present Day*，University of Wales Press.

希·威廉四世答市民自卫团代表团》（1848）一文中进行了明确说明：

> 国王永远只能把人民给予他的东西给予人民。……甚至无形的商品，即国王在人民的压力下给予人民的特权，也是人民以前给予国王的，可是人民在取回这些特权时总是要付出现实的东西——鲜血和金钱。回顾一下 11 世纪以来的英国历史，就可以十分准确地计算出，宪法上的每一个特权是牺牲了多少头颅和花费了多少英镑才取得的。[1]

重商主义经济政策

英国政府实施的重商主义经济政策，也是权钱交易的结果。英国重商主义盛行于 16 世纪初至 18 世纪中叶，其核心思想是货币是财富的基本形式，发展对外贸易以获取货币是积累国家财富的主要途径，从而是国家经济政策的目标。但从实践上来看，重商主义可以追溯到爱德华一世（1272–1307 年在位）对羊毛出口征收关税。

中世纪的英国是欧洲最重要的羊毛产地之一，意大利大部分毛纺织业和佛兰德地区所有毛纺织业，都依赖英国的羊毛。在这一背景下，1275 年，因战争而债台高筑的爱德华一世经过议会批准，在伦敦等 13 个港口，以全国统一的税率对羊毛出口征收关税。从这时候开始，对进出口商品征收的关税，逐渐成为英国国王的主要收入来源之一。

很显然，要增加收入就必须促进商品的进出口，正是在这一基本原因的推动下，一系列有利于英国商业活动（特别是国际贸易）的制度得以建立起来。对于其中所隐含的权钱交易，诺斯在《理解经济变迁的过程》（*Understanding the Process of Economic Change*，2005）一书中赞同地引用了威廉·斯塔布斯

[1]　马克思，弗里德里希·威廉四世答市民自卫团代表团，《马克思恩格斯全集》（第二版），人民出版社 2017 年版，第 511 页。

(William Stubbs）在《英国宪政历史》(*The Constitutional History of England*, 1896）一书中的如下一段话予以说明：

> 议会获得的立法、滥用职权调查、参与国家政策制定等权力，实际上是从爱德华一世和爱德华三世手中用金钱购买而来的。[1]

英格兰银行的发展

英格兰银行从产生到发展成为中央银行，更是公开权钱交易的结果。英格兰银行是1694年为解决政府战争筹资需要，而由英国国会授权、完全由私人出资成立的一家临时性机构，原规定营业期限仅为20年，而且政府可以随时通过提前偿还这家银行的贷款，再由国会通过法令使其解散。

在此后的150年中，英国国会每隔一段时间都要举行是否继续授予英格兰银行执照的、受到极为广泛关注的公开辩论，而英格兰银行每次都要为获得执照的延期而倾尽全力，在为此而付出的所有努力中，最重要的就是向政府“公开行贿”：为政府提供低息或无息贷款，或者代为免费或低费率管理政府债务，而作为“回报”，政府则不仅延期其执照，而且还为其提供各种特权，如限制可能与其竞争的银行的成立，限制其他银行发行银行券的数量或权利等。

1844年英格兰银行终于获得了永久许可权，因为此时的英格兰银行已经成为政府的银行、发行的银行和银行的银行，从而成了英国整个金融体系的支柱，其存在的必要性已不再需要辩论。但是，直到1946年在英国国有化运动中被国有化之前，英格兰银行一直是一家私人拥有全部股权的银行。因此，英格兰银行发展成为一家中央银行，从而为英国货币体系的发展奠定根本性基础，是政府与私人之间权钱交易的结果。

---

[1] North, Douglass C., 2005, *Understanding the Process of Economic Change*, Princeton University Press, p. 143.

重商文化

在英国社会经济发展的过程中，权钱交易之所以能够具有如此巨大的力量，首先当然是因为“天下熙熙，皆为利来；天下攘攘，皆为利往”，利润为人类行为提供了最为强大、最为持久的驱动力。但是，“君子爱财、取之有道”，追逐利润的行为和方式会受到文化的强有力约束。英国权钱交易的巨大力量，还有另外一个根本性的原因，那就是，追求利润的行为被整个社会普遍认可，而其基础就是个人主义文化衍生出来的重商文化。

重商文化是西方个人主义文化在社会及经济发展实践上的体现，具体表现在如下两个方面：一方面，包括政府（国王）在内的所有经济主体对利润的追求，被认为完全正当合理；另一方面，各种经济主体在交往中地位平等，即使是在国王与普通民众之间、政府与企业之间的交往中，双方均处于完全平等的地位，都需要遵循公认的商业原则。在这两个方面中，前者源于个人主义文化，其产生的经济基础之一就是商业发达，而后者则除了商业经济基础之外，更得益于基督教中“上帝面前人人平等”这一基本信条的深远影响。

10.5 集体主义文化与中国货币史[1]

在货币历史的发展方面，中国与英国呈现出了完全不同的特征。从源头上来看，这一区别的根本原因就在于中西方文化的差异。

轻商文化

与英国重商文化形成鲜明对照的是，在中国集体主义文化下产生的是轻商文化。轻商文化的产生逻辑，与重商文化的产生逻辑一致，只是在方向上正好相反。一方面，“重义轻利”的思想，从源头上就成了中国文化的基调，“逐利”

[1] 参见本书作者在《中国货币大历史》（待出版）中的详细讨论。

成了“小人”的代名词，没有了任何正当性和合理性，官府、皇帝被认为更不应以逐利为目标，尤其是不应“与民争利”；另一方面，在以家庭为基本模式的社会中，人与人之间的地位是不平等的，人际交往的规则是“三纲五常”，这与“互利共赢”的商业原则不仅迥然不同，而且是相互矛盾的。

中国的“轻商”也常被称为“抑商”。不过，“抑商”这个概念并不准确，因为它隐含着“故意打击、抑制商业”的含义，但在中国古代，除了极个别时期（如汉武帝时期）以外，商业发展面临的主要问题，并不是政府的“故意打击”。对于这一点，赵冈和陈仲毅在《中国经济制度史》（2006）一书中概括说：

> 秦汉以降，直到清末，政府的政令中，多多少少都带有一些抑商的色彩，但都没有严厉的执行。而重本轻末的理论，随时也有人提倡，形成中国的社会传统之一。但综观其效果，除了在汉武帝时期，商人受到严重的打击，物质方面的损失很大，多数商贾破产，商业活动范围不免一度大幅下降，其他各朝代，包括东汉在内，抑商重农的政策与理论并没有严重地压制商业活动。
>
> 其最大的影响是在商人的心理方面。轻商的理论长期持续，形成一个社会价值观念，它直接表现在社会对各种职业的评价及这些从业人员的社会地位。人们看到经商的报酬率高，是累积财富的捷径，还是趋之若骛。但是在另一方面，他们在社会上得不到应该得到的尊重与鼓励，产生了心理上的不平衡。也可以说是大多数商人怀有自卑心结。因此，他们在务商之余，往往在其他方面另谋补偿。中国商人取得心理补偿的一个主要方式是以在商业上累积得到的资金回乡购置田地。……另一方式是回乡兴建炫耀性的建筑，以提高社会对他们的认可及形象。[1]

[1] 赵冈、陈仲毅，《中国经济制度史》，新星出版社 2006 年版，第 446–448 页。

商人将利润投资于土地，并没有起到提高土地生产效率的结果，反而加剧了农村土地积聚的矛盾，对农业产生了不利影响。没有农业效率的大幅度提升，工商业发展当然也就失去了根基，这是因为：一方面，工商业者所需要的食物需要由农业提供；另一方面，人们只有在饥饿问题得到解决以后，才会产生对工业品和商业服务的需求。同时，商人不愿意将资金投入工商业，极大地制约了工商业的发展，而商人“衣锦还乡”的普遍做法，又使城市发展严重滞后。“兴建炫耀性的建筑”以及其他众多炫富的做法，往往又加重了人们对商人“无商不奸”“为富不仁”的仇富心理，使得商人成长的社会心理环境陷入一种恶性循环。因此，相比于“抑商”来说，“轻商”一词能够更加准确地反映中国集体主义文化对经济发展的总体影响。

“用商不信商”

中国古代政府之所以并没有强制性打压商业的发展，主要还是因为在管理社会的过程中还需要利用商业，而且很早就明白“无商不富”的道理。实际上，官府只需要不铸造或印制货币，商业的发展就更会受到严重打击，更何况在中国古代高度专制的政治体制下，要真正地打击商业的发展，官府是有足够的手段的。所以，中国古代政府面临着一个内在的困境：一方面，需要利用商业；另一方面，又不信任商业，从而不希望商业过于发达。北宋名相王安石（1021–1086年）的如下这句话，表达了中国古代政府对商人的矛盾心理：“盖制商贾者恶其盛，盛则人去本者众；又恶其衰，衰则货不通。”

“用商”和“信商”是健全商业制度得以建立的两个必要前提。“用商”这一前提比较好理解，因为如果所有经济活动都能通过行政命令和强制手段来完成，也就不需要建立旨在确定自愿交易规则的商业制度了。“信商”这一前提之所以重要，主要是因为商业制度最主要、最直接的目标是保护商人的利益，尤其是保护商人不受政府的掠夺和盘剥。也就是说，建立商业制度，首先是政府对自身的约束，因为商业活动所面临的最大威胁，就来源于拥有强制力的政府。同时，建立健全的商业制度，不仅仅需要良好的愿望，还需要支付大量的成本，这包括保证制度建立并得到有效实施而需要建立、维持相应组织机构所需要的巨大人力、物力和财力。

政府要能形成自己的有效约束，同时还需要支付巨额的成本，就必须有足够的动力，即必须看到商人的巨大贡献。不过，商人对整个社会的贡献是间接的，如果不能通过理智的分析、公开的辩论、大量的事实和尽可能全面的统计，不可能看得很清楚。在轻商、不信商的总体心理背景下，部分奸商案例会被放大，广大商人的巨大作用会被掩盖起来，从而很难被充分认识到，当然有效的货币制度就难以建立起来，健康的银行组织也就不可能得到发展。

正是在“用商不信商”的困境下，中国古代政府对于私营部门工商业发展的态度，总体上可以概括为“无为”，而长期以来“无为而治”的黄老思想的影响，又更进一步强化了这一态度。因此，轻商文化对中国古代经济发展的约束，除了如前所述对商人心理，进而对其投资方向和投资积极性的不利影响以外，另一个可能更为重要的方面是，商业活动无法得到政府的支持，尤其是无法得到政府有目的的、系统的、持续的支持。

中国古代政府在商业政策上的“无为”，与英国及其他西方国家的重商政策形成了鲜明的对照。张杰在《国家与商人的利益疏离及其后果：一个晚明例证》(2007)一文中评价1567年明朝隆庆皇帝宣布撤销有关海上贸易的禁令(史称“隆庆开放”)时说：

> 问题的要害在于，明朝政府对待私人海上贸易的政策只是允许，而远不是支持。……这种政策层面的松动却与朝廷利益和民间利益的严重疏离相伴随。这种疏离导致的后果相当严重，民间海外贸易商人因得不到朝廷的政治秩序支持而散落海外，难以形成强有力的贸易集团；更有甚者，当民间海外贸易商人的生命财产面临西方贸易集团的威胁时，以上两种利益的疏离使得朝廷总是漠然处之。由此就可以理

> 解为什么在1603年10月当西班牙当局在马尼拉屠杀了近3万中国海外商人后，晚明万历朝廷不但坐视不管，反而表示，“对于此次残杀事，勿容畏惧，对于在境华人，因多系不良之徒，亦勿容爱怜”。……西方海外贸易集团从一开始就依托于国家利益和商人利益牢不可破的联盟，而这两种利益的结合恰好是西方国家长期奉行的重商主义政策的精髓。[1]

对于政府与商人之间的联盟，为什么在西方国家得以形成，而在中国古代没有能够形成，张杰主要是借鉴传统制度经济学的方法，从经济利益的角度进行了分析。他得出的结论是，中国朝廷从海外贸易中所获得的收入仅占总财政收入的0.22%，而英国的这一比例则占到了40%，因此，英国政府参与贸易的积极性，要远比中国朝廷高。实际上，这一悬殊的财政收入占比只是结果，并非原因，而最为根本的原因必须从文化角度来分析，如前所述，轻商和重商才是中、西方政府与商人之间联盟差异的根本原因。但在长达2.3万字的这篇文章中，作者一次也没有提到“文化”“抑商”“轻商”等关键词。

官商隔阂

深受中国传统儒家德治文化影响的皇帝和士大夫，在看到社会发展和政府运行不得不“用商”之后，也常常会出台一些保护商人利益，从而有利于商业发展的政策措施，在中国古代货币发展史上这样的政策措施还很多。但是，这些政策措施都没有能够进一步发展成为系统的制度。其根本原因在于，“用商不信商”不仅使得有效商业制度的建立缺乏足够的动力，还会形成其发展的阻力，而其具体机制有两个方面，一是官商隔阂，二是官商勾结。

官商隔阂即“官”与“商”之间的互不信任，也就是张杰在前引《国家与

[1] 张杰，国家与商人的利益疏离及其后果：一个晚明例证，《东岳论丛》，2007年第5期，第1–4页。

商人的利益疏离及其后果：一个晚明例证》(2007) 一文中所说的“朝廷利益和民间利益的严重疏离”。官商隔阂的根本原因在于官府的“不信商”。信任是相互的，官府对商人没有真正的信任，商人也就不可能对官府有真正的信任。由于在官府与商人的交往之中，官府处于优势地位，因此，双方之间不信任的主要原因在官府而不在商人。

中国古代官商之间互不信任的官商隔阂，不仅是我们后来者的观察结论，而且也是当时人的普遍看法。中国通商银行在 1897 年 1 月 20 日拟就的银行章程中，仍然拒绝引入官方股本。相关奏折在解释其根本原因时说：“银行既照商办，不宜请领官本，而宜请领官银作为存项也。官商隔阂，至今如故。”[1] 1904 年户部在上呈草拟好的《试办银行章程》的奏折中说：“中国官商平素情性隔阂，且因……办理不善，失信于民，更不敢与官交易。”[2]

官商勾结

官商勾结主要是指商人与官员个人之间的“合作”。在前引《国家与商人的利益疏离及其后果：一个晚明例证》(2007) 一文中，张杰将官商勾结称为“官商合谋”，并分析清朝朝廷之所以无法从对外贸易中获得较高利益，进而没有形成官商联盟，主要原因正在于地方官吏个人从中截留了得益的主要部分，而朝廷所得到的只是“残羹剩饭”。张杰在这里提供了官商勾结对制度损害的一个很好的例证。

官商勾结是官府在“不信商”的环境下“用商”的必然结果。与信任一样，利用也是相互的，官府要利用商人，商人也要利用官府。诺斯等在《暴力与社会秩序》(2009) 一书中的讨论表明，几乎任何经济组织都必须依赖于政府提供的第三方仲裁，以保障契约的有效实施。但由于中国古代商人不可能通过正式

[1] 沈云龙，中国近代货币史资料（1822—1911），台北文海出版社 1969 年版，第 45 页。

[2] 何品，大清银行始末记（一），《档案与史学》，1997 年第 12 期，第 4 页。

渠道（即建立起保护自己利益的正式商业制度）来达到这一目的，从而不得不采取非正式的方式。这一非正式方式就是官商勾结，即商人通过与官府中的官员个人建立起非正式的个人关系来实现自己的目的。

官商勾结本质上也是一种权钱交易。不过，中国古代的这种权钱交易，与第 10.4 节所说的英国古代的权钱交易很不相同，前者主要是商人与政府官员个人之间的交易，都是以隐秘的方式进行，在本质上属于“行贿受贿”；而后者则主要是商人与政府部门之间的交易，主要是以公开的方式进行，在本质上属于“政商合作”。[1]

官商勾结会直接制约正式商业制度的建立，因为与官商勾结所要求的隐秘特征完全相反，正式制度以公开透明为基本特征，其建立必然会减少寻租空间，直接影响相关官员的个人利益。

官商勾结的损害作用，还会通过强化官商隔阂而得到加强，这具体表现在两个方面：一方面，官员在制定政府政策时常常会考虑到自己的个人利益，偏袒与自己有特殊关系的行业或个体，这就有可能会影响国家、其他商人以及普通老百姓的利益，从而进一步降低商人和民众对政府的信任；另一方面，商人在经营过程中，为了弥补贿赂相关官员所增加的额外成本，不得抬高商品价格、降低商品质量，损害普通消费者或者其他相关人员（如士兵）的利益，从而强化其“奸商”形象，进一步降低政府和民众对商人的信任。因此，官商勾结又会强化官商隔阂。由于官商勾结本身即源于官商隔阂，这就使得官商隔阂和官商勾结陷入了一种相互强化的恶性循环之中，中国古代难以建立起保护商人利益的正式商业制度也就可以理解了。

---

[1]　当然，我们在这里不是说英国不存在行贿受贿的情形，也不是说中国古代没有政府与商人之间的平等合作，我们在这里的讨论是从总体上、从基本方向上来说的。

>>> 第 11 章

中国金融结构失衡的文化根源

中国金融结构的失衡，常被归咎于技术发展（如金融工具的创新）或制度变革（如从审批制变革为注册制）的滞后，但如果进一步追问这两者的原因，只能追溯到文化。不同国家和地区金融结构上的显著差异，本质上取决于储蓄者（亦即投资者）和筹资者对不同类型金融契约的偏好，而在解释中国的金融结构时，更为重要的是储蓄者的契约类型偏好。中国的集体主义文化导致了市场信任程度比较低，这使得中国储蓄者偏好于对市场信任要求比较低的间接融资契约，其结果必然是直接融资难以得到有效的发展，中国金融结构也就呈现出了银行主导的基本特征。

11.1 中国金融结构的失衡

在讨论金融结构问题时，通常将金融体系划分为银行主导和市场主导两大类，前者以德国、日本为代表，后者以美国、英国为代表。专栏 11.1 说明中国是属于典型的银行主导金融结构。

11.1

中国金融结构的严重失衡

中国金融业存在着严重的结构失衡。最突出的表现是高度依赖间接融资体系，直接融资比重过低。2012 年以来，社会融资总规模中贷款及承兑票据占 80%，只有不足 20% 来自股票和债券融资。从社会融资存量看，2011 年年底银行贷款余额占 54%，企业股票市值和债券余额仅占到 26%，这一比例不仅远低于直接融资占主导的美国和英国（分别为 73% 和 62%），也低于间接融资占主导的德国和日本（分别为 39% 和 44%）。从居民个人金融投资的角度看，银行存款占总额的 64%，股票、债券、基金等投资比例不到 14%，而美国的居民金融资产中，股票、基金和投资于资本市场的养老金合在一起，达到了近 70% 的比例。

资料来源：郭树清，不改善金融结构，中国经济将没有出路，中国证监会网站，2012 年 6 月 30 日。郭树清时任中国证监会主席。引用时有删节。

中国政府很早就已经注意到了金融结构失衡的问题。比如，中国人民银行在《2001 年第一季度货币政策报告》中就指出：

> 我国企业每年筹入的资金，股票筹资不到银行新增贷款的 10%。2000 年新股上市创历史之最，股票筹资也只占新增贷款的 15.7%。直接融资渠道不发达，企业负债率高，一方面使金融风险集中于银行，造成银行不良资产比例高，另一方面也使企业财务结构、资本结构不合理，企业资金效率和经营效率不高。[1]

实际上，从 1990 年上海证券交易所正式开业、比较大规模地发行股票开始，中国就一直在探索提高直接融资所占比例的办法。但是，经过了将近三十年的努力，中国直接融资的发展仍然困难重重。我国近年来高度强调去杠杆工作，这一任务的艰巨性正源于直接融资发展的困难。中国直接融资发展困难的

[1] 中国人民银行，2001 年第一季度货币政策报告，第 20 页，中国人民银行网站。

根源到底在哪里？这是我们在本章试图回答的核心问题。

11.2 直接融资发展的前提

本书第 7 章的讨论表明，银行贷款的资金是“无中生有”地创造的，不是来源于存款人资金的转移，因此，银行不是金融中介，从银行获得贷款的资金融通方式，不宜再继续被称为“间接融资”。但考虑到已经约定俗成，我们在本章继续使用间接融资来表示企业从银行获得贷款的融资，而直接融资是指企业在金融市场上发行股票、债券、票据等金融工具（下文仅以股票为例）从居民手中获得融资，而互联网金融并不是独立于直接融资和间接融资的第三种模式，出于相似性，我们将其划入直接融资的债券融资中。

融资案例

为了比较两类融资方式，与第 7 章讨论银行的货币创造过程一样，我们也要做一些旨在简化讨论、突出重点的假设（以下简称“本章案例”）。假设全社会只有银行甲、企业 A、企业 B 和个人 C；全社会初始货币供应量为零，前述四个经济主体的初始资产负债和权益均为零。

假设有如下业务：第一步，甲银行贷款 100 元给 A；第二步，A 企业以工资形式支付 100 元给 C；第三步，B 企业发行股票 100 元，C 用自己的全部存款 100 元购买。三个步骤对相关各方资产负债表的影响如图 11.1 所示。

不同融资方式的影响

为比较不同融资方式的影响，假设在前述案例的第三步中 B 企业不是发行股票，而是从甲银行贷款 100 元，图 11.1 变成图 11.2。

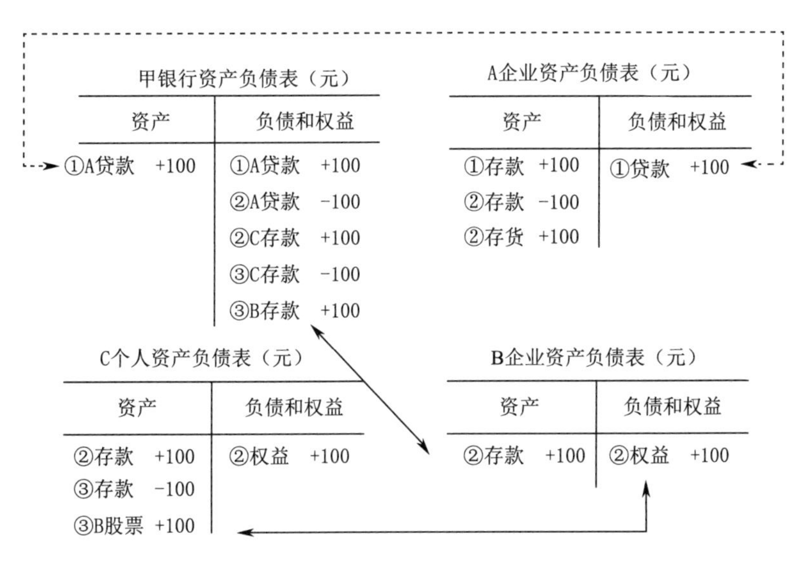

图 11.1 B 企业发行股票融资

注：实线箭头代表股权关系，虚线箭头代表债权债务关系。

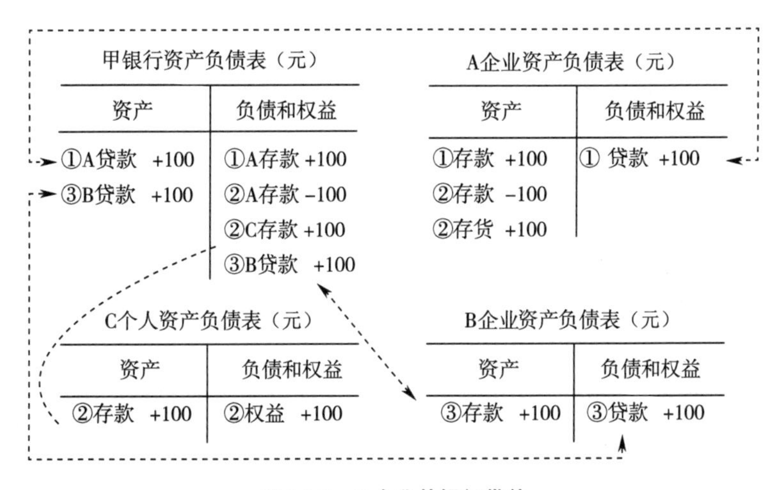

图 11.2 B 企业从银行贷款

从图 11.1 与图 11.2 的比较中，我们可以看到直接融资（股票融资）与间接融资（银行贷款）存在着几个方面的重要区别（表 11.1）。两者对货币供应量的不同影响显示出了我们在第 7 章中讨论的结论，即银行贷款在增加银行总资产的同时会增加总存款，从而“无中生有”地创造货币，但股票融资只是转移货币，对全社会的货币供应量没有影响。股票融资直接提升了直接融资占比，也使融资者的杠杆率远低于贷款融资情形。从中我们可以看到去杠杆与发展直接融资（股票融资）之间的密切关系。

表 11.1 B 企业不同融资方式的影响

项目	贷款融资	股票融资
货币供应量	200 元	100 元
银行总资产	200 元	100 元
银行总存款	200 元	100 元
直接融资占比	0%	50%
B 企业杠杆率	100%	0%

注：直接融资占比＝股票融资额 ÷ 全部融资额；B 企业杠杆率＝债务总额 ÷ 债务和权益总额。

前提之一：货币存量

直接融资的首要前提是居民手中持有货币，即流通中货币的数量必须达到必要的水平。本章案例中，A 企业从银行贷款得到货币是 B 企业发行股票的先决条件，因为如果 A 企业不先贷款，C 将不会拥有购买 B 企业股票的货币。

图 11.3 显示了 1985—2016 年中国和美国货币供应量 M2 与 GDP 之比。从图中可以看到，中国的这一指标在 1986 年就超过了美国：中国是 60.6%，而美国是 56.9%。此后，中国的这一指标几乎从无间断地持续上升，2016 年达到了 207.7%，而同期美国的这一指标则保持基本稳定，2016 年的值是 69.0%。从这一比较来看，流通中货币数量不足并不是中国直接融资发展滞后的原因。

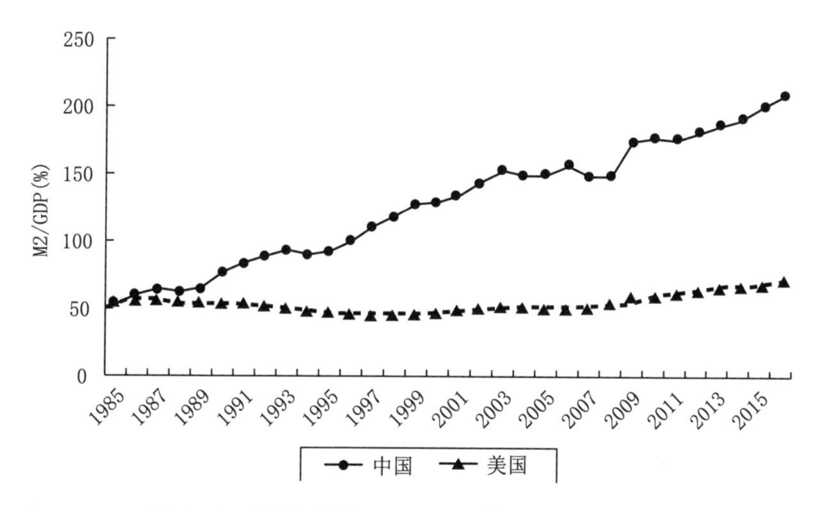

图 11.3 中国与美国 1985—2016 年 M2/GDP 的比较

资料来源：BvDEP，EIU Country Data.

前提之二：企业的发行意愿

直接融资发展的第二个前提是企业愿意选择直接融资方式。如果企业只愿意以借入贷款的形式获得融资，而不愿意选择发行股票，那么，直接融资将不可能得到发展（注意，我们在本节以股票代表全部直接融资）。

从我国企业发行股票的愿望极其强烈、企业普遍杠杆率比较高这一现实来看，中国直接融资的障碍，并不在于企业的参与意愿。对于这一点，我们将在下文讨论储蓄者的投资意愿（第四个前提）时，将两者结合在一起做进一步的讨论。

前提之三：储蓄者的投资能力

直接融资发展的第三个前提，即潜在股票投资者不仅拥有足够的货币，而且这些货币中除了满足交易需求以外，还有能够用来进行长期投资的部分。本章案例中，如果 C 把全部存款 100 元都用来购买 B 企业发行的股票，那么，C 将没有用于满足交易需求的货币了。

图 11.3 所示中国 M2 与 GDP 之比持续快速上升的事实，从侧面说明了储蓄者的投资能力并不是中国直接融资发展的主要障碍，而中国住户部门存款中定期存款所占比例在 2017 年年底高达 61.4%[1]，更明确地说明了这一点。

前提之四：储蓄者的投资意愿

直接融资发展的第四个前提是储蓄者具有投资直接融资工具的意愿。在本章案例中，个人 C 必须愿意购买企业发行的股票，即 C 愿意将存款转化成股票来持有。相对于前三个前提来说，这个前提是中国直接融资发展最主要的障碍，甚至可以说是唯一障碍。为了更进一步说明这一点，我们把这个前提与前面讨论的第二个前提——企业具有发行意愿——结合在一起讨论。

直接融资是储蓄者和企业共同选择的结果。在这一共同选择中，起决定性作用的是储蓄者还是企业？仍以股票融资为例，融资结果是企业发行了股票，储蓄者购买了股票，两者同时并存，无所谓先后。但我们可以从逻辑上探究这一融资能够实现的原因。

此时，我们需要回答的问题是：是因为企业想发行股票，所以储蓄者愿意购买呢，还是因为储蓄者愿意购买股票，所以企业才发行股票？答案是后者，是因为有股票的需求，才会有股票的供给，而不是相反。[2] 实际上，整个金融业中与融资相关产品和制度安排的发展，始终都是围绕说服资金供给者提供资金展开的，原因很简单，因为融资活动是由资金提供者向资金需求者首先单向让渡价值，要经过一段时间以后资金才会回流，期间的风险主要是由资金提供

[1] 根据《2017 年金融机构人民币信贷收支表》计算。资料来源：中国人民银行网站。

[2] 参见下一章在讨论经济增长问题时对一般商品的供给和需求之间关系的探讨，尤其是对 iPhone 手机例子的分析。表面上看来，在乔布斯在制造 iPhone 之前，消费者根本不知道 iPhone 为何物，也就谈不上对 iPhone 的需求，这似乎表明是“供给创造需求”。但是，只要稍加分析即可发现因果关系的方向仍然是从需求到供给的，即乔布斯在制造 iPhone 之前，一定预测到了消费者对 iPhone 的巨大需求，否则他不可能去生产这种产品。

者来承担的。因此，融资模式的决定性力量源自主要储蓄者。

有人可能会基于路径依赖问题对此提出质疑。比如，日本和德国由于历史上某种原因选择了银行主导的金融体系，企业能够很方便地从银行获得贷款，也就不再愿意发行股票、债券，即使是储蓄者想购买，也无从购买，其结果当然是股票、债券市场发展的滞后。这一看似合理的分析，实际上并没有触及问题的本质。无论是在日本还是在德国，都存在股票市场和债券市场，也有企业发行股票、债券，也就是说，如果愿意的话，大量企业完全可以选择发行股票、债券。那么，这些企业为什么没有主要选择股票、债券，而是主要选择了贷款呢？原因当然是从成本收益比较来看，银行贷款更合算。以债券为例，如果债券利率不是远低于贷款利率，企业当然愿意选择交易成本更低的贷款。也就是说，这些国家债券市场发展滞后，原因在于债券利率太高，进一步追问下去就会发现，债券利率高，正是因为愿意购买的储蓄者少。这与吴晓求等(2005)在研究德国和日本金融结构时的如下研究结论是一致的："在这样的社会当中，股票市场就很难发展起来，因为社会民众根本不愿持有股票。"[1]

对于中国直接融资发展的问题，有人可能会提出，中国目前实施的股票发行审批制是其主要障碍。但这其实只是这第四个前提的具体表现。政府之所以要对股票发行实施严格的审批，是因为仅仅通过市场机制，投资者的利益不可能得到很好的保护。如果出现问题，不仅会影响资本市场的可持续发展，而且严重的话有可能阻碍经济发展，甚至影响社会稳定。对于这一点，我们将在第11.5 节予以详细讨论。

直接融资的发展会淘汰商业银行吗

许多人认为金融市场（直接融资）的发展也会最终淘汰商业银行（参见本

[1] 吴晓求、汪勇祥、应展宇，市场主导与银行主导：金融体系变迁的金融契约理论考察,《财贸经济》，2005 年第 6 期，第 7 页。

书第 7 章）。由于直接融资发展的前提是流通中货币的数量必须达到一定的水平，而货币是银行通过“无中生有”地发放贷款而创造的，因此，间接融资必然优先于直接融资的发展。同时，企业发行股票所获得的资金，当然可以用于偿还从银行借入的贷款，但这一还款将消灭先前银行发放贷款所创造的货币，企业将没有货币运用于周转，因此，直接融资不可能完全替代间接融资。

图 11.1 显示，企业发行股票几乎不会影响银行的资产负债表：对银行的资产没有任何影响，对银行的存款和负债总量也没有影响，影响的只是存款的结构——从原来的个人存款变成了企业存款。这一点非常重要，因为它说明了如下传统观点是完全错误的：直接融资的发展会减少银行的资金来源，即出现所谓的“非中介化”，从而降低银行的重要性（甚至最终淘汰银行）。

但是，图 11.1 和图 11.2 的比较，可能使我们得出不同的结论，即发行股票仍然对银行有实质性影响：如果 B 企业不发行股票而从银行贷款，甲银行的资产和负债规模都会增加一倍。也就是说，B 企业发行股票使银行丧失了良好的贷款机会。这也是传统上分析认为直接融资发展对银行形成挑战的重要原因之一。

但是，银行贷款在资金成本、融资费用、税务处理、信息披露、股权稀释、重组灵活性等方面存在的众多优势，使得银行贷款不可能被完全替代（参见《银行哲学》一书的详细讨论），银行总会存在大量贷款机会（如中小企业贷款、个人贷款），关键看银行是否有能力抓住这些机会。同时，在企业发行股票后，其财务杠杆将出现下降，从银行贷款的优势将会更加明显，这又会增加股票发行企业从银行贷款的可能性。另外，筹资者在发行债券、票据等直接融资业务中，还会为银行创造其他业务机会（如贷款承诺、担保、顾问服务等）。因此，直接融资的发展不是对商业银行的替代，而是一种补充，商业银行不会因为这一点而消亡。

11.3 从文化到金融结构的基本机制

对于不同国家金融结构差异的原因，学术界从多个方面进行了探讨，很多学者最后都将目光聚焦到了文化这一因素上。但是文化概念的宽泛和模糊使得相关讨论陷入了困境，尤其是没有能够说明文化作用于金融结构的基本机制。本节试图对这一问题进行比较深入的探讨。

金融结构的文化根源

李萌等在《“银行主导”或“市场主导”金融体系结构：文化视角的解释》(2014) 一文中，把此前文献对金融结构国别差异原因的探讨，概括为实体经济结构、政治、法律（或法律起源）和历史文化四个主要方面，在介绍了各种分析的主要结论以后作者评论道：

> 虽然实体经济结构的差异能在一定程度上解释一些国家金融体系结构的不同，但它对那些有相似经济结构却拥有不同金融体系结构国家的解释束手无策。由于政治事件的不确定性和内在复杂性，使得从政治因素这一分析思路的研究很难深入。法律以及法源将受到文化、历史等众多因素的影响，仅能作为某种路径来影响金融体系结构，并不能将它视作根本原因；而现有从历史和文化角度的研究，大多运用语言或是宗教作为文化的代理变量简单说明它与金融体系结构的相关性，并未深度挖掘文化究竟为何会影响金融体系结构，以及它是通过何种路径对其产生影响的。[1]

结合中国自改革开放以来的金融结构来看，我们只能在文化角度来寻找原因。至少从 20 世纪 90 年代初以来，大力发展金融市场几乎已经成为社会各界的共识，实体经济对金融市场发展的需求极为强烈，中国政府也有着发展金融

[1] 李萌、高波，“银行主导”或“市场主导”金融体系结构：文化视角的解释，《江苏社会科学》，2014 年第 3 期，第 56 页。

市场的强烈政治意愿，法律方面也在借鉴西方经验的基础上取得了非常大的进展，而无论是金融市场还是现代意义上的银行，可以说都是从无到有地创立，历史（路径依赖）的影响，即使有也非常小，但股票、债券市场之所以仍然非常困难，其根源就在于，中国文化极其有利于银行的发展，而相对来说，不利于金融市场的发展。

但正如前引李萌等（2014）那段话中最后一句所说的那样，从文化角度来解释中国的金融结构、分析中国股票债券市场发展的滞后，关键是分析这两者之间的机制，也就是说，需要解释中国文化为什么（及如何）有利于银行、不利于金融市场的发展。

金融契约及其分类

本书第 9 章的讨论表明，金融工具的本质是契约。金融活动实质上是基于契约的跨时期资源配置，金融结构最终取决于储蓄者和筹资者对金融契约类型的选择。

为讨论方便，从储蓄者的角度来看，我们把金融契约分为两大类：第一类是银行类契约，主要是指存款契约；第二类是市场类契约，主要包括股票、债券（含互联网 P2P 平台贷款[1]）和基金三种契约（图 11.4）。

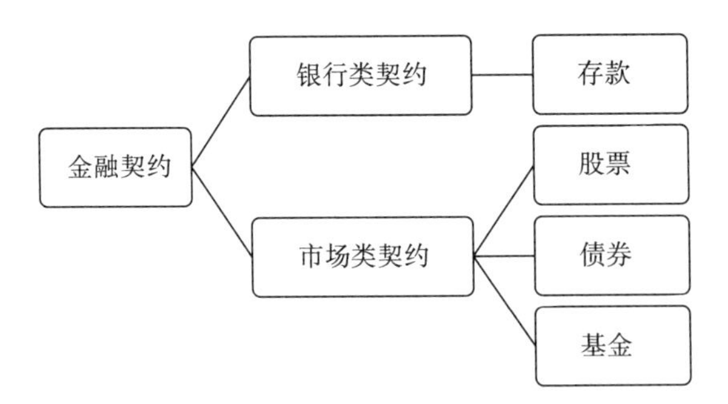

图 11.4 金融契约的基本类型

---

[1] 互联网 P2P 平台贷款，是债务人直接向多个债权人借款，与债务人发行债券融资在本质上是一样的，只不过其规模、监管规则等有所不同，因此，在这里我们不将其作为一类单独的契约。参见本书第 5 章关于以 P2P 平台为代表的互联网金融模式是否能够替代商业银行的讨论。

间接融资与直接融资的主要区别，主要是银行类契约与市场契约之间的区别，而一个国家的金融结构，也就主要取决于储蓄者对这两大类契约的偏好程度：一个社会中，如果银行类契约得到更为普遍的认可，其签订及实施的交易成本就会更低，银行的发展就会比较容易，而这个社会就将发展为银行主导的金融体系；相反，如果是市场类契约得到更为普遍的认可，这个社会就会发展为市场主导的金融体系。

金融契约的“可验证性”

接下来需要讨论的问题是，为什么不同国家的储蓄者对两类金融契约的偏好程度有着如此巨大的差异？为了回答这个问题，我们必须进一步深入分析两类金融契约的区别。专栏11.2概括了吴晓求等在《市场主导与银行主导：金融体系变迁的金融契约理论考察》（2005）一文中的主要结论。

金融契约与金融结构

从契约的角度看，银行贷款是一种关系型融资契约，对资金提供者而言，银行存款是一种债权；而股票融资则体现了一种保持距离型的融资契约关系，对资金提供者而言，它是软约束的契约。对于投资者而言，他们需要金融契约的条款具有可验证性。从储蓄者的角度看，将资金存放于银行（银行存款），他们没有必要关注银行的资金运用行为，他们只需要获得固定的债务支付就获得了满足，因此，资金的需求方与供给方之间的信息不对称程度——除非债务人破产——一般不会影响投资者的储蓄行为。这就不难理解为什么无论在哪一个国家，银行总是会先发展起来了。

从金融契约的角度看，股票的经济性质与银行存款不同，它体现的是一种对公司收益的剩余索取权。由于信息不对称导致的严重的委托代理问题，个体股东难以弄清企业真正的收益是多少，同时，公司的经理人决定公司是否分发红利，因此，即使公司事实上取得了盈余，经理人也可以以似乎正当的理由拒绝分红。很显然，股票权益的可验证性不足；如果没有适当的经济、法律环境，股东的权益难以得到保障，因此，在这样的社会当中，股票市场就很难发展起来，因为社会民众根本不愿持有股票。

资料来源：吴晓求、汪勇祥、应展宇，市场主导与银行主导：金融体系变迁的金融契约理论考察，《财贸经济》，2005 年第 6 期。引用时有删节。

吴晓求等（2005）从契约角度的探讨，确实触及了金融结构的核心，尤其是作者突出了储蓄者意愿的重要性，这一因素对金融结构的重要影响，我们在下文的分析中还要多次强调。同时，与我们在第 11.2 节的讨论一致，作者在这里也得出了银行会优先于资本市场发展的结论（但原因不同）。不过，作者将两类金融契约的核心区别概括为“可验证性”，是值得商榷的。

作者在文中并没有对“可验证性”做出明确的定义或解释，根据上下文的意思似乎改为“是否需要验证”要清楚一些：对于存款类契约，储蓄者一般不需要验证银行的经营状况（排除银行可能倒闭的情况）；而对于市场类契约，储蓄者则需要验证使用其资金的经济主体的经营状况。

但即使是做了这样的改进之后，仍然不足以用来区分银行类契约和市场类契约，因为市场类契约中的债券契约与存款类契约很类似，也不需要验证债券发行主体的经营状况（同样排除债券发行主体倒闭的情况）。另外，要排除银行或债券发行企业可能倒闭的情况也是不尽合理的。

金融契约的风险

金融是价值跨时期的回流，这使得风险成为金融活动最基本的障碍，金融契约的根本特征也就只能从风险方面去探讨。银行类契约的风险要明显低于市场类契约，储蓄者之所以仍然可能会选择市场类契约，是因为风险与收益总是联系在一起的，两者在总体上呈现出一种对称性，即高风险对应着高收益，低风险对应着低收益，正是为了获得较高的收益，储蓄者才可能会选择市场类契约而承担高风险。

但是，储蓄者在选择市场类契约时必须有这样一种信念，即如果他承担较高风险，就一定能在平均水平上获得与他所承担较高风险相对称的较高收益。这一信念的基础是信任，即储蓄者相信在整个融资过程中所涉及的相关主体都是诚实守信的，也就是说，储蓄者愿意承担的损失是他应该承担的损失，而不是出于相关主体的欺诈。比如，在储蓄者选择股票投资时，他愿意承担的损失，是股票发行企业在正常经营中所出现的损失，而不是由于企业欺诈或股市庄家操纵股价等原因造成的损失（参见第 11.4 节的详细讨论）。

银行信任与市场信任

与两类金融契约相对应，我们把信任也分为两大类，分别称为银行信任和市场信任。在第 11.2 节的讨论中我们已经指出，间接融资优先于直接融资，任何一个金融体系必然存在基本的银行信任。同时，本书第 7 章的讨论表明，银行是货币体系的基础，从而是整个国民经济的命脉所在，几乎所有国家都对银行实施着严格监管和多重保护，这就大大增强了公众对银行的信任。在中国来说，国家对银行业的控制和保护更加严密，公众对银行几乎具有无条件的信任。

由于银行能够获得公众几乎完全的信任，金融体系中两类融资的相对重要性就主要取决于市场信任程度。如果市场信任程度高，储蓄者的损失承担意愿就比较强，他们投资于高风险市场类契约的可能性也就比较大，直接融资也就会比较发达。相反，如果市场信任程度低，储蓄者的损失承担意愿就比较弱，他们倾向于主要投资于低风险的银行类契约，从而直接融资也就难以得到发展。

这样，从文化到金融结构的逻辑链条中，除了契约这个环节之外，就又多了两个环节，即市场信任程度和损失承担意愿（见图 11.5）。概括起来看，其基本逻辑是：不同的文化决定了整个社会有着不同的信任结构，后者决定了储蓄者具有不同的损失承担意愿，而储蓄者损失意愿的差异，就决定了市场类契约被广泛接受的程度，进而也就决定了金融结构的不同。这一逻辑的核心是储蓄者的损失承担意愿，对此，我们将在下一节进行详细讨论。

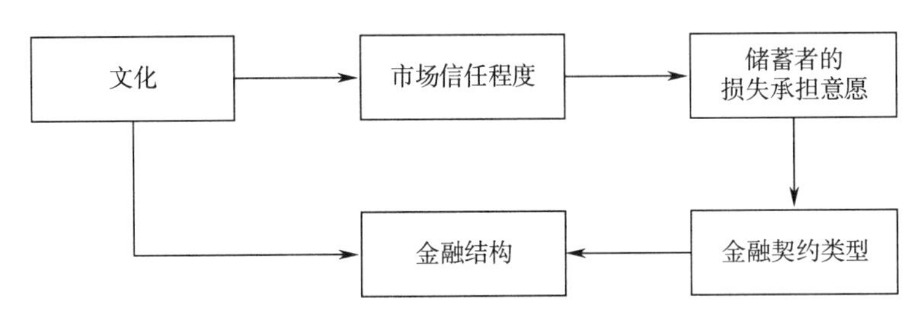

图 11.5　文化作用于金融结构的基本逻辑

11.4　储蓄者的损失承担意愿与市场信任程度

在图 11.5 所示的从文化到金融结构的逻辑链条中，储蓄者的损失承担意愿是核心环节。储蓄者投资过程中面临的损失，来源于金融活动固有的风险，具有不确定性，是金融活动最基本的障碍，而与风险相伴而生的收益，则是金融活动最基本的激励。正是这两种力量的共同作用，决定了现实世界金融发展的基本路径。

一个假设案例

从本质上来看，风险是收益的波动性，是对预期的偏离（这是理论上和实践中通常用标准差来度量风险的原因），与高风险相对应的高收益指的是平均收益。以投资 100 万元为例，假设投资于违约率为零的国有银行存款，利率为 3%，每年预期能够获得 3 万元的收益；由于其违约的可能性为零，实际收益不会偏离这一预期收益，即其风险为零。假设这 100 万元投资于股票，在任何一年中，有一半的可能性亏损 9 万元，另一半的可能性赚 29 万元，那么，它的预期年收益率为10%，即每年预期收益为10万元，但实际收益通常会偏离这个值。

储蓄者到底是选择无风险、预期收益率为 3% 的存款，还是选择高风险、预期收益率为 10% 的股票呢？这主要取决于储蓄者在遇到亏损 9 万元的时候，是否能够接受并坚持等到赚 29 万元的时候，从而最终获得 10% 的平均收益率。如果在出现亏损 9 万元时，不能接受、不能坚持，就退出了，也就享受不到平均 10% 的高收益率，当然也就不会选择股票。也就是说，储蓄者对于风险与收益的权衡，起决定性作用的是储蓄者的损失承担意愿。

储蓄者的损失承担意愿

对于损失，所有人都是厌恶的，储蓄者又怎么会有承担损失的意愿呢？在前述投资于股票的例子中，假设投资者在某一年实际出现了 9 万元的损失，如果满足如下三个条件，他就会坦然接受这一损失：

第一，今年亏损的 9 万元是获得融资的企业正常经营所出现亏损中应该由储蓄者承担的损失额，并不是源于企业的虚假信息或投资过程中相关经济主体的操纵；

第二，今年亏损 9 万元只是暂时的，明年（或以后其他年份）有可能赚 29 万元，从而能够完全弥补今年的亏损，或者说去年已经赚了 29 万元，今年的亏损只不过是“把去年多赚的退了回去”；

第三，今年亏损 9 万元是明年（或其他年份）赚 29 万元，从而保证获得较高平均收益率 10% 的前提，或者说是应该付出的代价。

从上述三个条件可以看到，储蓄者坦然接受已经出现的损失，是因为他认识到这些损失相对于过去已经获得的或未来可能获得的收益来说是正常的，甚至是必需的，从而可以被视为一种额外的投资。

核心是信任

贯穿上述三个条件的核心是信任。第一个方面可概括为诚信主体，即储蓄者信任筹集资金和参与市场融资过程的所有经济主体（如筹资企业、承销商、交易所、政府监管当局、会计师、律师等），相信他们是诚实可靠的，不存在普遍的、严重的欺诈，不存在大量的、实质性的虚假信息。

第二个方面可概括为稳定预期，即储蓄者信任与融资相关的各种制度安排，相信它们是健全而且稳定的：一方面，这些制度涵盖了融资的所有重要方面，为促进融资效率、保护储蓄者利益提供了一个强有力的框架；另一方面，这些制度又是稳定的、可持续的，不会在短期内发生超出预期的大幅变化，储蓄者相信自己对其投资有较强的控制能力，认为只要坚持就能够获得希望的回报，而不会受制于自己无法控制的外部力量。

第三个方面可概括为公平投资，即储蓄者信任金融体系在总体上是公平的，“收益与风险基本匹配”的原则在现实中会得到充分体现，储蓄者不存在明显的“机会主义”倾向，不期望“免费的午餐”，愿意为获得较高收益付出持续努力，如果看到有人基于内幕信息等获得不当得利，也会认为那只是个例，只是暂时的，并且相信这样的行为终将受到制裁。

实际上，这三方面的条件不仅是储蓄者愿意承担损失的充分条件，而且也是其必要条件，只要其中任何一个方面存在严重问题，投资者承担损失的意愿就会大幅度下降，选择直接融资方式的可能性也就会下降。

储蓄者在上述三个方面的信任，都有一个程度的问题，综合起来就是市场信任程度。市场信任程度最终决定储蓄者在进行投资时是否会选择市场类契约。第 11.3 节提到，与市场信任相对应的是银行信任，银行契约是储蓄者的默认选项，因此，储蓄者是选择银行类契约还是市场类契约，就完全取决于储蓄者的市场信任程度。

文化类型与信任

在同一个经济体中，不同储蓄者的市场信任程度可能会存在巨大差异，这也就决定了不同储蓄者可能会有着迥然不同的损失承担意愿。另外，同一个储蓄者出于分散投资的考虑，以及对银行类契约所蕴含支付等服务的需求，即使是在损失承担意愿比较强的情况下，也会在选择市场类契约的同时选择部分银行类契约。因此，并不存在单一金融契约的金融体系，所有金融体系无一例外都是多种金融契约并存，这是划分金融体系的名称——银行主导体系和市场主导体系——中包含“主导”一词的原因。

当我们讨论一个经济体中储蓄者的市场信任程度以及由其决定的损失承担意愿时，指的是这个经济体中储蓄者的平均市场信任程度。文化就是影响这个平均信任程度的主要因素。

不同文化类型下的信任呈现出不同的特征。在集体主义文化下，由于个人之间的界限比较模糊，人与人之间的关系主要依赖于某个（或某些）集体范围内的人际关系，在这一背景下，主要依赖于人际关系的银行信任就比较容易建立，而主要依赖于非人格化规则的市场信任建立起来就比较困难。在个人主义文化下，人与人之间的关系主要依赖于非人格化的规则，市场信任程度就会比较高（参见《金融哲学》一书的详细讨论）。这样，集体主义文化下，间接融资体系相对比较发达，而在个人主义文化下，直接融资就会相对比较发达。

11.5 中国股票发行难以真正实施注册制的启示

一面是上市热情高涨的企业，一面是巨额存款支撑的潜在投资者，为什么中国股票市场发展严重滞后？一个最简单、最直观的解释是，政府的股票发行制度形成了股票市场的瓶颈。基于这一解释，中国股票市场发展的根本出路，被认为是发行制度的改革，而具体改革方向就是将股票发行制度从核准制改变为注册制。这一看似简单的改革在现实中之所以难以推进，根本原因就在于，在集体主义文化的影响下，市场信任程度的提高非常困难。

中国政府的明确改革目标

实行注册制，不只是理论上的探讨，而已经成为中国政府的明确改革目标。2013 年 11 月，中国共产党第十八届三中全会通过的《关于全面深化改革若干重大问题的决定》明确提出了“推进股票发行注册制改革”的要求。2014 年 5 月 9 日国务院发布的《关于进一步促进资本市场健康发展的若干意见》再次提出“积极稳妥推进股票发行注册制改革”。

对美国注册制的误解

看似简单的注册制改革，实际上并非如此简单。在普遍被认为注册制典型代表的美国，政府对证券发行的监管分为州和联邦两个级别，两者在监管上有着不同的侧重点，但我们往往只看到联邦政府（证交会）的信息披露审查，而忽略了州政府的实质审查，从而导致了对美国注册制的片面理解（参见专栏 11.3）。

专栏 11.3

对注册制的误解

国内对证券发行上市监管制度的“注册制”与“核准制”二分法解说中，存在对注册制的误解。审核机关是否对公司的价值作出判断，被认为是注册制与核准制的划分标准。由此，形成了形式审核与实质审核的二元对立：

（1）形式审核——中国研究者普遍认为它的典型代表是美国——指的是在披露哲学的指导下，“只检查公开的内容是否齐全，格式是否符合要求，而不管公开的内容是否真实可靠，更不管公司经营状况的好坏。坚持市场经济中的贸易自由原则，认为政府无权禁止一种证券的发行，不管它的质量有多糟糕”。

（2）实质审核的一个被广为引用的定义是“授权监管制度，除非证券发行以及关联交易的具体条件可确保发起人与公众投资者有一个公平关系，并且向公众投资者提供一个与承担的风险成合理比例的收益，否则监管机构可不予核准”。

事实上，发达资本市场中的注册制也存在一定程度的实质审核。国内对美国 IPO 监管制度的简单理解——“披露即合规”，只说对了一半。其一，美国联邦证交会在贯彻完全的信息披露时，在哪些信息是实质信息、哪些信息不是实质信息的判断中，部分在开展着实质审核；其二，更重要的是，州层面的证券实质监管，是联邦证券法披露监管哲学存在的基础。从历史上看，美国 1933 年《证券法》是作为各州证券法的一个补充，在州的实质审核的基础上，联邦证券法才确立了披露监管的哲学。这种双重注册制，背后的监管哲学是“保护小投资者的唯一办法是控制股份进入市场”。2008 年美国金融危机之后，美国国内开始出现非主流的呼声，提出美国 1933 年联邦证券立法“没有走的道路”——蓝天法，建议增加联邦证券法的实质审核。

资料来源：沈朝晖，流行的误解：“注册制”与“核准制”辨析，《证券市场导报》，2011 年第 9 期，第 14–22 页。引用时有删节，文字有调整。

我们还可以从另外一个角度来看对美国注册制的误解：如果股票发行在美国真如国内众多人士宣传的那样宽松，那么美国企业一定会极其愿意上市，结果一定是美国国内上市企业的数量将会极其巨大，尤其是国内关注极多、期待通过资本市场解决融资难问题的中小企业，更会积极踊跃上市。从而，上市中小企业所占比例与中小企业在全体企业中所占比例应基本一致，上市中小企业的数量占全部上市企业的比例也应非常高，但实际情况并非如此（参见专栏 11.4）。

11.4

美国上市公司概况

截止到 2014 年 6 月 2 日，也就是中国端午节，美国的上市公司有 5294 家。但在扣除外国公司、金融公司、微型公司之间的重复之后，美国本土的、实体经济的、正常运行的上市公司，目前为3000家左右。

美国的企业多如牛毛，达到了2700万家左右，去掉其中占比四分之三的“个体户”（没有雇员、不对他人支付报酬的企业），雇主企业约600万家。美国上市公司占全美企业的比例不到万分之二。

美国三四千家上市公司是存量概念，而流量的新陈代谢才是永葆新鲜的秘诀。例如2000年的纳斯达克，前无古人、后无来者地上市了605家公司。其中IPO公司为397家，其他公司来自场外市场升级转板等。当年高科技泡沫破灭，前无古人、后无来者地退市了770家公司。2001年再度遭到“9·11”事件打击，仅有145家公司上市，其中IPO公司为63家，但退市的公司高达650家。其他大部分年份，也是退市多于上市，在2007—2009年的房市、股市泡沫及接下来的金融危机期间，大进大出的一幕再次上演。

由此可见，对经济来说，上市公司在精不在多，流动才是市场的生命线。流动起来，投行及其他中介才有活干，交易所才能开张运营，投资者才能满意了再来购买，做空基金、集团诉讼律师也能分一杯羹。

美国资本市场并非因低门槛而具有吸引力。事实上，如果美国资本市场上市与维持上市的门槛低，就不止上面提到的上市公司总数。

资料来源：王啸，美国公司上市潜规则，《商界（评论）》，2014年第7期，第44-46页。

美国上市公司数量少，说明美国资本市场的上市门槛并不是我们想象的那么低，而是非常高。这种高门槛，虽然有美国联邦政府信息审核、州政府实质审核的原因，但更主要的原因则在于保证证券质量的另一类力量——市场约束——的强大。

伴随注册制的市场约束

无论是美国的注册制还是中国的核准制，保证上市证券质量、保护投资者利益，都是其根本目标之一。但政府监管并不是实现这一目标的唯一力量，与之并行的是另外一种更普遍、更持久的力量——市场约束。王啸在《美国公司上市潜规则》(2014)一文中谈到美国股票市场的竞争力源泉时，很好地概括了美国证券领域的市场约束力量：

> 如何维持市场的魅力和竞争力呢？秘诀在于事前、事中、事后的一套“潜规则”：投资银行的“挑剔”，注册会计师的“谨慎”，证监会的“打破砂锅问到底”，交易所的“大进大出”，做空机制、集团诉讼律师“不叮无缝的蛋”，以及监管执法及司法救济的亡羊补牢、漏鱼修网。这些利益主体每天逐利的过程中，由“看不见的手”指挥着，促进了市场共同的福利。[1]

因此，美国保证上市证券质量、保护投资者利益的，除了联邦政府在事前进行通常所说注册制中的信息披露审查以外，一方面有州政府的实质性审查，另一方面有投资银行、注册会计师、交易所、做空机制、集团诉讼律师、监管执法及司法救济等众多机构、人员、机制构成的市场约束力量的作用。实际上，美国政府对股票发行及上市交易监管的相对宽松，其主要原因正在于市场约束力量足够强大，使得政府更多、更严的监管变得不再被需要。

中国市场约束力量的薄弱

相比较来看，中国股票市场上的约束力量虽然在不断加强，但其力量仍然非常小，其中最大的挑战是虚假问题（参见专栏 11.5)。在这种背景下，要保证证券质量、保护投资者利益，就不得不依靠政府的严格监管，表现在具体的政策上就是核准制。也就是说，如果一开始政府就实行极其宽松的注册制，中国股票市场极有可能夭折，从而很难达到现在的规模。

---

[1] 王啸，美国公司上市潜规则，《商界（评论）》，2014 年第 7 期，第 46 页。

专栏 11.5

中国证券市场中的虚假问题

由于中国证券市场上的种种制约因素，全面破局非朝夕之功。当务之急和可行之务，在于清理整治财务造假及其他信息披露违法违规行为。

造假手段上，与美国安然、世通等会计丑闻相比，中国（拟）上市公司的造假技高一筹、胆大通天。通常由董事长亲自挂帅，管理团队齐心协力，中介机构置若罔闻或为虎作伥，主要客户甚至地方政府同情、配合，形成体外资金循环天衣无缝、虚增业绩与虚构现金流完美勾稽的“造假流水线”。从绿大地、新大地、万福生科到天丰节能，如出一辙。

鉴于此，注册制改革首要的任务，便是打击财务造假及其他信息披露违法违规行为。发行人的质量优劣放手给市场判断，但财务报告“真与假”、信息披露“虚与实”，证监会应管得住、管到底。近期证监会执法力度加大、执法手段创新、执法范围扩大，以及将财务专项检查作为发行监管的长效机制，建立发行审核与稽查的联动机制，可谓切中要害的举措。

资料来源：王啸，我们需要什么样的注册制，《上海证券报》，2013 年 11 月 20 日。

政府管制的放松与市场约束的加强是相辅相成的，但总体上来看，市场约束力量的建设是一个缓慢的积累过程，而政府改革的推进则相对来说要容易得多，因此，在两者之间的互动关系中，政府管制的放松主要是结果，而市场约束的加强则主要是原因。

尽管政府在核准制下试图保证上市公司的高质量，但中国二十多年股票市场的实践表明，上市公司中也有着大量劣质公司，其原因也比较容易理解。在注册制下，上市公司如果进行欺诈，除了需要应付众多投资者和政府以外，还需要应付投资银行、律师等众多市场主体，但在中国核准制下，（拟）上市公司只需要应付一个主体——政府（实际上是政府中负责审批的、数量有限的一些个人）。由于政府成了市场主体“共同的敌人”，这些主体之间的“精诚合作”就形成了

“造假流水线”，使得欺诈无处不在、防不胜防，其结果必然是劣质公司在上市时就有可能混进政府核准的发行队伍。同时，在造假流行的环境中，即使是上市时的优质公司，也可能因为在“劣币驱逐良币”的压力下蜕变为劣质公司。

中国股市的投机性

前面的讨论表明，中国股票投资者面临如下三方面的情形：一是市场主体可信度较低；二是政府对股票市场的影响巨大；三是上市公司良莠不齐。在这样的市场中，投资者的选择只有一个——投机，这就形成了中国股票市场的高度投机性（参见专栏 11.6）。

专栏 11.6

中国股票市场的投机性

中国股市风行“重融资、轻投资，重圈钱、轻回报”的游戏规则，是十足的投机市场。股价既不反映股票的预期收益，也不反映市场利率，而与投机程度、炒作程度、资金的供应量、股民的心理预期和供求关系密切相关。

由于现金分红过于稀缺，股民只能靠二级市场价格波动来获利。根据 Wind 的数据，1990 年年末到 2010 年年末，A 股累计完成现金分红总额约 1.8 万亿元，由于发行制度的原因，我国普通投资者在上市公司的持股比例一般不超过 30%，也就是说投资者所分享的红利最高不过 0.54 万亿元。而根据国家统计局和中国证监会公布的数据，同一时期我国股票市场筹集资金 4.64 万亿元，这意味着 20 年来，A 股市场给予普通投资者的现金分红总额占融资总额的比率只有 11.6%。

畸高换手率、巨幅股指波动、对题材股与绩差的持续爆炒，还有投资者对股市的赌市认同及自身弱势的认可，表明中国股市文化的主流是投机文化。

换手率的计算公式为：换手率＝某一段时期内的成交量 ÷ 流通总股数 ×100%。换手率是反映股票流通性强弱和交易活跃程度的指标之一，也可据以判断市场投机程度。我国沪深股市自1994年至2010年年均换手率最高为1131.89%，最低为206.40%，17年的平均年换手率为516.06%。即使在2001年至2005年的5年大熊市，平均年换手率也超过200%，为254.27%，中国股市年换手率全球第一。可见，中国股市投资者关注的是股票差价收益而忽视上市公司的红利配送，其短线炒作的行为动机成为主导，中国股市是典型的投机市场，而非投资市场。进入股市者，短期投机获利是主流，长期投资者寥寥无几，只有被深度套牢时，才以价值投资来自我安慰或自我开脱。中国股票市场自创立至今仅二十多年时间，巨幅波动就有11次，涨幅最高达513.49%，跌幅最高达79.10%。

投资文化应以崇尚价值投资、唾弃投机性炒作为特征，但在中国股票市场，投资者疯狂炒作题材股、绩差股，而业绩较好具有投资价值的大盘蓝筹股却少人问津。所谓题材股，顾名思义是指有炒作题材的股票。一切可以引起市场兴趣的话题，如经营业绩改善、国家产业政策扶持、国家某一决策即将出台、国内外重大新闻事件、将要合资合作、股权转让、出现控股或收购等重大资产重组消息等都是炒作题材，所涉及的股票也就成了题材股。这些题材可供炒作者借题发挥，有时甚至完全是捕风捉影，这在股市中俗称为“讲故事”。只要故事有人信，就可以引起市场大众跟风，拉高的股价就有人接手，“搏傻”即开始。所谓绩差股，是指业绩较差甚至连年亏损、面临退市风险的ST类上市公司以及股改尚未完成的S类上市公司的股票。这些股票的上涨基本依靠的是各类消息所引发的跟风。

著名经济学家吴敬琏于2001年谈及的中国“股市赌场论”至今仍影响着中国民众甚至政府对股票市场的认识。被中国股市的投资者甚至各种媒体的各色股评人广为使用的一些词汇，实际上是极不规范的赌场化语言，如“庄家”“筹码”“发牌”“跟庄”“出局”“庄家洗筹”“与庄共舞”等。这些词汇的广为使用亦加深了人们对股市的“赌市”认同感。同时，不具备专业知识，甚至没有什么文化的人可以赚钱，而具备专业知识的人却未见得赚钱，人们没有提高自身专业知识的欲望，也没有对具备专业知识的人的崇敬，这就不能说是正常的股票市场了。

资料来源：文炳洲、杨永强，行政操控、投机主导与股市困境：中国股票市场20年回顾，《财经理论研究》，2014年第4期，第90–91页；李桃、马书琴，经济非正义之过：中国股票市场投资文化之于投机文化弱势探源，《宏观经济研究》，2013年第7期，第3–10页。

在诚信基本缺失的环境下，股票投资者希望凭借自认为拥有的特别资源——如内幕信息渠道、特殊能力等，能够从众多公司中挑选出一定存在但数量有限的优质公司，并且能够准确判断政府行为，从而获取远超过存款等其他投资方式带来的利润。这种投机倾向，既可以解释在虚假盛行的背景下仍然有人愿意选择投资于中国股票市场的现象，又可以解释中国股票投资者构成中机构投资者比例非常低的现象。选择股票投资的储蓄者，一方面是不相信市场主体（包括机构投资者），另一方面是过度自信，他们自然就会直接自己投资于股票，而不会选择证券投资基金等机构投资者。

文炳洲、杨永强在《行政操控、投机主导与股市困境：中国股票市场20年回顾》(2014) [1]一文中，将二十余年来中国股票市场的特征概括为行政操控与投机主导两个方面。第11.4节提到，储蓄者在投资时的损失承担意愿取决于三个方面的条件，即诚信主体、稳定预期和投资氛围，而中国股票市场的虚假盛行、政府干预和投机氛围使得这三个条件都没有能够满足，储蓄者从总体上购买股票的意愿比较弱，而宁愿选择收益率比较低但风险低的银行存款作为金融储蓄的主要形式，这就导致了中国股票市场发展的滞后，进而使得银行主导的金融结构很难在短时间内改变。

[1] 文炳洲、杨永强，行政操控、投机主导与股市困境：中国股票市场20年回顾，《财经理论研究》，2014年第4期，第90–91页。

>>> 第 12 章

银行货币驱动经济增长的“中国方式”

中国改革开放以来持续的高速经济增长，自 20 世纪 90 年代开始就吸引了国内外经济学家们的广泛关注。近年来中国经济增长进入“新常态”，增长速度出现显著下降，也同样引起了非常激烈的争论。与中国最近兴起的新供给经济学的基本观点不同，本章认为，现代经济增长面临的主要约束是能够得到融资支持的预期需求，中国经济自改革开放以来的高速增长阶段和增速下降阶段，都可以通过这个框架得到比较好的解释。这一解释充分利用了第 7 章的结论，说明了银行货币在驱动中国经济增长的关键作用，从而为第 6 章和第 8 章关于货币数量论的结论提供了一个来自中国的有力证据。

12.1 供给侧结构性改革与新供给经济学

2015 年 12 月举行的中央经济工作会议，首次明确提出了进行供给侧结构性改革的口号。会后发表的会议公报中说：

> 会议强调，推进供给侧结构性改革，是适应和引领经济发展新常态的重大创新，是适应国际金融危机发生后综合国力竞争新形势的主动选择，是适应我国经济发展新常态的必然要求。

在2016年3月的《政府工作报告》中，供给侧结构性改革也被列入了新一年度政府工作的核心工作清单。2017年3月的《政府工作报告》，特别强调了“坚持以推进供给侧结构性改革为主线”。中国政府对供给侧结构性改革的高度重视，使不久之前兴起的中国新供给经济学派声名鹊起，受到了广泛的关注。

新供给经济学的基本主张

新供给经济学派在2014年成立了华夏新供给经济学研究院及中国新供给经济学50人论坛，其代表人物贾康等在《中国需要构建和发展以改革为核心的新供给经济学》(2013）一文中全面阐述了其理论观点和政策主张：

> 古典经济学、新古典经济学和凯恩斯主义经济学最根本的共同失误是“假设”了供给环境，强调需求而忽视供给，没有足够地意识到生产力革命带来的人类社会总供给方面的根本性变化。事实上，人类从茹毛饮血时代发展到今天，随着科技革命产生巨大的生产力飞跃，创造了上一时代难以想象的供给能力，然而这些原来让人难以想象的供给，并没有充分满足人类的需求，原因在于人类作为一个适应环境进化的物种来说，其需求是无限的。正因为如此，现实地推动人类社会不断发展的过程，虽然离不开消费需求的动力源，但更为主要的支撑因素从长期考察却不是需求，而是有效供给对于需求的回应与引导。在更综合、更本质的层面上讲，经济发展的停滞其实不是需求不足，而是供给（包括生产要素供给和制度供给）不足引起的。[1]

---

[1] 贾康、徐林、李万寿、姚余栋、黄剑辉、刘培林、李宏瑾，中国需要构建和发展以改革为核心的新供给经济学，《财政研究》，2013年第1期，第3页。

新供给经济学认为其批判对象的“共同失误”是假设了供给环境，而从上述引文中可以看到新供给经济学也存在类似的“失误”，即假设了需求环境，其中隐现着“供给自动创造需求”这一萨伊定律的影子。实际上，新供给经济学明确声称自己是对萨伊定律的“重新解读”；对于这一点，我们将在下文进一步阐述。在这里，我们先从引文中所说“需求无限”的提法谈起。

引文中所说“正因为如此”几个字，显示了“需求无限”这一观点构成了新供给经济学的理论基础。这一基础与其最后结论之间的逻辑是：既然需求是无限的，一方面需求不可能不足，另一方面，供给将永远无法满足需求；既然任何生产的产品都有供给和需求两个方面，而供给是有限的，现实中经济增长所面临的约束当然就是供给，套用木桶理论（即木桶的盛水量取决于最短的那块木板），经济增长就取决于供给这块“短板”。图 12.1 显示了这一基本逻辑。

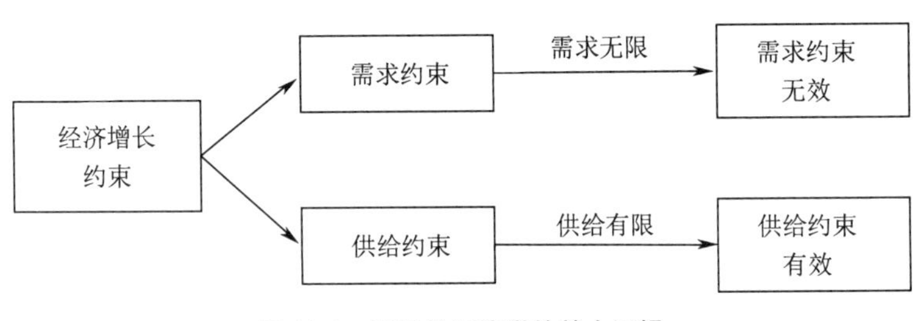

图 12.1　新供给经济学的基本逻辑

需求是无限的吗?

对于需求到底是有限还是无限这一问题，我们可以从经济学中的需求概念着手来进行简要分析。金海年在《关于新供给经济学的理论基础探讨》(2013) 一文中对经济增长问题中的需求给出了如下定义：

> 需求是个体对于给定产品在一定价格（或购买条件）下希望并能够实现的购买，它体现了个体的消费意愿和消费能力。需求既不是欲

望，也不是已经发生的购买。[1]

这个定义与经济学中通常所采用的定义一致，是我们能接受的。从中可以看到，虽然人类的欲望是无限的，但需求不可能无限，因为它会受到个体消费意愿和消费能力的约束，这两者从根本上取决于个体的可支配收入（在下文中我们将把需求的定义简化为“有购买力的欲望”），而在现实社会中，任何个体的可支配收入都不可能无限。既然如此，有限的需求也就有可能低于同样有限的供给，从而成为对经济增长的有效约束，图12.1所示新供给经济学的基本逻辑出现了严重的缺陷。但金海年在后文中对需求的概念进行了转换：

> 需求增长包括现有商品需求量的增长和新商品需求质的增长两个方面，由于同类商品的需求上限规律决定了需求量增长的有限性，随着收入的增加和收入分配的改善，需求将逐步饱和，这时只有以新商品创造新的需求，方能实现需求的继续增加。可以说，收入增长满足了需求方的显性需求，而新商品的出现满足了需求方的潜在需求。[2]

作者在这里将需求划分为“显性需求”和“潜在需求”两大类。这一区分对于新供给经济学来说非常重要，因为对于“显性需求”，供给只是“满足”，而“潜在需求”则是供给“创造”的，而后者被认为是促进经济增长的关键。作者在前面引文中强调，需求“不是已经发生的购买”，因此，所有需求都只能是“潜在的”，如何产生“显性需求”来？作者接下来的如下一段论述，得出了与其全文目的相反的如下结论：

---

[1] 金海年，关于新供给经济学的理论基础探讨，《财政研究》，2013年第9期，第26页。

[2] 同上，第29页。

> 供给增长也许会受限于生产能力和自然资源，然而在巨大的需求面前，只要具有足够的利润诱惑，在一定竞争等行为规则的环境下，企业总会找到办法和路径，进行技术工艺、流程分工、管理和商业模式等方面的生产革新，甚至找到新资源、新材料，总会满足需求的增长。[1]

金海年这篇文章的目的，本来是要为新供给经济学提供理论基础而强调供给作用、弱化需求作用的，但却明确而清晰地给出了与其目的完全相反的结论。在现代经济中，只要有需求，供给是“自然而然”的，也就是需求创造供给（第 11.3 节会进一步明确创造供给的是“预期需求”）。因此，新供给经济学关于“供给约束是经济增长面临的根本性约束”这一基本主张是值得商榷的。

经济增长的供给约束和需求约束

任何经济增长都可能同时受到供给和需求的双重约束。供给约束是指一定时期和地域范围内的最高生产能力，是综合考虑影响生产的各种因素（如人力资源、自然资源、社会制度、文化习俗），并假设这些因素固定不变以后得到的经济增长的理论上限。我们可以通过观察现实中是否存在非自愿失业（以下简称“失业”）来判断经济增长是否达到这一上限。也就是说，如果还存在本来可以通过被雇用来增加供给的人力资源，那么，供给就还有上升的余地，就没有达到其上限。新供给经济学强调的放松供给约束，指的就是改变影响供给的相关因素，从而提高经济增长的理论上限。

经济增长的需求约束，是指企业所生产的产品是否能够全部实现销售，它决定的是实际经济增长是否能够达到供给约束确定的理论上限。由于经济中始终存在不确定性，整个社会中的全部产出必然存在一定的波动性。在一定时期

[1] 金海年，关于新供给经济学的理论基础探讨，《财政研究》，2013 年第 9 期，第 29 页。

内，假设全部产能都被充分利用的前提下，全部产出的销售情况只能有两种：一是始终能全部实现销售（包括为了实现销售而必需的库存，下同）；二是有时能有时不能，或者所有时候都不能实现全部销售。前者显示实际经济增长完全取决于供给约束，需求约束没有发挥作用；[1]如果不能，则显示实际经济增长完全取决于需求约束，供给约束没有发挥作用，即实际供给并没有达到其理论上限。前一种情况下的经济是供给约束型经济（即供给短缺型经济），后一种情况下的经济是需求约束型经济。乔榛在《供给、需求和环境不同约束下的经济增长机制演进》（2010）一文中对这两类经济进行了比较分析：

> 人类社会不断提高生产能力是为了满足人们的生活或消费的需求。在生产能力比较低的阶段，……人们的需求主要是生存需求，这个阶段的需求是稳定的，……生产的产品难以满足人们的需求，……人类的努力是想法提高生产能力，增加供给，……这时发展生产或经济增长主要受到供给的约束，也就是生产能力的约束。
>
> 只有进入工业社会，人类社会的生产力才发生了实质性的改变，巨大的生产能力使财富的增长达到了过去难以想象的水平，这使得人类社会第一次遇到了生产能力相对于需求的过剩，……作为整体的经济增长开始转向需求引导的增长路径，这可以概括为需求约束下的经济增长。[2]

在生产能力低下、供给约束明显的情况下，供给条件的改善、供给约束的放松，必然会极大地促进经济增长，这也是从供给角度解释中国过去经济增长具有一定合理性的重要原因。但是，乔榛认为，“只有进入工业社会”（粗略是

---

[1] 这里排除了供给约束正好与需求约束完全相同的情形。由于产出的波动性，这一排除是可以接受的。下文采取同样假设。

[2] 乔榛，供给、需求和环境不同约束下的经济增长机制演进，《求是学刊》，2010年第6期，第43页。

指从18世纪下半叶开始的工业革命之后的社会)，人类社会才进入需求约束下的经济增长模式，这一点是值得商榷的。

亚当·斯密在《国富论》(1776) 一书的开篇论述道，国民财富增长的根源是分工的细化以及与其相辅相成、共同螺旋式发展的市场的扩大。人类最初的生产都是为了满足自己的消费需要，当生产力发展到一定水平、所生产产品在满足自己消费后出现剩余时，就开始产生市场。随着市场的扩大，人们开始认识到，可以专门生产自己不一定需要但预期别人肯定需要的产品，然后通过交换获得自己需要的产品。在为满足自己需要而生产的阶段，整个社会经济的增长当然直接受制于供给，但到了主要为满足别人需要而生产的阶段，引导生产、约束增长的就已经变成了需求（即别人有购买力的需要)。

对于人类大体上是在什么时候基本实现了从前一阶段到后一阶段的过渡，可能需要由经济史学家来回答，但可以肯定的是，这个时点应该远在工业革命之前，否则，工业革命如何发生？需求在经济增长中发挥重要作用的时点，或许可以追溯到货币开始广泛流通的时期：为了获得自己并不能直接生产的货币，必须生产出货币持有者所需要的产品。货币广泛流通的时期，很显然要远在工业革命开始之前。但不管需求约束经济的起始时点在哪里，我们（以及下文要详细讨论的凯恩斯及其他相关学者）所关心的是主要面临需求约束的现代经济增长。

我们可以运用前面提到的“木桶理论”对前述观点做进一步说明。供给和需求相当于构成经济增长这个木桶的两块木板，供给木板的高度是固定的（即一定时期内的生产能力是固定的)。当需求木板的高度高于供给木板时，决定木桶盛水量的是供给木板，此时，供给约束是有效的，而需求约束是无效的；当需求木板的高度低于供给木板时，决定木桶盛水量的是需求木板，此时，需求约束是有效的，而供给约束是无效的。从经济增长的角度来看，在经济总体上呈现供不应求时，供给的几乎所有商品都存在需求，从而能很快实现销售，供给约束是有效的，此时的经济属于供给约束型经济；但是，当经济总体上呈现供过于求的状态时，供给约束就不再有效，而需求约束就变得有效了，此时的经济就属于需求约束型经济。

接下来需要讨论的问题是，中国经济是属于供给约束型经济还是需求约束型经济？这个问题的答案对于我们解释中国经济增长的基本逻辑有着极为重要的意义。

中国早已进入需求约束型经济

新供给经济学从2013年左右发展起来，中国政府从2015年开始提出供给侧结构性改革，在这一时期中国总体上呈现的是供给约束型经济（供不应求）还是需求约束型经济（供过于求）？答案是非常明确的，即中国很早就已经变成了需求约束型经济。2016年《政府工作报告》中提出的“去产能、去库存”任务，说明了供过于求的形势非常严峻，时任中国证监会主席郭树清在2012年陆家嘴论坛上的讲话中提供的如下数据，说明了供给过剩的严重性、普遍性和长期性：

> 早在2009年，24个工业行业中，21个已经产能过剩。凡属技术成熟的制造业，几乎找不出一个产能不足的行业。
>
> “十二五”期间淘汰落后产能的任务有增无减，近年来大规模投资的所谓高新技术产业，例如多晶硅、太阳能电池、风电设备和电动汽车正在面临或即将面临大面积亏损。……能源、交通、通信……本来是我们的“瓶颈”，但现在已经出现局部过剩。一些通道和线路注定会闲置，还有相当大比例的设施已经破损。
>
> 我们的城市建设，……由于种种原因，普遍存在着明显的反复拆建的问题。一些道路和管线设施，建成没有几年就被拆掉重建。公共事业，包括学校和医院，在短缺的同时，也存在比较严重的重复闲置问题。

农村投资……浪费的比率一点也不低。农民自己建房，反复拆建的问题甚至更加严重。……由于许多人就业在外，事实上很多房子没有人居住，浪费之大不言而喻。[1]

这表明中国从总体上早已进入过剩时代，主要矛盾已经从改革开放初期的供给约束转移到了需求约束。放松供给约束确实是中国改革开放的重要内容，也是邓小平所说“解放生产力”的核心含义。但是，放松供给约束，只是不断提高中国经济增长的理论上限，而实际经济增长速度还可能同时受制于需求约束，因为任何经济增长的根本目标都是“满足人民不断增长的物质和文化需求”。

以一个人的奔跑速度来比喻中国经济增长的速度，改革开放以前的中国，就像是这个人身上戴着沉重的脚镣手铐，当然跑得不快。中国改革开放的过程，从一定角度来说，就是去除其脚镣手铐的过程。但这只是提高了他奔跑速度的最高极限。在去除脚镣手铐以后，这个人的实际奔跑速度，一方面取决于他的奔跑能力、身体素质、衣服鞋子质量及其适宜奔跑的程度、气候环境、道路条件等，另一方面取决于他的奔跑意愿和外在压力，即他自己对其奔跑目标以及为了实现这些目标的各种不同条件的判断取舍。比如，为了保存体力以便能持续长时间奔跑，他可能选择限制自己的速度，或者为了静静地享受大自然而完全放弃奔跑。

中国的改革开放是渐进式的，不是一次性地完全去除经济增长的“脚镣手铐”，而是不断减轻其重量，降低其束缚程度，正是因为如此，中国放松供给约束的任务还远未完成。从这一点来看，新供给经济学反复强调的放松供给约束的主张，可以说是其对中国改革实践最重要的贡献，因为它点出了自改革开放以来直至未来相当长时期内中国所面临的关键挑战和核心任务之一，这也正是新供给经济学能够推动中国在2015年高调提出“供给侧结构性改革”口号的主

[1] 郭树清，不改善金融结构，中国经济将没有出路，中国证监会网站，2012年6月30日。

要原因之一。但是，这并不能改变中国经济至少在20世纪90年代就已经发展为需求约束型经济的基本结论。

供给侧结构性改革的实质

实际上，新供给经济学所说的供给约束，追溯其根本仍在需求约束。前面提到的新供给经济学七位代表人物联名发表的《中国需要构建和发展以改革为核心的新供给经济学》（2013）一文中的如下分析比较充分地说明了这一点：

> 现实地推动人类社会不断发展的过程，……是有效供给对于需求的回应与引导。在更综合、更本质的层面上讲，经济发展的停滞其实不是需求不足，而是供给（包括生产要素供给和制度供给）不足引起的。……中国在相当长时期内经济领域的主要矛盾是在供给端。从经济生活的实际情况看，2012年国庆期间“火车票一票难求”“高速路车满为患”“旅游景点人声鼎沸”等现象，以及房价房租不断上涨的趋势、看病难看病贵、上学难学费贵等问题，清楚地表明了我国有着巨大的真实需求，而结构性供给不足的矛盾十分突出且将长期存在。[1]

作者所举中国经济中存在“巨大真实需求”得不到满足的现象，试图说明中国经济的主要矛盾在供给端，却没有看到这些现象背后是供给结构与需求结构不匹配的问题。比如，火车票难买、高速路堵车、旅游景点人多，仅仅是在节假日如此，而看病、上学、住房等方面问题的重要原因之一是，需求集中于特定医院、特定类型的大学、特定规模的城市。如果不主要从需求着手去研究能更有效地满足相关需求的供给，而仅仅从增加供给着手，是不可能解决这些

[1] 贾康、徐林、李万寿、姚余栋、黄剑辉、刘培林、李宏瑾，中国需要构建和发展以改革为核心的新供给经济学，《财政研究》，2013年第1期，第11页。

问题的。比如，火车票难买，供给角度的对策可能是多建铁路、多开列车，如果在节假日能满足需求，那么在一年中除了节假日以外的绝大部分时间中一定会出现大量闲置，而资源的大量长时间闲置，显然是不符合市场经济原则，从而是不可能持续的。

作者在文中提出，“结构性供给不足的矛盾十分突出且将长期存在”，这实际上是中国政府提出“供给侧结构性改革”的根本原因，其中的关键是“结构性”，而不是总量，即不是供给不足，而是供给结构的不合理。那么，如何判断供给的结构是否合理？其标准当然只能是需求。中国目前的主要问题，主要是供给结构与需求结构不匹配，由于需求的根本性（“经济发展的根本目标是满足人们不断增长的物质和文化需求”），改革的方案当然也就只能是调整供给侧的结构，而不可能强调需求侧的结构调整来适应供给结构，即不能强制或号召老百姓来购买他们不愿意购买的东西。这一点在2016年《政府工作报告》中表达得非常明确：

> 在适度扩大总需求的同时，突出抓好供给侧结构性改革，既做减法，又做加法，减少无效和低端供给，扩大有效和中高端供给，增加公共产品和公共服务供给，使供给和需求协同促进经济发展。

很显然，针对中国在特定时期出现的特定问题，需要改变的是政府政策（以及部分企业，尤其是国有企业的行为），而不是基本经济运行的逻辑。相反，正是基于需求对经济增长的根本性约束，政府才需要推进供给结构的改革，以使其与需求结构相匹配。

12.2 是供给创造需求还是需求创造供给

供给和需求的关系问题贯穿于经济学的发展历史。关于这一关系最早的系统性观点之一，就是主张供给自动创造需求的萨伊定律。凯恩斯经济学正是在批判这一定律的基础上建立起来的，而新供给经济学则是这一定律的翻版。因此，围绕萨伊定律的探讨，有助于我们更深入地理解经济增长中供给和需求之间的关系。

新供给经济学对萨伊定律的“新解读”

虽然贾康在《“供给创造需求”新解读与“新供给经济学”研究引出的政策主张》(2014)[1]一文的标题中明确指出了新供给经济学是对萨伊定律的重新解读，但文中却语焉不详。曾发表《新供给主义宣言》(2012)[2]一文的滕泰在与冯磊合作的《新供给主义经济理论和改革思想》(2014)一文中，对此进行了比较详细的论述（参见专栏12.1）。

专栏 12.1

新供给经济学对萨伊定律的新解读

19世纪初期英国经济学家詹姆斯·穆勒和法国经济学家让·巴普蒂斯特·萨伊等提出“供给创造自己的需求”的思想，认为“当一个产品一经产出之际，即在它自己的全部价值的限度以内为另一个产品提供了市场”。特定产品的局部的供需不均衡可能存在，但全社会整体的生产过剩或生产不足不会发生。

虽然新供给主义经济学认同马克思和凯恩斯对古典供给经济学的评价，认为“供给自动创造需求”是理想的经济运行模式，但是，新供给主义经济学认为，这种理想状况有时候不能自发实现的原因并不完全在于分配机制缺陷或需求不足，而在于技术和产品的生命周期。

---

[1] 贾康，“供给创造需求”新解读与“新供给经济学”研究引出的政策主张，《铜陵学院学报》，2014年第3期，第3–7页。

[2] 滕泰，新供给主义宣言，《中国经济报告》，2013年第1期，第88–92页。

任何一项社会主流技术和主流产业，早晚都会进入供给成熟和供给老化阶段，因此无论通过财政政策、货币政策刺激总需求，抑或是通过计划手段增加或抑制老供给，都不可能从根本上解决技术周期和供给老化问题。

在实践中，真正有效的办法是激发企业家精神，吸引社会资源创造新供给，并让新供给创造新需求，如此才能使经济尽快恢复到供给自动创造需求的理想运行轨道。

资料来源：滕泰、冯磊，新供给主义经济理论和改革思想，《经济研究参考》，2014年第1期，第75–83页。

在对萨伊定律的“新解读”中，新供给经济学认为在一个产品的形成和扩张阶段，供给能够自动创造需求，而在成熟和老化阶段，供给自动创造需求的阶段就会中断，那么，是否通过“放松供给约束”就能实现一个产品只存在形成和扩张阶段，而不再存在成熟和老化阶段？是否通过“激发企业家精神”就“能从根本上解决技术周期和供给老化问题”？答案当然是否定的。

作者对进入成熟和老化阶段的产品所提出的建议是“快速消化过剩产品”，出现的亏损怎么办？作者希望的是一个（几乎）所有企业生产的（几乎）所有产品都能够实现销售的“理想”世界，不过，正如凯恩斯在《就业、利息和货币通论》(1936）一书第一章中批评古典经济学家们（包括萨伊）假设的世界时所说的那样，这样的一个世界“正好不是我们实际生活的世界”。[1]

任何企业都希望自己所生产的产品始终处于扩张阶段，但企业面临的是一个充满不确定性的世界，正是由于这种不确定性，从微观上来看，我们才需要作者在这里反复强调的“企业家精神”（即敢于、善于承担风险的精神），而在宏观上来看，也正是需求不足，从而形成对经济增长的根本性约束的原因（详

[1] Keynes，John Maynard，1936，*The General Theory of Employment, Interest and Money*，Macmillan and Co.，Limited，p. 1.

见下文的讨论）。

凯恩斯对萨伊定律的批判

批判以萨伊定律为代表的古典经济学，是凯恩斯撰写《就业、利息和货币通论》（1936）一书的主要目的之一。对于这一点，凯恩斯在 1939 年为该书法文版撰写的序言中进行了明确说明。在正文第二章中，凯恩斯概括了萨伊定律的核心内容。他说，从萨伊和李嘉图时代开始，古典经济学家们的基本观点是“供给创造需求”，其基本逻辑是：任何人购买商品的最终支付手段只能是商品，每个人持有满足自己消费需求以外的商品的最终目的，都是购买别人的商品，所以，每个销售者不可避免地都是购买者，因此，只要有供给就会有需求。即便是有人暂时不消费而变为储蓄者，相应资源也会被自动地从生产消费品转移至生产投资品，所生产的投资品就会被储蓄者持有，即投资的增加会弥补消费的减少，因此，储蓄并不影响供给自动创造需求的基本结论。

凯恩斯认为，萨伊定律的错误源于其支持者对储蓄的误解。他举例说，假设一个人决定今天不吃晚餐，以便增加 50 元储蓄，但这一决定并不意味着他同时做出了一项在未来某一具体时点上进行某项具体消费（如一个星期或一年后吃晚餐或购买一双靴子）的决策。也就是说，消费者减少的当期消费，并不是对未来增加消费的完美替代，生产者也就并不一定据此减少当期消费品的供给，并将相应资源转移到为增加未来消费而进行投资，从而不能保证减少的消费被增加的投资所抵消。实际上，由于当期消费的下降，生产者极有可能据此预测未来消费的下降，从而有可能不仅不增加当期投资，反而还会减少当期投资。当期投资的上升不能抵消当期消费的下降，使得供给自动创造需求的机会被破坏，萨伊定律也就失效了。

正是在批判萨伊定律的基础上，凯恩斯得出了在经济增长中需求的作用要远远大于供给的结论。在这方面，他引用了另外两位作者的如下观点，并称其表述是“绝对准确”（absolute precision）的：

> 自亚当·斯密以来，所有经济学说都建立在如下观点的基础之上，即每年的产量取决于当年可得的自然资源、资本和劳动力的总和。这一观点是完全错误的。实际情形与此完全不同。这三者的总和只规定了产量的最高限度；产量当然不能超过此限度。但是，如果储蓄过度，供给就会出现剩余，生产就会受到影响，产量也就有可能远低于前述最高限度。换句话说，在现代工业社会之中，在正常情形之下，是消费限制生产，而不是生产限制消费。[1]

凯恩斯所引用的两位作者的论述中，除了强调需求对经济增长的关键作用以外，还提到供给为经济增长确定了一个极限，这与我们在前面讨论得到的结论是一致的。正是认识到约束实际经济增长的是需求而不是供给，凯恩斯在批判萨伊定律的基础上，提出了一个全新的宏观经济分析框架，开创了经济学中的新纪元，从而被称为“凯恩斯革命”。

凯恩斯的需求创造供给理论

在《就业、利息和货币通论》一书中，凯恩斯不仅彻底否定了萨伊定律，而且还将萨伊定律颠倒了过来，即他在否定“供给创造需求”的同时，在实质上提出了“需求创造供给”的观点（凯恩斯本人并没有明确这样表述）。对于这一点，布莱恩·斯诺登（Brian Snowdon）和霍华德·维恩（Howard R. Vane）在《现代宏观经济学：起源、发展和现状》（2005）一书中概括道：

> 凯恩斯撰写《就业、利息和货币通论》的主要目的，是为批驳萨伊定律提供一个理论框架。马尔萨斯在一个世纪之前就已经尝试过这

[1] Keynes，John Maynard，1936，*The General Theory of Employment*，*Interest and Money*，Macmillan and Co.，Limited，p. 225.

项工作，但却失败了。……凯恩斯证明，在经济遇到负面需求冲击时，由于工资和价格弹性中存在的固有缺陷，经济无法恢复到充分就业的状态。通过这一点，凯恩斯实际上将萨伊定律颠倒了过来。在凯恩斯的非充分就业均衡中，需求创造供给！[1]

凯恩斯关于需求创造供给的理论，通常称为有效需求理论，被很多学者应用于分析历史和现实经济增长（参见专栏12.2）。下一节的详细讨论将表明，真正创造供给的是预期需求，因此，更准确的说法是“得到融资支持的预期需求创造供给”。

专栏 12.2

经济增长的需求约束

许多人相信，对现代经济增长最大的制约因素来自供给方面而非需求方面，或者说，只有增加要素投入并提高经济效率才能促进经济增长。倡导需求分析的经济学家则反对这种观点。比如，Kaldor（1972）在分析英国工业从成长到衰落的过程时指出，“与许多将英国工业的发展归因于储蓄和资本积累的增加以及由发明和创新所导致的技术进步的观点相反，许多证据表明，英国的工业增长从其早期开始就是需求推动的”。Kaldor（1972）在同一篇文章中同时指出：“毫无疑问，在整个19世纪和直到第二次世界大战爆发前的时期中，英国的经济增长都紧紧依赖于其出口的增长。正因如此，当其世界市场份额开始持续地下降，……英国的生产和资本积累的增长就不可避免地低于那些后起的工业化国家……”

Kaldor的这一思想被Thirlwall和McCombie等人所发展，从而形成了一

[1] Snowdon, Brian and Vane, Howard R., 2005, *Modern Macroeconomics: Its Origins, Development and Current State*, Edward Elgar Publishing Limited, p. 70.

个分析出口与经济增长关系的理论体系。概括地说，该理论体系的特点包括：与许多人的认识相反，凯恩斯模型可以用来分析经济增长这种长期现象；……对于供给方面的因素，包括要素投入的增加和技术进步，在供给约束并不重要的前提下，……都已经被内生化在一个需求拉动的经济增长过程之中，或者说，在需求的拉动之下，要素投入的增加和要素使用效率的提高都是自然而然的事情。

资料来源：林毅夫、李永军，出口与中国的经济增长：需求导向的分析，《经济学》（季刊），2003 年第 3 期，第 783–784 页。

12.3 预期需求创造供给的机制

经济增长归根结底是企业生产了更多的产品，分析经济增长的原因，必须分析企业为什么会决定生产特定产量的特定产品。企业生产的目的是满足客户的需求，但在企业进行产品决策时，客户需求只是企业决策者基于各种信息估计出来的需求，是其心目中、想象中的需求，我们将其称为预期需求。这一预期需求与客户的实际需求可能相差甚远，正是这一差异，在微观上导致了企业的兴衰成败，在宏观上导致了经济的繁荣萧条。

预期需求创造供给的微观机制

从微观角度来看，对于客户的实际需求，在客户完成购买的全过程（决定购买、支付货款、完成收货、决定不退货）结束之前，企业无法确切知道，甚至是客户自己也无法确切知道，因为影响客户购买决策的因素不仅很多，而且还在时时刻刻发生变化。一旦客户完成了购买的全过程，就变成了“已经发生的购买”，从而不能再被称为“需求”。因此，实际需求是不存在的，它的含义实际上是最终实际销售。通常所说的“需求”就是我们在这里所说“预期需求”。在不严格的意义上，为了与预期需求相对，下文中也将继续使用实际需求这一概念，它是指与最终实际销售相对应的、在销售实现之前的那部分需求。

我们可以用一个具体的实例对上述思想进行说明。iPhone手机是新供给经济学非常喜欢用来证明其供给创造需求这一核心观点的例子。滕泰和冯磊在《新供给主义经济理论和改革思想》（2014）一文中说：

> 新供给创造新需求，不仅在宏观上是恢复经济均衡的必然循环，在微观上也一样。比如iPhone手机，在乔布斯创造出iPhone手机之前，世界对它的需求原本是不存在的，而一旦iPhone手机面世，新的需求就被源源不断地创造出来。[1]

iPhone手机的例子似乎表明确实是“新供给创造新需求”，但是只要稍加分析，即可发现其中的逻辑缺陷。乔布斯在制造iPhone之前，一定预测到了消费者对iPhone的巨大需求，否则他不可能去生产这种产品。吕谋笃在《用户需求才是乔布斯创新的源泉》（2011）一文中，对此进行了详细阐述。

吕谋笃详细回顾了乔布斯最终推出iPhone的过程。乔布斯在NEXT电脑公司创业的1985年至1997年的13年中，并没有推出令客户满意的产品，原因并不是乔布斯个人及其NEXT的团队研发创新能力不强，而是NEXT公司缺乏广泛性与忠诚的用户，也就缺少了研发创新所要求的灵感。乔布斯之所以能够在苹果推出划时代的iTunes，正是基于老用户需求上的创新，而乔布斯只是发现并发掘了该需求。iTunes的原型产品SoundJam，是由C&C公司的杰夫为麦金托什机（Macintosh）开发的最受欢迎的MP3播放软件，乔布斯敏锐的商业嗅觉，

[1] 滕泰、冯磊，新供给主义经济理论和改革思想，《经济研究参考》，2014年第1期，第79页。

使他认识到了该产品的价值，为其重新定位，并创造了“数据化中枢”一词来形容它，希望它将苹果公司带到数字音乐领域。吕谋笃最后得出结论：

> 苹果用户的应用基础才是激发乔布斯灵感的根本，缺少了这个基础，乔布斯创新也只能是无源之水。[1]

融资支持的重要作用

实际上，客户要能享受到 iPhone 产品，仅仅是乔布斯自己一个人认识到并坚信客户的预期需求还远远不够，他还必须让两部分人也相信巨大预期需求的存在：一部分人是乔布斯的管理层、研究人员、生产人员等团队成员；另一部分是为苹果的研发和生产提供融资的融资方（如银行、股东和债券持有人等）。在这两部分人中，获得融资方的支持是决定性的，因为他们决定了整个项目是否能够获得所需要的投资，iPhone 是否能被实际投入生产，这是企业管理理论中通常所说资本所有者拥有最终发言权的原因，也是货币在整个经济增长中具有关键作用的原因（参见第 12.4 节的详细讨论）。

预期是关键

需要再次强调的是，在企业整个投资决策过程中所讨论的需求都只是预期需求，而在 iPhone 的例子中，其“预期”性质体现得更加充分：在 iPhone 推出之前，消费者不知道 iPhone 是何物，从而不可能对它有明确的概念，不会到处去寻找它，由于产品正式发布之前绝对保密，苹果的市场调查人员不可能拿着 iPhone 的模型到处去问客户对它是否有需求，除极少数个人以外，苹果公司的内部人员也只知道其中的某项特定功能，而融资方所能了解的信息也只能是粗略的、局部的。

---

[1] 吕谋笃，用户需求才是乔布斯创新的源泉，《IT 时代周刊》，2011 年第 5 期，第 14 页。

但是，这并不妨碍乔布斯及其团队成员和融资方相信市场上对iPhone的巨大需求，因为他们看到了人们需要更时尚、更小巧、界面更友好、功能更强大的电子产品，他们会愿意并且有能力购买这样的产品，而这正是客户对iPhone的需求——乔布斯及其团队成员和融资方心目中的预期需求。因此，在供给和需求之间的关系中，本质上是需求引导供给，而不是“供给创造需求”或者“新供给创造新需求”。

凯恩斯在《就业、利息和货币通论》（1936）一书中，非常明确地指出预期需求对实际供给具有决定性作用。他在第五章中对预期需求作用于产出和就业的具体机制进行了论述，这一章的标题是“决定产出和就业的预期”(Expectations as Determining Output and Employment)。预期之所以重要，主要是因为企业生产与客户购买之间存在可能非常长的时滞。在这段时滞中存在着很多不确定性，企业的预期可能出现系统性偏差，经济会产生波动，而且有可能长期处于一个远低于充分就业的状态之中，无法依靠市场力量自我恢复，这就是凯恩斯提出政府干预经济的政策建议的根本原因。

也就是说，引导供给的是预期需求，而这些预期有可能极其错误。不仅单家企业的预期可能存在问题，而且在一定时期、一定环境下，一个国家绝大多数企业对需求的预期，都有可能同时出现较大错误，结果就有可能使整个国家陷入经济危机之中。这就为政府出面对整个经济从宏观上进行调控提出了要求，也是现实中政府普遍对经济进行一定程度干预的原因。中国从2015年提出进行供给侧结构性改革的根本原因，也正在于原来引导供给的预期需求出现了系统性的偏差，需要从整体上采取措施来予以纠正。

预期需求创造供给的宏观机制

预期需求引导生产，在微观上是如此，在宏观上也是如此。凯恩斯在《就业、利息和货币通论》（1936）一书中开创的宏观经济学，为我们从宏观角度分析预期需求创造供给提供了一个非常好的分析框架。不过，凯恩斯并没有使用预期需求这个概念，他使用的概念是有效需求。他所说的有效需求，具有如下几个突出特点：

第一，有效需求是指与企业愿意提供特定就业机会相对应的需求，亦即给定价格水平下总供给曲线（特定就业水平所对应的企业产出总价值）与总需求曲线（特定就业水平所对应的企业全部销售收入）相交的那个点所对应的总需求。也就是说，需求和供给共同决定有效需求，只有对应企业利润最大化的需求（即企业愿意以其供给满足的需求），才是有效需求。

第二，有效需求并不是唯一的，而是有无穷多个值，但其中只有一个值（即“最优值”）对应着充分就业，这个值就是所有资源都得到充分利用的、经济增长理想状况下的有效需求。超过最优值的有效需求，因为超过了企业在既定价格水平下的生产能力，只能导致通货膨胀；低于最优值的有效需求，会导致失业，即出现大量资源闲置。凯恩斯认为，现实中的经济很难像古典经济学家预期的那样自动达到充分就业，即经济可能在远低于充分就业状态时就达到均衡（不再调整），原因就在于有效需求不足，即有效需求达不到那个唯一的、对应充分就业的最优值。

第三，在凯恩斯所假设的封闭经济中，有效需求包括消费和投资两部分。这就引出了宏观经济学中国民经济核算中的几个基本恒等关系，即：

$$\text{GDP} = \text{全部产出} = \text{全部收入} = \text{消费} + \text{投资} + \text{净出口} \tag{12.1}$$

消费、投资和净出口，就是通常所说的经济中的三大需求。如果只考虑封闭经济（即假设净出口为零），就有：

$$\text{GDP} = \text{消费} + \text{投资} \tag{12.2}$$

这就是凯恩斯所说的有效需求所包括的两个部分。

第四，有效需求中消费和投资之间存在着固定比例。从消费者运用其可支配收入的角度，构成GDP的全部收入可以分为消费和储蓄两个部分，用国民经济核算等式来表达就是：

$$\text{GDP} = \text{消费} + \text{储蓄} \tag{12.3}$$

在收入固定的情况下，储蓄完全取决于消费者的消费倾向（即单位收入中运用于消费的比例），而凯恩斯假设消费倾向是外生的（即给定的）。这样，总收入中消费所占比例就是固定的，结合公式（12.2），消费和投资之间的比例也是固定的。

第五，储蓄和投资恒等。结合公式（12.2）和公式（12.3）就有：

$$投资 = 储蓄 \tag{12.4}$$

这就是凯恩斯著名的投资储蓄恒等式。它是基于国民经济核算恒等式推导出来的结果。也就是说，投资储蓄恒等只是我们国民经济统计中的人为规定，是经济增长结果在事后统计中的必然体现。从事前的角度来看，投资和储蓄通常是不等的，而且两者不等正是所有麻烦的真正原因。不过，凯恩斯在《就业、利息和货币通论》一书其他地方的论述中，似乎完全忘记了事前与事后之间的区别，还反复强调实际上属于事前的投资与事前的储蓄之间的恒等，导致后来者在宏观经济分析中也出现了很多错误，其中尤其是完全忽略，甚至断然否定货币和银行在经济增长中的核心作用。对此，我们将在第 12.4 节中予以详细讨论。

经济无法实现充分失业的原因

凯恩斯指出，事前投资与事前储蓄通常是不相等的，而正是这一点使得“供给创造需求”的萨伊定律失效，在没有人为干预的情况下，经济有可能在低于充分就业的水平上达到均衡。

凯恩斯分析说，企业要维持原来的就业规模，其前提是当期投资必须与当期储蓄相等，因为如果没有足够的投资来购买企业所生产的、未被消费者消费的产品，企业就将出现亏损，必将缩减生产规模，从而导致失业的增加。也就是说，当且仅当投资与储蓄相等时，才有可能实现充分就业。由于储蓄取决于个人的消费倾向，投资取决于预期投资利润率与融资成本（如贷款利率）之间的关系，储蓄与投资的相等只可能是偶然情形或出于人为干预，不可能通过市场的自发调节而达到。因此，在没有政府干预的情况下，投资可能会低于储蓄，进而导致失业。正是基于如果没有相应需求，就不会有相应产出的上述基本逻辑，凯恩斯认为需求才是决定产出的关键，即“需求创造供给”，而不是“供给创造需求”。

预期需求的重要作用隐含在凯恩斯的上述讨论之中。凯恩斯是以企业已经开始生产，从而已经具有一定就业规模为起点的：如果有效需求足以使企业所生产的产品实现完全销售，企业将维持原有生产和就业规模；反之，如果有效需求不足，企业将缩减生产、减少就业，使总供给维持在与有效需求相适应的水平上（即在实现充分就业之前就达到均衡）。我们可以顺着凯恩斯的思路往前一步分析：企业最初是如何开始生产的？前面提到，凯恩斯特别强调了预期在企业生产中的重要作用，也就是说，企业开始生产之前需要进行投资，投资当然是预期能够获得利润，获得利润的前提是企业所生产产品能够实现销售，实现销售的基础是预期需求。因此，预期需求在宏观上也是启动生产进而创造供给的真正起点。

预期需求创造供给的逻辑前提

预期需求创造供给的逻辑隐含着四个前提：一是始终存在着闲置资源（包括当前经济运行中已经被利用但其利用效率仍然具有提升空间的资源）；二是这些闲置资源能被发现并且会被实际利用；三是从预期需求到实际供给存在一定时滞，在此期间，需要拥有保证生产者及其他消费者能够生存的消费品，以及生产能够正常进行的原材料或半成品等，这要求前期有一定的储蓄（表现为存货或当期生产能力）；四是预期需求所能创造的供给，处于一定时期内人类技术水平及法律、道德等的许可范围之内。

从目前的情况来看，在出现地球被毁灭或者太阳消失等人类生存环境发生根本性变异之前，太阳能、自然资源、人力资源等总是存在着闲置，因此，第一个前提是可以被接受的。实际上，如果我们能够证明现实中已经没有任何闲置资源，即所有资源都已经得到了最为充分的利用，那么，我们也就不需要讨论经济增长问题，甚至是任何经济问题了，因为在这种情况下，经济也就没有了增长或改进的空间。

第二个前提的满足取决于企业家。企业家的任务就是发现闲置资源，找到提升其利用效率的方法，并在实践中付诸实施。在真正的市场经济体制中，在利润诱惑下，能够完成前述任务的企业家总是存在的。但如果存在新供给经济学强调的供给约束，这一前提就无法满足，这正是中国要推进供给侧结构性改革、不断放松供给抑制的根本原因。

第三个前提涉及对储蓄在经济增长中作用的认识，我们将在第 12.4 节详细讨论。在这里我们要概括指出两点：一方面，由于银行能够“无中生有”地创造动员闲置资源进而驱动经济增长的货币，从而能够克服货币储蓄短缺的问题；另一方面，如果存在制约生产的商品储蓄，那么，前述第二点所说的企业家就会发现，生产这类商品更有利可图，第一点所说的闲置资源就会被动员起来优先生产这些商品，从而克服商品储蓄的短缺。因此，经济增长并不会受到储蓄的约束。

第四个前提强调的是并不是所有预期需求都能创造供给，因为它会受到生产技术和法律、道德等的约束。比如，对于长生不老或永远不生病的预期需求，可能永远也无法创造出相应供给来。

概括起来看，在我们关心的现代经济中，所有的生产都是为满足需求而进行的，在需求和供给两者之间的关系之中，需求处于能动、引导地位，而供给处于被动、适应地位，经济增长的根本动力在于需求的持续增长，而根本目标是生产出满足需求的产品和服务，因此，现代经济增长的根本性约束是需求而不是供给，经济发展的总体逻辑是需求创造供给，而不是供给创造需求。

12.4 “第一推动力”和“持续推动力”

在前面讨论到iPhone的例子时提到，仅仅是乔布斯自己一个人认识到并坚信客户的预期需求还远远不够，他还必须让他的团队成员和融资方也相信巨大预期需求的存在，而在这两部分人中，获得融资方的支持是决定性的，因为他们决定了整个项目是否能够获得所需要的投资，iPhone是否能被实际投入生产；同时，生产一旦开始就需要持续获得融资支持，如果出现资金链条的断裂，生产也就无法继续。因此，货币是启动生产并且保证生产持续进行的基本动力。

马克思的经典论述

对于货币在生产中的根本性作用，马克思在《资本论》（第二卷）一书中将其概括为“第一推动力”和“持续推动力”（参见专栏12.3）。

马克思论货币是商品生产的推动力

在考察单个资本的周转时，货币资本显示出两个方面。

第一，它是每个单个资本登上舞台，作为资本开始它的过程的形式。因此，它表现为发动整个过程的第一推动力。

第二，由于周转期间的长短不同和周转期间两个组成部分——劳动期间和流通期间——的比例不同，必须不断以货币形式预付和更新的那部分预付资本价值与它所推动的生产资本即连续进行的生产的规模之间的比例，也就不同。但不管这个比例如何，能够不断执行生产资本职能的那部分处在过程中的资本价值，总是受必须不断以货币形式与生产资本同时存在的那部分预付资本价值的限制。

资本主义的商品生产——无论是社会地考察还是个别地考察——要求货

币形式的资本或货币资本作为每一个新开办的企业的第一推动力和持续的动力。特别是流动资本，要求货币资本作为动力经过一段短时间不断地反复出现。全部预付资本价值，即资本的一切由商品构成的部分——劳动力、劳动资料和生产材料，都必须不断地用货币一再购买。

资料来源：马克思，《资本论》(第二卷)，《马克思恩格斯全集》(第二十四卷)，人民出版社 2002 年版，第 393 页。

货币是经济危机的根源

在强调货币巨大作用的同时，马克思还指出，正是货币使得资本主义危机成为可能。对此，他在《政治经济学批判》一书中明确表示：

> 可以有货币流通而不发生危机，但是没有货币流通，就不会发生危机。[1]

凯恩斯在《就业、利息和货币通论》中表达了类似的观点。他认为，经济中存在失业的唯一原因是货币的存在，即如果没有货币，经济将实现充分就业。凯恩斯的这一结论与他对萨伊定律的批判是一致的。如果不存在货币（或其他类似于货币的高流动性资产），任何人获得的劳动收入都将以商品形式存在，要获得其他商品就只能运用自己的商品去交换，这样，萨伊定律的条件就会得到满足，经济也就实现充分就业。

凯恩斯认为，货币的存在之所以使萨伊定律失效，原因在于货币就像是“月亮”一样，具备其他任何商品所不具备的两个特性，即零生产弹性和零替代弹性，前者是指私营部门不能够自己生产货币，后者是指货币不能被其他商品所

[1] 马克思，《政治经济学批判》，《马克思恩格斯全集》(第一十三卷)，人民出版社 2002 年版，第 87 页。

替代。当人们对货币的需求超过非货币商品的需求时，如果私营部门能够自己生产货币，人们就会将原来用于生产非货币商品的资源转移至货币的生产；如果货币与非货币商品之间能够相互替代，人们就会减少对货币的需求而增加对非货币商品的需求。这两个方面单独或同时变化，将使经济恢复到充分就业水平状态下的均衡。

由于人们持有货币的流动性偏好是客观存在的，而且也具有巨大价值，凯恩斯并没有像马克思主义者那样建议消灭货币，而只是得出结论认为，在经济陷入萧条时，货币政策变得无能为力，应对的策略只能是直接增加有效需求的财政政策，具体办法是通过财政政策（如转移支付或政府直接实业投资等）向经济体系注入货币，以期通过货币的推动力作用促使经济恢复到正常增长的轨道上来。

投资的资金来源

“第一推动力”和“持续推动力”说明了货币在推动经济增长中的关键作用。那么，接下来需要研究的问题是：推动经济增长的货币从哪里来？

传统上通常认为，从宏观角度来看，投资资金的唯一来源是储蓄，金融体系的任务是将储蓄转化为投资。按照这一思路，经济增长从根本上来说，主要取决于是否有足够的储蓄，以及储蓄是否能够被高效率地转化为投资。包群等在《我国储蓄—投资转化率的经验性研究：1978—2002》（2004）一文中对这一点概括得非常明确：

> 作为投资资金的唯一来源，储蓄是影响投资的关键因素，但不是唯一因素，因此存在储蓄向投资转化的效率，即储蓄—投资转化率。[1]

---

[1] 包群、阳小晓、赖明勇，我国储蓄—投资转化率的经验性研究：1978—2002，《统计研究》，2004年第9期，第13页。

三位作者在这里所说的储蓄，指的是国民经济统计中最终消费之外的部分，是指我们在第 12.2 节讨论凯恩斯所提出的有效需求时所说的与投资恒等的储蓄。但与其他很多研究者一样，三位作者在概念上有两个方面的混淆。第一个混淆是把促进经济增长的事前投资与作为宏观统计结果的事后投资混淆了。比如，政府投资 1000 亿元建设一条高速公路，它对经济增长的贡献，不可能使包含在 GDP 中的投资增加 1000 亿元，因为 1000 亿元投资所产生的储蓄，在通常假设储蓄倾向小于 1（即因这些投资而获得收入的消费者不可能一点也不消费）的情况下，不可能是 1000 亿元，从而不可能与事前的 1000 亿元投资相等。第二个混淆是混淆了实物与货币，即国民经济核算中的储蓄，指的是以实物形式存在的商品的货币价值，而事前投资要求的是货币。在这两个混淆的基础上，也就得出了错误的结论，即事前投资只能来源于上期储蓄。

这两个方面的问题极其普遍，可以追溯到凯恩斯的《就业、利息和货币通论》。在第 12.2 节中我们已经提出，凯恩斯曾明确强调，储蓄与投资的恒等仅仅是根据国民经济核算恒等式所得到的结论，是事后统计结果的恒等，而使得经济无法实现充分就业均衡的是与储蓄不相等的事前投资。但同样在《就业、利息和货币通论》中，凯恩斯却把当期产出中未被消费的部分（与储蓄相等的事后投资）与取决于企业家决策的投资（事前投资）混淆起来。罗伊·哈罗德（Roy F. Harrod）在提出著名哈罗德—多马模型的重要文献之一《动态理论》（1939）[1] 一文中已经明确指出了这一错误。

凯恩斯的这一错误虽然早已被指出，但不仅没有得到纠正，而且还因为宏观经济学中可贷资金概念的广泛使用而大大加深，因为可贷资金的概念不仅导致前述事前、事后的混淆，而且导致实物概念与货币资金概念的混淆。

---

[1] Harrod，Roy F.，1939，An Essay in Dynamic Theory，*The Economic Journal*，Vol. 49，No. 193，pp. 14–33.

可贷资金概念的问题

国民经济统计中的储蓄概念指的是实物的货币价值，即一定时期内所生产的产品中未被消费的部分，而可贷资金（loanable funds）则指的是货币资金。N·格雷戈里·曼昆（N. Gregory Mankiw）的《经济学原理》（*Principles of Economics*）一书中讨论国民经济中储蓄与投资之间的关系时，与第12.3节一样，也在对国民经济核算恒等式分解的基础上得出了在封闭经济中储蓄与投资恒等的结论，进而把储蓄解释为可贷资金的供给，把投资解释为可贷资金的需求，而金融体系的作用就是将储蓄转化为投资：

> 方程 $S = I$ 揭示了一个重要的事实：对于整个经济来说，储蓄必然等于投资。……一旦我们意识到储蓄代表可贷资金的供给，而投资代表对可贷资金的需求，我们就可以看到看不见的手是如何使储蓄和投资达到一致的。[1]

在这里，曼昆的讨论同样存在前述双重混淆：一方面混淆了事前投资与事后投资；另一方面又混淆了货币储蓄和实物储蓄。这一双重混淆也使得曼昆犯了同样的错误，即把储蓄当作事前投资唯一的资金来源。

实际上，可贷资金这个概念本身就存在严重的逻辑缺陷，因为它隐含着银行是金融中介的错误。本书第7章的详细讨论表明，银行发放贷款的资金不是来源于存款人（储蓄者），而是银行“无中生有”地创造的。

银行的“无中生有”能力

把储蓄看作事前投资唯一来源的普遍错误，源于银行体系可以“无中生有”

[1] Mankiw, N. Gregory, 2014, *Principles of Economics*, 7th Edition, Cengage Learning, pp. 562–566.

地创造货币这一事实被完全忽略了。就关于银行货币创造对储蓄与投资之间关系的影响，保罗·戴维森（Paul Davidson）在《金融、融资、储蓄与投资》（1986）一文中有着非常明确而清晰的阐述。戴维森说，商业银行每发放一笔贷款就能够创造出新的货币来，只要还存在闲置资源，只要有企业家看到还未被满足的需求，企业家的真实投资就有可能增加，而在这一过程中唯一需要的只有银行愿意放贷，从而完全不受是否有足够储蓄的约束：

> 启动这一额外实际投资所需要的全部东西，就是银行通过增加贷款而提供的流动性资金。……银行负债的增加足以调动必要的闲置资源，从而使这一额外投资项目得以实施。[1]

由于经济中始终存在闲置资源，而且企业家会发现并利用这些资源（参见第12.3节的讨论），所以，从实物角度来看，事前投资并不受制于储蓄；由于银行能够“无中生有”地创造货币资金，所以，从货币资金的角度来看，事前投资也不受制于储蓄。实际上，无论是在实物上还是在货币资金上，使经济增长变成现实的事前投资，都不受制于前期储蓄，更不受制于作为当期生产结果的当期储蓄。正是从这个角度来看，能够“无中生有”地创造货币的银行体系，对于经济增长具有至关重要的作用。

凯恩斯的“挖坑填坑”理论

形象解释凯恩斯通过财政政策向经济体系注入货币，从而启动经济增长的逻辑的，是一个常被宣称为源自凯恩斯的“挖坑填坑”理论。对于这一理论，

[1] Davidson, Paul, 1986, Finance, Funding, Saving, and Investment, *Journal of Post Keynesian Economics*, Vol. 9, No. 1, pp. 101–110.

霍彦立在《克服经济萧条的妙招》（2012）一文中概括道：

> 在经济萧条、企业倒闭、失业严重之时，政府无奈之下决定雇200人挖坑。于是，需要配发200把铁锹。铁锹厂得到新订单，它又向木材厂购买锹把，向钢厂购买钢铁，向煤矿购买焦炭……铁锹厂、木材厂、钢厂、矿山……所有关联企业，机器重新轰鸣，人头再次攒动，就业开始回升，GDP开始增加。
>
> 响应政府征召前来挖坑的人，挥汗如雨，辛苦劳作，地面上遍布大坑小坑。可是，坑挖好了之后干什么？坑挖好之后，再将其填上。把坑填上之后干什么？再将其挖开，如此重复下去……
>
> 挖坑也好，填坑也罢，都是政府安排的工作，干完了活，政府就得给钱，就得发工资。等发了工资，工人们及其家属便增加消费，牛奶、面包、香烟、啤酒、衣帽等需求量开始增加，所有相关企业增雇工人，扩大生产。牵一发而动全身，整个经济开始缓慢复苏，渐渐走出萧条。[1]

翻遍凯恩斯的《就业、利息和货币通论》一书，并没有找到关于“配发200把铁锹”等的具体文字，上述故事显然属于后来者的演绎。不过，凯恩斯在该书中确实有核心思想完全一致的论述：

> 如果财政部把钞票塞满用过的旧瓶子，把它们埋在废弃不用的煤矿的适当深度，同时把这些煤矿留给私人企业，让它们再把钞票挖出来。在由此造成的反响的推动下，社会的实际收入和资本财富很可能比现在多出很多。确实，建造房屋等等会是更加有意义的办法。但是

[1] 霍彦立，克服经济萧条的妙招，《企业观察家》，2012年第12期，第22页。

这样做，如果遇到政治的和实际的困难，那么，上面讲的挖坑的办法总比什么都不做要好。[1]

因此，后来者的前述演绎也并不是没有根据的，我们也就完全可以把凯恩斯的理论概括为“挖坑填坑理论”。凯恩斯说，在经济中存在非自愿失业时，“浪费”的货币支出可以使整个经济变得富裕起来。他说，建造金字塔、发生地震、挑起战争等都会达到同样目的。不过，只会浪费劳动力而并不会增加任何实际财富的金矿开采，可能是所有措施中最能被普遍接受的措施。凯恩斯说，对于古埃及人来说，最为幸运的是，他们同时拥有建造金字塔和开采金矿这两项有利于促进经济增长的活动，从而创造出了璀璨的古埃及文明。

美国西部淘金热的巨大经济影响

凯恩斯在论述黄金开采时，并没有提到 19 世纪中期开始的美国西部淘金热的巨大经济影响，而这个例子可以说是对凯恩斯“挖坑填坑”理论的最好注解。著名经济史学家杰拉德·纳什（Gerald D. Nash）在《一场名副其实的革命：加利福尼亚淘金热的全球经济影响》（1999）[2]一文中提到，1848 年加利福尼亚发现黄金，对于加利福尼亚、美国和整个世界来说都极为重要，它引发的一系列事件使得美国从一个农业国发展成了一个工业强国。

加利福尼亚淘金热的影响主要是两个渠道：第一个是淘金过程中通过需求而引起的连锁反应；第二个是其产出——黄金——的增加。从国际影响来看，第二个渠道是主要的，但从对美国经济的影响来看，第一个渠道无疑要重要得多。凯伦·克雷（Karen Clay）和兰德尔·琼恩斯（Randall Jones）在《移民带来财富？来

[1] Keynes，John Maynard，1936，*The General Theory of Employment*，*Interest and Money*，Macmillan and Co.，Limited，p. 129.

[2] Nash，Gerald D.，1999，A Veritable Revolution：The Global Economic Significance of the California Gold Rush，*California History*，Vol. 77，No. 4，pp. 276-292.

自加利福尼亚淘金热的证据》(2008)[1]一文中对淘金热期间移民富裕程度变化的研究表明，矿工移民的财富状况在移民前后变化很小，甚至基本没有变化，而非矿工移民的财富状况则在移民后得到了非常显著的改善，从而在很大程度上证明了需求渠道的重要性。

凯恩斯的“挖坑填坑”理论，以及加利福尼亚淘金热的广泛影响，在充分说明货币在经济增长中巨大作用的同时，也可以帮助我们理解银行不良贷款在中国经济增长中所起到的巨大作用（参见下一节的详细讨论）。

12.5 破解中国经济增长之谜

中国自1978年开始改革开放以来的持续高速经济增长，从20世纪90年代起就吸引了众多国内外学者的浓厚兴趣，很多学者对其背后的逻辑进行了非常广泛和深入的探讨，但都没有能够提供一个比较令人信服的解释，因而它被称为“中国经济增长之谜”。本节顺着本章前面各节对经济增长基本逻辑的探讨，试图从银行体系“无中生有”地创造货币，进而启动和持续推动经济增长这一角度来探索经济增长的“中国方式”，从而破解上述谜题。

供给角度的解释

刘瑞翔和安同良在《中国经济增长的动力来源与转换展望：基于最终需求角度的分析》(2011)一文中，在广泛回顾了有关研究中国经济增长原因的文献之后得出结论：

> 一般来说，目前国内外学者将中国经济高速增长归因于生产要素

[1] Clay, Karen and Jones, Randall, 2008, Migrating to Riches? Evidence from the California Gold Rush, *The Journal of Economic History*, Vol. 68, No. 4, pp. 997-1027.

投入、技术进步和制度的创新。……都是从供给的角度分析中国经济增长的动力来源。[1]

根据我们在本章前面对经济增长供给约束与需求约束的讨论，从供给角度来分析中国经济增长，只是解释了中国经济增长理论上限（即可能性）在不断上升，并没有能够解释经济增长机制和实际经济增长水平。

比如，从生产要素投入进行的分析，由于衡量核心生产要素的资本增长（另一生产要素是劳动），实际上是经济增长的结果，从而不是对经济增长原因的分析；从技术进步进行的分析，由于技术进步是不可直接观察的，通常只是把生产要素投入所不能解释的部分归结为技术进步，不仅使这种分析实质上仍是基于生产要素的分析，而且也使得技术这个词的含义被极大地扩展而变得极其模糊，几乎完全丧失了解释力；从制度变革所进行的分析，认为中国经济增长的核心原因是整个经济市场化程度的不断提升，但无法解释的是，中国经济增长率在长达三十多年的时间中远远超过经济已经（或接近）完全市场化的西方发达国家的事实，同时也无法解释近年来我国经济总体上市场化程度不断上升的背景下，经济增长率却出现了比较大幅度的下降。

需求角度的解释

刘瑞翔等在前引文章中概括了从需求角度进行分析的相关文献。这类文献主要是基于国民经济核算恒等式，将 GDP 分解为消费、投资和出口三个部分，进而通过分析这三大需求（也称为“三驾马车”）在 GDP 中所占比例（或贡献率）的变化及其各自增长率的变化来解释经济增长。这种解释当然是有益的，但只是对经济增长结果的分解，更重要的是需要在这一分解的基础上进一步分

[1] 刘瑞翔、安同良，中国经济增长的动力来源与转换展望：基于最终需求角度的分析，《经济研究》，2011 年第 7 期，第 31 页。

析三大需求增长的原因和机制。对此，我们将在下文中做进一步的讨论。

储蓄、投资与增长

另外一类非常有影响力的文献，是从中国高储蓄导致高投资，进而导致高增长的逻辑展开的分析。这一类分析在很大程度上被认为是中国经济增长原因的“标准解释”。李扬、殷剑峰和陈洪波在《中国：高储蓄、高投资和高增长研究》（2007）[1]一文的标题中就清楚地提示出了上述机制，而在这方面最具代表性的文献，则是中国社会科学院经济研究所经济增长前沿课题组（共有12位成员）发表的《高投资、宏观成本与经济增长的持续性》（2005）一文，其中说：

> 改革开放以来，中国经历了高储蓄、高投资与高增长的发展过程。……中国的高储蓄→高投资→高增长过程，是转型经济的工业化和城市化过程，同时又是劳动力转移过程。……政府通过扭曲要素价格和无限担保的国家银行体制，动员储蓄并集中配置资源实现工业化。……根据封闭经济的核算恒等式$I=S$，封闭经济中高储蓄必然产生高投资。……高储蓄是目前中国高投资的直接支撑因素，也是推动中国经济持续增长的内部资源。[2]

这段简略引文，因为删节而显得并不连贯，但仍然充分揭示了该文的核心思想：中国高速增长的主要原因是高投资（即高要素投入、粗放型增长），高投资之所以得以维持是因为有高储蓄，高储蓄的主要原因是拥有无限担保的国家银行体制。从本章前两节的讨论中可以看到这一逻辑和引文中的其他表述存在

[1] 李扬、殷剑峰、陈洪波，中国：高储蓄、高投资和高增长研究，《财贸经济》，2007年第1期，第26–33页。

[2] 中国社会科学院经济研究所经济增长前沿课题组，2005，高投资、宏观成本与经济增长的持续性，《经济研究》，2005年第10期，第12–19页。

着三个明显而重要的错误：

第一，投资无论是在实物上还是在资金上，都不受制于储蓄，在中国以银行为主导的金融体系下，投资的货币资金不是来源于储蓄（国民储蓄或居民的储蓄存款），而主要是银行"无中生有"地创造的；

第二，该文混淆了事前投资与事后投资，核算恒等式 $I=S$ 中的投资是事后投资，而动员资源、促进生产的投资是事前投资；

第三，该文虽然隐含地认识到了银行的重要作用，但仅仅将其贡献概括为"动员储蓄"，实际上是将银行看作金融中介，而没有认识商业银行的贷款资金来源于其"无中生有"的创造，并非来自存款人。

专门研究金融发展与经济增长之间关系的理论文献，也没有看到银行"无中生有"的特殊贡献。张杰在《中国经济增长的金融制度原因：主流文献的讨论》（2010）一文对中外相关文献进行了广泛回顾。这一回顾表明，银行为主导的金融体系在中国经济增长中的关键作用，成了几乎所有文献的共识，但无一例外地都将其功能限定为"动员储蓄"。该文作者张杰的观点也是如此。张杰在评价欧美主流经济学家频繁指点中国经济改革方略并不时就一些重要改革出谋划策时说：

> 平心而论，仅就中国货币金融制度层面看，他们的绝大多数观点在理论上都乏善可陈，甚至不少看法还显露出对中国问题的生疏乃至"无知"。比如在1994年，当Miller面对中国本土学者的询问时就曾断言，"中国还没有建立起能把广大公众，特别是乡村居民的储蓄集中起来，并将之投入到生产活动中去的银行机构"（经济学消息报社，1995，第19页）。事实上，在经过了16个年头的金融体制改革之后，当时中国的银行体系特别是国有银行体系的储蓄集中与投资转化能力堪称"举世无双"，并成为此间中国经济持续高速增长的关键因素。[1]

---

[1] 张杰，中国经济增长的金融制度原因：主流文献的讨论，《金融评论》，2010年第5期，第2页。

“高储蓄→高投资→高增长”这一逻辑链条中的投资和储蓄，都是国民经济核算恒等式中的概念，是与消费相对应的，即“高投资=高储蓄=低消费”，因此，与“高储蓄、高投资导致高增长”完全等价的说法是“低消费导致高增长”。从后者我们就能够看到前述逻辑存在的明显问题。我们在前面已经反复强调，国民经济核算恒等式中的概念是事后概念，是经济增长的标志或结果，不能将它们看作经济增长的原因。

银行“无中生有”的关键作用

前述“低消费导致高增长”的等价说法，虽然在逻辑上存在显著问题，但为我们探讨中国经济增长的真正原因提供了一个思路：既然当期消费很低（即国内生产的产品中有相当部分在当期没有被消费），为什么还会有大量产出？其原因只可能有两个：

第一，虽然当期消费不高，但生产者预期未来消费会高，从而为了应对未来消费的增长，会采取如下两方面的对策：一是生产出资本品，以增加未来生产消费品的能力，其产出就体现为国民经济核算中事后投资所包含的固定资产；二是生产出消费品，增加存货，其产出就体现为国民经济核算中事后投资所包含的存货变动。

第二，虽然当期消费不高、未来消费也不高，但只要生产出产品，即使是产品最终销售不出去也没有任何问题。

这两个原因中，前者可称为乐观预期，后者就是通常所说的中国国有企业的预算软约束，即只要生产，就能保证就业、促进社会稳定，至于产品是否能销售，则并不是企业关心的重点。

在实践中，这两种情形很难区分清楚，因为即使是国有企业在申请项目、获得融资时，在其可行性研究中也会论证产品最终是能够实现销售并最终满足消费者需求的。因此，分析中国经济增长的关键是要解释乐观预期和软预期约束为什么能够得到融资。这就是破解中国经济增长之谜的关键：以国有银行和国有企业为主体，再加上国家的稳定，国有银行以“无中生有”的能力来为国有企业的项目进行融资，从而促进了经济的持续增长。

对于中国经济增长中银行“无中生有”的关键作用，时任中国进出口银行董事长的李若谷在《中国崛起的关键是“制度适宜”》(2014) 一文中指出：

> 包括中国在内的发展中国家，在发展中遇到的最大问题之一，就是缺乏发展资金，经济的原始积累无法完成。中国利用政府对金融的绝对控制，加快了资本积累。1978年时，全国的银行储蓄不过200亿元人民币，当时的年财政收入只有1132亿元，外资也很少。要想完成大规模的投资、改善基础设施是不可能的。
>
> 1979—1987年我国恢复了农业银行、中国银行、工商银行、建设银行、交通银行，成立了大量的非银行金融机构。利用银行体系的货币创造功能，我们从1978年到2007年的30年间，完成了固定资产投资776480亿元，初步建成了与中国发展相适应的基础设施和工业体系、服务体系。
>
> 当然，这种方式也产生了一些问题，最主要的是约4.5万亿元的不良资产以及几次较高的通货膨胀（但没有一次通货膨胀率高于25%）。不过与经济发展的成就相比，这仍然只是次要的、可以解决的问题。[1]

作者在这里非常明确地提出了银行通过其货币创造功能，克服了中国经济发展中资金短缺的困难，是中国经济增长的关键原因。引文中提到的不良贷款和通货膨胀问题，确实是银行货币推动经济增长可能面对的两大核心问题，我们将在下文简略提到（详细讨论请参见《货币哲学》一书）。

[1] 李若谷，中国崛起的关键是“制度适宜”，《经济导刊》，2014年第5期，第6页。

对银行作用的误解

对于中国金融体系，特别是银行体系在中国经济增长中的巨大作用，中国社会科学院中国经济增长与宏观稳定课题组在《金融发展与经济增长：从动员性扩张向市场配置的转变》(2007) 一文中也进行了高度的评价：

> 中国政府设计了一套动员社会金融资源的特殊机制，通过国家隐性担保银行不破产的全民储蓄动员，最大限度地集中全社会的金融资源；同时，利用金融机构信用扩张手段将金融资源大量输入企业，促进了投资扩张和经济快速增长。
>
> 中国的金融体系一直以银行为中心，银行起着配置国家经济资源的作用。……国家通过行政干预的方式指导银行进行贷款，银行坏账大部分只能被视为国家为发展经济进行的“透支”或“补贴”。银行在这种条件下对大量企业进行贷款，这些企业都是无或低资本金、无担保和无抵押的，且大多是制造业，贷款都是长期限的，与资本金相仿。这极大地支持了中国制造业的发展。没有银行的这种“补贴”，中国的乡镇工业、民营和国企都难以快速发展。[1]

该文正确地看到了银行贷款对中国经济增长起到的重大作用，但却存在如下两方面的缺陷：一方面，仍然把银行的主要功能看作“动员储蓄”，没有看到其“无中生有”的货币创造功能；另一方面，把在此过程中所形成的银行坏账，看作国家对经济发展所做的“透支”或“补贴”，没有看到其核心作用是以这种方式向经济体系注入了启动经济增长的货币，从而对整个经济起到了至关重要的“第一推动力”和“持续推动力”的作用。

---

[1] 中国社会科学院经济研究所中国经济增长与宏观稳定课题组，金融发展与经济增长：从动员性扩张向市场配置的转变，《经济研究》，2007 年第 10 期，第 8 页。

南街村案例的启示

冯仕政在《国家、市场与制度变迁——1981—2000年南街村的集体化与政治化》(2007)一文中提供的南街村案例(案例12.1),从微观角度深入地说明了银行在经济增长中的核心作用,尤其是其中隐含了银行作用于经济增长的具体机制,值得我们细细研读。

案例12.1

银行贷款驱动的南街村经济增长

河南省临颍县有个南街村,面积1.78平方公里,村民3180余人。南街村经济发展非常迅速。1984年,全村总产值只有130万元,但1991年即已突破1亿元,南街村因此而成为河南省首个“亿元村”,最高峰时的1998年全村总产值曾达到18亿元,基本上每年翻一番。1998年以后虽然经济有所滑坡,但1999年的总产值仍有14亿元之巨。在人均收入方面,1984年只有450元,到1999年则已达到7482元,增长近17倍。

南街村的经济增长主要来源于两个因素:廉价的外来劳动力和巨额的银行贷款。银行贷款对南街村经济增长的拉动作用,南街村本身也不否认。早在1988年,南街村就利用银行贷款为集体经济奠定了基础。王宏斌(村党委书记)回忆说:由于当时“抓住了信贷资金,发展了集体经济,我们南街才有今天的繁荣”。1992年,王宏斌甚至在临颍县“奔小康”先进村党支部书记培训班上号召“不要怕贷款”:“前两年社会上有这种说法:‘光看南街发展,甭看南街贷款。’的确,南街是靠贷款发展起来的,没有银行贷款,就没有南街的今天……我想同志们要有心把村办企业发展起来,必须得破除小农意识,不要怕贷款。”

企业在发展过程中利用贷款是正常的。但问题是,从1991年开始,南街村的贷款额连续多年数倍于其利税，这说明，即使多年未见效益，银行也愿意向南街村放款。可资印证的是，南街村材料《理想之光（三）》第146页上记载："1995年，村里上麦恩、拉面两条合资新线，因当时啤酒厂亏损严重、流资短缺，农业银行立即伸出援助之手，再次拿出5000万元，为企业快速崛起创造了有利条件。"南街村在连生产投资都主要靠银行贷款的情况下，仍然大量进行非生产性投资，比如1993年办南街学校投资5000万元，1995年办幼儿园投资1500万元，1999年办南街村高中投资3000万元，等等。以南街村的经济表现和贷款使用方向，从商业角度来看，银行连续多年向南街村大规模放款让人非常费解。

为什么会发生这种奇怪的现象？问题就在于这些贷款在很大程度上不是商业性贷款，而是以"扶持典型"为目的的政治贷款。1989年秋，一位中央领导视察并肯定了南街村，南街村从此成为一个具有政治意义的先进典型，于是银行和政府有关部门闻风而动，开始"抓典型"。1990年，也就是中央领导视察南街村后的第二年，王宏斌就发现向银行贷款再也没有以前那么困难了："现在，咱南街要贷款已经不难了。前几天我们的副书记郭××、黄经理，在北京跟国家总行达成了协议，答应给我们贷款。当前各方面的形势对我们南街都很有利，各级领导、各级职能部门都想抓南街这个典型。省水利厅、县水利局要在南街搞农田喷灌，所需款项都是国家拨款，一拨就是几百万元。我们要抓住每个机遇，在两三年内把南街来一个大的转变。"

1994年，又一位中央领导到南街村视察，后来他在某个会议上提到南街村艰苦创业。"他这一讲不打紧，引起了中国农业银行总行的重视，当即中国农业银行总行副行长、抓业务的二把手，专程来南街考察。他考察的目的是啥哩？就是看看南街的贷款用了多少，都用了哪一家银行的，如果有其他银行的，要求南街把它还掉，因为南街这个典型是农业银行扶持起来的，现在不能一面红旗大家扛。回北京后，中国农业银行总行给南街拨了5000万元贷款，这是南街发展史上的第一次。”

上述情况说明，银行向南街村放款并不是出于纯粹的商业考虑，而有着“扶典型”“扛红旗”的政治考虑，所以能够不计商业风险，在南街村经济效益不佳的情况下继续大量放款。大致以1990年（即中央领导视察后的第二年）为界，在此之前，南街村获取银行贷款非常困难。现在南街村还常常宣传当年贷款如何困难，王宏斌等村干部又是如何千方百计搞贷款的事迹。而1990年以后，南街村获取贷款就方便多了。南街村的贷款在1990年只有区区250万元，而到1991年则猛增到5000万元；1991–1998年，贷款差不多每隔几年就往上翻一番。1994年6月，中国农业银行甚至专门为南街村设立了一个支行，南街村的贷款就主要来自该行。

银行为什么会如此不惜血本地扶持南街村呢？这是因为，一方面，改革在一定程度上将市场机制引入了银行系统，银行不但能够通过市场吸纳巨额存款，而且对贷款方向和数额拥有前所未有的自主权；但另一方面，银行的运作仍然保留了计划体制的许多特征。一是银行主要管理人员仍然由国家任免，这使银行在发放贷款时不得不有政治上的和官员仕途上的考虑。向南街村这样的先进典型发放贷款，不但“政治正确”，而且可以显示自己的政绩和对上级的忠诚，有利于有关官员的仕途。二是对银行的绩效管理仍然主要依靠来自国家的“软约束”，而非来自市场的“硬约束”。因此，为扶持典型而发放的贷款即使经济效益不彰，银行也不会承担什么经济后果。上述两方面因素的共同作用，使银行不仅能够，而且“勇于”向南街村大量贷款。

综上所述，南街村集体经济的快速增长，一是靠巨额银行贷款，二是靠廉价的外来劳动力。在这两个因素中，银行贷款是首要因素，没有银行贷款，南街村就不可能在短时间内大规模上项目，也就不可能吸引那么多劳动力。

资料来源：冯仕政，国家、市场与制度变迁——1981—2000年南街村的集体化与政治化，《社会学研究》，2007年第2期，第35–50页。

案例12.1从微观上充实了前引相关文献在宏观上的概括，说明了靠银行启动经济增长之所以可能的原因，从而可以说是整个中国经济增长的一个缩影。

改革开放以后"以经济建设为中心"基本国策的确立，使得各级政府有了发展经济的动力；银行国有使得银行在贷款安全性难以得到保证的情况下，仍然不断发放贷款，企业生产规模得以扩大，GDP进而得到增长；与此同时，也是因为银行国有，银行体系始终保持了稳定，使得银行即使是在巨额不良贷款的情形下，仍然能够获得老百姓几乎从未动摇的信任，使得银行"无中生有"的能力没有因为流动性约束而被限制，不仅进一步强化了银行增加贷款、促进经济增长的能力，也使得银行体系的改革、服务改善和效率提升等成为可能。

在案例12.1中，南街村经济增长的另一原因——廉价劳动力，在中国经济增长中也常常被认为是关键原因之一，并被冠以"人口红利"的名称。但正如案例12.1中所引冯仕政的结论中所说，这一因素相对于银行贷款来说是居于次要地位的，因为没有贷款就没有企业，没有企业也就不可能吸引那么多劳动力。因此，追根溯源，南街村成功的根源是银行贷款，中国经济增长的根本动力也是银行贷款所创造的货币。

"摸着石头过河"的前提

中国采取的是渐进式改革总体战略，"摸着石头过河"是对中国经济发展路径最形象、最简洁的概括。这一总体战略反映在具体改革实践上，就是在宏观上和微观上的不断试错，而不断试错持续推进的关键在于如下两个方面：一是要建立起一种对试错进行不断投资并最终承担试错成本的机制；二是要建立起防止试错过程中出现系统性严重错误、引起经济和社会动荡的保障体系。

第一个方面的机制就是国有银行体制，即在发放贷款前的审批极其宽松，而在贷款出现坏账后统一由国家承担，从而使贷款被不断地发放出去，货币被不断地创造出来，并停留在流通领域，持续推进着经济水平的提升和经济结构的变迁。

第二个方面的保障，除了政治和社会稳定以外，在经济方面最为重要的是改革开放初期有效防范通货膨胀的价格管制，以及对于国有企业的全方位保护。对于中国通货膨胀问题，本节将着重讨论前述第一个方面机制以及第二个方面中的国有企业问题。[1]

私营部门得以发展的原因

改革开放初期，国有银行体制使得大量货币被“无中生有”地创造出来，并通过国有企业（和政府部门，下略）以工资形式进入居民手中。货币天生就是为市场而生的。即使是在国有企业仍然占据主体地位的环境下，只要政府适度允许私营部门的发展（这正是中国改革迈出的最重要的第一步），居民在从国有企业获得货币以后，他们就会行使自己的“选举权”，将自己手中的“货币选票”不断投向能比国有企业提供更高质量产品和服务的私营部门，从而使私营部门的力量不断发展壮大。私营部门最初的形态是个体工商户，最初的经营特征是“无本经营”，即没有任何资本（当然也没有银行贷款），仅有的可能就是“一双手、一身力”，多一点的可能有一份“祖传秘方”或者有一点手艺。随着所获得的“货币选票”越来越多，个体工商户就发展成为私营企业，私营部门也就逐渐发展了起来。

即使是在发展出大量私营企业以后，私营部门仍然无法得到国有银行的贷款。不过，私营企业除了仍然通过向居民销售产品和服务而间接受益于国有银行向国有企业发放贷款所创造的货币以外，还可以通过直接向国有企业销售原材料、半成品或提供其他服务而受益。这两条渠道结合起来，可以解释为什么在外部融资非常困难的情况下，中国中小企业（民营经济）仍然得以蓬勃发展。也就是说，中小企业虽然很难直接获得银行贷款，但是，通过提供满足需求（包括个人需求和那些能够获得银行贷款的企业的需求）的商品和服务，也能够获

[1] 其他更详细的讨论，请参见《货币哲学》一书。

得发展所需要的现金流，只不过稍稍有一点时滞，但这点时滞是值得的，因为它在获得现金之前就通过了所有生产的终极检验——产品是否能够销售，是否能够获得足够的“货币选票”。实际上，正是这种事先检验保证了民营经济的活力。

民营经济的发展，促使市场规模不断扩大，并且形成巨大竞争压力，逼迫国有企业、国有银行进行改革，同时也促使政府实施不断放松供给约束的改革，私营部门由此而具有了更好的发展环境，国有企业和国有银行的活力也不断增强。这样，中国经济也就逐渐进入了一种良性循环，国有企业和政府都从试错中找到了新的方向，经济增长也就保持了持续的活力。

不良贷款的重要贡献

上述过程成功的关键是，在改革开放的初期，国有银行是低效率的银行，国有企业是低效率的企业，银行所发放的大量贷款变成无法收回的不良贷款。这一点看似矛盾，但却是事实，也是完全符合货币运行和经济运行逻辑的。如果在初期所有贷款都能得到偿还，那么，原来发放贷款所创造的货币将会被消灭，货币对经济的“持续推动力”将丧失，私营部门就将完全丧失发展的可能。

正是由于大量贷款变成了不良贷款，原来发放贷款时所创造的货币得以滞留在流通领域，这为私营部门的发展提供了极为重要的“资金支持”。不过，这一“资金支持”不是直接来自银行，而是来自消费者的“货币选票”。当然，这些“选票”最终也是来自银行“无中生有”的创造，只不过是经过了直接获得银行支持的、国有企业的“媒介”（或称“中转”）。

国有企业的“媒介”能够持续，也要得益于国有企业的低效率，因为如果它们的经营是高效率的，这些货币将会因为它们偿还银行贷款而被消灭。同时，国有企业低效率的另一贡献是为私营部门留下了巨大的市场：如果国有企业是高效率的，“无本经营”的私营部门又如何能够“从无到有”地发展起来呢？

实际上，很多人都已经注意到了中国商业银行巨额不良贷款对经济增长的促进作用，只是说法比较隐晦。比如，李若谷在《辩证看待国有商业银行的不良资产》(2003)一文中说：

> 中国的国有商业银行实际上承担了从计划经济向社会主义市场经济过渡过程中很大一部分社会成本，这些社会成本的表现形态就是不良贷款。国有商业银行的不良贷款虽然增多了，但换来的是中国社会政治的稳定、经济的持续高速增长，是巨大的社会效益和经济效益。没有银行承担这些成本，中国不可能在23年的时间里GDP从1978年的3624亿元（按当年汇率为2294亿美元）上升到2001年的95933亿元（按当年汇率为11586亿美元），从世界第十一位上升到第六位。因此，我们既要看到过去二十多年银行积累大量不良资产是个严重问题，必须认真对待加以解决，但也不能忽视这些不良资产出现的历史背景和合理性。
>
> 同时，我们要充分认识到中国银行业的不良资产与国有企业的经营管理问题是联系在一起的。从一定的意义上讲，银行业的不良资产就是国有企业的不良资产。……国企不仅要承担生产、技术改造和进步、创造财富及促进经济发展等一般企业均具有的任务，而且还承担着巨大的社会功能，例如职工医疗、养老、住房、子女的教育和就业、社会的治安、职工的再教育等任务。[1]

国有银行的不良贷款与国有企业的低效率经营，可以说是同一枚硬币的两个不同侧面，因此，不良贷款对经济增长的贡献，也可以表现为国有企业低效率经营对经济增长的贡献：一方面，没有国有企业的“媒介”，国有银行就不可能发放贷款，货币无法被创造出来，从而无法被注入经济体系；另一方面，国有企业所承担的社会功能，是中国在“摸着石头过河”的试错过程中仍然保持

[1] 李若谷，辨证看待国有商业银行的不良资产，《国际融资》，2002年第6期，第22–23页。

社会稳定的重要原因。

中国由低效率国有银行巨额不良贷款支撑、由低效率国有企业媒介的经济增长机制，是对第 12.4 节所介绍的凯恩斯的“挖坑填坑”理论的最好诠释。也就是说，中国改革开放以来的经济增长，也是通过凯恩斯所说的“挖坑填坑”（或淘金）机制来实现的，只不过在中国的“挖坑填坑”工作，主要是由各级政府通过商业银行（以及国有企业）来完成的，其结果也并非如凯恩斯所想象的那样直接体现为财政赤字，而是体现为国有银行的不良贷款（及国有企业的亏损）。[1]

同时，从目的来看，中国国有银行发放贷款并非一开始就是“挖坑填坑”，对于绝大部分贷款而言，银行还是希望能够创造价值从而保证贷款回收的；从结果来看，虽然不良贷款率很高，但也并不是全部都变成了不良贷款，也就是说，“挖坑填坑”也只是商业银行整个工作的一部分，大部分工作仍然是具有建设性的，也正因为如此，中国的“挖坑填坑”显然要优于凯恩斯建议的方法。

我们当然希望无论是政府还是私人投资的每一分钱都能够创造价值，都能够获得充足的回报，而不是像凯恩斯所建议的那样去做“挖坑填坑”式的无用功，不是像中国改革开放初期的国有企业和国有银行那样产生如此巨额的不良贷款。但是，在经济无法自动达到充分就业状态，从而存在大量闲置资源（尤其是存在大量失业）的情况下，尤其是在像中国改革开放初期“一穷二白”的基础上不得不采取“试错”式总体改革战略的情况下，由于政府可以着眼于更长期限内（比如 30 年）、更广范围内（比如全社会）的利益，在一定程度上克服私人部门通常不得不注重短期利益、局部利益的局限，从而就有可能采取相应措施，使整个经济最终走上正常发展的轨道，而能够“无中生有”创造货币的银行体系，就提供了将这种可能变成现实的工具。

---

[1] 国有银行和国有企业的国有性质，使其亏损与财政赤字在实质上是完全一样的，这就为后来国家动用财政力量来处置银行不良贷款奠定了合理性基础（参见《货币哲学》一书的详细讨论）。

一篇文献对银行贷款作用的质疑

与前述讨论的结论不同，张军在《中国的信贷增长为什么对经济增长影响不显著》（2006）一文中，对银行贷款在中国经济增长中的作用提出了质疑。作者利用中国 29 个省（市）1984—2001 年的数据，计算了每一年各省的金融发展指标（即贷款占 GDP 的比重），并以这个指标的均值为参照，把 29 个省（市）分成“高贷款地区”和“低贷款地区”，然后与各自的经济增长率相对照。结果发现，高贷款地区的经济增长率总体上显著不如低贷款地区的经济增长率。反过来，以经济增长率的均值作为参照，把 29 个省（市）分成“高增长地区”和“低增长地区”，然后分别与各自的信贷占 GDP 的比重去对照，得到了同样的结论，即高增长地区的信贷占 GDP 的比重反而更低。作者又用涵盖 29 个省市、跨度 15 年的面板数据进行了计量估计，结果显示，在 1987–2001 年间，在控制了其他因素对增长的影响以后，中国的非国有部门获得的银行信贷支持，对于 GDP 增长和生产率增长的贡献都显著为正。在此基础上作者得出结论：

> 一个几乎没有异议的解释是，政府对于金融系统的影响力常常导致对于中国经济增长起主要作用的非国有部门往往没有得到更有利的金融支持。……信贷的增长并不能促进有效率的投资项目的增长，反而让无效率的投资得以不断实现。……更多的信贷分配给了低效率的国有企业，应该是信贷规模增长没有能够从总体上促进经济增长的根本原因。[1]

对于上述结论，首先值得怀疑的是其数据的可靠性。由于中国的银行采取的都是总分行制，各个省市的业务受总行的统一指挥，统计数据中属于某省市

[1] 张军，中国的信贷增长为什么对经济增长影响不显著，《学术月刊》，2006 年第 7 期，第 69–71 页。

的贷款余额是否真的全部运用于该省市的企业，是值得怀疑的；再加上许多企业在各地开设分支机构，更进一步加深了这一怀疑。同时，货币是流动的，在一个省市发放贷款所创造的货币，可能会被用于购买其他省市所生产的产品，从而促进后者的经济增长。

其次值得怀疑的是其数据的充分性。本书第 7 章的讨论表明，商业银行不仅能够通过发放贷款创造货币，而且还会通过收回贷款消灭货币，也就是说，在企业动用一笔贷款生产出产品、实现销售并偿还完贷款以后，这笔贷款就不再存在了，因此，仅仅从贷款余额不可能准确判断贷款对经济增长的贡献。另外，贷款余额是时点指标，而 GDP 是时期指标，两者直接相比，也存在统计口径差异问题。

再次值得怀疑的是数据与结论之间的关系。贷款对经济增长的贡献，并不仅仅限于贷款所支持的生产。贷款所创造的货币会在贷款被偿还之前不断循环流通，从而产生数倍于贷款额的购买力，它对 GDP 的贡献也就可能数倍于借入这笔贷款的企业所创造的 GDP，而具体倍数则取决于货币流通速度。从这一点看，文中所说经济发达的沿海地区，在贷款与 GDP 之间的比例上，反而要低于经济落后的内陆地区，其原因极有可能是沿海地区经济活跃程度要快得多，从而货币流通速度要快得多。

上述最后一点意味着，即使是借款人（比如说前引文献中所说低效率的国有企业）在借入贷款以后不创造任何价值，从而没有对 GDP 形成任何直接的贡献，但这笔贷款也会对 GDP 带来间接的、有可能极其巨大的贡献。对于银行来说，这笔贷款当然会变成不良贷款，但这笔贷款并不是“浪费”，它对 GDP 的贡献同样是巨大的。

中国经济增长的基本逻辑

综合本节前面的讨论，图 12.2 概括了中国自改革开放以来经济增长的基本逻辑。这一逻辑可以概括为银行主导和政府主导两个基本方面。银行主导是指驱动经济增长的根本力量源于银行“无中生有”创造的货币（即银行货币），政府主导是指银行的国有性质以及从银行获得贷款融资的企业的国有性质。

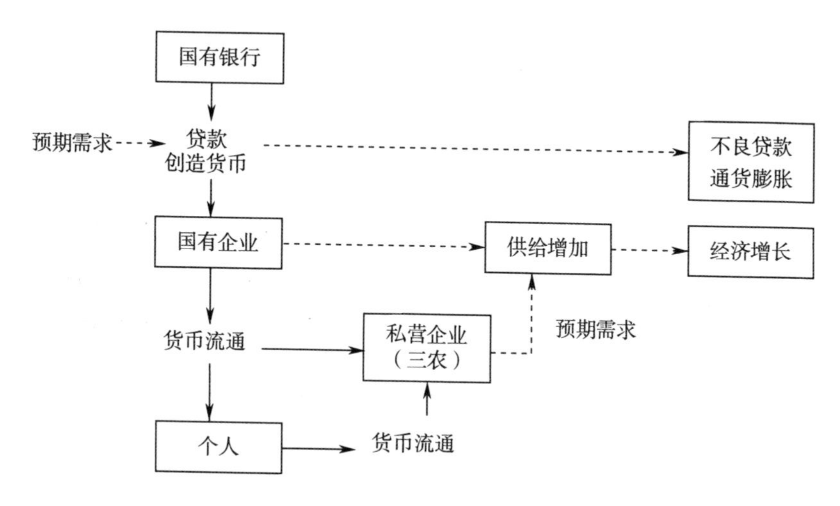

图 12.2 中国经济增长的基本逻辑

注：实线箭头表示货币流通，虚线箭头表示实际生产或直接影响。

具体来看，在改革开放前夕国民经济处于“一穷二白”的情况下，国有银行体系通过向国有企业发放贷款，“无中生有”创造出了驱动整个经济发展的货币。这些货币首先促进了国有企业的生产，进而间接促进了私营企业的生产（含农村、农业和农民的生产）。后者的实现有两条主要渠道：第一，国有企业通过贷款获得的货币，会通过支付工资、贪污贿赂等方式流通到个人手中，而这些货币又会通过购买私营企业的产品和服务而流通到私营企业手中；第二，私营企业会通过向国有企业销售原材料、半成品或提供其他相关服务等方式，从国有企业获得一定数量的货币。国有企业和私营企业生产（含“三农”生产）的增加，直接表现为经济增长。

在上述经济增长逻辑中，国有银行向国有企业发放的贷款，在预期软约束的情况下，必然导致大量不良贷款，其后果是导致银行通过贷款方式创造的货币被滞留在流通领域，没有被及时通过收回贷款的形式消灭。一方面，这是这些货币能够持续推动私营部门发展的根本原因，从这一角度来看，国有企业银行积累的不良贷款，对中国经济增长做出了巨大贡献；另一方面，这些货币有可能导致严重通货膨胀。不过，通货膨胀始终没有成为中国改革开放以来的主要问题，而对于历史遗留的巨额不良贷款，中国也以“无中生有”的方式得到了成功处置（参见《货币哲学》一书的详细讨论）。

从前面及下节的讨论中可以看到，上述中国经济增长的基本逻辑，是在中国特定历史环境下采取渐进式改革的产物，在将来不会被重复，在其他国家或地区也难以被复制，从而可称为“中国方式”，但不宜被称为“中国模式”。

需要特别指出的是，渐进改革不断放松政府管制，从而不断减弱供给约束，是图 12.2 所示中国经济增长的基本逻辑发挥作用，从而实现持续经济增长的必要前提，但它的作用主要是不断提高中国经济增长的理论上限，本身并不必然导致持续的经济增长。

12.6 中国经济增长的新常态

近年来中国经济增长的一个重要现象是进入了新常态，增长速度出现了较大幅度的下降。这就引出了一个重要问题：图 12.2 所示的中国经济增长的基本逻辑是否发生了根本性的变化？本节结合实际统计数据的讨论将表明，这一问题的答案是肯定的。

中国经济增长速度的下降

在 1979 年至 2016 年的 38 年间，中国的经济增长率波动幅度很大，标准差达到了 2.7 个百分点，最高值为 1984 年的 15.2%，最低值为 1990 年的 3.9%，而平均增长率达到了 9.6%（见图 12.3）。[1]

[1] 每年增长率的平均值为 9.61%，复合增长率为 9.57%。本节下文中所说增长率均为前者。除非特别说明，本节统计数据均为本书作者根据《中国统计年鉴》各期相关数据整理、计算而得。

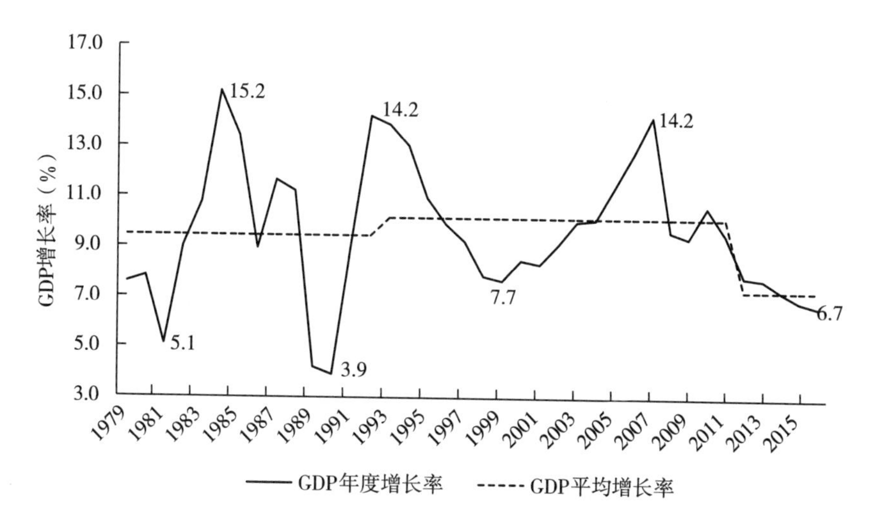

图 12.3 中国 1979—2016 年 GDP 增长率

资料来源：本书作者根据《中国统计年鉴（2017）》整理。

图 12.3 中的虚线显示的是，按照经济增长的周期把整个统计期间划分为三个时期所计算的平均增长率。第一个时期（即 1979—1992 年）的平均增长率为 9.5%，第二个时期（即 1993—2011 年）的平均增长率为 10.2%，第三个时期（即 2012—2016 年）的平均增长率为 7.3%。如果把前两个时期加在一起，其平均增长率为 10.0%。

在这里我们关注的焦点是第三个时期，即通常所说的新常态时期。这一时期的下降是不是也与前几次下降一样仅仅是暂时性的？中国的经济增长率是否有可能仍然恢复到此前的 10% 以上的水平？习近平总书记在党的十九大报告中指出：“我国经济已由高速增长阶段转向高质量发展阶段。”这表明新常态时期的下降可能不是暂时性的，基于三大需求的分析，可以为我们的这个判断提供一个初步的依据。

三大需求对中国经济增长的贡献

经济增长中的三大需求，是指根据第 12.3 节中讨论的国民经济核算公式对

GDP进行分解而得到的三个部分，包括消费（包括居民消费支出和政府消费支出）、投资（包括固定资本形成总额和存货变动）和净出口三部分。三大需求的贡献率是指三大需求增量与GDP增量之比。

图12.4显示，在1978—2016年期间，三大需求对经济增长的贡献率都有很大幅度的波动，但净出口贡献率的波动幅度最大，最小值为1985年的–66.4%，最大值为1997年的70.4%，在整个39年期间，平均值为2.3%，而标准差高达23.6个百分点。投资贡献率的波动幅度居于其次，最小值为1997年的–7.4%，最大值为2009年的86.9%，在整个39年期间，平均值为41.6%，标准差为21.7个百分点。消费贡献率的波动幅度最小，最小值为1994年的30.2%，最大值为1981年的93.4%，在整个39年期间，平均值为56.1%，标准差为15.1个百分点。

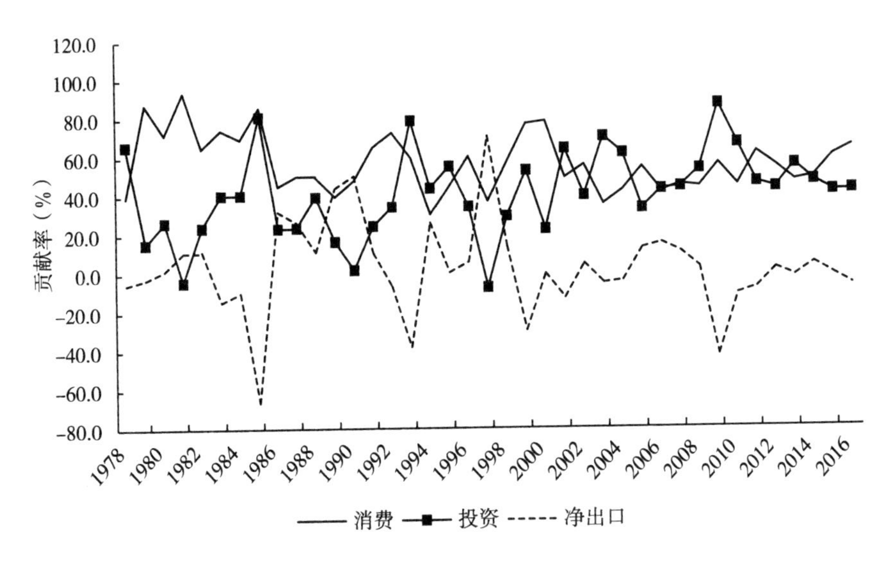

图12.4 中国1978—2016年三大需求对经济增长的贡献率

资料来源：1978—1999年数据来源于《中国统计年鉴（2006）》，其余数据来源于《中国统计年鉴（2017）》。

三大需求的贡献率如此巨大的波动幅度，常常难以为我们提供一个比较可靠的判断。另外一个衡量三大需求相对作用大小的指标，是三者在GDP中所占的比重。图12.5显示，三个比例相对重要性的结论与贡献率指标所显示的结论一样，但其波动幅度都比较小，总体上非常稳定，从而也就更具说服力。

三者之中，净出口在GDP中的比重最低，在全部38年中的平均值只有2.0%，最高为2006年的8.6%，最低为1985年的–4.0%，超过5%的年份只有4个，而低于2%的年份占了16个，其中一半还是负值。因此，中国经济的增长主要靠的还是内需。

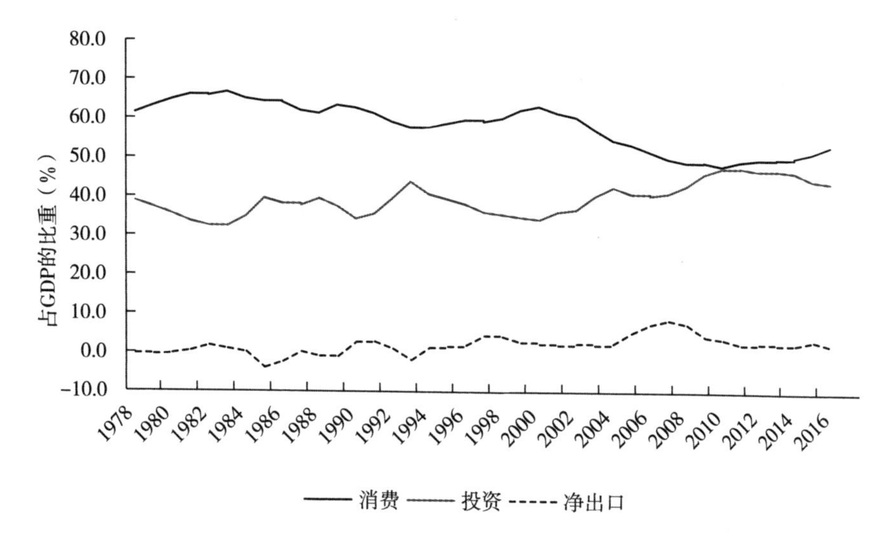

图12.5　中国1978—2016年三大需求在GDP中所占比重

资料来源：本书作者根据《中国统计年鉴（2017）》整理。

在由消费和投资构成的内需之中，消费需求在GDP中所占比重始终高于投资，而且除了在2007—2010年的4个年份中略低于50%以外，都要高于50%。在新常态时期，消费占比持续上升，在2016年达到了53.6%。不过，这一比例相对于发达国家来说，还有比较大的差距。如图12.6所示，美国1980—2016年这一比例的平均值为81.0%，标准差只有1.9个百分点，最高值为2009年的85.1%，最低值为2006年的77.6%。投资占比和净出口占比在这37年中的平均值分别为16.6%和2.4%，标准差分别为1.6个百分点和1.3个百分点。从这一比较的角度来看，中国消费占GDP的比重仍将会不断上升。

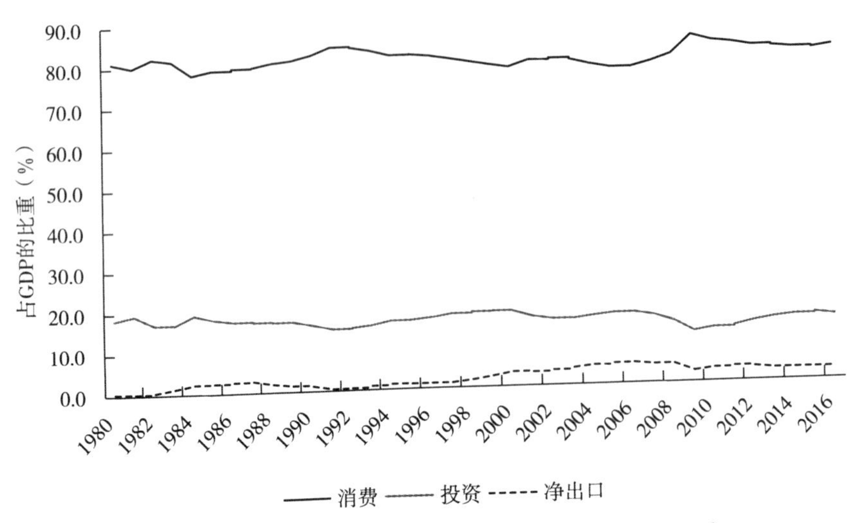

图 12.6 美国 1980—2016 年三大需求在 GDP 中所占比重

资料来源：BvDEP，EIU Country Data.

经济增长速度下降的原因

表 12.1 把中国 2007—2016 年这一期间划分为两个五年期间，提供了十年内的 GDP 增长率以及消费和投资（含投资的两个组成部分）的增长率，并对两个五年期分别计算了平均增长率（由于净出口的作用比较小，表中略去了相关数据）。从表中可以看到，第一个五年期间 GDP 平均增长率达到了 10.7%，而第二个五年期间的平均增长率大幅度下降为 7.3%。后一时期就是前面所说的新常态时期，相对应的，下文将前一时期简称为高增长时期。

表 12.1 中国 2007—2016 年 GDP、消费和投资增长率比较

（单位：%）

年份	GDP增长率	消费增长率	投资增长率	固定资本形成增长率	存货变动增长率
2007	14.2	10.1	15.7	11.7	149.5
2008	9.7	7.2	14.4	13.0	35.8
2009	9.4	9.8	17.4	22.6	–47.4

（续表）

年份	GDP增长率	消费增长率	投资增长率	固定资本形成增长率	存货变动增长率
2010	10.6	7.7	13.4	10.9	88.0
2011	9.5	12.0	9.7	9.3	16.6
五年均值	10.7	9.4	14.1	13.5	48.5
2012	7.9	9.9	6.8	8.7	–23.9
2013	7.8	8.4	8.1	8.4	2.5
2014	7.3	8.4	6.4	6.2	12.7
2015	6.9	10.2	3.2	3.9	–10.6
2016	6.7	9.1	4.1	4.5	–5.7
五年均值	7.3	9.2	5.8	6.3	–5.0

资料来源：本书作者根据《中国统计年鉴（2017）》按可比价计算整理。

从表 12.1 可以看到，相对于高增长时期来说，新常态时期 GDP 增长速度的下降，主要原因不在于消费，而在于投资，因为新常态时期消费平均增长率仅比高增长时期低了 0.2 个百分点，而同期投资平均增长率则低了 8.4 个百分点。在投资中，存货变动增长率的下降更为明显：从高增长时期的 48.5%，变为新常态时期的 –5.0%。仔细观察 GDP 增长率下降到 7% 以下的 2015 年和 2016 年的数据，上述结论更加清楚。在这两年中，消费分别增长了 10.2% 和 9.1%，但投资分别只增长了 3.2% 和 4.1%，其中存货变动分别下降了 10.6% 和 5.7%。

由于存货变动在投资中所占比重比较低（在前后两个时期中平均占比分别为 5.7% 和 3.8%），从而对投资平均增长率的影响不是很大，但却为我们分析中国经济增长速度下降提供了一个基本思路。

企业存货的增加或减少可以划分为主动和被动两大类。企业主动增加存货的目的，是保障及时满足客户的需求，在其他条件不变的情况下，生产周期和流通周期越长，存货就需要越多，而两个周期的缩短，自然就会减少存货。近年来电子商务的蓬勃发展，使得生产周期和流通周期大大缩短，是存货变动减少的重要原因之一。

企业被动增加存货的主要原因是企业生产的产品无法实现销售。在预算软约束的条件下，企业绩效考核的指标主要是生产性指标，在无法及时销售所生产的产品时，存货就会被动增加。近年来，以市场化为导向的改革以及信息管理系统在各类企业的广泛应用，使得绩效考核的指标更加市场化了，销售指标成了考核的重心。在这种情况下，销售的下降会被及时地反馈到生产部门以减少生产，其结果就是存货被动增加的减少。这是我国近几年存货变动减少的另一重要原因。

前述存货变动增速减缓的逻辑，也同样适用于我国固定资本形成增速的减缓。在市场化改革不断推进、预算约束不断加强、信息技术得到广泛应用的背景下，企业投资也会直接受制于市场销售。概括起来看，投资两大构成部分的变动受到市场销售的约束越来越强，是投资增长率下降的重要原因。

国民经济核算中的固定资本形成，包括住宅、其他建筑和构筑物、机器和设备、培育性生物资源、知识产权产品（研发支出、矿藏的勘探、计算机软件）的价值获得减处置。[1] 从这个统计口径可以看到，当一国经济发展达到一定水平以后，每一年度要继续维持上一年度固定资本形成的水平就已经很不容易，要比较大幅度地增加会非常困难。比如，在一个小型城市建造两条或三条环城高速公路是可能的，但如果在已经存在运行状况良好的三条环城高速公路的情况下，再建第四条高速公路的可能性就比较小，因为前三条高速公路已经能够满足需求了，从经济角度看完全没有必要再建一条高速公路。很显然，维护三条已经建成的高速公路，在所需投资额上要远低于新建一条高速公路，反映在构成 GDP 的事后投资上，当然也就要低得多。

前面提到，中国经济已由高速增长阶段转向高质量发展阶段。由于生产的最终目的是消费，经济高质量发展的核心就是生产出满足消费需求的产品。三大需求中的投资和净出口归根到底也是为了消费：投资是为了将来生产更多的

[1] 参见国家统计局网站上的“主要统计指标解释”。

消费品，而出口换取外汇最终也是为了将来的进口（包括进口消费品以及为了生产更多消费品的投资品）。前述市场销售对投资的约束，实质上是消费对投资的约束。因此，中国经济增长速度的下降，从根本上来说是经济增长受到消费更强约束的体现。

中国经济增长逻辑的根本性变化

中国经济增长受到市场销售（即最终消费）的更强约束，使得中国经济增长的基本逻辑发生了根本性的变化（见图 12.7）。与图 12.2 相比，图 12.7 最显著的变化是在企业[1]供给增加与经济增长之间增加了“销售”环节，这个环节会反馈到银行和企业，对其预期需求形成影响，进而影响其贷款（及其他融资方式）、投资和生产决策，并最终对经济增长形成明显影响。

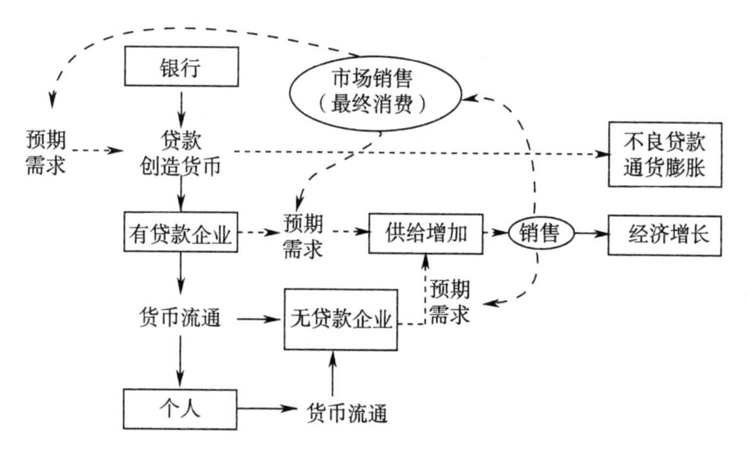

图 12.7 中国经济增长基本逻辑的变化

注：实线箭头表示货币流通，点虚线箭头表示实际生产或直接影响，短横虚线箭头表示实际销售的反馈影响。

[1] 由于银行贷款对象已经不再限定为国有企业，因此，图 12.7 将企业划分为有贷款企业和无贷款企业两大类。同时，银行大都已进行股份制改造，不再是纯粹国有，因此，图 12.2 中的“国有银行”变成了图 12.6 中的“银行”。

在这一基本逻辑的变化中，具有根本性意义的是银行体系的改革。为了从根本上改变银行体系的不良贷款问题，防范系统性金融风险，我国建立起了严格的贷款风险管理制度，对银行贷款的管制也不断加强[1]这就从源头上改变了中国经济增长的基本逻辑。

市场销售（消费）对中国经济增长约束的强化，是中国整体经济改革从“摸着石头过河”到“科学发展”的必然要求，其结果也就会体现在经济增长速度的下降。但这种速度的下降，一方面是在经济规模已经非常大的基础上的下降，另一方面又是经济增长质量的提升，从而并不是一件坏事。

中国未来的经济增长

未来中国经济增长的实际速度，将主要取决于消费需求的增长，这既包括当期消费需求的增长（体现为 GDP 中的最终消费），也包括未来预期消费需求的增长（体现为 GDP 中的投资）。中国经济增长最大的驱动因素是巨大的人口规模。中国每个人对幸福生活的追求，就会形成促进消费需求增长，进而促进整个经济增长的强劲动力。

从政府的角度来看，采用新供给经济学关于放松供给约束，从而进一步提高经济增长的理论上限是完全必要的，但更重要的是切实保护消费者利益，为消费者增加消费创造良好环境。实际消费需求和未来消费需求的增加，必将使企业感受到的预期需求增加，从而刺激其增加投资、增加生产，GDP 持续增长的目标也就能够得到高质量的实现了。

---

[1] 参见《银行哲学》一书中的详细讨论。

第4篇

大挑战与大希望

PART FOUR

第13章 正因为我们都在盲人摸象

网上有很多以“如果我是上帝”为题的小学生作文，内容大体上都是，作者将会利用上帝全知全能的能力，为人类消除疾病和痛苦，带来快乐和幸福。如果由笔者来写这篇作文，我将如何下笔？每想到一种可能采取的行动，我会进一步思考其后果，而这一后果又会要求下一步的行动。比如，如果消除所有疾病，那么，现在的医生、医院、医药生产者和销售商怎么办？人们寿命延长了，人口数量大幅度增加怎么办？由于不担心害病，人们开始暴饮暴食、吸毒纵欲怎么办？不断追问的结果是这样一个感叹：幸好我不是上帝，而且永远也不会是上帝！

“我们都在盲人摸象”是一个令人沮丧的结论，是我们每个人面临的大挑战，但这一结论也同时蕴含着大希望。本章的目的就是阐述这一希望（以及可能的方向）。[1]

13.1 盲人摸象教育的价值

既然我们都在盲人摸象，所有从事教育活动的工作者也不例外，这似乎使得必然同样盲人摸象的教育不再有价值了。实际上，教育的价值正源于我们都

---

[1] 本章提到的一些观点在本书中没有深入分析，请参见《金融哲学》一书的详细讨论。

在盲人摸象。如果存在一个掌握绝对真理的人，在现代信息技术如此发达的情况下，我们只需要阅读他撰写的书籍、观看他讲课的录像、关注他发表的见解就可以了，根本上不需要其他任何形式的教育。不过，如果真的存在那样一个人，我们只需要完全按照他的指令行事即可，根本不需要自主思考，当然也就连前述“阅读”“观看”“关注”等都不需要了。再进一步思考会发现，这些活动甚至也是不可能的，因为这位“全知全能的人”根本就不必（当然也就不会）“写书”“讲课”和“发表见解”。

由于我们每个人都在盲人摸象，我们面临的问题，没有任何其他人能够提供一个“权威的解决方案”或“万能的公式”，只能靠我们自己去摸索，这是我们每个人都面临的大挑战。但是，一方面，我们遇到的问题，在很多方面也是前人遇到的问题，他们对这些问题的思考和解决办法，会对我们有所启示，尤其是其中所包含的共同核心思想，为我们分析相关问题提供了一个最基本的框架；另一方面，我们在实践中还需要与其他人合作，这就需要合作者之间有一个共同的基本框架，以便能够相互沟通、共同寻找问题的解决办法。本书第2章提到的先验经济知识，就是能够实现前述两个目的的基础性框架。经济金融教育，在很大程度上就是向教育对象传授这样一个先验知识框架，并且训练其在实践中应用这一框架的思辨能力。

教育的另外一个核心功能就是信号传递，即向潜在雇主和服务对象传递关于教育对象知识水平、道德品质和潜在工作能力等方面的信息。很多人对王健林所说的“什么清华北大，都不如胆子大”这句话感到意外的原因在于，在通常情况下，清华、北大毕业生的素质是比较高的，即“清华北大”传递着学生素质高的信号。如果我们不是都在盲人摸象，每个人的素质都可以在任何时候低成本地充分显示出来，那么，我们就根本不需要花这么高的实际成本和机会成本去接受学校教育了。

13.2　盲人摸象研究的方向

经济研究的基本目标是解释经济现象，进而指导经济实践。由于所有经济主体都在盲人摸象，经济金融始终沿着一条根本不可能被预测的路线发展，再加上理论研究者本身也同样在盲人摸象，任何经济理论又都不可能不使用必然模糊的概念，因此，我们永远不可能找到能够解释所有可能经济现象的“大统一理论”，对于现实经济现象的解释永远只能是模糊的、不确定的，这是我们每个理论研究者都面临的大挑战。

但是，不同知识之间的统一是人类理性的根本要求，人类理性建立统一知识体系的求索永远不会停止，经济研究将永远会被需要。这一点也同时决定了经济研究的基本方向，那就是实现知识的统一，建立一个“大统一理论”。由于数学化是实现这种统一的唯一途径，因此，经济理论数学化的总体方向不会改变。

解释经济现象的根本目标，使得经验证据成为经济研究的永恒推动力。一方面，经济发展的历史中，仍然存在（并将永远继续存在）无法为任何经济理论“完美解释”的“历史之谜”，新的历史证据的出现，将会为新一代理论研究者带来新的希望；另一方面，经济发展中不断涌现的新的经验证据，必定会对现有经济理论提出挑战，从而为研究者带来新的课题。这样，始终处于不断膨胀之中的经验证据，必将永远推动经济研究的持续向前发展，使我们有可能更接近永远无法找到的“大统一理论”和绝对真理。

经验证据既包括可量化的统计数据，也包括不可量化的文本记载，基于经验证据的研究，不一定都需要采取计量经济学方法。但是，一方面，以数学为基础的“大统一理论”将永远是经济研究的梦想；另一方面，非量化、非数学化的研究，无法提供任何确定性的结论，而追求确定性正是人类理性的根本要求。因此，计量经济学方法必将永远是处理经验证据的基本方法。

正如教育是传递受教育者能力信号的重要渠道一样，公开发表的研究成果

（及其层次）也是传递研究者能力信号的渠道，从目前及未来相当长时期内的基本趋势来看，这还是唯一渠道。信号传递作用得以发挥的基础是区分，即将能力强的研究者与能力弱的研究者区分开来。杂志数量的增长、出版社的竞争压力，以及自媒体的发展，大大降低了公开发表的难度，因此，发表本身已经不具信号传递作用。经济理论的数学化本身就具有足够的学术理由，再加上数学化又是一个门槛——既是研究者的门槛，也是阅读者的门槛，数学化也就因此而成了解决经济理论研究中信号传递问题的“完美方案”，这正是数学化能够为研究者提供强劲而持续动力，进而促使“经济学已经变成一门数学科学”的根本原因。

经济研究要能够指导经济实践，必须让研究成果被从事经济实践的经济主体所理解，也就是说，以数学化为基本形式的研究成果，必须转化成以通俗文字表述的思想，这就为经济研究揭示了另一可能方向：通俗化。通俗化与数学化是不可分割的，没有数学化研究作为基础，通俗化只能是直觉的描述或格言的堆砌，不可能具有完整而严密的统一知识体系，因此，通俗化不是对数学化的替代，而是在数学化研究基础上的进一步延伸和拓展。不过，通俗化遵循着与数学化完全不同的逻辑，由于没有了数学的门槛，信号传递也就不能仅仅依靠公开发表的学术成果了，而现代信息技术的发展和应用，为其提供了多种选择。

13.3　盲人摸象合作的机制

现代社会的正常运行依赖于全社会范围内的广泛合作，任何个人都处于庞大的分工合作网络之中。一定范围内的合作，必须采取单一的行动，从而必须有单一的决策，那么，面对每个人都在盲人摸象的现实，合作所需要的单一决策将由谁来最后“拍板”？答案只能是多层次决策，与此相对应，整个社会的治理也就必然是多元化的。

如果我们不是都在盲人摸象，即如果至少存在一个全知全能的人，那么，这个世界就不需要民主、市场和自由，因为这个全知全能的人就会（而且应该）统治整个世界，所有资源的配置都将通过这个人发布的命令来进行；正是因为我们都在盲人摸象，我们才需要民主、市场和自由。

如果我们每个人都清楚地知道自己的需求，都能完全地保护自己的利益，这个世界将不会存在任何形式的组织（如家庭、企业、社团、政府），因为人与人之间的合作，完全可以通过民主程序和市场机制实现；正是因为我们都在盲人摸象，我们才需要在很多情况下会违背我们的自由意志、对我们形成强制性约束的各种组织，其中就包括政府这一“必要的恶”，从而不可能存在彻底的民主、完全的市场和绝对的自由。

正是因为我们都在盲人摸象，民主和集中、市场和政府、自由和约束永远会是并存的，而且相互之间的界线不仅永远是模糊的，而且永远处在变化之中，从而永远不可能达到最优的组合状态。面对这种状况，我们每个人只有奉行“差不多”的原则，才有可能和平相处。

但是，人类理性关于追求知识统一性的命令，会驱使每个人去寻找具有普遍必然性的唯一真理；同时，正如盲人摸象故事中的每个盲人确实都掌握了其他人并不掌握的部分信息一样，现实中的每个人也都同样掌握着别人没有的信息，而且都有一种自信，认为自己掌握的特殊信息是确定的，别人否定这些信息是不可理喻的。这样，人与人之间在合作过程中就必然产生冲突。从一定角度来看，人类社会的历史，就是解决冲突方式的文明化程度不断提升的历史。但是，暴力是解决冲突的原始方式，也是最后方式。因此，每个人都在盲人摸象的必然结果之一是，各种形式的暴力将不可避免。

虽然我们每个人都在盲人摸象，但不同的人表达自己观点的机会大不相同，再加上同样处于盲人摸象状态的信息传播渠道（如各种媒体），存在着“求新求异”的自然倾向，这样就使得一个社会中在特定时期有可能会涌现出一个或少数几个被广泛接受的思想，进而把整个社会划分为两个或多个阵营，这些阵营之间不可避免地会发生冲突，严重的话，就会导致恐怖袭击和战争。

面对暴力的威胁，希望和平的人们，除了不得不依赖于“以暴制暴”的“国家机器”以外，需要坚持的首要原则是谦虚和包容，在坚持“己所不欲，勿施于人”的同时，也不要将“己所欲”强制性地“施与人”，即不要将自己同样是盲人摸象的观念强加于别人，这一点对处于强势地位的国家、团体和个人来说尤其重要。

13.4 盲人摸象人生的希望

盲人摸象比喻的启示，除了通常所认识到的、警示我们不要以偏概全之外，还有极其重要，但通常被忽视的另一个侧面，那就是，每个摸象的盲人都确实掌握了为其他人所忽略的特殊信息。这后一个侧面，为现实中都在盲人摸象的我们提供了一个保持乐观、充满希望的充足理由：每个人都可以相信，能够利用自己所掌握的特殊信息，使自己的状况得到改善，从而更接近最优。

如果我们不是在盲人摸象，而是全知全能，我们将始终处于绝对幸福的状态，就不会有任何遗憾和担忧，当然也不会有快乐和希望。正是因为我们都在盲人摸象，我们才有正常的人生：有没能实现最优的遗憾，有可以更优的希望。

由于我们都在盲人摸象，电脑当然也不例外，所以，人工智能不可能统治世界，正如没有任何一个人能够统治全世界一样。因此，虽然我们知道，无论如何学习，我们都不可能如同互联网和云计算那样，具有如此广博的知识和巨大的计算能力，但我们都掌握着其他任何人（包括任何能力的电脑和互联网）都不掌握的部分信息，而正是这一部分信息使我们能够成为自己的主人，所以，我们完全可以保持乐观、充满希望。

由于我们都在盲人摸象，就连获得学术界最高皇冠、在国际上享有最高荣誉、在历史上被人永远敬仰的思想大师也不例外，所以，我们仍然可以继续“上下求索”，并且还可以“站在前人的肩上看得更远”。

由于我们都在盲人摸象，就连商业巨头也不例外，所以，如同一棵小草也有自己的春天那样，我们普通人也可以创业、创新，可以发掘未被覆盖的需求，可以创造出全新的产品和服务。

由于每个人都在盲人摸象，所以，我们每个人都有继续进步的空间，同时也就有对人类发展做出贡献的可能，从而可以始终保持乐观、充满希望。

13.5　盲人摸象行为的准则

在盲人摸象的故事中，每个盲人得到的结论不同。问题不在于结论不同，而在于每个人都宣称自己触摸到的大象才是真正的大象。在这种情况下，假设存在一个谁也不可能真正完全了解的大象，要比证明只有自己正确、别人都错了，更加有利于推进我们对大象的认识。因此，对于“真正的大象”，既没有任何人能够证明它存在，也没有任何人能够证明它不存在，只能是康德所说的“悬设”，即人类出于特定目的、出于理性追求真理的命令做出的、“有用”的假设。

对于同一个经济金融现象，不同的人有不同的观点，其原因不是“真理掌握在少数人手里”，也不是“多数人相信的就是真理”，而是没有人能够把握真理。在这种情况下，与其试图证明只有一个人正确、其他人都错误，还不如假设任何人都只能把握我们所观察到的现象的一个或少数几个侧面，而不可能是其全部。也就是说，相对于每个人宣称自己掌握的就是真理来看，能够更好地促进科学进步的办法是，让我们共同悬设一个谁也无法完全把握的真理，而我们每个人所建立的理论，都只不过是对这个真理的近似。这样，我们就有了有效开展学术讨论的基础，科学进步也就有了可能。当然，在讨论过程中，每个人都可以声称他的理论可能更接近真理，但这需要有足够的经验证据支撑：能够比其他理论更好地解释我们观察到的现象，或者能够在更大的范围内解释更多类型的现象。

面对不得不盲人摸象的现实，我们每个人在实际上都必然奉行“差不多”

的策略。这一策略反映在行为或语言上时，常常被误解为仅仅是“马马虎虎”“不认真”“敷衍了事”等消极态度的表现，而其中同时蕴含的积极方面，却常常被忽视了。这个积极的方面就是，“差不多”虽然是“差不太多”，但永远可以“少差一点”，这样，承认我们在现实中永远只是“差不多”，并不妨碍我们对于最优的追求，我们仍然可以通过不断提高“差不太多”的标准，持续获得进步，从而不断接近我们悬设的最优。

在追求最优的过程中，我们必须热情地拥抱“差不多”。我们针对现实经济金融问题得出的任何结论，以及基于这种结论所做出的任何决策，都与盲人摸象一样，只是我们运用已拥有的模型、对所得到信息的一种解释，在理论上是可错的，我们需要包容持不同观点者，在实践上需要做好防范风险的准备，包容持反对意见者。相反，如果拒绝承认“差不多”，在思想上、言语上、制度上或行动上始终坚持“100%”“精确”等最优标准，要么会因噎废食而止步不前，要么会导致欺骗和自我欺骗。

Reference >>>>>>>>> 参考文献

英文部分

Akerlof, George A., 2001, Nobel Prize Lecture: Behavioral Macroeconomics and Macroeconomic Behavior, http://www.nobelprize.org/.

Akerlof, George A., 2007, The Missing Motivation in Macroeconomics, *The American Economic Review*, Vol. 97, No. 1, pp. 3–36.

Akerlof, George A., and Yellen, Janet L., Rational Models of Irrational Behavior, *The American Economic Review*, Vol. 77, No. 2, pp. 137–142.

Allison, Henry E., 2004, *Kant's Transcendental Idealism: Revised and Enlarged Edition*, Yale University Press.

Arrow, Kenneth J., 1972, *General Economic Equilibrium: Purpose, Analytic Techniques*, Collective Choice, http://www.nobelprize.org/.

Aumann, Rudolf , 1985, What is Game Theory Trying to Accomplish?, *Frontiers of Economics*, Oxford.

Authers, John, 2013, Banks' Adjustment to IT Threat Barely Begun, *Financial Times*, Jan. 27.

Authers, John, 2014, Disruptive Technology Will Not Kill Banks, *Financial Times*, Oct. 3.

Backhouse, Roger E., and Medema, Steven, 2008, Definition of Economics, *The New Palgrave Dictionary of Economics*, Second Edition, Palgrave Macmillan.

Bacon, Kenneth H., 1993, Losing Ground: Banks' Declining Role in Economy Worries Fed, May Hurt Firms, *Wall Street Journal*, Jul. 9.

Beck, Lewis White, 1960, *A Commentary on Kant's Critique of Practical Reason*, The University of Chicago Press, Ltd.

Beck，Thorsten，and Levine，Ross，2004，Legal Institutions and Financial Development，NBER Working Paper No. 10417.

Becker，Gary S.，Nobel Lecture：The Economic Way of Looking at Behavior，*Journal of Political Economy*，Vol. 101，No. 3，pp. 385–409.

Bernanke，Ben S.，2002，Remarks on Milton Friedman's Ninetieth Birthday，https://www.federalreserve.gov/.

Bernanke，Ben S.，2004，Money，Gold，and the Great Depression，https://www.federalreserve.gov/.

Bernanke，Ben S.，2006，Monetary Aggregates and Monetary Policy at the Federal Reserve：A Historical Perspective，https://www.federalreserve.gov/.

Besley，Tim，and Peter Hennessy，2009，A Letter to Her Majesty The Queen，The Global Financial Crisis：Why Didn't Anybody Notice?，British Academy.

Blume，Lawrence，and Easley，David，2008，Rationality，*The New Palgrave Dictionary of Economics*，Second Edition，Palgrave Macmillan.

Bodie，Zvi，Kan，Alex，and Marcus，Alan J.，2014，*Investments*，McGraw–Hill Education.

Boland，Lawrence A，2008，Instrumentalism and Operationalism，*The New Palgrave Dictionary of Economics*，Second Edition，Palgrave Macmillan.

Boland，Lawrence A.，2008，Conventionalism，*The New Palgrave Dictionary of Economics*，Second Edition，Palgrave Macmillan.

Boyd，John and Prescott，Edward，1986，Financial Intermediary Coalitions，*Journal of Economic Theory*，Vol. 38，pp. 211–232.

Buchanan，James，1969，*Cost and Choice：An Inquiry in Economic Theory*，Markham，University of Chicago Press.

Clay，Karen and Jones，Randall，2008，Migrating to Riches? Evidence from the California Gold Rush，*The Journal of Economic History*，Vol. 68，No. 4，pp. 997–1027.

Davidson，Paul，1972，Money and the Real World，*The Economic Journal*，Vol. 82，No. 325，pp. 101–115.

Davidson，Paul，1986，Finance，Funding，Saving，and Investment，*Journal of Post Keynesian Economics*，Vol. 9，No. 1，pp. 101–110.

Davies，Glyn，2002，*A History of Money：From Ancient Times to the Present Day*，

University of Wales Press.

Debreu, Gerard, 1959, *Theory of Value: An Axiomatic Analysis of Economic Equilibrium*, Yale University Press.

Debreu, Gerard, 1984, Nobel Lecture: Economic Theory in the Mathematical Mode, *The American Economic Review*, Vol. 74, No. 3, pp. 267–278.

Debreu, Gerard, 1986, Theoretic Models: Mathematical Form and Economic Content, *Econometrica*, Vol. 54, No. 6, pp. 1259–1270.

Debreu, Gerard, 1991, The Mathematization of Economic Theory, *The American Economic Review*, Vol. 81, No. 1, pp. 1–7.

Fama, Eugene F., 1976, *Foundations of Finance: Portfolio Decisions and Securities Prices*, Basic Books, Inc.

Fama, Eugene F., 2013, Nobel Prize Lecture: Two Pillars of Asset Pricing, http://www.nobelprize.org/.

Farmer, Roger E. A., Animal Spirits, *The New Palgrave Dictionary of Economics*, Second Edition, Palgrave Macmillan.

Fisher, Irving, 1911, *Purchasing Power of Money: Its Determination and Relation to Credit, Interest and Crises*, Macmillan.

Friedman, Milton and Friedman, Rose, 1981, *Free to Choose: A Personal Statement*, Avon Books.

Friedman, Milton and Schwartz, Anna Jacobson, 1963, *A Monetary History of the United States: 1867–1960*, Princeton University Press.

Friedman, Milton and Schwartz, Anna Jacobson, 1970, *Monetary Statistics of the United States: Estimates, Sources*, Methods, Columbia University Press.

Friedman, Milton, 1953, The Methodology of Positive Economics, *Essays in Positive Economics*, Phoenix Books.

Friedman, Milton, 1956, The Quantity Theory of Money: A Restatement, *Studies in the Quantity Theory of Money*, University of Chicago Press.

Friedman, Milton, 1969, *The Optimum Quantity of Money and Other Essays*, Aldine Transaction.

Friedman, Milton, 1983, A Monetarist View, *The Journal of Economic Education*, Vol. 14, No. 4, pp. 44–55.

Friedman, Milton, 1994, *Money Mischief: Episodes in Monetary History*, Mariner Books.

Friedman, Milton, 2008, Quantity Theory of Money, *The New Palgrave Dictionary of Economics*, Second Edition, Palgrave Macmillan.

Friedman, Milton, and Schwartz, Anna, 1963, Money and Business Cycles, *Review of Economics and Statistics*, Vol. 45, No. 1, 32–64.

Furash, Edward E., 1993, Banking's Critical Crossroads, *Bankers Magazine*, Vol. 176, No.2, pp. 20–26.

Gale, Douglas, 2008, Money and General Equilibrium, *The New Palgrave Dictionary of Economics*, Second Edition, Palgrave Macmillan.

Gigerenzer, Gerd, and Selten, Reinhard, 2001, *Bounded Rationality: The Adaptive Toolbox*, The MIT Press.

Greenspan, Alan, 2003, Monetary Policy under Uncertainty, https://www.federalreserve.gov/

Greenspan, Alan, 2004, Risk and Uncertainty in Monetary Policy, https://www.federalreserve.gov/

Greenspan, Alan, 2005, Interest Rates Conundrum: The Federal Reserve's Second Monetary Policy Report to Congress for 2005, https://www.federalreserve.gov/

Greenspan, Alan, 2009, The Fed Didn't Cause the Housing Bubble, https://www.federalreserve.gov/

Greif, Avner, 1994, Cultural Beliefs and the Organization of Society: A Historical and Theoretical Reflection on Collectivist and Individual Societies, *The Journal of Political Economy*, Vol. 102, No. 5, pp. 912–950.

Grossbard-Shechtman, Shoshana and Lemennicier, Bertrand, 1999, Marriage Contracts and the Law-and-Economics of Marriage: An Austrian Perspective, *Journal of Socio-Economics*, Vol. 28, No. 6, pp. 665–690.

Hanna, Robert, 2001, *Kant and the Foundations of Analytic Philosophy*, Oxford University Press.

Harrod, Roy F., 1939, An Essay in Dynamic Theory, *The Economic Journal*, Vol. 49, No. 193, pp. 14–33.

Hart, Oliver, 2008, Incomplete Contract, *The New Palgrave Dictionary of*

Economics, Second Edition, Palgrave Macmillan.

Hausman, Daniel, 2008, Falsificationism, *The New Palgrave Dictionary of Economics*, Second Edition, Palgrave Macmillan.

Hawking, Stephen W., and Mlodinow, Leonard, 2010, *The Grand Design*, Bantam Books.

Hayek, Friedrich A., 1945, The Use of Knowledge in Society, *The American Economic Review*, Vol. 35, No. 4, pp. 519–530.

Hicks, John, 1989, *A Market Theory of Money*, Oxford University Press.

Hofstede, Geert, 2007, Asian Management in the 21st Century, *Asia Pacific Journal of Management*, Vol. 24, No. 4, pp. 411–420.

Hoover, Kevin D., 2008, Causality in Economics and Econometrics, *The New Palgrave Dictionary of Economics*, Second Edition, Palgrave Macmillan.

Hume, David, 1748, *An Enquiry Concerning Human Understanding and Other Writings*, Cambridge University Press.

Kaldor, Nicholas, 1985, How Monetarism Failed, *Challenge*, May-June.

Keynes, John Maynard, 1930, *A Treatise on Money*, *Macmillan and Co.*, Limited.

Keynes, John Maynard, 1936, *The General Theory of Employment*, *Interest and Money*, Macmillan and Co., Limited.

Kirman, Alan, 2008, Economy as a Complex System, *The New Palgrave Dictionary of Economics*, Second Edition, Palgrave Macmillan.

Kline, Morris, 1980, Mathematics: *The Loss of Certainty*, Oxford University Press.

Koch, Timothy W. and MacDonald, S. Scott, 2015, *Bank Management*, 8th Edition, Cengage Learning.

Krugman, Paul R., Who Was Milton Friedman? *New York Review of Books*, February 15, 2007.

Leontief, Wassily, 1971, Theoretical Assumptions and Non–observed Facts, *The American Economic Review*, Vol, 61, No. 1, pp. 1–7.

Litterman, Bob, and the Quantitative Resources Group, 2003, *Modern Investment Management: An Equilibrium Approach*, John Wiley & Sons, Inc.

Lucas, Robert E., Jr., 1980, Methods and Problems in Business Cycle Theory, *Journal of Money*, *Credit and Banking*, Vol. 12, No. 4, 696–715.

Lucas, Robert E., Jr., 1996, Nobel Lecture: Monetary Neutrality, *Journal of Political Economy*, Vol. 104, No. 4, pp. 661–682.

Macaulay, Stewart, 1963, Non–Contractual Relations in Business: A Preliminary Study, *American Sociological Review*, Vol. 28, No. 1, pp. 55–67.

Machina, Mark J., and Rothschild, Michael, 2008, Risk, *The New Palgrave Dictionary of Economics*, Second Edition, Palgrave Macmillan.

Mankiw, N. Gregory, 2014, *Principles of Economics*, 7th Edition, Cengage Learning.

Milgate, Murray, 2008, Equilibrium, Development of the Concept, *The New Palgrave Dictionary of Economics*, Second Edition, Palgrave Macmillan.

Mishkin, Frederic S., 2013, *The Economics of Money, Banking, and Financial Markets*, 10th Edition, Pearson Education.

Moody's, 2017, Ratings Definitions, https://www.moodys.com.

Nash, Gerald D., 1999, A Veritable Revolution: The Global Economic Significance of the California Gold Rush, *California History*, Vol. 77, No. 4, pp. 276–292.

North, Douglass C., 1994, Economic Performance through Time, *The American Economic Review*, Vol. 84, No. 3, pp. 359–368.

North, Douglass C., 2005, *Understanding the Process of Economic Change*, Princeton University Press.

North, Douglass C., Wallis, John Joseph and Weingast, Barry R., 2009, *Violence and Social Orders: A Conceptual Framework for Interpreting Recorded Human History*, Cambridge University Press.

Popper, Karl, 1962, *Conjectures and Refutations: The Growth of Scientific Knowledge*, Basic Books.

Reinhardt, Uwe E., 2013, Introductory Korean Drama, https://www.princeton.edu/.

Russell, Bertrand, 1912, *The Problems of Philosophy*, New York Henry Holt and Company.

Russell, Bertrand, 1945, *A History of Western Philosophy and Its Connection with Political and Social Circumstances from the Earliest Times to the Present Day*, Simon and Schuster.

Sargent, Thomas J., 2008, Rational Expectations, *The New Palgrave Dictionary of*

Economics, Second Edition, Palgrave Macmillan.

Schmidt, Reinhard H., Hackethal, Andreas and Tyrell, Marcel, 1998, Disintermediation and the Role of Banks in Europe: An International Comparison, *Frankfurt University Working Paper Series*, No. 10.

Schumpeter, Joseph A., 1954, *History of Economic Analysis*, Allen & Unwin Ltd.

Shiller, Robert J., 2013, Nobel Prize Lecture: Speculative Asset Prices, http://www.nobelprize.org/.

Shiller, Robert J., and Akerlof, George A., 2009, Animal Spirits: *How Human Psychology Drives the Economy, and Why It Matters for Global Capitalism*, Princeton University Press.

Simon, Herbert A., 2008, Bounded Rationality, *The New Palgrave Dictionary of Economics*, Second Edition, Palgrave Macmillan.

Simon, Herbert A., 2008, Satisficing, *The New Palgrave Dictionary of Economics*, Second Edition, Palgrave Macmillan.

Sims, Christopher A., 1972, Money, Income, and Causality, *The American Economic Review*, Vol. 62, No. 4, 540–552.

Smith, Adam, 1776, *An Inquiry into the Nature and Causes of the Wealth of Nations*, University of Chicago Press.

Snowdon, Brian and Vane, Howard R., 2005, *Modern Macroeconomics: Its Origins, Development and Current State*, Edward Elgar Publishing Limited.

Soros, George, 2009, Lectures at Central European University, http://www.opensocietyfoundations.org.

The Royal Swedish Academy of Sciences, 1995, The Scientific Contributions of Robert E. Lucas, Jr., http://www.nobelprize.org.

The Royal Swedish Academy of Sciences, 2011, Information for the Public: The Art of Distinguishing Between Cause and Effect in the Macroeconomy, http://www.nobelprize.org.

Thomas, David C., Au, Kevin and Ravlin, Elizabeth C., 2003, Cultural Variation and the Psychological Contract, *Journal of Organizational Behavior*, Vol. 24, No. 5, pp. 451–471.

Tobin, James, 1965, The Monetary Interpretation of History, *The American Economic Review*, Vol. 55, No. 3, pp. 464–485.

Tobin, James, 1982, Money and Finance in the Macroeconomic Process, *Journal of Money, Credit and Banking*, Vol. 14, No. 2, pp. 171-204.

Weintraub, E. Roy, 2002, *How Economics Became a Mathematical Science*, Duke University Press.

Williamson, Oliver E., 2002, The Theory of the Firm as Governance Structure: From Choice to Contract, *The Journal of Economic Perspectives*, Vol. 16, No. 3, pp. 171-195.

中文部分

曹卫东，开放社会及其数据敌人，《读书》，2014 年第 11 期，第 73–80 页。

陈桐生，中国集体主义的历史与现状，《现代哲学》，1999 年第 11 期，第 60–66 页。

成中英，中国语言与中国传统哲学思维方式，《哲学动态》，1988 年第 10 期，第 18–21 页。

戴景平，个人主义和整体主义的对立：中西方人生哲学理论基础的差异，《长白学刊》，2010 年第 6 期，第 18–20 页。

邓晓芒，《康德哲学讲演录》，广西师范大学出版社 2006 年版。

邓晓芒，霍金宇宙学与思辨哲学，《科学文化评论》，2006 年第 10 期，第 104–108 页。

冯仕政，国家、市场与制度变迁——1981–2000 年南街村的集体化与政治化，《社会学研究》，2007 年第 2 期，第 24–59 页。

冯友兰，《中国哲学小史》，中国人民大学出版社 2005 年版。

凤凰财经，《马蔚华：比尔·盖茨的一句话让我十五年没睡好觉》，2015 年 3 月 29 日，http://finance.ifeng.com。

高俊雪，从 AA 制看中西文化差异，《文学界（理论版）》，2010 年第 2 期，第 108–109 页。

辜正坤，《中西文化比较导论》，北京大学出版社 2007 年版。

郭树清，不改善金融结构，中国经济将没有出路，中国证监会网站，2012 年 6 月 30 日。

何品，大清银行始末记（一），《档案与史学》，1997 年第 12 期，第 3–13 页。

贺力平，货币为什么重要？《读书》，2007 年第 6 期，第 129–136 页。

黄仁宇，《中国大历史》，生活·读书·新知三联书店 1997 年版。

霍彦立，克服经济萧条的妙招，《企业观察家》，2012 年第 12 期，第 22 页。

季羡林，作诗与参禅，《季羡林文集（第六卷：中国文化与东方文化）》，江西教育出版社 1996 年版。

贾康，“供给创造需求”新解读与“新供给经济学”研究引出的政策主张，《铜陵学院学报》，2014 年第 3 期，第 3–7 页。

贾康、徐林、李万寿、姚余栋、黄剑辉、刘培林、李宏瑾，中国需要构建和发展以改革为核心的新供给经济学，《财政研究》，2013 年第 1 期，第 2–15 页。

金海年，关于新供给经济学的理论基础探讨，《财政研究》，2013 年第 9 期，第 25–30 页。

康德，《判断力批判》，邓晓芒译，人民出版社 2003 年版。

康德，《实践理性批判》，邓晓芒译，人民出版社 2003 年版。

康德，《纯粹理性批判》，邓晓芒译，人民出版社 2003 年版。

李萌、高波，“银行主导”或“市场主导”金融体系结构：文化视角的解释，《江苏社会科学》，2014 年第 3 期，第 54–62 页。

李若谷，辨证看待国有商业银行的不良资产，《国际融资》，2002 年第 6 期，第 22–23 页。

李若谷，中国崛起的关键是“制度适宜”，《经济导刊》，2014 年第 5 期，第 2–7 页。

李桃、马书琴，经济非正义之过：中国股票市场投资文化之于投机文化弱势探源，《宏观经济研究》，2013 年第 7 期，第 3–10 页。

李文红、蒋则沈，金融科技（FinTech）发展与监管：一个监管者的视角，《金融监管研究》，2017 年第 3 期，第 1–13 页。

李扬、殷剑峰、陈洪波，中国：高储蓄、高投资和高增长研究，《财贸经济》，2007 年第 1 期，第 26–33 页。

李子奈，计量经济学模型对数据的依赖性，《经济学动态》，2009 年第 8 期，第 22–27 页。

梁启超，近世第一大哲康德之学说，《梁启超全集》，北京出版社 1999 年版，第 1056–1057 页。

梁漱溟，《中国文化要义》，上海人民出版社 1949 年版。

梁漱溟，《人生的艺术》，陕西师范大学出版社 2010 年版。

林毅夫、李永军，出口与中国的经济增长：需求导向的分析，《经济学（季刊）》，2003 年第 3 期，第 779–794 页。

刘瑞翔、安同良，中国经济增长的动力来源与转换展望：基于最终需求角度的分析，《经济研究》，2011年第7期，第30–41页。

刘忠世，“二十四孝”中的社会交换与传统孝道，《齐鲁学刊》，2011年第3期，第30–34页。

吕谋笃，用户需求才是乔布斯创新的源泉，《IT时代周刊》，2011年第5期，第14页。

吕锐、李炯，大学生卧底刷单平台、揭开淘宝刷单流程内幕，《楚天都市报》，2015年4月21日。

马克思，弗里德里希·威廉四世答市民自卫团代表团，《马克思恩格斯全集》（第二版），人民出版社2017年版。

乔榛，供给、需求和环境不同约束下的经济增长机制演进，《求是学刊》，2010年第6期，第41–46页。

桑本谦，隐性的契约与隐性的交易，《博览群书》，2006年第5期，第63–66页。

沈朝晖，流行的误解："注册制"与"核准制"辨析，《证券市场导报》，2011年第9期，第14–23页。

沈云龙，中国近代货币史资料（1822-1911），台北文海出版社1969年版。

孙昌博，略论货币数量论的形成与发展，《宁夏大学学报（人文社会科学版）》，2005年第11期，第77–79页。

孙正聿，“哲学就是哲学史”的涵义与意义，《吉林大学社会科学学报》，2011年第1期，第49–53页。

陶娅洁，入股第一财经：阿里数据革命的一步棋，《中国产经新闻》，2015年6月16日。

滕泰，新供给主义宣言，《中国经济报告》，2013年第1期，第88–92页。

滕泰、冯磊，新供给主义经济理论和改革思想，《经济研究参考》，2014年第1期，第75–83页。

王海明，集体主义之我见，《上海师范大学学报（哲学社会科学版）》，2004年第9期，第1–5页。

王守中，中国传统家庭和家族与基督教的冲突，《人文杂志》，1998年第5期，第111–115页。

王啸，我们需要什么样的注册制，《上海证券报》，2013年11月20日。

王啸，美国公司上市潜规则，《商界（评论）》，2014年第7期，第44–46页。

王竹泉、隋敏，控制结构 + 企业文化：内部控制要素新二元论，《会计研究》，2010 年第 3 期，第 28–35 页。

文炳洲、杨永强，行政操控、投机主导与股市困境：中国股票市场 20 年回顾，《财经理论研究》，2014 年第 4 期，第 88–96 页。

吴晓求、汪勇祥、应展宇，市场主导与银行主导：金融体系变迁的金融契约理论考察，《财贸经济》，2005 年第 6 期，第 3–9 页。

肖群忠，孝与中国国民性，《哲学研究》，2000 年第 7 期，第 33–41 页。

谢平，互联网金融的现实与未来，《新金融》，2014 年第 4 期，第 4–8 页。

谢平、邹传伟，互联网金融模式研究，《金融研究》，2012 年第 12 期，第 11–22 页。

殷海光，《中国文化的展望》，文星书店 1966 年版。

张杰，国家与商人的利益疏离及其后果：一个晚明例证，《东岳论丛》，2007 年第 5 期，第 1–14 页。

张杰，中国经济增长的金融制度原因：主流文献的讨论，《金融评论》，2010 年第 5 期，第 1–7 页。

张军，中国的信贷增长为什么对经济增长影响不显著，《学术月刊》，2006 年第 7 期，第 69–75 页。

张志华，《西方哲学史》，中国人民大学出版社 2002 年版。

章晖丽，《马克思主义基本原理概念》，航空工业出版社 2012 年版。

赵冈、陈仲毅，《中国经济制度史》，新星出版社 2006 年版。

中国百科大辞典编委会，《中国百科大辞典》，中国大百科全书出版社 2005 年版。

中国人民银行，2001 年第一季度货币政策报告，中国人民银行网站。

中国社会科学院经济研究所经济增长前沿课题组，高投资、宏观成本与经济增长的持续性，《经济研究》，2005 年第 10 期，第 12–23 页。

中国社会科学院经济研究所中国经济增长与宏观稳定课题组，金融发展与经济增长：从动员性扩张向市场配置的转变，《经济研究》，2007 年第 10 期，第 4–17 页。